教育部人文社会科学重点研究基地
黑龙江大学俄罗斯语言文学与文化研究中心 学术丛书

FRONTIERS IN RUSSIAN STUDIES

俄罗斯研究前沿

（俄罗斯学卷）

叶其松 总编
靳会新 主编

社会科学文献出版社
SOCIAL SCIENCES ACADEMIC PRESS (CHINA)

总编简介

叶其松　文学博士，博士生导师，教授，教育部人文社会科学重点研究基地黑龙江大学俄罗斯语言文学与文化研究中心主任。全国科学技术名词审定委员会与黑龙江大学共建“术语学基础理论研究基地”主任，中俄国际术语学研究中心中方负责人，西班牙庞培法布拉大学应用语言学研究所兼职博士生导师（术语学方向），中国辞书学会学术委员会委员，中国辞书学会常务理事，全国语言与术语标准技术委员会术语学理论与应用分技术委员会副秘书长，教育部基地电子期刊《俄罗斯语言文学与文化研究》主编，《中国科技术语》编委。主要研究领域为俄罗斯语言学、术语学、词典学。主持在研国家社科基金项目 1 项，国家社科基金重大项目子课题 1 项；主持完成省部级课题 5 项。出版著作《术语编纂论》（合著）、《术语研究关键词》等，学术译著 1 部，编著 5 部。发表论文 40 余篇。论文《术语学核心术语研究》获得 2013 年全国百篇优秀博士学位论文提名。

主编简介

靳会新 研究员，黑龙江大学《俄罗斯学刊》主编。中国中俄关系史研究会副会长，中国俄罗斯东欧中亚学会常务理事，中国苏联东欧史研究会常务理事。主要研究领域为俄罗斯文化、历史。主持省部级课题3项，参与国家社科基金项目3项。发表俄罗斯问题学术论文30余篇，主要有《俄罗斯民族性格形成的历史文化因素》《俄罗斯民族性格形成中的宗教信仰因素》《大众传媒在俄罗斯政治生活中的作用》《中俄在非传统安全领域的反恐合作》。

总　序

黑龙江大学俄语语言文学研究中心于2000年9月成立，是教育部第二批人文社会科学重点研究基地；2012年，主动服务国家战略需要，在语言、文学研究基础上，积极整合和开拓研究领域，并更名为“俄罗斯语言文学与文化研究中心”（以下简称“俄研中心”）。2016年，黑龙江大学整合全校对俄研究资源，将俄研中心与另一研究机构俄罗斯研究院进行一体化建设，逐步形成语言学、文学与文化、俄罗斯学“三足鼎立”的研究格局。时至2020年，在俄研中心成立20周年之际，俄研中心开始筹划一部纪念性文集。这既是对俄研中心20周年的祝贺，也是向翌年80周年校庆献礼。惠秀梅、刘锟、靳会新三位老师不辞辛劳，各领一卷，从俄研中心主编的两本刊物——《俄罗斯语言文学与文化研究》（前身为《俄语言文学研究》）、《俄罗斯学刊》中选取稿件并进行编辑、审校。受疫情的影响，在几经周折之后，三卷本《俄罗斯研究前沿》（以下简称《前沿》）现在终于和读者见面了，这算是一份“迟到的礼物”。

名正则言顺。“俄语语言文学”是历史上形成的学科名称，其研究范围与philology，филология大体相当。英国语言学家戴维·克里斯特尔编写的《现代语言学词典》对“语文学”的解释是：“指语言历史研究的传统术语，如18世纪后期以来‘比较语文学家’所做的研究。这种研究包括作为文化、政治研究一部分的文化考证，有时还包括文学作品的研究（但英国除外）。”① 可见，语文学跟语言、文学和文化研究有着密不可分的联系。不过，语文学已成历史，现在很少再有人进行专门的研究，只是保留在诸如“语文系”之类的名称之中。与“俄语语言文学”相关的另一个学科是“俄罗斯学”。学术界对后者的理解

① 〔英〕戴维·克思斯特尔《现代语言学词典》，沈家宣译，商务印书馆，2000，第264页。

也不一致。一些学者认为，俄罗斯学是包含俄语语言文学在内的综合学科，俄语语言研究、文学研究都是俄罗斯学的一部分，俄罗斯历史、政治、经济等都可纳入俄罗斯学的范围之中；一些学者认为，俄罗斯学与俄语语言文学基本等同。俄罗斯学与руссистика相对应，后者表示研究俄语、俄罗斯文学与文化的综合性学科，实则与俄语语言文学的学科内容基本一致，国内俄语语言文学研究者通常自称为руссист，也是基于此种原因。还有一些学者认为，俄语语言文学与俄罗斯学分属不同的学科，前者是研究俄语和以俄语为载体的文学与文化现象为主的人文性学科；后者侧重于俄罗斯国别研究，其研究包含政治学、经济学等多个学科的内容，带有社会科学的性质。因此，给这套书定名时，并未使用“俄语语言文学”“俄罗斯学”这些看似熟知，但内涵并不确定的名称，转而使用“俄罗斯研究”这个更具概括性的名称，细心的读者大致能够体会编者对此的良苦用心。

中国和俄罗斯是毗邻而居的两个文化大国，彼此之间的文化交往源远流长。据考证，唐玄宗曾与莫斯科大公亚历山大一世签订过“交流使节制度”之类的协议，两国当时曾互译诗歌等文学作品。1708年，清朝康熙皇帝建立中国第一所俄文学校——俄罗斯文馆；1715年，清政府在北京设立俄罗斯馆，供来华俄罗斯使团居住，两国文化交往日趋频繁。新中国成立后，很多学科借用苏联模式进行初创工作，俄罗斯研究一度成为显学。后来虽然经历过一些曲折，但积累了蔚为可观的研究成果。

21世纪以来，随着国际学术研究范式和我国研究理念的转变，我国俄罗斯研究的对象、方法、视角等也发生了重要变化，研究范围不断拓宽，开辟了一系列新领域、新方向。《前沿》力求全面总结和反映最近20年我国俄罗斯研究的最新成果。

《语言学卷》涵盖语义学、语用学、术语学与词典学、认知语言学、语言文化学、语言哲学、篇章语言学、心理语言学、计算机语言学、对比语言学、语言类型学、符号学、翻译学、俄语教学等诸多语言学研究领域，既有对新思想、新范式和新方法的整体性描写，也有对重要语言学概念的梳辨，还有对一组甚至某个具体语言现象的微观分析和比较，全方面展示俄罗斯当代语言学研究的独特风貌，体现出了我国俄语语言学研究者“它山之石，可以攻玉”的不变初心和学术理想。

《文学卷》坚持把握正确的学术导向和追踪新的研究范式，选取国内近年具有特色和代表性的研究成果，内容涵盖对古代俄罗斯文学与文化研究、中俄文化比较研究、19—20 世纪俄罗斯文学经典的重新阐释，实现经典与前沿的有机融合，注重运用新理论、新方法和新视野阐释与重释俄罗斯文学中的作家、作品、文学批评及相关理论，体现出俄罗斯文学研究“中国学派”的整体风貌，并在此基础上与国际学术界进行对话，促进中外文学与文化的相互理解、交流与对话。

《俄罗斯学卷》收录中国俄罗斯研究界众多专家对俄罗斯政治、经济、外交、历史、文化、法律等问题的研究成果，涉及中俄关系全局性及区域性合作等问题，反映了中国俄罗斯研究界的研究进程，具有历史意义和现实价值并重的特征。俄罗斯对中国的国家安全、经济发展、制度建设乃至民族文化有着至关重要的影响。中俄建立了新时代全面战略协作伙伴关系，加强两国交流、增进双方互信是必要之举，学术界对两国相关问题的研究是双方非常重要的交流内容。

《前沿》所收录成果的作者年龄跨度大，既有蜚声学界、备受推崇的学术名家，也有各执牛耳、思想活跃的领军人物，更有崭露头角、锐意十足的学术新秀，老中青三代学人的研究成果汇聚于此，既是致敬学术先贤们孜孜以求、笃行不怠的治学精神，也是激励后来的俄罗斯研究者赓续前行、踔厉奋发，向学术界展示俄罗斯研究薪火相传的传统和欣欣向荣的景象。由于受诸多主客观原因的限制，还有一些篇目未能收录其中，期望《前沿》的续编能弥补缺失的遗憾。

“独木不成林，一花难成春”。黑龙江大学俄罗斯语言文学与文化研究中心的成长与发展离不开国内外学者的长期支持和精心呵护，大家都把俄研中心作为我国俄罗斯研究者共同的精神家园。《前沿》得到了国内外同人的全力支持，感谢学术同行将自己的原创性成果贡献出来，切磋交流。有了这份信任、鼓励和支持，俄研中心的未来一定会更加美好。

由于编者水平有限，书稿难免存在各种疏漏和错误。恳请各位专家学者批评指正。

是为序。

编者

2023 年 12 月 5 日

目　录
Contents

传统和现代的结合

李静杰*

内容提要： 赶超西方，实现国家现代化，这是贯穿俄罗斯历史的一条红线。苏联解体以后，俄罗斯开始新一轮的现代化努力，其过程是历史上最复杂的。如同其他国家一样，俄罗斯在实现现代化的过程中始终面临一个不可逾越的问题：如何处理传统和现代的关系？传统和现代是不可分割的，使传统和现代相结合是一门高超的政治艺术。俄罗斯"全面现代化"的成功与否取决于俄罗斯领导人怎样掌握这门艺术。

关键词： 俄罗斯　现代化　传统　国情

俄罗斯作为东部斯拉夫民族的主要组成部分，无论从种族、宗教、历史、文化等方面来说，还是从地缘上来说，历来属于欧洲。但是，长期以来，俄罗斯始终未能融入欧洲社会发展的主流。14～17世纪，西欧在思想文化领域发生了伟大的文艺复兴和宗教改革，出现了新的科学技术，从农业社会向工业社会过渡。然而，俄罗斯直到15世纪末期才结束鞑靼蒙古人长达两个半世纪的统治，经过多年的纷争建立起君主和神权相结合的中央集权制的封建国家。相比之下，俄罗斯比西欧落后了整整一个时代。

俄罗斯在历史上进行了一次又一次的现代化努力。赶超西方，实现国家的现代化，使俄罗斯立于世界先进民族之林——这是贯穿俄罗斯历史的一条红线。

* 李静杰，中国社会科学院学部委员、俄罗斯东欧中亚研究所研究员、博士生导师。

俄罗斯如同其他后发国家一样，在现代化的过程中，始终面临一个不可逾越的问题：如何处理“传统”和“现代”的关系？本文所说的“传统”是指一个国家和民族在漫长的历史长河中形成并沿袭下来的思想文化、价值观念、思维方式、风俗习惯等。“现代”是指与先进生产力发展相适应并具有普遍意义的组织制度、文化观念、生活方式和行为方式等。“传统”和“现代”是矛盾的统一体，二者不可分割。

一

1689年，彼得一世执政后，发愤图强，向西方学习教育和科学技术。通过改革，俄罗斯不仅建立了新的封建等级官僚制度，而且掌握了冶炼和铸造等先进技术，建立了强大的陆军和海军，从而把俄罗斯带进了一个新纪元。彼得一世之后，俄国的领土扩大到了西伯利亚和远东，波罗的海沿岸、乌克兰东部、白俄罗斯和克里米亚半岛都纳入了俄国版图。但是，尽管如此，俄国依然是一个封建的农奴制国家，社会经济的发展在相当长时间内处在停滞和半停滞状态。

1861年沙皇亚历山大二世宣布废除农奴制，从而为俄国新一轮现代化开辟了道路。19世纪末到第一次世界大战前，是俄国工业发展的高涨时期，工业发展速度一度超过英美等先进国家，尽管其在总量和水平上远远落后于后者。与此同时，俄国的社会结构也发生了深刻变化，要求政治变革的运动风起云涌。沙皇尼古拉二世不得不做出妥协，引进民主机制，对政治体制进行某些改革，但是拒绝从根本上改变封建君主专制制度。俄国的资本主义发展受到封建主义的束缚，所以列宁把俄国称为“军事封建帝国主义”。沙皇专制政权拒绝彻底改革，导致社会各种矛盾进一步激化，终于在1917年的二月革命中被推翻。

1917年十月革命后，布尔什维克掌握了国家政权。布尔什维克的宏大目标是：不仅要赶上和超过西方，而且要在世界范围内消灭和取代西方资本主义。在斯大林的领导下，苏联建立了高度集权的政治经济制度。斯大林运用国家政权的力量，依靠人民群众建设新社会的热情，以及利用资本主义世界经济危机，大量引进西方的先进技术，在很短的时间内实现了国家的工业化，从而使苏联的综合国力大大增强，在第二次世界大战中战胜了法西斯德国，使疆土扩大了70多万平方千米。但是，这些成就的取得是依靠政治高压，甚至以数百万人民的无辜牺牲作为代价的①。斯大林模式的社会主义实现了国家的工业化，但是拒绝接受与现代生产力相适应的市场和民主，正如普京所说，“偏离了人类社会发展的康庄大道”②，所以在同西方资本主义的竞赛中很快就落到了后面。在新技术革命和经济全球化浪潮的冲击下，这种制度如同泥足巨人，迅速瓦解。

20世纪80年代中期，戈尔巴乔夫上台后，开始对苏联模式的社会主义进行改革。如果把戈尔巴乔夫的改革视为俄罗斯最新一轮现代化浪潮序幕的话，那么苏联解体以后，俄罗斯的现代化进程已经历了三个阶段：叶利钦时代、普京八年和“梅普组合”时期。

二

俄罗斯为什么始终落后于西方？俄罗斯赶超西方、实现国家现代化的历史教训是什么呢？20世纪80～90年代，俄罗斯主流舆论普遍认为：俄国历史上的现代化没有成功，其根本原因是，俄罗斯在实现现代化的努力中只注意学习西方的科学技术，没有学习西方的文化思想和社会制度。

曾任俄罗斯政府总理的伊·盖达尔被誉为叶利钦时代改革的设计师。当时，他发表了题为《国家与演变》③ 的专著，全面阐述这一时期改革的指导思想和纲领。他把英国保守派作家吉卜林的诗句“西方是西方，东方是东方，它们永远不会相遇”作为箴言，放在书的开头，以示东西方文明不可调和。作者认为，俄罗斯必须抛弃东方文明，选择欧洲文明。“欧洲文明的基本点，就是世代相传和培育起来的对私有财产合法性（‘私有财产的神圣权利’）的信念。”私有财

① 2009年12月3日，普京在电视和广播“直接对话”中，主动谈到斯大林和斯大林主义问题。他在肯定在斯大林领导下苏联实现工业化和取得卫国战争胜利的同时，特别强调，“正面的东西无疑是存在的，然而付出了难以接受的代价。尤其是，发生过镇压。我们数以百万计的同胞遭到镇压。这种管理国家、取得成就的方式，我们是不能接受的”。引自中央编译局《俄罗斯研究信息》2010年第1期。

② 〔俄〕普京：《千年之交的俄罗斯》，载《普京文集——文章和讲话选集》，中国社会科学院译，中国社会科学出版社，2002，第5页。

③ 1917年十月革命前，列宁曾发表《国家与革命》。

产独立于国家。国家在经济领域的活动，“不是阻挡，而是沿着市场提出的自然的发展路线前进”。“软弱的国家是欧洲社会经济进步的基础。”沙皇俄国和苏联属于东方文明。东方文明的特点是：“没有名副其实的所有制，财产和占统治地位的政权混为一体。”在长期的历史发展过程中，俄罗斯建立了强大的国家，这一国家在对外扩张的同时，“阻遏有时简直窒息了俄罗斯社会结构的发展”。在作者看来，俄罗斯实现现代化、赶上西方的途径是：“改变社会经济制度结构本身，努力抖落许多世纪形成的‘特殊性’，恢复同欧洲已经中断的在社会和文化上的统一，从‘东方’的道路上转到‘西方’的道路上来。”①

20 世纪 90 年代改革者的共同特点是把俄罗斯的历史传统和现代化对立起来。他们认为，俄罗斯只有割断千年历史形成的传统，才能接受西方文明的洗礼，走上现代化的道路。

正是在这样的思想和方针指导下，俄罗斯开始“全盘西化”的改革，不仅学习西方的经济制度，同时也学习西方的政治制度和文化思想，而且不顾俄罗斯的历史传统和文化特点，特别是苏联七十年留下的遗产，采取照抄照搬的方式，企图在最短的时间内完成国家现代化的任务，融入西方“文明世界大家庭”。

叶利钦执政时期又可称为“大破大立”时期：一是抛弃了以一个党、一个意识形态和一种所有制为特征的“苏联模式的社会主义”，选择了西方发达资本主义作为学习的榜样和发展方向；二是在政治制度上发生了从所谓的“极权主义”向“民主共和制”的转变；三是在经济制度方面，发生了从单一所有制和中央计划经济向多种所有制和市场经济的转变；四是在文化和意识形态方面，否定了马克思主义的指导地位，实行文化和意识形态的多元主义。在叶利钦时期，“破”得很彻底，但是“立”的任务没有完成。所谓“市场经济”和“民主共和制”只是构建了框架而已。

“全盘西化”的改革使俄罗斯发生了根本性的变化，同时也使俄罗斯付出了巨大的代价。1991～2000 年，俄罗斯的国内生产总值（GDP）下降了 40%②，其中工业产值下降了 45.7%，农业产值下降了 40.8%，固定资本投资下降了

① Гайдар И. Государство и эволюция. —М.：Евразия，1997. —С. 12，19，30，52，199.

② 俄罗斯经济总量在第一次世界大战时期下降了 25%，国内战争时期下降了 23%，第二次世界大战时期下降了 21%。

74%，居民的实际收入下降了51.6%。经济倒退了25年，经济总量从世界第二位下降到第二十位。人均寿命下降，人口数量逐年减少。这种脱离国情、割断传统的激进改革使俄罗斯遭受了一场空前的浩劫。

三

1999年底普京上台时，俄罗斯正处在发展的十字路口。面对90年代激进改革造成的社会动荡、国家衰落的局面，普京不得不思考如何从俄罗斯的传统出发实现现代化，走一条新的强国之路。

俄罗斯是个拥有悠久历史和灿烂文化的大国，在科学教育、思想文化、文学艺术、军事等各个领域创造过举世的辉煌，为人类文明的发展做出了巨大贡献。苏联七十年，苏维埃制度深刻地影响了几代人的思想观念和行为方式。厚重的历史传统和文化积淀——这就是俄罗斯改革面对的现实。

普京执政八年是努力使现代和传统相结合的八年。

普京指出："90年代的经验雄辩地证明，将外国的抽象公式简单地移植到俄罗斯的土地上不可能使我国的改革真正成功和不付出昂贵代价，机械地照搬别国的经验也不可能成功。"普京强调，俄罗斯社会团结的思想基础是俄罗斯传统的价值观，即俄罗斯民族传统。

普京把俄罗斯的传统归纳为"俄罗斯新思想"，其要点是：爱国主义，即对自己民族历史和成就的自豪感与建设强大国家的心愿；强国意识，强调俄罗斯过去和将来都是伟大国家，而正是这一点始终决定俄罗斯人的思想和国家政策；国家权威，强调拥有强大政权的国家是秩序的源泉和保障，是改革的倡导者和主要推动力；社会互助精神，认为俄罗斯人的传统更重视集体活动，习惯于利用国家和社会的帮助改善自己的状况①。

普京强调俄罗斯民族传统，是对20世纪90年代以来占主导地位的政治思潮的挑战和反正：爱国主义实质上就是俄罗斯民族主义，针对自戈尔巴乔夫以来社会上盛行的世界主义和民族虚无主义；强国意识，主要针对"民主派"奉

① 〔俄〕普京：《千年之交的俄罗斯》，载《普京文集——文章和讲话选集》，中国社会科学院译，中国社会科学出版社，2002，第7~16页。

行的力图使俄罗斯尽快融入“西方文明世界大家庭”的欧洲—大西洋主义；强调国家的权威，针对的是20世纪90年代以来占统治地位的市场自由主义；社会互助精神，针对一度泛滥的以个人主义为核心的西方文化，为包括苏联七十年在内的俄罗斯传统文化的核心——集体主义正名。

需要指出的是，普京宣扬传统，有拨乱反正的意图，所以着墨较重。他强调传统，但是没有否定现代，而是努力把传统和现代结合起来。叶利钦时期建立起来的市场经济和民主政治的制度框架他都继承下来了。所以，普京又称“俄罗斯新思想”是“全人类普遍的价值观同俄罗斯自古以来并经过时间考验的价值观的有机结合”。

普京在阐述俄罗斯传统的同时，力图从传统与现代的结合中探索俄罗斯的强国之路。普京强国路线的基本内容是：其一，俄罗斯不能走回头路，认为苏维埃政权未能使国家繁荣富强和人民幸福，过去七十年已使国家的发展走进了死胡同，偏离了人类的康庄大道；其二，俄罗斯只能实行渐进、逐步和审慎的改革，不能再搞激进改革，因为过去几年的激进改革已使俄罗斯精疲力竭，国家和人民都无法忍受了；其三，俄罗斯必须走符合自己国情的发展道路，强调探索自己的改革道路和寻找自己的模式，不能照搬外国和课本上的模式和公式，也不能照抄别国的经验；其四，吸收西方文明成果，强调自由、民主和市场经济是全人类共同的价值观，人类社会发展的康庄大道。可见，普京的强国路线实际上是传统和现代相结合的路线。

2005年4月，普京在一年一度的总统国情咨文中，着重谈了俄罗斯发展中的政治原则和意识形态问题。此后不久，“主权民主”的命题便被提了出来。“主权民主”实际上是回答“什么是民主”和“怎样在俄罗斯建设民主”的问题。在俄罗斯政治和学术界的精英中，对“主权民主”这一提法是否科学有不同意见，但是对其基本内涵都是肯定的。从各方面的材料来看，“主权民主”大体上包含这样一些内容：其一，俄罗斯选择民主的发展道路，认为自由、民主是全人类的共同价值；其二，俄罗斯是主权国家，独立自主地决定自己内外政策，不接受外来干涉；其三，民主作为一种制度和原则，必须适合俄罗斯现状和发展阶段，必须适合俄罗斯的历史传统和文化特点；其四，民主化是一个过程，俄罗斯的民主还处在发展的初期阶段；等等。由此可见，“主权民主”也是俄罗斯传统和现代相结合的产物。

普京执政期间，俄罗斯的形势很快得到好转，这主要表现在以下几个方面。

建立了统一的国家政权体系。普京刚执政时，国家处于四分五裂的状态，经过八年治理，建立了强有力的中央集权的国家权力体系，实现了自20世纪80年代后期以来前所未有的政治统一。

经济实现了持续和快速发展，人民生活水平大幅度提高。1999～2007年，俄罗斯GDP年均增长6.9%，从世界第二十位上升到第七位，居民实际收入增长1.5倍。

民族精神重新焕发。普京提倡的“俄罗斯新思想”“主权民主”等已得到社会的广泛认同。爱国主义、强国意识已成为俄罗斯民族精神和主流意识形态的两大支柱。

俄罗斯以世界强国的姿态重返国际舞台。20世纪90年代，俄罗斯一度沦落为西方的“小伙伴”和“世界乞丐”。随着政策调整和国力增强，俄罗斯以世界强国的姿态重返国际舞台，成为多极化世界重要的力量中心。

普京执政八年所取得的成就，说明了传统和现代相结合路线的正确性。

四

普京执政八年，取得了显著成就，但是就社会和经济的发展水平而言，俄罗斯也只是达到1990年即苏联解体以前的水平。形象地说，俄罗斯好比生了一场大病，现在仅仅是实现了“康复”。俄罗斯“康复”以后，开始进入新的发展阶段。

苏联解体20年，从经济结构、人口状况、管理效率、技术装备、腐败治理等方面看，俄罗斯一直在“下滑”，普京上台仅是踩了刹车而已。普京指出，俄罗斯仍面临“生死存亡的危机”，危机的根源是现在“惰性的能源型发展模式”。俄罗斯经济取得快速增长，在很大程度上是依靠出口能源和世界能源价格的飙升。俄罗斯经济有增长，但是没有经济学意义上的发展。普京认为，现行的发展模式如果继续下去，必将给俄罗斯造成两个恶果：第一，俄罗斯在商品和先进技术方面对外国的依赖性将进一步增强；第二，俄罗斯将沦为“世界经济的原料附庸”。这样，俄罗斯就会落后于世界其他经济大国，“被排挤出世界领先国家的行列”，不仅无法进一步提高本国人民的生活水平，而且也无法保障国家的安全和正常发展。这说明，俄罗斯领导人已经认识到，过去八年的发展模式已经行不通了，必须做出“新的战略选择”。

2008 年 2 月，普京提出《关于俄罗斯到 2020 年的发展战略》。这一新战略被称为“国家创新发展战略”。“国家创新发展战略”的核心内容是：依靠俄罗斯的主要优势即人的潜力，依靠人的知识和技能对国家的经济和社会生活进行全面的改造。“国家创新发展战略”的目标是：到 2020 年使俄罗斯“处于世界科技领先国家的行列”；按 GDP 俄罗斯将居欧洲第一位、世界第五位。实现“国家创新发展战略”的主要措施有以下几个方面。第一，对人力资本进行大规模投资，以实现人的全面发展。首先加大对教育和科研的投入，把俄罗斯教育办成“世界上最好的教育”。继续实施医疗、住房等“国家重点项目”。第二，建立“国家创新体系”。这包括建立现代化的能源产业，改造“现在几乎所有的”技术设备，建立高新技术产业、引领“知识经济”，发展包括金融系统在内的基础设施，等等。第三，继续改革，培育市场机制和竞争环境，特别是改革政府机关①。由此可见，俄罗斯的“国家创新发展战略”实质上是以科技进步为主要手段的俄罗斯振兴战略，简单地说，就是科教兴国战略，其中不乏以人为本的精神。

2008 年 5 月，梅德韦杰夫当选总统开始执政，普京退到总理的位置，俄罗斯进入“梅普组合”时期。

但是，金融危机使俄罗斯经济遭到重创，2009 年 GDP 下降了 7.9%。金融危机进一步暴露出俄罗斯经济的脆弱性以及社会和政治领域的严重缺陷。

2009 年 5 月，梅德韦杰夫宣布成立由他亲自负责的俄罗斯经济现代化和技术发展委员会。11 月，他在总统国情咨文中明确提出了“全面现代化”战略。这一战略实际上是“普京计划”的延续和补充。“全面现代化”战略不仅强调要实现经济现代化，而且强调要实现政治现代化和人的现代化，等等。

“全面现代化”战略中的经济现代化有明确的目标和重点，这就是：进一步私有化，降低国有经济成分的比重，培育市场，改善投资环境，特别提出要优先实现能源、核能、信息技术、太空和医药五大部门的现代化。

---

① Выступление на расширенном заседании Государственного совета «О стратегии развития России до 2020 года». URL：http：//www.kremlin.ru/events/president/transcripts/24825（дата обращения：08.02.2008）.

关于政治现代化，除了现在进行的行政改革、完善司法体制、反对腐败等具体行动外，还看不出改革的总体方案，只能看到某些意向和原则，其中包括打破政治垄断，实行多元竞争。正如梅德韦杰夫所说："如果反对党在诚实的斗争中没有一点儿获胜的机会，那么它就会退化，并逐渐被边缘化。而如果执政党在任何地方和任何时候都没有失败的可能，那么也会铜锈化，最终也会退化。摆脱困境的途径就是要提高俄罗斯政治竞争力。"①

关于人的现代化，实际上涉及"国民性"的改造问题。俄罗斯领导人反复强调，改革和现代化的根本目的是增进人的福祉，实现人的全面发展，同时提出要改变民众的落后心理观念。这主要是指民众对于"皇权"和权威的崇拜，对国家的过分依赖，总是"相信所有问题都应该由国家解决"。所以，现代化的重要任务就是要帮助民众抛弃落后的心理观念，培育自立、自强、自我负责的现代精神和公民意识。

如果说普京八年更多的是强调俄罗斯传统的话，那么梅德韦杰夫的讲话给人的印象则是，他更多地强调俄罗斯的现代性。这也许就是现代化过程中经常出现的传统和现代之间的"钟摆"现象吧。但是，与此同时，也不能不看到，梅德韦杰夫和普京一样，也反对进行脱离俄罗斯传统、超越阶段的民主化改革。例如，他明确指出："第一，俄罗斯的民主决不能超前。我不认为，我们正处于一种最低级的民主发展阶段。但我们暂时还不是那种已有 150 年、200 年或 300 年历史的民主。俄罗斯的民主总共也就 20 年。苏联没有民主，沙皇时期同样没有任何民主。所以，从传统意义上说，我们国家有 1000 多年了，但从民主意义上说，才 20 年。第二，俄罗斯不需要为自己发明任何新的民主价值观。当前，俄罗斯已经处在世界发展的主流。第三，民主理应符合社会和经济制度的发展水平，因此，如果我们的民主逐步平稳地发展，那它就不会对国家的存在和国家的完整构成任何威胁。但如果企图越过各阶段，推行未经我们历史检验的制度，毫无疑问，就有可能打破形势的平衡。我不想隐瞒，我们上世纪 90 年代这方面是出现过问题的。"② 梅德韦杰夫历来认为民主就是民主，不赞成在"民

① Наша демократия несовершенна，мы это прекрасно понимаем. Но мы идём вперёд. URL：http：//www. kremlin. ru/news/9599（дата обращения：23. 11. 2010）.

② Интервью датской радиовещательной корпорации. URL：http：//www. kremlin. ru/transcripts/7559（дата обращения：26. 04. 2010）.

主”前面加什么限制词。但是，他上面的讲话明显地包含两个方面的意思：其一，俄罗斯实行的民主不是什么别的民主，而正是世界上“有150年、200年或300年历史的民主”，俄罗斯已进入“世界发展的主流”；其二，俄罗斯的民主历史很短，民主化只能“逐步平稳地发展”，否则就会威胁到国家的生存和完整。此外，他也强调，俄罗斯民主化是俄罗斯人“自己做的事，不需要别人指挥”[①]。由此可见，梅德韦杰夫关于民主的思想同“主权民主”的内涵是相通和相同的。

“统一俄罗斯党”第十次代表大会宣布把“保守主义”作为党的意识形态，强调“俄罗斯应当在保守主义价值基础上完成现代化的任务”。什么是俄罗斯的“保守主义”呢？按照该党最高委员会主席、国家杜马主席格雷兹洛夫的说法，就是“爱国主义、重视家庭、历史记忆、尊重传统、健康和民族繁荣、保护私有财产、尊重法律、民族和信仰的和谐”[②]。可见，“统一俄罗斯党”的“保守主义”实际上就是上面所说的俄罗斯的“传统”。格雷兹洛夫还认为，现代化与保守主义并不矛盾，“因为只有实现经济、社会领域和国家管理的现代化，才能保持俄罗斯的价值和历史记忆，保持俄罗斯作为一个强国的所有一切”[③]。

俄罗斯实行多党制，除了“统一俄罗斯党”的“保守主义现代化”外，其他党派还提出了“自由主义现代化”“社会主义现代化”等。但是，鉴于“统一俄罗斯党”是俄罗斯第一大党，又是政权党，掌握议会的多数，所以，该党的政治纲领将会对俄罗斯的未来发展产生重要影响。

从传统社会向现代社会转变，是不同民族和国家的共同诉求，是人类社会发展不可逆转的潮流。俄罗斯现代化的历史说明，传统和现代是不可分割的。传统和现代的关系如同土壤和种子的关系。传统如果脱离现代，就会变成不断退化的不毛之地。传统是历史的积淀，需要在与现代的结合中吸收新鲜营养，这样才能永葆活力，发扬光大，这如同电脑软件一样，需要不断升级，否则就

① Кремниевая долина впечатляет и вдохновляет. URL：http：//www. kremlin. ru/transcripts/8160 (дата обращения：24. 06. 2010) .

② Грызлов Б. В. Сохранить и приумножить：консерватизм и модернизация//Известия, 01. 12. 2009. URL：https：//iz. ru/news/355987.

③ Грызлов Б. В. Сохранить и приумножить：консерватизм и модернизация//Известия, 01. 12. 2009. URL：https：//iz. ru/news/355987.

会被淘汰。而现代也必须与传统相结合、相适应，否则就会水土不服，即使生根发芽，也只能是劣性变异的物种而已，正如古人云："橘生淮南则为橘，生于淮北则为枳，叶徒相似，其实味不同。所以然者何？水土异也。"①

在当今世界，那些不顾国家民族传统，盲目引进外国的现代化经验，结果失败和导致国家衰败的例子，不胜枚举。与此同时，把传统和现代结合得好、结合得成功的例子也有很多。亚洲一些国家和地区的经验说明，现代化的水平越高，传统的东西保持和发扬得就越好。现代和传统相辅相成，相得益彰。

人类是从昨天走到今天的，又将从今天走向明天。昨天、今天和明天是联系在一起的，是不能随意割裂的。对于历史传统，人们可以改造它、创造它，但是不能割断它、抹杀它。谁试图割断和抹杀国家与民族的传统，谁就要受到严厉的惩罚。俄罗斯20世纪90年代的历史就是很好的例证。

面向世界，善于向别的国家和民族学习，善于借鉴和吸收人类一切文明成果，这是一个国家、一个民族不断进步和兴旺发达的标志与源泉。如果拘泥于自我，拒绝学习和借鉴，拒绝现代，这对一个国家和民族是非常危险的。苏联解体就是很好的例证。

使传统和现代相结合，这是一门高超的政治艺术。俄罗斯现代化的努力成功与否，在很大程度上取决于俄罗斯领导人和精英们怎样掌握这门政治艺术。

（原文发表于《俄罗斯学刊》2011年第1期）

① 参见《晏子春秋·内篇杂下》。

俄罗斯修宪与普京的长久国家

李永全*

内容提要： 普京对1993年《俄罗斯联邦宪法》进行修改，俄罗斯将从叶利钦宪法过渡到普京宪法。1993年宪法是一部以超级总统制为特征的基本法，它保证了俄罗斯主权国家的建立和社会政治的稳定。但是这部宪法赋予总统的权力异常大，限制了其他权力机构和地方对决策的影响。修宪的目的是使权力机构更加平衡，运行更加有效。普京认为，修宪过程中必须遵守几个基本原则：俄罗斯只能是总统制共和国，不能搞议会制；俄罗斯不能出现双重权力，不能出现寡头政治；俄罗斯宪法高于国际法律和条约；重视劳动者、母婴、养老金领取者的社会保障。修宪能否实现俄罗斯政治进程从以保证社会政治稳定为主过渡到以发展为中心，是2024年以后俄国家领导人面临的主要任务。普京表示，如果人民有希望，宪法法院有裁决，不排除2024年继续竞选总统。

关键词： 俄罗斯　宪法　总统制　议会制　寡头政治　国务会议　宪法修正案

2020年1月15日，普京总统在发表年度国情咨文时提出对1993年《俄罗斯联邦宪法》（以下简称"93宪法"）进行修改的建议，他阐述了修宪的主要内

* 李永全，中国社会科学院大学中俄关系高等研究院教授、博士生导师。

容和原则，并提出宪法修正案、成立修宪工作组；立法机关积极配合；4 月 22 日俄罗斯就宪法修正案举行全民投票。这是苏联解体、俄罗斯独立以来的重要政治事件，将对未来俄罗斯发展以及俄罗斯与外部世界的关系产生巨大影响。修宪既是普京为 2024 年以后俄罗斯做出的战略安排，也是对自己执政 20 余年的总结。本文尝试阐述普京修宪的背景、内容及其对未来俄罗斯内政外交的影响。

一　93 宪法的产生及其历史意义

1993 年《俄罗斯联邦宪法》是在苏联解体、俄罗斯独立后的非常时期诞生的。

1991 年底苏联解体。一个曾经的超级大国，统一的政治、经济、安全和人文空间顷刻瓦解、坍塌。经济危机、社会危机和安全威胁等是所有新独立国家普遍经历的问题，它们都面临建立主权国家、建设民族经济、发展民族文化和确立民族认同的艰巨任务。

从 1991 年底至 1992 年，俄罗斯政府在经济领域采取了三项主要的激进改革措施：开放内外贸易、放开价格以及晚些时候的大规模私有化。实行这些措施的结果是物价飞涨，居民为购得国家定价的商品不得不排队 3～4 个小时，还经常不能如愿。居民一生的积蓄在激进经济改革下几乎变成一堆废纸。与此同时，苏联解体和俄罗斯激进经济改革几乎彻底摧毁了实体经济。俄罗斯经济陷入崩溃的边缘……大多数民众失去财富、工作和基本保障的同时，另一部分极少数人暴富。曾经相信自由派关于资本主义美好未来神话的群众失望至极，一个超级大国公民的民族自尊心和自身尊严受到前所未有的打击，社会不满情绪与日俱增。

俄罗斯也面临重建政治制度的任务。此时的俄罗斯联邦，仍沿用苏联时期的名称“俄罗斯苏维埃联邦社会主义共和国”。曾经共同反对戈尔巴乔夫、与苏联中央政府对立对抗的俄罗斯上层精英，无论是在社会经济政策还是在政权建设方面，此时开始出现分歧、矛盾和对立。

在进行激进经济改革问题上，俄罗斯立法权力机关和执行权力机关发生矛盾，以叶利钦为首的执行机关和以俄罗斯最高苏维埃主席哈斯布拉托夫为代表的立法机关开始对立。

形式上，对立双方的矛盾和分歧在于俄罗斯要建立什么样的政权，是总统制还是议会制国家。实质上，矛盾和分歧反映的是社会各阶层利益的冲突。

1992年2月，时任俄罗斯副总统、曾经支持叶利钦的共产党党团成员、俄罗斯共产党人党成员鲁茨科伊转入反对派阵营。1992年10月，各种反对派联合成民族拯救阵线。1993年2月，对立双方的天平开始向立法权力机关倾斜。标志性事件是俄罗斯联邦共产党召开了恢复代表大会，久加诺夫成为党主席。久加诺夫号召人们同反人民的叶利钦政权斗争。

在这场权力斗争中，双方各执一词。最高苏维埃主张并号召“一切权力归苏维埃”，这是十月革命的口号。而叶利钦认为，自己是唯一民选总统，因此更具有合法性。这种形势发展的结果是斗争日益激化，权力接近瘫痪。宪法改革势在必行。

1993年9月21日，叶利钦签署第1400号指令《关于分阶段进行宪法改革》。叶利钦及其支持者意在通过宪法改革建立总统制共和国和垂直权力系统，并计划于1993年12月11～12日举行国家杜马选举，建立类似1906～1917年那样的俄罗斯议会制机制。但是，叶利钦本人也承认，他的这个指令与现行宪法是相抵触的。1993年9月21日夜，俄罗斯宪法法院认为第1400号指令不符合现行宪法。于是最高苏维埃代表宣布停止叶利钦的总统权限，副总统鲁茨科伊走上最高苏维埃讲坛，宣誓就任俄罗斯联邦代总统。俄罗斯陷入深刻危机。这场僵持不下的危机以1993年10月3日叶利钦炮轰最高苏维埃（白宫）而结束。

以武力和流血方式结束权力危机、宪法危机后，俄罗斯开始着手通过新宪法。

1993年12月12日，俄罗斯举行国家杜马选举并同时就新宪法草案举行全民公决。国家杜马的产生和新宪法的通过，标志着俄罗斯权力结构框架基本形成和政治过渡时期的结束，具有重要意义。首先，93宪法确立了俄罗斯总统制，结束了执行权力机关和立法权力机关的争斗。其次，反对派俄共参加国家杜马选举在某种意义上意味着街头斗争将让位于议会内部的辩论和博弈，这对稳定社会局势具有积极意义。最后，93宪法的通过和国家杜马的建立意味着重大经济和社会政策问题将通过法律手段解决。虽然国家杜马的权力有限，不能监督政府，但是在立法层面可以制约执政当局。

二　93 宪法的主要内容和特点

根据新宪法，俄罗斯恢复历史称谓“俄罗斯”或“俄罗斯联邦”。93 宪法确立了如下基本原则。1. 确立国家的性质为俄罗斯联邦共和政体的、民主的、联邦制的法治国家。2. 确立人权至上的原则，人的权利和自由具有至高无上的价值，个人尊严受国家保护，人民权利的最高表现是全体公民的直接选举。3. 确立以总统为核心的国家权力体制。宪法明确规定俄罗斯联邦实行总统制，总统由民选直接产生，宪法明确强调总统的权力和地位。总统控制国防、内务、外交、安全等关键部门。总统是国家元首，是宪法和人民权利与自由的保证。4. 确立联邦议会制。俄罗斯联邦议会是俄罗斯联邦的代表与立法机关，由联邦委员会和国家杜马两院组成。5. 确立三权分立的权力平衡和制约机制。6. 确立新的联邦体制，联邦主体权力，不管如何称呼，共和国、边疆区、州、自治州，其地位是平等的，它们与中央的关系由宪法和此前签署的有关权力划分的条约来确定。在联邦内，联邦法律高于一切，人员、商品、服务和资金可以自由流动。7. 确立多党制原则。新宪法承认意识形态多样性，承认政治多元化和多党制原则。强调任何一种意识形态、任何一个政党都无权进行独裁统治。8. 确立了私有制。宪法规定，私有权受到法律保护，每个人都有权拥有私有财产，有权单独或与他人共同掌管、使用和支配这些财产；对私有制、国家所有制以及其他所有制形式予以同样的承认和保护。

根据新宪法，新俄罗斯的国徽是俄罗斯帝国旧国徽的改进版，即由双头鹰和皇冠等要素组成。与此同时，恢复使用“国家杜马”。有些人，包括法学家，认为新宪法草案设立国家权力结构时在很大程度上借鉴了俄罗斯帝国的经验。一些评论家说，叶利钦是刻意这样做，以恢复十月革命前的俄罗斯，防止共产党“卷土重来”①。

根据 93 宪法，俄罗斯议会由两院组成，上院称“联邦委员会”，下院称“国家杜马”。国家杜马沿袭了十月革命前俄罗斯帝国时期的立法咨询机构的

---

① История России. XX век：1939 – 2007/под ред. А. Зубова. —М.：Астрель：АСТ，2010. —С. 602 – 603.

称谓，而与上院类似的立法咨询机构在十月革命前被称为“国务会议”。十月革命前的国家杜马是根据沙皇设立国家杜马的诏书、《国家杜马选举条例》、10 月 17 日宣言和 1906 年 2 月 20 日《成立国家杜马法令》设立的。从 1906 年 4 月至 1917 年 11 月，俄罗斯帝国先后成立过四届国家杜马。国务会议是俄罗斯帝国最高立法咨询机构，1810 年设立。1917 年俄国发生二月革命，国务会议被废止。历史上的立法咨询机构是沙皇治理国家的工具，是为沙皇服务的。

93 宪法的设计还充分考虑了前几年俄罗斯国内政治斗争和冲突的经验及经历，赋予总统以超级权力，总统不仅是宪法的保证，而且还是执行权力的领导人，立法机关只能赞同总统对总理的任命，对政府组成基本上没有影响力。如果立法机关连续三次否决总统对总理人选的任命，则总统有权任命总理并解散国家杜马，同时决定重新选举。议会即使通过了对政府的不信任案，总统也不是必须辞职，总统有权否决议会的决定。如果联邦议会想推翻总统的否决，必须两院同时获得三分之二的票数，而这几乎是不可能的。因此，这个宪法法案为俄罗斯设计的是总统制，或者说是超级总统制。

根据新宪法，俄罗斯联邦委员会由各联邦主体代表组成，每个联邦主体有 2 名代表，分别来自地方执行权力机关和立法权力机关。俄罗斯国家杜马由 450 名代表组成，由居民选举产生。值得指出的是，宪法并没有明确规定国家杜马的选举方式，这使总统能够根据需要调整选举方式。

三　被寡头利用的宪法与利用宪法终结寡头政治

社会最终会循着一定的历史规律运转，即财产关系决定社会的发展。谁控制了社会财富，谁就会控制或者谋求控制政权。俄罗斯也不例外，独立后的俄罗斯循着这个规律走得“扎扎实实”。

93 宪法的通过并没有终止社会分化过程，相反还在加速这个过程。俄罗斯自由主义经济改革，即著名的“休克疗法”式经济改革，其实有两个目的，一是建立市场主导的经济；二是创造一个强大的私有者阶层，防止共产主义和共产党“卷土重来”。在某种意义上，第二个任务更重要。1993 年底，叶利钦总统签署《关于在俄罗斯联邦成立金融工业集团》的命令[①]。这是造就私有者运动的号令。此后不久，俄罗斯迅速出现七大金融工业集团，控制了国家的经济命脉。与此同时，激进经济改革导致社会贫富差距扩大，绝大多数居民生活水平断崖式下降，居民十几年甚至几十年的积蓄瞬间变成废纸，人们怨声载道。

金融工业集团在掌握了国家财富后开始积极参政，只有掌握了政治权力，资本才是安全和有保障的。1996 年总统大选前夕，为了保证叶利钦继续执政，金融寡头们集体密谋，通过种种手段使民调支持率只有 4% 的叶利钦成功当选。从此，寡头政治在俄罗斯大行其道。1996 年 11 月，金融寡头别列佐夫斯基在答《金融时报》记者问时直言不讳地说，7 个人控制了俄罗斯一半以上的经济。因此 20 世纪 90 年代，俄罗斯政治经济社会形势一直处于动荡状态。寡头政治、"家族"势力成为普京当政后最头疼的问题，因为这是振兴俄罗斯的最大障碍。

与此同时，执政者在议会主要是国家杜马中没有强有力的支持者，反对派在议会占据多数席位，一些改革措施无法得到议会的支持。决策有效性再次受到质疑。

俄罗斯的金融寡头们利用 93 宪法控制了叶利钦，形成了"家族"势力，瓜分了国家财富，把俄罗斯引上了社会不公、动荡不已之路。

因此，在这种历史条件下，选择普京做接班人应该是叶利钦与"家族"势力或寡头们的共同选择。选择普京接班是为了控制他，至少觉得能够控制他。从寡头利益出发，他们看错了人，选错了人，因此反普京的人认为选中普京做接班人是叶利钦一生犯的最后一个错误；拥护普京的人说，选中普京是叶利钦一生中唯一正确的决策。事实证明，普京和他们的确不是一路人。比如在苏联解体问题上，普京认为苏联解体是 20 世纪最大的地缘政治悲剧。"谁不惋惜苏联解体，他没有良心，谁想恢复过去的苏联，他没有头脑。"[②] 对于金融寡头、寡头政治，普京深恶痛绝。他曾经说："寡头集团只是为自己的利益服务，根本

---

① Финансово-промышленная группа/Словари и энциклопедии на Академике. URL：https：//dic. academic. ru/dic. nsf/enc_ law/2380/.

② Путин：Кто не жалеет о распаде СССР，у того нет сердца//Аргументы и Факты，16. 12. 2010. URL：https：//aif. ru/politics/world/251189.

不关心国家利益。”①

与此同时，93 宪法的特点也为普京在俄罗斯权力金字塔上站稳脚跟、为其执政实践创造了独特的条件。正是依靠这部宪法赋予总统的无限权力，普京经过 20 年的努力改变了俄罗斯，使俄罗斯重新走在复兴的路上。

普京当政 20 年，最难莫过于与寡头政治的博弈。执政初期，克里姆林宫掌握在“家族”势力手中。消除“家族”势力的影响，根除寡头政治，是普京面临的头等任务。他奉行等距离疏远金融寡头的方针，整顿了宪法秩序，整顿了媒体，理顺了中央和地方的关系，成功地建立了政权党，控制了议会。从 2000 年开始，叶利钦时期的寡头当政，再到政治权力和资本权力并存，直至最后结束寡头政治，普京用了整整一个总统任期。2003 年 10 月，随着尤科斯公司掌门人霍多尔科夫斯基入狱，普京终于结束“家族”时代，开启了俄罗斯新政治进程。

20 年执政经历使普京深谙 93 宪法的特点和实质。他建议修宪，对 93 宪法进行修改和完善，可以说，这也是其在完成历史使命。

四　普京建议修宪的主要内容、程序及社会反应

普京有关修宪的提议显然不是心血来潮，而是战略举动；也不是 2020 年 1 月普京发表国情咨文即席发出的声音，而是精心设计和安排的政治举措。

从叶利钦和普京时代俄罗斯政治进程和生态看，93 宪法的特点是非常明显的，其既是一部保证高度集权化治理的基本法，是特殊时期诞生的一部基本法，也是存在明显缺陷的基本法。用俄共领导人久加诺夫的话说，现行宪法是在枪口的威逼下从外面强加给他们的。宪法赋予总统的权力历史上历任沙皇和总书记都不曾享有过②。虽然这个评论带有浓厚的感情色彩，但是依然反映了问题实质。一个在法律上具有至高无上权力、不受监督的统治者，一旦被某种势力控

---

① Владимир Путин：Распад СССР-крупнейшая геополитическая катастрофа века//REGNUM, 25. 04. 2005. URL：https：//regnum. ru/news/polit/444083. html.

② Идею Путина изменить Конституцию прокомментировал Зюганов：Ему предлагаемые изменения понравились//Московский комсомолец, 15. 01. 2020. URL：https：//www. mk. ru/politics/2020/01/15/ideyu – putina – izmenit – konstituciyu – prokommentiroval – zyuganov. html.

制，或自身出现某种问题，则后果不堪设想；93 宪法规定的权力分配和决策机制极大地限制了各部门、各地方、各行业的积极性和主动性，保证了中央绝对权威，建立了严格的垂直治理体系。用俄罗斯专家的话说，这是手动操作国家治理，而不是自动操作系统。

对于普京总统的修宪建议，俄罗斯社会各界反应相当积极。且不说政权党或亲当局的政党，即使是俄罗斯共产党和自由民主党这种扮演反对党角色的政党，也表示支持并提出自己的修宪方案。俄罗斯自由民主党主席日里诺夫斯基提出许多建议，大部分建议具有平民主义性质，是为了吸引民众注意力。其关于宪法应该明确自然资源属于国家，取消关于意识形态的限制并确立国家意识形态的建议，引起了社会关注①。

普京显然希望自己不仅留下一个已经复兴，或者至少在相当程度上复兴的俄罗斯，而且希望留下一个更合理、更符合俄罗斯国情的、能够有效运转的体制。修改宪法是实现这个目标的步骤之一。修宪是一个专业性非常强的事情，是立法者和法学家的事情，但是此次修宪过程中普京组织了修宪建议征集活动。普京在国情咨文中的修宪原则受到社会的广泛支持。在大约一个月时间里收到千余条建议，关注度最高的领域集中在：1. 社会问题；2. 保护母婴；3. 关于国际法及保证领土完整和国家主权；4. 关于文化和民族意识；5. 关于政权设置，包括对联邦会议地位的提案占 19%，关于总统的提案占 13%，关于政府的提案占 11%，关于司法权力和检察机关的提案占 9%②。

普京发表国情咨文后，成立了修宪工作组，吸引了来自各个行业的专家和代表。修宪工作组负责具体修宪工作，也负责处理来自各个行业和地区的修宪建议，以便使修宪过程更加透明，更加具有代表性。

根据在国情咨文和媒体中透露出的修宪信息，修宪的主要内容包括以下几个方面。

---

① Жириновский объяснил какие необходимо внести поправки в Конституцию РФ, чтобы страна стала непобедимой. URL：https：//zen. yandex. ru/media/remontnik/jirinovskii – obiasnil – kakie – neobhodimo – vnesti – popravki – v – konstituciiu – rf – chtoby – strana – stala – nepobedimoi – 5e07df1d2fda8600b07047c8（дата обращения：29. 12. 2019）.

② Встреча с рабочей группой по подготовке предложений о внесении поправок в Конституцию. URL：http：//kremlin. ru/events/president/transcripts/copy/62862（дата обращения：26. 02. 2020）.

1. 俄罗斯联邦宪法高于国际法；2. 增加联邦国务会议的权限；3. 强力部门领导人和地方检察官由总统和联邦委员会任命；4. 联邦委员会有权撤销法官职务；5. 总统和高级官员不能拥有外国国籍；6. 总统应该在俄罗斯生活不少于25年；7. 总统任期不能超过两届；8. 宪法法院可以审查法律草案；9. 国家杜马可以批准政府总理人选；10. 劳动报酬不能低于最低生活标准；11. 养老金应该根据普遍原则定期调整①。

这些修正案既包括加强和完善权力机关，如联邦委员会和国家杜马权限的扩大，也包括普通人关心的生活问题，如养老金和劳动报酬方面的立法保证。

普京谈及修宪时，除谈到修宪的必要性外，还提出了几个重要的、不能放弃的原则，其中包括：1. 俄罗斯是总统制国家，议会制不符合俄罗斯国情；2. 不允许寡头干政，不允许出现寡头政治；3. 俄罗斯宪法高于国际法，在国际交往中俄罗斯首先关注的是自己国家和人民的利益；4. 高官必须具有清白的俄罗斯简历。

引人注目的是，对总统候选人和俄罗斯高级官员条件的限制。这一限制措施在修正案中的表述体现为以下几个方面。1. 俄罗斯联邦总统由俄罗斯联邦公民在普遍、平等、直接和无记名投票的基础上选举产生，任期6年。2. 俄罗斯公民满35周岁、在俄罗斯联邦长期居住不少于25年、过去和现在都不具有外国国籍或居住权及证明俄罗斯联邦公民在外国领土上拥有长期居住权利的文件的，可以被选为俄罗斯联邦总统。俄罗斯联邦总统候选人不得具有外国国籍的要求，不适用于那些曾经具有根据宪法法律加入俄罗斯联邦或部分加入俄罗斯联邦的国家的国籍以及在加入俄罗斯联邦或部分加入俄罗斯联邦的国家的领土上居住过的俄罗斯联邦公民。3. 同一人担任俄罗斯联邦总统不得超过两届。

关于不得具有外国国籍和长期居住权的要求也适用于国家杜马议员等高级官员。这个要求意味深长，首先，切断了寡头直接当政的念头，金融寡头和富豪们大都具有外国国籍，俄罗斯是承认双重国籍的国家，过去金融寡头直接在政府内和权力核心地带担任要职的现象将一去不复返。其次，反对派受到相当程度的遏制。大多数反对派都具有国外背景，或者在国外居住，或者在西方国

① Полный список поправок в Конституцию 2020. URL：https：//fozo. info/239 – polnyj – spisok – popravok – v – konstituciju – 2020. html（дата обращения：17. 07. 2020）.

家留学，都具有或者曾经具有长期居住经历，现在这条规定将使他们无法进入俄罗斯权力核心，更不可能进入决策层，只能搞些街头活动。最后，这个要求不适用的人员范围显然针对克里米亚或未来即将加入俄罗斯联邦或者部分加入俄罗斯联邦的后苏联地区国家公民。这对后苏联地区某些精英具有实际意义。而93宪法中没有这方面的规定，对总统候选人在俄罗斯居住时间的限制也比较宽松。93宪法中相应条款的表述是："1. 俄罗斯联邦总统由俄罗斯联邦公民在普遍、平等、直接和无记名投票的基础上选举产生，任期6年。2. 俄罗斯公民满35周岁、在俄罗斯联邦长期居住不少于10年，方可当选。3. 同一人担任俄罗斯联邦总统不得连续超过两届。"

总统的任期问题始终是俄罗斯国内外关注的焦点问题。首先，前些年为了延长普京在俄罗斯的领导地位，曾经实践了著名的"梅普组合"模式。这不仅在俄罗斯，在国际上也是少见的。普京之所以经过"梅普组合"还能够回到克里姆林宫，是因为对宪法上关于总统任期的表述可以产生不同解释。"不得连续超过两届"既可以理解为"任职不得超过两届"，也可以理解为"连任不得超过两届"，因此任满两届离职后还可以返回再次任职。虽然后一种解释有"强词夺理"之嫌，但是毕竟没有违反宪法。这次修宪过程中有关条款的修改，对总统任期的限制做出明确无误的表述，如果获得通过，对俄罗斯未来具有重要意义。但是，普京在国情咨文中表示，虽然同意在宪法中对总统任期进行限制，但是本人不认为这是原则性问题。因此，最终修改的文本如何表述，还是未知数。

在普京与修宪工作组会见时，法学家专门谈到落实关于俄罗斯宪法高于国际法的建议问题。这个问题的提出和解决将结束泛政治化的国际裁决对俄罗斯的干扰，如海牙国际仲裁法庭判决俄罗斯偿还尤科斯公司500亿美元之类的事件。

修宪建议受到俄罗斯人普遍支持主要是因为，建议中涉及俄罗斯人普遍关心的社会问题，如人口、母婴保护和弱势群体救助等。

93宪法修正案将通过全民投票后开始生效，有关部门即俄罗斯中央选举委员会的保障工作非常到位。立法机关也紧锣密鼓地配合，国家杜马于2020年3月10日二读通过宪法修正案，3月11日对修正案举行三读审议并通过。4月22日全民投票通过宪法修正案后，俄罗斯将从叶利钦宪法正式过渡到普京宪法。

五 修宪对俄罗斯未来的影响

93 宪法的大规模修订对俄罗斯来说是一件具有历史意义的大事。它关系到俄罗斯的未来，关系到俄罗斯的稳定与振兴。

虽然目前提出的修正案建议数量很多，但是并未触及 93 宪法的基础。普京关于修宪的几个重要原则都是关系到俄罗斯未来的核心问题，为修宪也为未来俄罗斯发展确定了方向。

首先，俄罗斯只能搞总统制。那么谁将在 2024 年任俄罗斯总统就成为大众最关心的问题。从这个意义上说，本来是应对“2024 问题”的修宪举动，不仅没有解决人们对未来总统候选人的期待与疑惑，“2024 问题”反而更加尖锐。普京在圣彼得堡会见卫国战争老战士和爱国主义团体代表时，老战士代表克里莫夫对普京说：“我们这一代人希望国家总统的工作年限不受具体执政期限限制。”普京回答说：“回到 20 世纪 80 年代中期，即国家领导人一个接一个地掌权到生命的最后日子，离开时没有为权力更迭创造必要条件，这才是非常让人担心的事情。我非常感谢你们，但是我认为最好不要回到那种局面。”① 普京的表态似乎消除了他是否连任的悬念，可见，不论其 2024 年继续执政与否，都希望俄罗斯仍然保持强有力的总统制。

2020 年 1 月 16 日，普京在其官邸会见修宪工作组时说，无论做出什么样的修改，总统都应该保留最重要的权限，有权撤换那些不称职的、失去信任的官员。他说：“俄罗斯还应该是总统制共和国。总统应该保留能够撤换那些违反法律、不敬业、不履职，而为此失去信任的官员职务的权限。”他还说：“这是完全必要的权限，否则俄罗斯完全可能成为议会制共和国，而在一个多宗教、多民族，有着复杂的组织和广袤领土的国家，这可能会成为‘非常严峻的考验’。”② 1 月 26 日，普京在视察利佩茨克州时再次强调说：“我认为，对

① Почему Путин так спешит с правкой Конституции//Московский комсомолец，20. 01. 2020. URL：https：//www. mk. ru/politics/2020/01/20/pochemu - putin - tak - speshit - s - pravkoy - konstitucii. html.

② Путин рассказал，какие полномочия должны остаться у президента//РИА Новости，16. 01. 2020. URL：https：//ria. ru/20200116/1563499394. html.

于具有广袤国土、多宗教、多民族的俄罗斯来说，还是需要强有力的总统权力。”①

不过事情并未到此结束。2 月底，曾任普京总统顾问和总统办公厅副主任的苏尔科夫在回答记者提问时说，宪法修正案应该取消对总统任期的限制②。苏尔科夫认为，俄罗斯已经自然形成了超级总统制，应该通过法律把这种治理形式明文规定下来③。与此同时，苏尔科夫认为，宪法修正案通过后，普京的总统任期可以归零，不妨碍继续连任。虽然苏尔科夫已经被解除负责乌克兰问题的总统顾问职务，但是考虑到他此前在总统办公厅发挥的作用和撰写的几篇关于普京长久国家的文章的影响，他的这些观点还是耐人寻味的。一向善于揣摩克里姆林宫意图的日里诺夫斯基在回应苏尔科夫言论时也是异常谨慎。日里诺夫斯基说，垂直权力体系“有利于决策”，因为它加速决策进程，但是“从可持续角度看，这种体系比较脆弱”。但是，日里诺夫斯基赞赏宪法修正案赋予一些权力机关新的权限。“国家杜马可以更加地积极参与组建政府，联邦委员会和安全会议可以更有效地监督监察机关和强力部门。宪法中还将增加有关国务会议的条款，国务会议完全可能超出咨询机关的权限。在这种体系中，总统依旧是最重要的环节，但是所有权限的分配会比现在更加平衡。这是向更加平衡、广泛、智慧的民主制迈出的重要一步。”④ 日里诺夫斯基有意回避关于现总统的前途问题。3 月 10 日，国家杜马二读审议宪法修正案期间，关于现总统 2024 年前途问题成为焦点。“统一俄罗斯党”议员、苏联第一位女宇航员捷列什科娃强烈要求取消对总统任期的限制，以便保证普京总统能够在 2024 年继续执政。此建议引起热烈讨论和争论。对于捷列什科娃的建议，普京说，不需要搞无差额选举，选举应该是公开的和有竞争性的⑤。决策权在于国家杜马，在于人民。国家杜马

① Путин рассказал о подходящей для России форме правления//РИА Новости, 22. 01. 2020. URL: https: //ria. ru/20200122/1563732755. html.

② Кремль оценил слова Суркова об обнулении президентских сроков//РИА Новости, 26. 02. 2020. URL: https: //ria. ru/20200226/1565218756. html.

③ Сурков: в России надо юридически закрепить сложившуюся гиперпрезидентскую форму//Газета. ru, 26. 02. 2020. URL: https: //www. gazeta. ru/politics/news/2020/02/26/n_ 14084509. shtml.

④ Жириновский прокомментировал слова Суркова о формеправления в России//РИА Новости, 26. 02. 2020. URL: https: //ria. ru/20200226/1565246044. html.

⑤ Путин не возражает против возможности баллотироваться в 2024 году//РИА Новости, 10. 03. 2020. URL: https: //ria. ru/20200310/1568389547. html? in = t.

国家建设和立法委员会主席克拉舍宁尼科夫说：“如果人民对宪法修正案说‘是’，则根据该修正案，现总统有权成为总统候选人。”①

普京一改之前拒绝再次参选的表态接受了这种可能性，增加了人们对2024年俄罗斯总统人选的预测难度，但无论如何，宪法修正案对总统任期相关规定的表述以及现总统在2024年的前途问题都是人们关注的焦点。

普京关于不允许出现双重权力的表态，对于修宪工作和俄罗斯未来非常重要。众所周知，俄罗斯历史上凡出现两个政权并存，或者出现多中心的局面，必然酿成严重后果，而且最终只有克服双重权力并存局面才能够摆脱政治危机。人们对此记忆犹新。1917年俄国二月革命后，出现临时政府与工兵农代表苏维埃两个政权并存局面，最终通过十月革命解决危机。20世纪80年代后期，苏联出现多中心局面。戈尔巴乔夫无力控制国内局势，苏联中央政府与叶利钦领导的俄罗斯联邦政府对立，各加盟共和国纷纷要求主权，最终苏联解体。独立后的俄罗斯在20世纪90年代初期出现立法权力机关和执行权力机关对立局面，最终导致1993年10月叶利钦通过炮轰最高苏维埃的流血方式解决问题。2000年普京成为俄罗斯总统后也经历了政治权力和资本权力博弈的过程，他用了整整一个任期才结束寡头政治。普京对寡头政治深恶痛绝，即使他离开克里姆林宫，也不允许俄罗斯再次出现双重权力。此次修宪讨论期间，也有人建议普京在2024年后借鉴新加坡的经验，设立总统资政制度。对此，普京回应道，俄罗斯应该是强大的总统制共和国，资政安排会破坏总统制。“我觉得，对于俄罗斯这样的国家，这样做是不可以接受的。”“如果我们出现凌驾于总统之上的制度，这意味着出现双重权力。对于俄罗斯这样的国家来说，这绝对是致命局面。”②这是普京根据俄罗斯历史上沉痛的教训得出的重要结论，对于未来国家领导人的选拔和权力结构的设置具有重要意义。

俄罗斯正在雄心勃勃地推进欧亚一体化。俄罗斯与西方的关系也因此更加复杂。进一步在宪法中强化本国宪法和法律优于国际法律与条约，显示了俄罗斯外交将继续以强势姿态立于国际舞台。

---

① Крашенинников прокомментировал поправку по президентским срокам//РИА Новости, 10. 03. 2020. URL：https：//ria. ru/20200310/1568399662. html.

② Путин заявил о недопустимости двоевластия в России//РИА Новости，22. 01. 2020. URL：https：//ria. ru/20200122/1563752828. html.

在宪法中强调对人的关怀、对劳动者的重视和对养老金领取者的责任，这将提高公民对修宪的支持。

修宪案将在2020年4月22日提交全民投票决定结果。目前有两种意见，一种意见是全民投票立即生效；还有一种意见认为，普京是2018年选举的总统，宪法修正案中关于总统权限的条款应该从下任总统开始实行，普京在任期内仍保留93宪法赋予的总统权限。

修宪将“2024问题”提前到俄罗斯当下的政治日程，对俄罗斯社会尤其社会经济发展和国际合作产生越来越大的影响。对于国内而言，人们开始关注下任总统的人选和对政策的影响，一些大的投资项目已经很难找到投资，因为人们在观望，投资者也在观望。在国际上，“2024问题”导致一些迫切需要解决的问题被不同程度地冻结，比如乌克兰问题。以美国为首的西方在等待“2024问题”的结果，在此之前俄美关系根本改善的可能性极小；周边国家尤其后苏联空间也在观察、观望。这无疑将影响欧亚一体化的进度和速度，即使像白俄罗斯这样最紧密的伙伴也在担心“2024问题”对白俄罗斯和联盟国家前景的影响。

值得指出的是，修宪后，不管谁担任下任总统，只要不是普京，都会面临严峻的考验。这些严峻考验是影响俄罗斯稳定和可持续发展的关键。

第一，国务会议的定位和职能确定后，如何参与国家决策机制并对发展施加影响？目前国务会议是咨询机构，没有决策权。如果赋予国务会议某种宪法职能，则它与其他权力机构的关系，尤其与前任总统的关系会非常微妙。

第二，新总统如何利用政权党和议会中的体制内反对派？无论总统具有多么大的权力，议会立法活动的配合都是不可或缺的。历史上发生过政权党没有在议会占大多数、执政者重要经济决策不能获得议会支持的情况。这种情况是普京通过建立“统一俄罗斯党”扭转过来的。在某种意义上，在中央与地方的关系方面，垂直治理系统的建立也是通过政权党实施的。未来政权党如何发展直接关系到总统的决策能否顺利实施。目前关于“统一俄罗斯党”与“全俄人民阵线”合并的消息应该是应对未来的预案。结果和效果如何值得期待。

第三，如何解决旧的利益结构框架与新精英利益诉求的矛盾？新领导人上台必然导致精英队伍的变化。这里的精英，既包括政治精英，也包括经济精英和文化精英。不管政策如何具有继承性，精英队伍变化都是不可避免的。任何社会稳定都是以财产关系、利益结构稳定为基础的。多年来，几代俄罗斯领导人都在尝试和努力进行结构改革，试图通过改革经济结构降低对能源出口的依赖，提高经济活力，但是改革成效甚微。任何结构改革同时都是利益调整，而任何利益调整都会伴随资源的再分配，都会导致利益分歧甚至冲突。新总统如何面对这个历史性问题，既是挑战也是机遇。

第四，如何解决稳定与创新发展的关系？普京执政 20 年，最大的成就是实现了国家的稳定。这对于经历 20 世纪 80 ~ 90 年代动荡的俄罗斯人来说是巨大的成就，也是普京支持率一直居高不下的主要原因。支持普京连任的人也是从社会政治稳定的角度出发的。对此普京是了解的。他在圣彼得堡会见老战士时说："至于谈到国家领导人任期，我知道您指的什么。主要是我们许多人担心社会稳定，担心国家稳定，既担心国内稳定，也担心国外的稳定。"① 既然有这种认识，普京在选择或推荐继任者时会考虑这个因素。实现稳定需要魄力，实现发展还需要智慧，尤其需要集体智慧。这是俄罗斯几代人的期待。

第五，欧亚一体化进程将以什么样的速度和形式发展？俄罗斯的发展和复兴与欧亚一体化密切相关。因此，后苏联空间的政治和经济进程始终是俄罗斯对外政策的重点。欧亚经济联盟的运行是有成效的，未来的一体化速度和形式在某种意义上决定着俄罗斯复兴的速度。俄美在这个问题上以及在后苏联空间的博弈只会更加复杂。

第六，俄罗斯与外部世界的关系是否会发生巨大变化？普京带领俄罗斯的强势崛起，引起美国等西方国家的警觉和遏制。俄美之间的对立、对抗具有复杂的历史、政治、经济背景。俄美之间的关系从来不只是双边关系，俄美之间对抗或对立的影响也不仅仅涉及双边。其对地区甚至全球都将产生深远影响。2024 年以前，俄罗斯与以美国为首的西方根本改善关系的可能性极小，2024 年，对俄美双方都是历史机遇。双方将以什么形式改善关系，是期待，也是

---

① Почему Путин так спешит с правкой Конституции//Московский комсомолец, 20.01.2020. URL: https://www.mk.ru/politics/2020/01/20/pochemu-putin-tak-speshit-s-pravkoy-konstitucii.html.

谜团。

总而言之，修宪大局已定，“2024 问题”仍不明朗。毕竟距离 2024 年还有 4 年时间，在国际局势瞬息万变的今天，预测 2024 年的事情无疑有些风险。我们希望俄罗斯作为中国最大的邻居、21 世纪最重要的战略协作伙伴，始终沿着和平、稳定、可持续的道路发展。

（原文发表于《俄罗斯学刊》2020 年第 2 期）

俄罗斯与西方的历史分流：经济思想视角的考察*

李中海**

内容提要： 历史分流是指不同国家或地区走上不同发展道路的过程。俄罗斯与西方的历史分流最早可追溯到伊凡三世时期，彼得一世及其后历代统治者试图弥合与西方之间的差异，走上西方式的现代化道路，但迄今仍未实现这一目标。之所以如此，根源在于俄罗斯与西方在文化、宗教、习俗和制度等方面存在诸多差异。以经济思想视角考察俄罗斯与西方之间的差异可以看出，俄罗斯一直试图学习或模仿西方，但始终不能解决外来思想的适用性问题。在经济理论方面，俄罗斯对西方所谓主流经济思想的态度是学习与对抗相交织，在经济政策方面，总是根据需要做出自主选择，在经济发展道路方面的争论更加激烈。俄罗斯与西方经济思想产生分流的根本原因在于对经济问题的认识论、方法论、基本假设和关注点不同于西方。俄罗斯要找到符合本国实际、目标追求和实际绩效的发展道路，需要摆脱“西方还是东方”这样的二元对立思维。

关键词： 俄罗斯经济思想　俄罗斯经济科学　历史分流　经济发展道路

---

* 本文系教育部人文社会科学重点研究基地重大项目“‘一带一路’框架下中俄合作机制、模式与路径研究”（17JJDGJW004）阶段性成果。

** 李中海，中国社会科学院俄罗斯东欧中亚研究所研究员、《俄罗斯东欧中亚研究》执行主编。

历史分流是指不同国家或地区走上不同发展道路的进程，探寻这一进程及其成因一直是社会科学研究中一个宏大且远未完成的课题。40 多年前保罗·萨缪尔森就曾提出“穷国为何如此贫穷？富国为何如此富足？”这样一个问题，不同专业的学者从不同角度对此进行过研究，但至今仍未得到令人信服的答案[①]。道格拉斯·诺斯从另外一个角度进一步提出：“人类历史中的一个关键疑难问题是，如何解释历史变迁路径差异甚大的原因，不同的社会是怎样分叉的？怎样解释它们的绩效特征差异甚大的原因？”“世界已演进成许多在宗教、伦理、文化、政治和经济方面根本不同的社会。穷国与富国之间、发达国家与欠发达国家之间的差距甚至比过去曾经存在的差距更加拉大了。怎样解释这一差距？……导致差距更加拉大或趋同的条件是什么？”[②]

如果将上述问题的焦点转向俄罗斯及其与西方之间的经济差距上，这些问题可转换为：许多俄罗斯精英自认为本国在文化地理上都属于欧洲国家，其经济发展为何长期落后于西欧？是哪些因素导致俄罗斯与西欧国家走上了不同的发展道路？俄罗斯与西方是如何分道扬镳的？也可以说俄罗斯与西方是如何分叉的？[③] 当然，这些问题并不是新近产生的，已有学者从历史和文明演进、制度变迁、资源基础、地理条件等多种理论进路进行过研究，虽然言人人殊，但都不同程度地回答了这些问题。本文尝试从经济思想视角对上述问题进行探讨。需要指出的是，经济思想对一国历史及经济发展并不具有决定意义，但见微知著，通过对这一问题的研究可以更清楚地看到俄罗斯与西方之间的差异。还需要说明，本文作为一篇概述性文章，对一些问题需要做出简略处理。正如余英时所说，通论性概述往往不免要把复杂问题加以简化，难以面面俱到，也可能达不到最后的定说。本文同样不求达成定说，或许仅是聊备一格[④]。

① 〔美〕戴维·S. 兰德斯：《国富国穷》，门洪华等译，新华出版社，2001，第 1 页。

② 〔美〕道格拉斯·C. 诺斯：《制度、制度变迁与经济绩效》，刘守英译，生活·读书·新知三联书店上海分店，1994，第 8 页。

③ 分叉（俄文为 Бифуркация，来自法语 bifurcation）这一术语最早在物理学和数学中应用较多，现在则广泛应用于经济学、社会学和政治学，用以对决定系统命运的决策选择和选择的时机进行定性。俄语中有时还使用另一个更直接的词语，即 Развилка。

④ 余英时：《历史与思想》，台湾联经出版事业公司，1976，第 1 页。

一 有关历史分流及成因的理论概述

分流与西化是近代以来非西方国家始终要面对的问题。在西方中心论的主导下，许多非西方国家都希望通过引进西方形而上的文化和制度或形而下的资本、技术和管理方法等，实现追赶先进国家的目标。也有一些有较强个性认同的国家，固守本国传统，试图依靠本国传统思想、制度和手段实现现代化。还有一些国家在固守传统的同时，注重吸收西方经验，希望通过将两者结合起来实现现代化目标。

近年对历史分流问题的研究大都是由美国加州学派引起的。20 世纪 80 年代，欧美一些学者开始广泛运用新经济史学的理论和分析框架来研究中国经济史，其中加利福尼亚大学一批学者提出的“大分流”理论最为突出。比如加州学派的代表人物彭慕兰考察了 18 世纪欧洲和东亚的社会经济状况，以新的论证方法，对欧洲的英格兰和中国的江南地区做了具体的比较，提出了许多创新性见解，其基本观点是：1800 年以前是一个多元的世界，没有一个经济中心，西方并没有任何明显的完全为西方自己独有的内生优势；只是 19 世纪欧洲工业化充分发展以后，一个占支配地位的西欧中心才具有了实际意义①。

在此不对加州学派的方法论、论证过程和结论做具体辨析，仅借用这一概念，用以描述俄罗斯与西方出现历史分流的事实。一般认为，俄罗斯经济一直落后于西方，两者相差 50 年，俄罗斯始终存在学习西方还是抗拒西方的问题。对造成这种差距的原因的研究，大致存在四种不同的理论进路或理论视角。

其一是文明视角，从文明和传统文化角度分析不同国家和地区发展路径的差异问题。可将丹尼列夫斯基作为这一理论的代表人物。丹尼列夫斯基是 19 世纪俄国著名思想家，以《俄罗斯与欧洲》一书留名后世。他所提出的文化历史类型理论是文明比较研究的开先河之作，被称为是斯宾格勒、汤因比和亨廷顿等人所从事的文明研究的先驱和“比较文明学的第一人”。丹尼列夫斯基认为，

① 〔美〕彭慕兰：《大分流：欧洲、中国及现代世界经济的发展》，史建云译，江苏人民出版社，2004。

从文化历史类型的角度看，无论在起源还是传承上，俄罗斯都不属于欧洲的一部分。俄罗斯面临的选择是要么与其他斯拉夫民族组成特殊的自主的文化单元；要么就是一无所有，不再成为独立的文化历史单元①。法国学者布罗代尔后来又将宗教因素考虑在内，提出从10世纪起俄罗斯文明和俄罗斯世界就已被纳入拜占庭轨道，此后东欧与西欧分道扬镳②。

其二是制度视角，这种视角借鉴制度经济学的理论框架，对历史所形成的制度模式的影响进行研究，认为制度差异是导致不同国家走上不同发展道路的决定性因素。制度主义的兴起以及从制度视角对俄罗斯与西方历史分流进行研究，是近年俄罗斯学术研究的显豁之学，出现一大批关注和研究制度主义的学者。他们认为，俄罗斯与西方的分叉在于所有制问题，主要探讨俄罗斯政权—所有权模式和西方私有制模式的不同影响和意义。比如，努列耶夫和拉托夫③对历史上的莫斯科模式、诺夫戈罗德模式、立陶宛模式和哥萨克模式进行了比较研究，认为俄罗斯选择了莫斯科模式，即政权—所有权发展模式，是造成俄罗斯与西方产生分流的主要原因。

其三是政策视角，大体类似于传统史学的研究方法，对不同国家在不同历史时期的决策进行研究，认为高层决策是造成不同国家走上不同发展道路的关键因素。盖达尔和丘拜斯合著的《俄罗斯最新历史的分叉》就是这样一部著作④。作者以政府文件、事实和经济统计为基础，对俄国新经济政策以来所经历的历史分叉进行了回顾，认为政府经济事务决策是造成历史分叉的主要因素，而政府决策则取决于资源因素、外部政治经济条件、民众情绪、国家领导人的意识形态观念及其对社会集团利益的理解。

---

① Данилевский Н. Я. Россия и Европа. —Изд. Известия，2003. —С. 430.

② 〔法〕费尔南·布罗代尔：《文明史纲》，肖昶等译，广西师范大学出版社，2003，第486页。

③ Латов Ю. В. Бифуркационные ситуации социально-экономической истории допетровской России（История несостоявшейся европеизации）//Journal of institutional studies（Журнал институциональных исследований）. —2013. —Т 5. —№ 3.；Нуреев Р. М.，Латов Ю. В. Когда и почему разошлись пути развития России и Западной Европы（подход с позиции институциональной экономической истории）//Мир России. —2011. —№ 4.；Латов Ю. В. Власть-собственность в средневековой России//Экономический вестник Ростовского государственного университета. —2004. —Т 2. —№ 4.

④ См.：Гайдар Е.，Чубайс А. Развилки новейшей исории России. —СПб.：Норма，2011. —168 с.

其四是技术视角，认为技术发展差异是造成不同国家历史分流的主要因素，李约瑟的国别技术史研究令人印象深刻。俄国经济学家康德拉季耶夫的大周期理论也是基于技术视角考察经济发展问题的杰出理论。近年来，俄罗斯经济学家格拉济耶夫也从技术视角对俄罗斯经济发展进行过研究。从这种视角进行研究得出的结论是，社会文化和教育的落后导致技术落后，进而导致经济落后。

以上述视角对历史分流问题进行的研究，不存在对错优劣问题。正如以赛亚·伯林所指出的，从不同角度对历史进行解释，历史就会呈现出不一样的特点，历史在黑格尔是精神的演化，在圣西门或马克思是社会关系的发展，在斯宾格勒或汤因比是不同文化①。俄罗斯与西方的历史分流自然是多种因素共同作用的结果，社会科学总是希望通过多种不同理路的分析，逐渐使人类理性无限接近事实的真相。格申克龙也指出，落后国家的发展可能在几个十分重要的方面显示出与先进国家根本不同的倾向②。

本文从经济思想角度考察俄罗斯与西方的历史分流。经济思想固然不是俄罗斯与西方历史分流的决定性因素，思想并不直接作用于社会和经济生活，它只有通过制度和政策才能对经济现实产生影响。但是思想的重要性同样不可低估。正如凯恩斯在其主要著作《就业利息和货币通论》中所说，“经济学家以及政治哲学家之思想，其力量之大，往往出乎常人意料。事实上统治世界者，就只是这些思想而已。许多实行家自以为不受任何学理之影响，却往往当了某个已故经济学家之奴隶。狂人执政，自以为得天启示，实则其狂想之来，乃得自若干年以前的某个学人……既得利益之势力，未免被人过分夸大，实在远不如思想之逐渐侵蚀力之大”③。萨缪尔森也曾经这样说：如果我能为一个国家编写经济学教科书，我就不会在乎是谁在为它制定法律，又是谁在为它起草条约。④ 古往今来的经济学大家对经济思想的重视程度可见一斑。

---

① 〔英〕以赛亚·伯林：《现实感：观念及其历史研究》，潘荣荣、林茂译，译林出版社，2004，第10页。

② 〔美〕亚历山大·格申克龙：《经济落后的历史透视》，张凤林译，商务印书馆，2009，第11页。

③ 〔英〕凯恩斯：《就业利息和货币通论》，徐毓枬译，商务印书馆，1983，第330页。

④ 〔美〕保罗·萨缪尔森、威廉·诺德豪斯：《经济学》，萧琛主译，商务印书馆，2013，第10页。

二 俄罗斯与西方经济思想的交融与分野

在经济思想发展演变的历史上，俄罗斯与西方之间既有融合趋同，也有对抗分野，不应为了论述主题的需要，过分强调其中的一个方面，而忽视或否定另一方面。俄罗斯与西方经济思想不是两条没有交叉的平行线，而是两条扭在一起的线，一条线显示其共同性，一条线显示其差异性，差异性决定着其个性和独特性。

俄罗斯与西方的历史分流最早可追溯到伊凡三世时期，彼得一世及其后历代统治者多试图弥合与西方之间的差异，走上西方式发展道路，但是沙皇俄国时期的统治者呈现出不规律地靠近西方和疏远西方的交替，使得俄罗斯一直难以融入西方。对西方态度的这种钟摆式变化在经济思想上也有所体现。但总的来看，外来经济思想、沙皇专制制度和经济落后是砥砺俄罗斯经济思想的三块磨刀石。关于沙皇专制制度和经济落后问题，学术界已经多有论述，在此不需展开，外来经济思想对俄罗斯经济思想的影响及两者之间的碰撞，对俄罗斯经济思想的形成有决定性意义，同时也可为经济思想研究提供一种坐标。

俄罗斯经济思想形成的初期与西方走过了大致相似的道路，在经济思想方面，可稽考的系统性经济思想都是从重商主义开始的。但是俄国重商主义经济政策的实行晚于西欧。1630 年被称为“重商主义圣经”的《英国得自对外贸易的财富》出现之时，俄罗斯正处在罗曼诺夫王朝初期，国务活动家奥尔金 - 纳晓金在主政普斯科夫和外交衙门期间，极力推动俄国重商主义成为国家政策。1724 年，有俄国第一个经济学家之誉的波索什科夫在彼得保罗要塞完成了他的著作《贫富论》，这部著作同样反映出当时俄国的重商主义思想。17 世纪末 18 世纪初彼得一世改革则使俄国这种政策发展到高峰。这一时期，俄罗斯与西方的经济思想都是以重商主义为主导的，区别在于西方重商主义经历了“重金主义”和“重工主义”两个阶段，俄国的重商主义则以“重工主义”为核心思想，在注重发展对外贸易的同时，极力推动本国工业发展，在这种思想的推动下，彼得一世奠定了俄国工业的基础，使其国力有了明显提高。

俄国与西方在经济思想上的第一次分野可能产生在叶卡捷琳娜二世在位期间。其时，正是欧洲启蒙运动发展时期，以魁奈为代表的法国重农学派根据自然法则观念，提出要破除重商主义，实行“自由放任”政策，为资本主义的发展创造条件。叶卡捷琳娜二世在执政初期对法国的启蒙思想和重农主义运动较为向往，甚至邀请法国重农学派的代表人物之一里维埃尔访问俄国为其出谋划策。但是在俄国专制的农奴制条件下，重农主义的自由放任思想不可能得到推行，里维埃尔提出的废除农奴制的建议自然不见容于叶卡捷琳娜二世。因此，俄罗斯在此期间虽然创建了皇家自由经济协会，试图学习和吸收西方的部分经济思想，但终究未能发展出自己的重农主义思想。

18 世纪中叶，亚当·斯密的《国民财富的性质和原因的研究》（《国富论》）出版，在西方经济学史上开启了古典政治经济学所主导的时代。斯密的两个俄国学生杰斯尼茨基和特列季亚科夫率先将这一思想带回俄国，但并未全面介绍斯密的思想。直到《国富论》被翻译成俄文，古典政治经济学才完整地进入俄罗斯，并很快引起俄国达官显贵的关注，甚至成为当时社交场合的时髦话题。但在沙皇专制制度和农奴制度不可撼动的条件下，斯密的经济思想不可能获得政策上的响应，也无从对俄国经济发展产生影响。

19 世纪初，德裔经济学家施廖采尔和施托尔希先后主持莫斯科大学政治经济学教研室工作，他们都推出了自己的著作，标志着政治经济学学科在俄国的确立。但是由于两人都是德裔且当时德国人基本把持莫斯科大学的教学，具有德国特色的官房学派思想有很大影响力。此时，沙皇政府中具有自由主义思想的达官显贵开始试图通过吸收西方经济思想，对经济政策进行重新研究和改革。在亚历山大一世的支持下，斯佩兰斯基提出了税收制度改革措施，莫尔德维诺夫提议俄罗斯应借鉴李斯特的保护主义思想发展俄国工业。

19 世纪中叶，俄罗斯经济学科进入稳定发展时期，布托夫斯基、戈尔洛夫和维尔纳茨基成为这个时期古典政治经济学在俄国的代表人物，他们著书立说，对俄国政治经济学的发展做出了贡献。但是 19 世纪 30 年代末斯拉夫主义思想开始在俄国兴起，这一思想流派强调俄罗斯的斯拉夫属性和俄罗斯应走独特的发展道路，虽然其更多属于社会哲学思想，但对经济思想的发展也产生了深远影响。丘普罗夫带有民粹主义色彩的经济观点和巴布斯特的历史主义经济思想得到更多的社会认同。在尼古拉一世封闭保守治国思想影响下，沙皇政府的经济政策也趋于保守。斯拉夫主义的兴起和沙皇专制制度的巩固以及斯拉夫主义与西方主义的论战，使得俄罗斯不可能继续推行西化改革。

19 世纪后半叶，虽然随着农奴制改革，俄罗斯进入资本主义经济发展时期，但俄罗斯经济思想与西方却拉开了距离。此时，在西方经济学界正是“边际革命”时期，以门格尔、杰文斯和瓦尔拉斯为代表的经济学家先后提出边际思想，改变了政治经济学的理论范式，马歇尔《经济学原理》的出版，更是标志着西方经济学从古典时期进入新古典时期，从此新古典经济学的范式、方法和理论成为西方经济学的主流。这一时期，虽然俄罗斯经济学界对边际革命已有了解，也出现一些研究成果，但总体上默默无闻。来自德国的马克思主义开始传入俄国，俄国思想界在继斯拉夫主义和西方主义的论战以后，进入了早期马克思主义者与民粹主义者论战时期。争论的焦点从俄国应该走西方道路还是走本国独特道路，过渡到资本主义是否适应于俄罗斯。19 世纪中叶车尔尼雪夫斯基提出的“农民社会主义”思想被民粹派所继承，他们认为俄罗斯可以在农村发展村社制度，在城市发展劳动组合，从而绕过资本主义直接进入社会主义。社会思想和经济发展道路的大辩论吸引了俄国众多知识分子，使得经济理论研究没有跟上新古典经济学发展的步伐。

19 世纪末到 20 世纪初，维特和斯托雷平担任总理大臣期间，进行了大规模铁路建设和农业改革，俄罗斯经济快速发展，同时社会矛盾也日趋尖锐。在经济思想领域，以斯特鲁韦、图甘－巴拉诺夫斯基和布尔加科夫为代表的所谓“合法马克思主义者”与民粹主义者的争论激烈，以普列汉诺夫和列宁为代表的马克思主义者与“合法马克思主义”和民粹主义也展开论战。同时，俄国经济学家的经济理论研究取得了很大进展，一般认为此时俄国经济学界已摆脱跟在欧洲后面亦步亦趋的局面，开始出现原创性经济理论，进入俄罗斯经济科学发展的“黄金时代”。图甘－巴拉诺夫斯基、斯卢茨基等经济学家创立的经济周期理论和消费者预算理论，对经济学发展做出很大贡献。但是由于沙皇政府奉行的内外政策，俄罗斯社会矛盾激化，最终以一场革命终结了罗曼诺夫王朝。

十月革命后，一批在沙皇俄国时期已经获得世界性影响力的经济学家离开了俄罗斯，但在战时共产主义和新经济政策期间，还是有很多经济学家继续进行经济理论研究，其中康德拉季耶夫提出的大周期理论得到国际经济学界的广泛认同，直到今天对世界经济的发展仍有一定程度的解释力。但 1929 年以后，苏俄政策再次转向，当年 12 月召开的全苏第一届马克思主义农业工作者代表大会对所有非马克思主义经济学家完成了最后一击。此后苏维埃俄国进入了苏联式社会主义计划经济时代，与西方彻底分道扬镳。

通过对俄罗斯经济思想发展历程的梳理可以看出，在三四百年间，俄罗斯经济思想大致按三条脉络发展。

第一条脉络是经济政策思想，从 17 世纪的著名国务活动家奥尔金－纳晓金，到 19 世纪初期的斯佩兰斯基、莫尔德维诺夫，再到 19 世纪末 20 世纪初的维特和斯托雷平，他们都希望通过发展工业、交通和对外贸易，通过货币改革和财税改革，改变俄国经济落后局面，为沙皇政府获得更多财富。在经济政策方面有三条主线。第一条是农奴制问题，从现有材料看，19 世纪 60 年代以前，俄国大多数经济学家都对农奴制持反对态度，希望取消农奴制度，解放农奴，使其成为独立的雇佣工人或农民，为资本主义的发展创造条件。第二条主线是革命者提出的经济政策思想，从十二月党人到革命民主主义者都希望推翻沙皇专制制度，建立新的国家制度，在经济上主张解放农奴，发展社会生产。第三条主线是保护主义，俄国贵族政治家大多不赞成亚当·斯密古典政治经济学的自由贸易思想，而是吸收了德国经济学家李斯特的贸易保护主义思想，他们都希望通过保护，避免与先进资本主义国家进行竞争，从而发展本国的资本主义生产。

第二条脉络是发展道路的大辩论。在沙皇俄国时期，可稽考的发展道路的大辩论至少有三次，分别是斯拉夫主义与西方主义的大辩论、马克思主义与民粹主义的大辩论、正统马克思主义与民粹派和“合法马克思主义”的大辩论。经济发展道路的争论主要集中在三个方面：早期争论焦点为俄国是走西方式发展道路还是走自己的路，中期争论焦点是资本主义制度是否适用于俄罗斯，后期争论的焦点是俄罗斯能否发展以马克思主义为基础的社会主义。这三场大辩论都显示出，俄罗斯始终存在反对西方化和资本主义化思想，即在试图融入西方的道路上，总是存在推动力和反推动力，且反推动力往往能够占据上风。

第三条脉络是外来经济思想的适用性。俄罗斯吸收学习西方经济学思想始于重农学派时期，但无果而终。英国古典政治经济学传入俄国初期，并未引起知识界的较大兴趣。早期俄国经济学家更多吸收了法国经济学家萨伊的思想。在 19 世纪相当长的时间里，萨伊的著作是大学经济学教育的主要参考书。更重要的是，19 世纪前半叶来自德国的教授控制着俄国大学的讲坛，德国经济学思想对俄罗斯经济学家的影响更大。官房学派和保护主义思想以及后来的历史学派都来自德国。由于德国在相当长时期也是经济落后的国家，德国经济发展中所遇到的问题和困难与俄罗斯有相似之处，因此，德国经济思想在俄国经济学界有较高的认同度。

德国历史学派对俄罗斯经济思想的影响最为显著。这个学派与英国古典经济学看待经济问题的角度相去甚远：首先，德国历史学派认为不同国家和地区有不同的发展经济的条件与经济制度；其次，德国政府参与经济的程度远远超过英国，正如韦斯利·米切尔所说，在德国的这一段历史中，使经济生活稳定和透明的各种标准与手段大多是由政治机构来实施的[①]。历史学派还认为，经济问题也是政治问题，政治经济和国家经济是经济学应该研究的问题。德国经济学界对政府干预不仅没有任何不满，甚至鼓励政府干预[②]。

如此看来，在经济理论、经济政策和经济发展道路方面，俄罗斯与西方尤其是盎格鲁－撒克逊经济思想存在很多根本性的差异，这决定了在俄罗斯与西方历史分流问题上，经济思想同样起着重要作用。虽然这种作用不一定是根本性的，但至少是表现形式之一。

三　俄罗斯与西方经济思想分流的本质：认识论和方法论差异

实际生活永远是思想的来源，俄罗斯经济思想是在特定的物质条件和精神条件下产生的，哲学、宗教、政治和社会思想都对经济思想的产生与发展有过直接或间接的影响。收束到经济思想角度，造成俄罗斯与西方历史分流的经济思想因素，在本质上是因为两者在经济研究的认识论、方法论、基本假设和理论关注点上存在差异。

第一，在认识论方面，俄罗斯多数经济学家排斥个人主义方法论，强调集体主义，强调经济生活的伦理意义，强调国家在经济中的作用。

个人主义方法论（Methodological Individualism），也被称为方法论个人主义，西方经济学家认为它是经济研究方法的基础。根据马克·布劳格的说法，最早

① 〔美〕本·塞利格曼：《现代经济学主要流派》，贾拥民译，华夏出版社，2010，第3~4页。

② 〔美〕本·塞利格曼：《现代经济学主要流派》，贾拥民译，华夏出版社，2010，第4页。

采用“方法论个人主义”这一术语的是熊彼特。熊彼特认为，方法论个人主义是经济学家用于解决经济问题的一种合理方法。在西方经济研究历史上，这种方法被广泛用于微观经济分析，一般以偏好公理和效用概念表达个体的偏好性质和程度，使它具有逻辑一般的地位；然后在确定的约束条件下推出其最佳需求，并把这些个体需求的总和视为市场的需求；最后在供给与需求之间找到平衡点。这种分析从个体的单子性质出发，推出微观经济学的整个理论，因此可以说，方法论个人主义是西方经济学的基础和出发点。

俄罗斯经济学家对方法论个人主义大多存在一种抵触心理，他们认为，在经济研究中，具有普遍意义的国民经济应高于个体的经济活动和动机，他们批评英国古典政治经济学的个人主义信条。比如阿巴尔金认为，俄罗斯经济思想的特点就是表现为对国民经济而不是对个人经济活动的解释，强调国家在国民经济中的特殊作用和实行保护主义以提高生产力的必要性[①]。阿巴尔金还指出，俄罗斯经济思想学派的代表人物出于对俄国传统思想的坚守（集体主义、聚议性、禁欲主义），总是将国家利益摆在经济发展的首位，将国家管理经济的角色和保障社会公平分配置于经济问题的首位，将其作为世界经济思想中的独特现象加以合理化。

对俄国经济思想具有重要影响的另外一个最突出的思想传统是，关注经济生活的伦理意义。自亚当·斯密以后，西方经济学从“道德哲学”中被分离出来，及至新古典经济学时代，道德和伦理问题在西方经济思想中已经不再是经济学问题。但是俄罗斯经济学界对经济中的道德、伦理及社会公正问题一直非常重视，以至于对这些问题的过度关注使俄国经济思想家无法将其注意力转向专业的经济分析。这也是经济分析没有在俄罗斯得到发展的原因之一。更重要的是，反对专制制度、农奴制度和书报检查制度的左翼知识分子的泛道德主义，对基于专业经济理论的客观经济思想的发展也产生不小的消极影响，这同样是造成俄罗斯与西方在经济思想上产生差异的重要因素。

第二，在基本假设方面，俄罗斯经济学家大多排斥西方经济学中的“经济人”假设，倾向于以整体性和系统性观点看待经济问题。

---

① Абалкин Л. Российская школа экономической мысли：поиск самоопределения. URL：http：//lib. usue. ru/resource/free/12/s53. pdf.

"经济人"假设来自亚当·斯密《国富论》中的一句话，大意是屠户、酿酒师和面包师每天制作和销售食品，不是出于恩惠，而是出于他们自利的打算。西尼尔以定量方式为斯密的这一思想确立了个人经济利益最大化公理，约翰·穆勒以此为基础总结出"经济人"假设，最后由帕累托将其引入经济学。"经济人"假设与方法论个人主义密切相关，是西方经济学的基础性假设。这种假设认为人具有完全的理性，可以做出让自己利益最大化的选择，只要每个人都实现了利益最大化，全社会就都将获得经济上的福利。这就是著名的"个人私利，社会公利"思想。

经济学界对"经济人"假设的科学性历来存在不同观点。俄罗斯许多经济学家和政论作家对这个假设持批评态度，他们反对将人及人与经济的关系视为一种抽象观念。比如布尔加科夫认为，"经济人"假设过于简单化，政治经济学的研究对象不应该是经济化的个人，而应是具有创造能力的个体，因此要考虑人在劳动中的精神和道德动机以及这些动机对经济生活和人的经济行为的影响。别尔嘉耶夫指出，在经济生活中存在两种相互对抗的原则：一是个人利益原则，即促进有利于整体发展的个人利益，个人利益的发展将带来社会福利的改善；二是服务于他人、服务于社会的原则，其结果亦可带来社会福利的改善，但第二个原则更符合基督教教义。他认为，"经济人"是一种抽象的人，对具体的人来说，完全可以有其他劳动动机，更符合人的尊严的劳动动机①。米哈伊洛夫斯基则否认古典政治经济学的抽象理路，反对将追求财富作为经济生活的唯一动力，认为将人定义为自动致力于增加财富的主体，将物质福利当作经济活动的目标和主要动机，认为劳动只会带来痛苦，这些看法都与俄国经济生活相违背。阿巴尔金更是直接指出，反对"经济人"假设是俄罗斯经济思想的重要特点，俄罗斯经济思想家反对将人与社会和大自然隔绝开来的说法。

第三，在经济研究方法上，总体上排斥边际主义思想，也有一些经济学家试图将边际效用与劳动价值论结合起来。

---

① Гульбина Н. И. Модель «экономического человека» в трактовке русских экономистов второй половины XIX – начала XX столетия//Вестник Томского государственного университета. —2009. —№ 1.

边际主义学说发端于19世纪70年代，门格尔、杰文斯和瓦尔拉斯几乎同时发表了他们的边际主义著作，经济思想史上称之为“边际革命”。如前文所述，1890年马歇尔出版了著作《经济学原理》，标志着西方经济学从古典阶段进入到新古典阶段，边际效用论和边际生产力论成为以马歇尔为代表的英国剑桥学派的理论支柱之一，也是西方现代微观经济学的组成部分和理论基础。边际学派兴起之时，正是俄国民粹主义运动蓬勃发展的时候，俄国知识分子掀起了声势浩大的“到民间去”运动。因此，这一新兴经济学流派并未很快在俄罗斯引起反响。直到19世纪末20世纪初，俄国部分学院派经济学家才接触到边际主义学说，但边际主义学说的基本内涵仍遭到大多数经济学家的忽视甚至敌视，他们反对边际主义的主要论据是，边际主义学说不符合政治经济学所要解决的问题，认为政治经济学是一门揭示社会经济客观规律的科学，边际主义仅注重微观经济问题，因此，他们不认为边际主义是一个具有完整理论范式的经济学科的基础。

但是，也有一些经济学家部分接受了边际主义，认为这是一个可以使用的新工具。比如图甘-巴拉诺夫斯基就试图将边际效用理论与劳动价值论结合起来。1890年图甘-巴拉诺夫斯基发表了一篇题为《经济财富边际效用作为其价值原因的学说》的文章，试图将边际效用价格决定论和劳动量价格决定论进行折中处理，从而得出主观价值论与客观价值论相结合的价格形成理论，使两种定价原则协调起来。但是十月革命以后，马克思主义政治经济学逐渐被确立为唯一正确的经济理论，对边际主义的任何实质性讨论都变成了不可能。

第四，在经济问题的关注点方面，俄罗斯经济学家重视农业和发展道路等现实经济问题的研究，经济分析较弱。

经济生活是经济思想的来源和基础，任何经济思想都是经济现实的反映。俄罗斯在相当长历史时期都是一个农业国家，一些知识分子本身就是农奴主，拥有自己的领地或庄园，因此他们非常关注庄园和农业经济的管理。叶卡捷琳娜二世时期创建的皇家自由经济协会为一些农学研究项目提供了很多资金支持。到19世纪70年代末，瓦西里奇科夫出版了《俄国及其他欧洲国家的土地占有和农业》一书，对俄国农奴制改革后农业发展前景进行了研究，同时抨击西欧资本主义一方面造就了财富生产的大幅增长，另一方面却造成底层民众的赤贫问题越发严重。此后，民粹主义者沃隆佐夫和年轻的马克思主义者列宁都对农业问题进行过不少研究，20 世纪 30 年代恰亚诺夫发表了他的农业组织理论，获得了世界性的知名度，其经济思想直到今天仍具有一定的现实意义。此外，对经济发展道路问题的研究和争论一直是俄罗斯经济研究的核心话题。俄罗斯总是面临着按西方模式发展还是走自己独特道路的选择，对此上文已有所涉及。

经济分析没有得到充分发展，也是俄罗斯与西方经济科学的主要差异。将经济分析和经济思想区分开来，是熊彼特的主要贡献。所谓经济分析就是使用经济学工具对经济现象进行研究。一般认为，俄罗斯没有形成用于经济分析的对象，因此专业的经济分析不可能获得广泛发展，但俄罗斯的经济思想是足够丰富的，从农奴制到资本主义的发展，再到具体的国家预算、货币改革与货币流通及对外贸易问题。俄罗斯经济科学中分析工具没有得到发展有多方面原因，一是经济学家兼攻而不专修，二是经济学家经常被社会活动所吸引，因此他们常常会有一些经济思想观点，有些思想观点甚至领先于其他国家，但对观点的理论论证较为薄弱，以至于其经济学学科无法在世界上获得广泛认同和传播。

四　结论与思考

俄罗斯与西方的历史分流根植于历史深处，从经济思想角度的考察仅能反映出这一复杂问题的一个侧面，但思想的差异是不同民族、不同国家之间产生差异的原因之一，也是不同民族和国家形成不同的自我认同的基础因素。俄罗斯与西方国家在经济理论、经济政策和经济发展道路方面存在不同的认识。有俄罗斯学者认为，俄国经济思想来自俄国生活深处的独特因素（空间、自然条件和气候、地缘政治、社会文化思潮等），也来自保卫国家和俄罗斯文明的必要性。本文聚焦两者在看待和研究经济问题的认识论、方法论、基本假设和关注点上的差异，揭示俄罗斯与西方走上不同发展道路的深层次原因。当然，我们以西方经济思想为参照系考察俄罗斯经济思想，并不等于承认西方中心主义，各个民族各个国家的经济思想都是以本国现实为基础、为解决本国特定问题而产生的，揭示俄罗斯与西方在经济思想上的差异，实际上也是揭示两者在经济发展中的基础条件方面的差异，俄罗斯终将选择符合其传统价值观的经济思想，结合本国实际条件，在借鉴西方经济理论的基础上，进行制度变革和政策调整。

同时应该认识到，分流与西化是近代以来非西方国家一直面对的问题。世界不同地区的不同民族和国家，最终将走向趋同与融合还是走向隔绝与对立，是至今仍未解决的问题。几个世纪以来的世界经济发展进程似乎已经证明，民族国家经济繁荣和振兴的动能虽然主要来自内部，但敞开大门学习和借鉴其他国家的发展经验同样是走向成功的根本保证。人类世界正如自然界一样，是一个多样性的世界，世界不可能是盎格鲁－撒克逊文明一统天下，也不可能是其他文明一统天下，没有理由将自己隔绝在某一体系之外，只有"大胆吸收人类文明的一切优秀成果"，才能实现兼收并蓄、包容发展的目标。

对俄罗斯来说，要实现这一目标，可能还要破除"东方还是西方""欧洲还是亚洲"这样的二元对立观念。几个世纪以来，俄罗斯始终徘徊在东方和西方之间，在东西方两副面孔下游移，体现出强烈的矛盾性。正如布罗代尔所说，俄罗斯的双重面孔在强烈的矛盾当中一览无遗：面对欧洲，是现代性；面对自己，是倒退的中世纪①。东西方叙事长期成为俄罗斯思想的争论焦点，认为只有在东方与西方的问题世界里，俄罗斯才能意识到自身和自己的使命……对俄罗斯意识来说，基本的主题——就是关于东方和西方的主题，西方文化是否作为唯一的和普遍的文化出现，有没有可能出现另一种更高级的文化类型？……斯拉夫主义思想和西方主义思想都存在着局限性和不成熟性②。这种东西方叙事体现出俄罗斯思想深处的摇摆性，使其无法找到一条适合于本国基本条件的发展之路。

俄罗斯能否破除"东方还是西方""欧洲还是亚洲"的二元对立魔咒？对这一问题的回答于整个非西方世界都有启示意义。

（原文发表于《俄罗斯学刊》2020 年第 3 期）

① 〔法〕费尔南·布罗代尔：《文明史纲》，肖昶等译，广西师范大学出版社，2003，第 496～497 页。

② 〔俄〕尼古拉·别尔嘉耶夫：《俄罗斯的命运》，汪剑钊译，译林出版社，2014，第 110 页。

北冰洋海冰范围缩减与俄罗斯海权消长*

汪　乾**

内容提要： 全球气候变暖使北冰洋各个季节，尤其是夏季的海冰范围持续、加速缩减，对构成俄罗斯海权的不同组成部分造成了或消或长的影响。这些影响体现在四个方面：其一，东北航道使用价值剧增，东部和西部舰队更易相互调动和支援，从而增强了俄罗斯海权；其二，降低了俄罗斯战略导弹核潜艇部队的水下核威慑能力，从而削弱了俄罗斯海权；其三，削弱了主要由俄罗斯占据的大陆心脏地带的坚固性，使北方国土暴露在战略对手优势海权的威胁下，牵制了己方已有海军力量且为巩固岸防减少了海军建设资源的投入，因而削弱了俄罗斯海权；其四，气候变暖、北冰洋海冰范围缩减给俄罗斯带来了开发北极的良机，若俄罗斯能借机实现经济发展，则能夯实俄罗斯海权的经济基础。因此，不能一概而论北冰洋海冰范围缩减是增强了还是削弱了俄罗斯海权，因为海冰范围缩减这一气候现象对构成俄罗斯海权的不同组成部分具有不同的影响，需要全面审视两者间的关联。

关键词： 北冰洋　海冰范围　俄罗斯　海权　东北航道

---

* 本文系中国人民大学科学研究基金（中央高校基本科研业务费专项资金资助）项目（项目编号：17XNH023）阶段性成果。

** 汪乾，国防科技大学国际关系学院讲师，全球治理研究中心副主任。

一　问题提出

北冰洋，面积1475万平方千米，平均水深1225米，是地球上五大洋中最小最浅的大洋。北冰洋大致以北极点为中心，四周环绕北美大陆、欧亚大陆和格陵兰岛。北冰洋中央的罗蒙诺索夫海岭，把北冰洋分为欧亚海盆和美亚海盆。本文主要探讨俄罗斯海权的消长，故重点关注北冰洋近俄罗斯一侧，大致为欧亚海盆海冰范围缩减的海权后果。北冰洋海冰分为两大区间：第一区间，即北纬60～75度的海冰具有季节性，冬季结冰、夏季可融，春秋两季为过渡期；第二区间，即北纬75度以上的海冰具有永久性①。气候变暖导致的海冰范围持续、加速缩减集中反映在第一区间，也是接近陆地的区间，因而对包括海权在内的人类活动影响更大。

根据薛彦广等人的实证研究，1972年1月至2012年12月的41年间，北冰洋海冰范围呈持续、加速缩减趋势，其中夏季海冰范围缩减最显著。2012年9月16日，北冰洋海冰范围降至41年中的历史最低值3.37×10^6平方千米，仅覆盖北冰洋总面积的24%。冬季海冰范围也呈缩减趋势，海冰范围日距平在2000年前主要为正距平，后逐渐接近零值，2000年后主要为负距平，说明2000年后冬季海冰范围也在缩减，2012年9月30日达到41年中的最大负距平值-3.02×10^6平方千米②。2012年后，北冰洋海冰范围继续缩减。美国国家冰雪数据中心计算了1979～2017年每年6月的海冰范围数据，发现在38年里，每年6月的海冰范围以年均4.43万平方千米的速度缩减，每10年缩减3.7%。2017年6月北冰洋海冰范围为1100万平方千米，相较1979年的1270万平方千米缩减了170万平方千米③。

北冰洋海冰范围持续、加速缩减或多或少地影响到了沿岸国的海权，其中，

---

① 《不列颠百科全书》第1卷，中国大百科全书出版社，2007，第455～456页。

② 薛彦广等：《近40年北极海冰范围变化特征分析》，《海洋预报》2014年第4期。

③ Monthly April Ice Extent for 1979 to 2018 Shows a Decline of 2.6 Percent Per Decade，具体信息参见https：//nsidc.org/arcticseaicenews/。

又以北冰洋海岸线最长的国家——俄罗斯受影响最大①。这种影响主要表现在四个方面：其一，东北航道使用价值大幅增加，东部舰队和西部舰队更易相互调动和支援，从而增强了俄罗斯海权；其二，降低了俄罗斯战略导弹核潜艇部队的水下核威慑能力，从而削弱了俄罗斯海权；其三，削弱了主要由俄罗斯占据的大陆心脏地带的坚固性，使北方国土暴露在战略对手优势海权的威胁下，牵制了己方已有海军力量且为巩固岸防减少了海军建设资源的投入，因而削弱了俄罗斯的海权；其四，气候变暖、北冰洋海冰范围缩减给俄罗斯带来了开发北极的良机，若俄罗斯能借机实现经济发展，则能夯实俄罗斯海权的经济基础。因此，不能一概而论北冰洋海冰范围缩减是增强了还是削弱了俄罗斯的海权，因为海冰范围缩减这一气候现象对构成俄罗斯海权的不同组成部分具有不同的影响，有的影响增强了俄罗斯海权，有的影响则削弱了俄罗斯海权。从长远来看，北冰洋海冰范围持续、加速缩减，东北航道适航期延长，方便了俄罗斯对北极的开发，使俄罗斯成为世界上少数受惠于全球气候变暖的国家，若俄罗斯能借此实现经济发展，增强综合国力，就能为海权的健康、持续发展提供可靠的支撑，避免重蹈苏联海权“其兴也勃，其亡也忽”的覆辙。下面本文将从上述四个方面厘清北冰洋海冰范围缩减与俄罗斯海权各构成部分的具体关联。

二　东部舰队和西部舰队更易相互支援

东北航道适航期延长及其使用价值剧增是北冰洋，尤其是北纬 60 ~ 75 度的北冰洋海冰范围缩减的直接结果。东北航道，俄罗斯称北方海航道或北方航道，是两条北极航道②中的一条，一般指从俄罗斯西端的巴伦支海，途经俄罗斯北冰洋沿岸，到太平洋的楚科奇海直至东北亚的航道，该航道主要经过俄罗斯北方国土岸外。早在 15 世纪，已有航海家和探险家做了开辟这一航道的努力。1878 ~ 1879 年，瑞典探险家诺登舍尔德（Nordenskiold）首次打通东北航道。

① 俄罗斯北冰洋海岸线，包括俄属北冰洋岛屿海岸线长达 4 万千米。См.：Антрим К. Новая судоходная Арктика，23 октября 2010. http：//www. globalaffairs. ru/print/number/Novaya – sudokhodnaya – Arktika – 15013.

② 另一条是西北航道。这是一条从大西洋经加拿大北极群岛到太平洋的北极航道。

20世纪60年代后期以来，在空中观察、雷达和声呐协助下，东北航道可在夏季保持通航[①]。近年来，北冰洋海冰范围缩减，特别是夏季海冰范围的显著缩减使东北航道适航期延长，使用价值剧增。这对俄罗斯海军来说，是一大利好。

为应对地理位置限制导致的海洋战区的分散性，俄罗斯和苏联海军在不同海区组建了四大舰队，即波罗的海舰队、北方舰队、黑海舰队和太平洋舰队。前三大舰队的基地和战略方向分别处于俄罗斯西部、西北部和西南部海区，可统称为西部舰队；太平洋舰队的基地和战略方向处于俄罗斯东部的日本海和太平洋，可称为东部舰队。

从沙皇俄国时代开始，到苏联和当代俄罗斯，都力图解决海军军事力量以及其他海军资源部署和分配的战略难题，即如何使四大舰队在平时能灵活调动，在战时能相互支援以及在调动和支援滞后且困难的情况下，如何分配舰船、造船厂和维修保障资源。当然，假使相互调动和支援的难题能够解决，资源分配的难题就在一定程度上得到了缓解，所以关键仍在于解决四大舰队间的相互调动和支援难题。四大舰队在相互调动和支援过程中，须先驶入大洋，才能从一个海区到达另一个海区，如此则要经过被战略对手或其盟友掌控的狭窄水道。黑海舰队进入地中海要通过土耳其掌控的由博斯普鲁斯海峡、马尔马拉海和达达尼尔海峡组成的土耳其海峡，之后仍须通过苏伊士运河才能进入红海和印度洋，或通过英国掌控的直布罗陀海峡进入大西洋。波罗的海舰队须穿越芬兰湾，经过丹麦与瑞典间的卡特加特海峡、丹麦与挪威间的斯卡格拉克海峡才能进入大西洋。北方舰队须通过由挪威控制的巴伦支海才能进入大西洋。太平洋舰队可以通过朝鲜半岛与日本列岛间的朝鲜海峡、日本北海道岛与俄属库页岛间的宗谷海峡、日本本州岛与北海道岛间的津轻海峡进入太平洋，其中只有宗谷海峡的部分制海权由日俄战争战败前的俄罗斯和二战后的苏联及当代俄联邦掌控。

因此，对俄罗斯（包括苏联时期）而言，要解决这一难题可经由两条路径：一是夺取这些狭窄水道的控制权；二是避开这些水道，采取内线通行的方式进行调动和支援。经由第一条路径的实践集中体现在俄罗斯和苏联屡次致力于夺

---

① 《不列颠百科全书》第12卷，中国大百科全书出版社，2007，第260页。

取土耳其海峡以打通黑海舰队进入地中海的狭窄水道的努力上，但成效不彰、成本巨大。1853~1856 年克里米亚战争爆发的原因之一就是英国不能容忍俄罗斯控制土耳其海峡①。1946 年，苏联要求在土耳其海峡驻军被认为是触发冷战的原因之一②。当然，也有成功的例子，苏联在二战末通过对日战争收回了在日俄战争中割让的库页岛南部，并夺取千岛群岛，使太平洋舰队东向经宗谷海峡进入太平洋的通道更加安全，但此种成功的例子不仅稀少且对通盘解决相互调动和支援难题只能发挥杯水车薪的作用。于是，俄罗斯和苏联也尝试实践第二条路径，力图开辟不经战略对手控制的狭窄水道便能相互调动和支援的水上通道，最有效的方式是修筑运河。其中，白海—波罗的海运河使波罗的海舰队和北方舰队中的部分舰只可不经卡特加特海峡、斯卡格拉克海峡和巴伦支海便可相互调动和支援；而将伏尔加河、顿河、第聂伯河等天然河流打通的一系列运河则可使西部三大舰队和作为内湖舰队的里海区舰队中的一些排水量较小的舰只实现相互调动和支援。虽然离真正的灵活调动和有效支援还有相当大的距离，但西部三大舰队的调动毕竟有了变通的方法。

太平洋舰队与西部舰队间的调动和支援只能通过俄罗斯和苏联无法掌控的一系列水道，距离遥远、耗时耗力，成为制约俄罗斯和苏联海军战略、海军部署和国家海上威力的一大负面因素。以日俄战争为例，主要在波罗的海舰队基础上抽调组建的第二太平洋舰队分别绕经好望角、苏伊士运河驶赴远东战区，途中耗时 7 个月。当该舰队的几路分舰队在马达加斯加驻泊并等待会合期间，俄罗斯太平洋舰队的主要基地——中国旅顺被日军攻破，太平洋舰队旅顺分舰队覆没。1905 年 5 月 27 日，当第二太平洋舰队终于驶入对马海峡时，被以逸待劳的日本联合舰队几乎全歼。对此，曾任苏联海军总司令长达 30 年的戈尔什科夫不无惋惜地说："假设，罗热斯特文斯基的分舰队（第二太平洋舰队）在战前，或者甚至是在旅顺港失陷之前到达远东的话，战争就有可能延缓，或者大大改变战争的进程。"③

---

① 陈传金：《19 世纪的历次俄土战争》，《历史教学》1996 年第 11 期。

② 〔美〕沃尔特·拉费伯尔：《美国、俄国和冷战》，牛可、翟韬、张静译，世界图书出版公司，2014，第 34 页。

③ 〔苏〕谢·格·戈尔什科夫：《国家的海上威力》，济司二部译，生活·读书·新知三联书店，1977，第 154 页。

假设在日俄战争期间，第二太平洋舰队能利用东北航道，那么该舰队很可能在旅顺被攻破前抵达远东战区，从而改变战区的海军力量对比。经由东北航道从圣彼得堡驶往符拉迪沃斯托克（海参崴，下同）全程为1.4万千米，而绕苏伊士运河则达2.3万千米，绕好望角更达3.1万千米。加上第二太平洋舰队因部分大型舰只无法通过苏伊士运河而在途中分路行军、相互等待，且受日本盟友，也是最强海权国家英国掣肘导致补给困难等，耽误了较长时间，而经由基本沿俄罗斯北冰洋海岸伸展的东北航道则无上述困难。可以说，绕苏伊士运河或好望角的航道是俄罗斯的外线航道，而东北航道则是内线航道。退而论之，即使第二太平洋舰队未能在旅顺被攻破前抵达战区，该舰队也可从北方安全驶入符拉迪沃斯托克，不需要穿越危险的对马海峡或其他被日本控制的狭窄水道，从而能更顺利地与太平洋舰队符拉迪沃斯托克分舰队会师，而日本联合舰队欲在两舰队会师前击破第二太平洋舰队变得几乎不可能。

当然，假设只是假设，毕竟在日俄战争时，东北航道不能为舰队所用，绕苏伊士运河和好望角是不得不走的路线，除非任由太平洋舰队孤军作战。为汲取日俄战争的教训，20世纪30年代，"（苏联）为开辟联系北方舰队和太平洋舰队海上战区的北方航线，采取了一系列措施"①，不过，都未取得实质性成果。今天和未来几十年的情况与日俄战争时相比发生了极大变化。全球气候变暖使北冰洋海冰范围缩减，不仅适航期延长，且航行难度和对舰体耐冰性的要求都大为降低。换言之，东北航道正在成为沟通东部和西部舰队的一定程度上越来越有效的海上通道。一方面，东北航道适航期的延长使东部和西部舰队在一年之中能够进行相互调动和支援的时间大幅增加，目前已达5个月，将来还会更长；另一方面，海冰总面积在所有季节的缩减、变薄使舰队能够在适航期前后的非适航期内借助破冰船，或加装耐冰装备进行相互调动和支援，且在所有季节里的可活动海域范围有所增加。这无疑增强了俄罗斯海军的机动性和出勤率，从而增强了海权。

俄罗斯与美、英这两个拥有或曾经拥有遍布全球的海外殖民地和海外基地的海洋强权国不同，俄罗斯本质上是一个陆权强国，因此俄罗斯已经缺失了马

① 〔苏〕谢·格·戈尔什科夫：《国家的海上威力》，济司二部译，生活·读书·新知三联书店，1977，第227页。

汉所说的对商业和军事都很重要的海权要素——殖民地和殖民地化的港口①。但东北航道沿岸密布俄罗斯的港口，较知名的有：伊加尔卡（Игарка）、摩尔曼斯克（Мурманск）、阿尔汉格尔斯克（Архангельск）、坎达拉克沙（Кандалакша）、奥涅加（Онега）、梅津（Мезень）、普罗维杰尼亚（Провиденскийрайон）、季克西（Тикси）、佩韦克（Певек）等。这些俄罗斯本土的港口群可以为经停的舰队和商船队提供充分的补给和保护，使东北航道这条内线航道优于绕苏伊士运河、好望角、巴拿马运河等外线航道，因为俄罗斯舰队和商船队走外线航道在平时难以得到充分的空中和水下保护，在战时甚至难以得到充分补给。另外，由于北冰洋海冰范围缩减，上述北冰洋沿岸港口的年封冻时间缩短，可通航时间延长，这一变化本身也增强了俄罗斯海权。

三　降低了战略导弹核潜艇部队的水下核威慑能力

北冰洋海冰范围缩减，特别是夏季海冰将几乎消失的前景对俄罗斯战略导弹核潜艇部队遂行水下核威慑和核打击任务非常不利。

苏联战略导弹核潜艇部队的重点威慑和打击对象是美国本土。20 世纪 70 年代前，苏联研制的潜射弹道导弹 P13（北约代号：SS－N－4）、P21（北约代号：SS－N－5）、P27（北约代号：SS－N－6）等都不能从部署在北冰洋近海的战略导弹核潜艇上发射并攻击美国本土，因为射程不足。直到 1974 年，马克耶夫设计局研制出射程达 9080 千米的 P29（北约代号：SS－N－8）潜射弹道导弹装备 667B（北约代号：德尔塔Ⅰ级）核潜艇②，苏联战略导弹核潜艇才能从北冰洋己方一侧的冰盖下对美国本土实施核威慑和核打击。

当苏联研制的潜射弹道导弹射程不足时，苏联海军只能将战略导弹核潜艇抵近部署在大西洋中，以使导弹可以攻击到美国本土。但当 P29 等导弹研制并试射成功后，苏联对战略导弹核潜艇的部署模式改行“堡垒战略”，即主要将核潜艇部署在己方海空力量可以保护到的北冰洋俄罗斯一侧的冰盖下。之所以采

① 〔美〕A. T. 马汉：《海权对历史的影响（1660～1783）》，安常容、成忠勤译，解放军出版社，1998，第 36～37 页。

② 杨玉堃：《俄罗斯潜射战略弹道导弹的发展与前景》，《导弹与航天运载技术》2009 年第 2 期。

行此种部署模式，并非如美国海军战争学院教授吉原恒淑和詹姆斯·霍姆斯所说的那样因为政权性质、战略文化等因素，也不仅因为“与冒险进入大西洋相比……在那里他们不仅可以将美国本土控制在其射程范围内，同时还可以享受接近本国海军基地的各种便利”①，而主要是出于对核潜艇的安全性和核威慑的可信性、稳定性等的综合考虑。

当北冰洋水域海冰范围较广时，苏联或俄罗斯战略导弹核潜艇的生存能力更强。首先，敌方卫星、大型陆基反潜机等侦测设备更难发现核潜艇；其次，敌方水面舰艇，包括反潜舰和搭载反潜机的各种水面平台不能自由进入这一覆盖有海冰的水域，也就难以发现，或即便发现也难以攻击核潜艇。能对苏联或俄罗斯战略导弹核潜艇发起攻击的只有也能在冰盖下自由航行的敌方攻击型核潜艇。如此一来，苏联或俄罗斯战略导弹核潜艇须应对的威胁就更少，也更单一，降低了应对的难度。因此，在苏联或俄罗斯潜射弹道导弹射程足够攻击美国本土时，其核潜艇完全没有必要冒险突破北约在巴伦支海、挪威海等处设置的封锁线进行前沿部署和发射，那样只会危及核潜艇的安全性，也降低了核威慑的可信性和稳定性。从现有材料看，苏美冷战一旦演变为热战，苏联战略导弹核潜艇在大西洋中成功发射核导弹前的生存率并不高，因为美军在大西洋中铺设了大面积的声呐监测系统（SOSUS），并搜集了比较完备的苏联海军战略导弹核潜艇甚至基辅级航空母舰等大型水面舰艇的声纹信息，苏联海军舰只和潜艇只要进入大西洋的声呐监测系统覆盖区域，美军就能立即获知舰艇型号及其精确坐标，并予以快速摧毁②。而致命的声呐监测系统难以铺设于俄罗斯北冰洋近岸，这就为苏联或俄罗斯的战略导弹核潜艇提供了一处安全的发射阵地。

但北冰洋欧亚海盆海冰范围缩减，特别是夏季纬度较低的北冰洋海冰完全消融导致苏联或俄罗斯战略导弹核潜艇不能再受冰盖之惠，或易被敌方发现，或须缩小巡航范围，即在日益缩减的冰盖下遂行任务。因此，其水下核威慑和核打击能力必然减弱，这势必削弱俄罗斯海权。

---

① 〔美〕吉原恒淑、詹姆斯·霍姆斯：《红星照耀太平洋：中国崛起与美国海上战略》，钟飞腾等译，社会科学文献出版社，2014，第174～178页。

② 关于声呐监测系统可参见 Edward C. Whitman，“SOSUS：the Secret Weapon of Undersea Surveillance”，http：//www. public. navy. mil/subfor/underseawarfaremagazine/Issues/Archives/issue_25/sosus. htm。

虽然俄罗斯的水下核威慑力量在国家总体核威慑力量中的比重不及美国，但相对井射核导弹、车载核导弹、导弹列车等陆基核威慑力量以及不太先进的战略轰炸机携载的核武器而言，俄罗斯的水下核威慑力量更能提高核威慑的可信性和稳定性。这主要是因为水下发射平台拥有相较于“三位一体”核威慑力量的其他“两位”的固有优势。正如著名战略学家时殷弘所言：“要建立起可信和稳定的、不可被消灭的核报复能力，应采取四个方面的措施，即增加战略武器数量、分散部署、加固发射平台、增大隐蔽性和机动性……而装备中远程潜射核导弹的核潜艇（被）证明是最优良的一类战略武器，因为它综合了其中大部分办法。”[①] 苏联军事战略规划者也认为，“战略导弹核潜艇具有高度的快速性和机动隐蔽性，可自由选择发射阵地地域，易损性较小，生存力高”[②]。冷战期间，苏联的核战略十分重视战略导弹核潜艇的作用，不断增加战略导弹核潜艇在战略核力量编成内的比重，并赋予其重要的战略任务，即在“战略火箭军的基本力量用于消灭敌方导弹核力量时，导弹潜艇则主要用于摧毁敌军事经济基础设施、战略空军机场、导弹袭击预警设施、反导设施和其他最重要的目标”[③]。显然，战略导弹核潜艇部队在苏联核战略中担负的主要任务是摧毁敌方的高价值目标，而该部队中的大部分核潜艇的攻击发射阵地位于北冰洋冰盖下，冰盖的消融和缩减在降低俄罗斯水下核威慑能力的同时，也减弱了俄罗斯的总体核威慑和核打击能力，还冲击了俄罗斯的核战略，迫使俄罗斯针对北冰洋海冰范围缩减的新情况更新军事战略理论。

四　北方国土暴露于战略对手优势海权威胁下

北冰洋海冰加速消融和范围缩减，还使原先在哈尔福德·麦金德（Halford J. Mackinder）看来坚不可摧的、主要由俄罗斯占据的大陆心脏地带或曰欧亚大

---

① 时殷弘：《现当代国际关系史：从16世纪到20世纪末》，中国人民大学出版社，2006，第329页。

② 〔俄〕B. A. 佐洛塔廖夫主编《俄罗斯军事战略史》，李效东等译，军事科学出版社，2009，第466页。

③ 〔俄〕B. A. 佐洛塔廖夫主编《俄罗斯军事战略史》，李效东等译，军事科学出版社，2009，第466页。

陆枢纽地区①变得不再坚固。俄罗斯需要在北方构建主要针对海洋强权的防御线。

俄罗斯之所以能成为世界上领土面积最大的国家，相当一部分原因在其具有建立陆权的“地利”——国土北岸外北冰洋的极难通达性和北方战略方向的安全性。这使得俄罗斯可以集中力量在不同历史时期向西、南、东三个战略方向扩张，且能在暂不扩张的战略方向维持权力均衡。因此，俄罗斯不仅是相对于西欧的东西轴线上的侧翼国家，也是南北轴线上的侧翼国家。侧翼国家在战略上拥有颇多利好，中国战国时代的秦国就多少凭“侧翼”之地利扫灭了东方诸国，美国的兴盛也部分肇因于“侧翼”的战略位置②。

而北冰洋海冰范围持续缩减可能让俄罗斯变成“四战之地”。俄罗斯和苏联的主要战略对手是以美国为首的海权联盟，其对俄罗斯和苏联的遏制战略主要是依托海洋进而利用边缘地带对心脏地带的对手实施全球性包围，包围或遏制的周线是从挪威海经西欧、中东沿海、中国沿海直到日本北部沿海甚至鄂霍次克海的大弧线。冷战时，美军的海上战略不仅包括在挪威海、波罗的海、土耳其两海峡封锁苏联海军西部三舰队，从而在战争爆发时夺取最关键的中欧战场的主动权，也包括在俄罗斯东部采取海上战略牵制行动，即派遣美国第七舰队前往鄂霍次克海对俄罗斯本土实施“由海向陆”的打击，这种打击主要由海军航空兵实施，美军可以根据中欧战场态势决定是实施常规打击还是核打击。对于此种海上战略牵制行动，美国高层并不讳言。曾任美国助理国务卿、美国驻北约大使、里根总统特别高级顾问的戴维·阿布希尔（David Manker Abshire）就清楚地表示：“大胆地向苏联的无缓冲区的边界运动，可能（虽不一定）会导致苏联的计划制定人员重新考虑他们的挪威海或其他地区的部署方案。美国的太平洋舰队对苏联本土是个实际的威胁，并且可以对付苏联潜艇的弹道导弹。”③

假如俄罗斯北方国土岸外的北冰洋夏季甚至全年无海冰，美国舰队就可以

---

① 〔英〕哈·麦金德：《历史的地理枢纽》，林尔蔚、陈江译，商务印书馆，2010，第65~71页。

② 关于侧翼大国的优势可参见〔德〕路德维希·德约《脆弱的平衡：欧洲四个世纪的权势斗争》，时殷弘译，人民出版社，2016。

③ 〔美〕戴维·阿布希尔：《防止第三次世界大战：现实大战略》，军事科学院外国军事研究部译，军事科学出版社，1991，第239页。

进入俄罗斯本土的北面，并可从漫长的北冰洋沿岸外的任一点对俄罗斯本土进行常规或核打击，遏制的周线就成了密闭的椭圆形。考虑到俄罗斯中西部的人口、工业、城市、军事设施都较东部稠密，若美国舰队从喀拉海或拉普捷夫海，更不要说从巴伦支海实施这种打击，那将不再只是牵制性行动，而可能具有更大的战略作用。

若美国舰队一旦不完全满足从海上进行打击，而进入俄罗斯内水或在合适的港口实施登陆，情况将变得对俄罗斯更加不利。这种可能性应当予以考虑，水面舰艇的“由海向陆”与弹道导弹核潜艇的“由海向陆”不同，后者通常只能摧毁陆上目标①，前者除了能“摧毁”，还能“进入”和“投送”，而美国海军的“由海向陆”恰是主要依托以航空母舰为核心的水面舰艇编队实施。曾任苏联海军第一副总司令的卡皮塔涅茨就指出：“美国海洋政策的实质在于，保持强大的海上战略导弹核威慑力量和保持对美国国家利益至关重要地区海上交通线自由通航的能力，其中包括对海上交通线终端地区发生的事件施加影响，直至采取进攻行动和在被认为有必要的地区实施陆战队登陆。”②

俄罗斯境内有许多诸如叶尼塞河、鄂毕河、勒拿河等南北流向的、注入北冰洋的大河，而河口只要不是自然条件太恶劣，一般都会形成港口，若不在河口设防，则敌方中小吨位军舰极易由此进入内水并打击纵深目标，或在合适的港口和海岸通过登陆行动投送人员、物资和装备。在马汉看来，“许多深水港都是力量和财富的源泉，如果这些港口位于可通航河流的入口处，便于集中一个国家的国内贸易，则它们的价值就将成倍增长。但是，由于通过这些港口也非常容易进入这个国家，如果这些港口没有很好的防御，发生战争时，它们将成为容易遭到入侵的要害部位”③。

所以，北冰洋海冰范围缩减使俄罗斯原本安全无虞的北方国土暴露在优势

---

① 虽然历史上也有潜艇装载人员、物资、装备实施登陆的战例，但基本是小规模的特种作战，发挥不了战略作用。比如，二战时，日本在瓜达尔卡纳尔岛战役期间因盟军掌握制空权，故经常使用潜艇向瓜岛输送物资并运回伤员，从瓜岛总撤退时，潜艇部队也参与了岛上残存日军回撤的运输任务。冷战期间，朝鲜也多次利用小型潜艇向韩国渗透武装人员。

② 〔俄〕伊·马·卡皮塔涅茨：《20世纪军事秘密：“冷战”和未来战争中的世界海洋争夺战》，岳书璠等译，东方出版社，2001，第74页。

③ 〔美〕A. T. 马汉：《海权对历史的影响（1660～1783）》，安常容、成忠勤译，解放军出版社，1998，第46页。

海权的威胁之下，虽然可利用的海岸线的延长赋予俄罗斯在航运、贸易等方面以诸多利好，但对北冰洋海防也提出了艰巨的任务。通常而言，俄罗斯可采取两项措施应对。一是抽调其他海区的海军力量到北冰洋以组建一支比较强大的北冰洋舰队。即便这支舰队没有能力攻击海权强国的海军，但可以在一定程度上将俄罗斯北极陆地与海权强国的海军隔开，使之不能轻易地接近陆地和攻击陆地上的战略目标。但这势必使俄罗斯本已捉襟见肘的海军力量更加分散并摊薄在漫长的防御线上，最糟糕的结果是，北冰洋舰队有限的军力不仅未能有效隔开北极陆地与敌方舰队，还减弱了其他战略方向上的海军作战力量。二是加强沿北冰洋的岸防武装力量。不过，北冰洋漫长的、随海冰范围不断缩减而越来越需要防守的海岸线肯定会大量消耗俄罗斯的军费和其他国防资源，牵制俄罗斯海军力量的增长。

总而言之，北冰洋海冰范围缩减造成的大陆心脏地带坚固性的削弱首先削弱了俄罗斯的陆权；其次，给予了海洋强权在俄罗斯北冰洋岸外自由出入和行动的便利，从而增强了战略对手的海权，相对削弱了俄罗斯的海权；最后，分散了己方已有的海军力量且为巩固岸防减少了海军建设资源的投入，进一步削弱了俄罗斯的海权。

五　抓住机遇开发北极，巩固海权的经济基础

气候变暖、北冰洋海冰范围缩减这些让人忧心忡忡的全球治理议题对俄罗斯来说似乎不像对其他国家，比如小岛屿国家那样令人不安。如果俄罗斯能抓住全球气候变暖及其导致的北冰洋海冰范围缩减提供的机遇，就能巩固俄罗斯的经济基础，而经济基础正是海权的基础。苏联海权迅速溃败的原因之一便是其经济基础的脆弱，历史上的海权强国无一不是经济基础强大，或是海上贸易、航运、殖民地等海权要素本身就是经济基础重要组成部分的国家。俄罗斯要恢复并增强海权，必须以强大的经济基础为后盾，但乌克兰危机爆发后，俄罗斯经济因受西方制裁蒙受了巨大损失，俄罗斯海权的重要组成部分——海军的新舰购置和装备现代化计划无法按期兑现。所以，从长远来看，制约俄罗斯海权的最大因素还是俄罗斯并不稳固的经济基础。这个基础过于依赖能源、资源，且效率不高、结构不合理、创新不足；与国家规模和军事实力相比，体量也不

大，国内生产总值（GDP）早已被甩出世界前十[①]；工业在世界工业总量中的比重远小于苏联时代，工业体系也没有苏联时代完整。如果俄罗斯能借大自然赋予的良机实现经济发展、完善产业结构、开发北极国土，那么，维持并增强海权的国家经济基础才会坚固。

北冰洋海冰消融和范围缩减带来的可以巩固俄罗斯海权经济基础的契机主要有以下四个方面：一是使东北航道具有了更高的航运、商业和贸易价值；二是造成欧亚贸易线路的部分转移，远期可能造成欧亚贸易线路的革命性变迁；三是使受惠于海洋的俄罗斯国土和人口大幅增加，并增强了俄反海上封锁的能力；四是海冰消融的直接原因——气候变暖缓解了俄罗斯北极区内的严寒气候，因而更有利于推进从苏联时代起就已制订并实施的北极开发计划。

（一）东北航道使用价值剧增

由于东北航道适航期延长，近年来，通过该航道的商船渐增。据北方海航道信息办公室（Northern Sea Route Information Office）统计，2011～2016 年，通过东北航道的商船共计 248 艘[②]。按北冰洋海冰范围加速缩减的趋势预测，到 2040 年北冰洋夏季或无海冰，故东北航道作为连通东亚和欧洲两大经济体的替代性航道越来越具有实用价值。东北航道绝大部分航段都处于俄罗斯北冰洋岸外，这不仅可以拉动俄罗斯航运业快速发展，也为港口服务业和进出口贸易的高速增长提供了机会。在马汉眼中，商船队、贸易、海岸线和港口是海权的构成要素[③]，这些海权要素正随北冰洋海冰范围缩减和东北航道使用价值剧增而彰显。

（二）将造成欧亚贸易线路的部分转移

由于经东北航道往返东亚和欧洲的距离远短于传统航道，所以，一旦东北航道更加适航，且俄罗斯完善了港口和航道建设，则现有的欧亚间贸易线路和

① 参见国际货币基金组织（IMF）网站，http：//www. imf. org/external/ns/cs. aspx？ id＝28。

② 参见 Northern Sea Route Information Office，http：//www. arctic－lio. com/nsr_ transits。

③ 〔美〕A. T. 马汉：《海权对历史的影响（1660～1783）》，安常容、成忠勤译，解放军出版社，1998，第 50～91 页。

贸易量必然发生大转移，即从太平洋—印度洋—大西洋航线转向北冰洋东北航道，这必然有利于东北航道的最大沿岸国——俄罗斯，有人甚至预言这将造成国际权力和财富的大转移。此种大转移在人类历史上曾几次发生，1500～1700年，欧洲贸易线路从地中海转移到大西洋，造成了意大利的衰落和大西洋沿岸国（葡萄牙、西班牙、法国、荷兰、英国）的先后崛起。保罗·肯尼迪（Paul Kennedy）简短地陈述了这一历史事实："联合省和英国一样，在经济活动从地中海向大西洋世界逐渐转移的过程中得到了好处，而这个转移是1500年到1700年期间的主要世俗潮流之一；它开始对葡萄牙人和西班牙人有利，后来就给那些更有能力从全球商业获利的政权以强大的刺激。"①

（三）受惠于海洋的俄罗斯国土和人口增加且增强了反海上封锁的能力

一个国家的沿海地区气候条件一般优于内陆，且能利用海洋发展海外贸易，并易于吸收域外先进文化，所以往往是这个国家的经济、文化精华区。这也是历史上很多国家为夺取或保住出海口而不惜一战的原因之一②。俄罗斯西部和东部的国土虽然濒临波罗的海、北海、黑海、鄂霍次克海和日本海，但这五海的海岸线长度较短，且鄂霍次克海和日本海沿岸远离俄罗斯的经济和人口中心，所以总的看来，受惠于海洋的俄罗斯国土和人口相对较少，不利于俄罗斯经济发展。马汉也认为："就俄国的幅员来说，海上贸易的好处只会波及离海岸较近的地区，而这些受益地区由于相对较小也就不会达到通常海上贸易所导致的发展水平。而且，因为濒临的是内海，上述地区又可能遭到敌国封锁。"③

但北冰洋海冰融化和范围缩减使俄罗斯漫长的北冰洋沿岸成为具有实际或

① 〔美〕保罗·肯尼迪：《大国的兴衰：1500—2000年的经济变迁与军事冲突》，陈景彪等译，国际文化出版公司，2006，第64页。

② 为夺取或保住出海口而引发的战争在世界战争史上不胜枚举，以俄罗斯为例，1656年及之后数次俄瑞交战就是因俄罗斯为夺取或保住波罗的海出海口而引发的；1768～1774年、1787～1792年俄曾两次与土耳其开战也皆因争夺黑海出海口；19世纪爆发的四次俄土战争（分别发生在1806～1812年、1828～1829年、1853～1856年、1877～1878年）都因俄国欲夺取或控制土耳其两海峡，其中，1853～1856年的俄土战争还引发了克里米亚战争。

③ 〔美〕阿尔弗雷德·塞耶·马汉：《大国海权》，熊显华译，华中科技大学出版社，2015，第158页。

潜在经济价值的沿海地区，加上全球气候变暖改善了北冰洋沿岸的气候，受惠于海洋的俄罗斯国土和人口因之大幅增长。更重要的是，北冰洋不是内海，因而在战时也难以被封锁，即便是海洋强权在北冰洋东西两端部署强大的海军兵力，使俄罗斯海上力量难以轻松自如地出入北冰洋，如同英国曾控扼地中海的东西两端——苏伊士运河和直布罗陀海峡让敌方海上力量难以进出地中海一样，但广阔的北冰洋已能基本满足俄罗斯国内的航运、贸易需求，增强了反海上封锁能力，可提升战时经济的活力。世界上许多大河的入海口都会形成大型港城和贸易金融中心，俄罗斯拥有多条南北走向的注入北冰洋的大河，如鄂毕河、叶尼塞河、勒拿河，俄可将这些汇入北冰洋的大河入海口作为推动经济发展的核心城市加以建设并利用，辐射、带动地区经济的发展。

（四）气候变暖便于俄罗斯开发北极

苏联曾是北冰洋沿岸国中唯一制订长远规划并投入巨资开发北极的国家，但苏联解体后，俄属北极人口流失，城市衰落，经济衰退。普京执政后力图改变这一局面并利用气候变暖和北冰洋海冰范围缩减产生的有利形势深度开发北极。2009 年以来，俄罗斯先后出台了《2020 年前及更远期俄罗斯联邦北极国家政策原则》《2020 年前俄联邦北极发展和国家安全保障战略》《2020 年前俄罗斯联邦北极社会经济发展国家纲要》，这些政策性文件构成了俄罗斯的北极战略框架。

北极拥有丰富的自然资源，美国地质调查局（USGS）报告称，北极原油储量达 900 亿桶，天然气储量达 47 万亿立方米，是地球上自然资源丰富但勘探开发滞后的地区[①]。俄罗斯开发北极的首要目标就是建立能源和资源新基地，以能源、资源产业带动其他产业的发展。2009 年 3 月正式颁行的《2020 年前及更远期俄罗斯联邦北极国家政策原则》称：“俄罗斯北极开发分三阶段。第一阶段是地质论证、落实预算和项目阶段。第二阶段要划定有国际法效力的俄属北极区外部边界，在此基础上确立俄罗斯在能源资源开采和运输方面的竞争优势；在开发矿物原料和水生物资源基础上，实现俄属北极经济结构改革；建立并发展

① USGS，“Arctic Oil and Gas Report，A USGS Fact Sheet from July 2008 ”，http：//geology. com/usgs/arctic – oil – and – gas – report. shtml.

东北航道基础设施和交通管理体系。第三阶段要将俄罗斯北极区变成俄联邦主要的资源战略基地。”据此，俄罗斯还制定了相应措施支持该地区油气资源开发，成立北极石油天然气区块储备基金。在向上述目标努力的同时，2013 年后，俄罗斯将北极开发的触角伸至经济社会发展、科技发展、现代信息通信基础设施建设、生态安全保障、国际合作等多个领域，力图以能源、资源开发利用和东北航道建设为先导，实现俄属北极的综合、全面发展。假使俄罗斯北极开发战略能够成功，则可推动支撑海权基础的国家经济发展。

（原文发表于《俄罗斯学刊》2018 年第 3 期）

黑海于当代俄罗斯之要义

刘　丹[*]

内容提要：在当代俄罗斯地缘战略中，黑海地区举足轻重。苏联解体后俄罗斯黑海地缘战略环境发生很大变化，黑海对于俄罗斯已经不仅仅是出海口的问题，而是成为关乎俄地缘战略全局的重要地区。外部势力的介入，增加了俄黑海地缘环境的复杂程度，黑海地区成为俄与西方博弈最为激烈和矛盾最为凸显的地区。俄在黑海地区的经济、军事、安全等利益诉求构成了黑海对俄要义的主要内容；将黑海利益最大化是俄黑海地缘战略的主要目的；俄有针对性地分别发展黑海沿岸国家关系是其维护黑海利益的重要手段。为扩大黑海影响力并在地区和全球事务中获取主动，强化黑海主导权是俄罗斯的重要战略选择。

关键词：黑海　苏联　俄罗斯　战略利益　博弈

俄国诞生之时是一个陆权国家，渴望水域和出海口。而对黑海的争夺贯穿俄国强国的历史。19 世纪，黑海是“东方问题”的核心，欧洲列强对如何瓜分这一地区各有利益诉求，导致大国之间竞争对抗的复杂关系。第二次世界大战之后，这片区域中的国家又处于资本主义和共产主义全球斗争的前

* 刘丹，中国社会科学院俄罗斯东欧中亚研究所助理研究员。

线[①]。随着苏联的解体，欧美与俄罗斯在这片区域的争夺加剧。俄罗斯独立后，国力下降，但对黑海利益却寸步不让，究其原因是黑海对俄具有非同寻常的意义。

一　冷战后俄罗斯黑海地缘战略环境的变化

苏联解体前俄国在黑海地区[②]面临的地缘战略环境是大国围绕争夺黑海海峡构成的。空间上，把黑海视为必争的战略要地是出于帝国对外扩张和贸易的需要，黑海之于其的重要意义还只是一个出海口的问题。在长达二百多年的绝大部分时间里，俄国在黑海都占据重要位置。随着苏联解体冷战结束，苏联的继承者俄罗斯面临的黑海地缘战略环境发生了显著变化。

（一）黑海沿岸国家发生变化，俄罗斯丧失重要港口和设施

历史上俄国一直为跻身世界海洋国家的行列而奋斗，冷战时期，苏联更是拥有进入三大洋的通道和漫长的海岸线。黑海沿岸国家有苏联、罗马尼亚、保加利亚和土耳其四国，除土耳其[③]外的其余三国都是华约国家，属于社会主义阵营，黑海几乎成为苏联的内湖，只有少部分归土耳其管辖，苏联在黑海占尽优势。

苏联解体后俄国边界遭受了17世纪以来前所未有的后移，在波罗的海和黑海失去了一批重要港口和海上基础设施，在黑海只剩下了北部浅水区域。约350千米的黑海海岸线和建在克里米亚的良港塞瓦斯托波尔划归乌克兰，俄失去了北部重要港口敖德萨（这里曾经是苏联与地中海地区以及与距离更远的国家贸易的重要通道），黑海沿岸国家变成了六个，俄、罗、保、土，还有新生国家乌克兰和格鲁吉亚。2004年保、罗两国加入了北约，2007年又双双加入欧盟。这

① 〔英〕查尔斯·金：《黑海史》，苏圣捷译，东方出版中心，2011，第4页。

② 黑海地区包括南高加索、东西巴尔干、黑海北岸和地中海东北部。См.：Большое причерноморье: противоречия и стратегические решение для России，Доклады Иститута Европы. —М.：—2016. —№ 324. —С. 4.

③ 第二次世界大战后美国借英国撤出海峡的时机，填补了该地区的力量真空，土耳其倒向西方成为北约成员国，成为美国全球遏制的第一块基石。参见〔美〕兹比格纽·布热津斯基《大棋局：美国的首要地位及其地缘战略》，中国国际问题研究所译，上海人民出版社，2007，第75页。

两个国家以及土耳其北约成员国身份使西方控制了黑海西部海岸地区。格鲁吉亚和乌克兰追随西方，分别于2013年和2014年与欧盟签订了联系国协定，同时意向加入北约。如果乌克兰和格鲁吉亚也被北约控制，那么俄罗斯就会被挤进黑海东北一隅，地缘空间受到极大挤压，战略安全受到严重威胁。冷战后，黑海沿岸国家力量配比发生了重大变化，几乎形成向西一边倒的态势，俄罗斯在黑海面临盟友尽失的严峻地缘战略环境。

（二）欧盟及以美国为首的北约对黑海地区的影响加剧

对美国来说，欧亚大陆是最重要的地缘政治目标[①]。美国能否持久、有效地在欧亚大陆保持举足轻重的地位，直接影响美国对全球事务的支配[②]。黑海位于欧亚大陆的中心地带。第二次世界大战结束后，美国填补了英法撤出黑海海峡后的真空，把黑海地区变成西方反对苏联的东方前哨[③]。苏联解体后美国加紧插手黑海事务，削弱俄罗斯在黑海地区的经济、政治和军事影响力。

美国对黑海地区的渗透主要通过支持和影响黑海沿岸国家来实现：支持乌克兰和格鲁吉亚，改善与北约伙伴土耳其的关系，巩固与北约及欧盟新成员罗马尼亚、保加利亚的关系。美国深知乌、格两个黑海沿岸国家的重要性。2003年格鲁吉亚的“玫瑰革命”、2004年乌克兰的“橙色革命”背后都有美国的影子，目的就是推翻原来的亲俄罗斯政府，建立亲美国的民选政府。鉴于乌克兰重要的地缘战略位置，美国将其作为欧亚大棋局中最重要的战略支点。多年来支持乌国内的反对派，扶植亲西方的乌克兰，使其成为“民主、自由国家”及反俄前哨。2013年末乌克兰爆发危机之后，美国深度介入乌克兰事务，甚至不惜走到台前干涉。2014年美国提供大量资金帮助乌克兰减少对俄天然气供应的依赖，向乌追加援款用于其推行改革、“民主建设”和改善边防机构。普京直言，美国直接或者间接地影响了俄罗斯同邻国之间的关系，这使得俄罗斯有的

---

① 〔美〕兹比格纽·布热津斯基：《大棋局：美国的首要地位及其地缘战略》，中国国际问题研究所译，上海人民出版社，2007，第26页。

② 〔美〕兹比格纽·布热津斯基：《大棋局：美国的首要地位及其地缘战略》，中国国际问题研究所译，上海人民出版社，2007，第26页。

③ 高淑琴、贾庆国、孙力舟：《黑海地区地缘政治转型：西方对黑海地区战略的新趋势》，《俄罗斯中亚东欧研究》2010年第5期。（说明：2012年前称为《俄罗斯中亚东欧研究》，2013年后改为《俄罗斯东欧中亚研究》）。

时候还不如直接和美国政府沟通①。

冷战结束后，以西欧国家为主体的欧盟一体化程度不断加深，东扩步伐持续加快，东扩后的欧盟正以准“国家”的形态与俄罗斯西向毗邻，原来以中东欧国家互为屏障的欧俄双方面对面站在一起。“罗马尼亚和保加利亚加入欧盟后，欧盟向黑海地区国家传播其新欧洲近邻政策。欧盟实际上已经参与到该地区的地缘政治中来，除了俄罗斯以外，欧盟所有成员国都是‘欧洲邻居’。”②欧盟在黑海既有“保障对欧能源供应安全”的现实利益，又有“整合欧盟国家”的战略利益。

如果说欧盟东扩特别是扩大至黑海地区的罗马尼亚、保加利亚乃至扩展到乌克兰，是从行动上将触角延伸到黑海地区并与俄罗斯争夺影响和空间，那么“大黑海地区”概念的提出，证明了欧盟拟将黑海地区纳入西方势力范围的计划的确存在，并已赫然在案，是西方国家向“大黑海地区”民主推进的战略布局。与美国不同的是，欧盟在黑海的政策并不以反对俄罗斯为主要目标，但是欧盟在黑海的能源利益及其东扩政策必然与俄罗斯的黑海利益发生冲突，并使俄所处黑海地缘战略环境进一步复杂化。

北约东扩及俄罗斯与北约的关系问题是苏联解体后俄罗斯外交面临的最棘手最复杂的问题，也是俄罗斯与西方分歧最为尖锐的领域③。随着罗马尼亚和保加利亚加入北约，北约地盘已经扩展到黑海沿岸，从波罗的海到黑海沿岸已经形成对俄罗斯的包围夹击之势，甚至有扩展到乌克兰和格鲁吉亚的可能。近年来，北约在包括波罗的海三国的东欧国家和波罗的海、黑海水域加强军事存在，发展军事基础设施，增加在俄罗斯边境附近的演习次数和强度。这些举动引起了俄罗斯的极大关注。

美国、北约和欧盟势力扩张到黑海地区，对黑海事务介入加深，成为影响俄罗斯黑海地缘战略环境的主要外来因素。它们各自的战略取向不同，影响俄

---

① Послание Президента Федеральному Собранию. 4 декабря 2014 года［Электронный ресурс］: URL: http: //www. kremlin. ru/news/47173.

② Языкова А. А. Большое причерноморье-сфера сотрутничества или соперничества? Москва, Черноморское сотрудничество: на пути к партнерству XXI века: материалы научно-практической конференции（Институт Европы РАН, 8 июня 2007 г.）, 2007. —С. 13.

③ 郑羽主编《俄罗斯东欧中亚国家的对外关系》，中国社会科学出版社，2007，第86页。

罗斯黑海地缘战略环境的方式和手段也不同，但毫无疑问，它们都极大挤压了俄罗斯的战略空间。

二　俄罗斯在黑海的现实利益

作为黑海地区传统大国，俄在黑海拥有众多现实利益。

（一）黑海关乎俄罗斯地缘安全与军事安全

黑海是世界上最大的内陆海。它向西通博斯普鲁斯海峡、马尔马拉海、达达尼尔海峡与地中海相连，向北经刻赤海峡与亚速海相连，是连接东欧内陆和中亚、高加索地区出地中海的主要海路，战略地位十分重要。出海口是一个国家走向世界的重要战略通道，制海权关系到一个国家的兴衰成败[①]。一方面，俄国需要黑海出海口，因为保证在黑海海峡拥有一定的自由度对俄来说至关重要；另一方面，俄必须控制黑海堡垒——克里米亚。这两方面关乎俄地缘与军事安全。

以目前叙利亚形势为例，黑海海峡对俄在叙利亚继续军事行动及叙境内俄军的供给相当重要。如果土耳其军舰封锁了进入东地中海的黑海海峡导致俄不能及时为军队供给，那么俄罗斯在叙利亚的军事行动就可能遭受失败，所以，俄有必要维护与土耳其的良好关系，以保证在海峡航行的自由。

同时，位于黑海北岸的克里米亚半岛通过仅 6.3 千米宽的皮里柯普地峡与大陆相连，此处地势一夫当关万夫莫开，夺取、占领克里米亚半岛也就意味着控制了黑海北海岸。早在 2003 年普京就说过，黑海和亚速海地区对俄具有特殊的地缘政治意义，涉及俄战略利益[②]。谁占领克里米亚，谁就掌握了控制黑海的钥匙，所以 2014 年俄罗斯不惜与整个西方对抗，将克里米亚并入本国。

---

① 〔德〕马克思：《十八世纪外交史内幕》，中共中央马克思恩格斯列宁斯大林著作编译局编译，人民出版社，1979，第 80 页。

② 《俄罗斯总统普京说黑海和亚速海地区是俄战略重地》，新浪网，2003 年 9 月 18 日，http://mil.news.sina.com.cn/2003-09-18/150374.html。

（二）黑海关系到俄罗斯地缘经济利益和能源运输安全

当前，地缘政治中的能源因素在强化，如何保证黑海地区能源利益和能源安全对能源大国俄罗斯尤为重要。

第一，黑海拥有大量油田，俄罗斯作为黑海沿岸国家占有一定份额。黑海海域油气资源量为45亿~55亿吨油气当量，俄黑海海域的原始油气资源量为4亿~16亿吨油气当量①，俄极力维护自身在黑海利益也是出于对其经济利益的保护。

第二，对于能源出口大国俄罗斯而言，能源过境运输问题具有特殊意义。目前俄有两条经过黑海海底的天然气管线："蓝溪"和"土耳其溪"，这一能源战略布局对俄具有重要意义。俄要保证其黑海天然气管道的利益。

"蓝溪"天然气管道项目从黑海海底7000英尺海底深处穿越，从俄罗斯高加索北部的伊扎比热内到新罗西斯克地区延伸到土耳其的黑海港萨姆松，然后到安卡拉。项目目前年输气量160亿立方米。该管道于2002年由俄罗斯完工，这条管道的建成，一方面弱化了美国支持的项目（绕过俄罗斯连接哈萨克斯坦到"巴库—第比利斯—杰伊汉"线的外里海管道），另一方面将土耳其对俄罗斯天然气的依赖度提高到90%②，俄罗斯可借此扩大对土耳其的影响。

另一条线路"土耳其溪"是俄罗斯在俄乌双方纷争不断、"斗气"频繁的背景下提出的。这是俄主导建设的一条线路，绕开乌向欧洲供气，力求摆脱对过境乌克兰输气的依赖。2016年10月10日在伊斯坦布尔世界能源大会期间，俄土签署了建设"土耳其溪"天然气管道的政府间协议。"土耳其溪"输气管道项目将从俄罗斯出境，穿越黑海抵达土耳其。该管道供气能力大约为每年315亿立方米，并有望延伸至土耳其希腊边境的天然气枢纽系统，向南欧用户供应天然气。2017年5月7日俄罗斯天然气工业股份公司已开始在黑海海底铺设"土耳其溪"输气管道。如果"土耳其溪"管道能够在2019年底前建成通气，将对欧亚大陆的能源流向产生重大影响。

---

① 王京等：《黑海六国油气勘探开发动向扫描》，石油观察网，2014年9月23日，http://www.oilobserver.com/case/article/1087。

② 〔美〕索尔·科恩：《地缘政治学：国际关系的地理学》，严春松译，上海社会科学院出版社，2011，第264页。

第三，黑海是俄通往全球的能源运输线路的重要出口。对于能源出口大国俄罗斯来说，保障其港口和海上运输线的安全至关重要。目前，全球2/3的原油及其衍生产品出口都需要用油轮来运送[①]，黑海海峡是油轮必经的咽喉要道和战略要冲。黑海及波罗的海沿岸的港口是俄石油输出最主要的途径，主要的港口是俄罗斯的新罗西斯克港和格鲁吉亚的苏普萨港。俄罗斯在黑海地区有巨大的经济和能源利益，要保证在黑海的地位，保证对港口的控制权，以确保其能源运输和能源安全。

（三）黑海是东正教地缘政治圈[②]的重要组成部分

从历史联结上来说，东正教文明的辐射区包括俄罗斯、东欧以及巴尔干半岛等地，这些地区在古代或受到过希腊和拜占庭帝国统治，或在某种程度上受其影响。无论是俄罗斯主观认为，"自己是上帝的选民，文明居于世界中心"，还是历史的造就——成为斯拉夫文明的源泉，都促成了俄罗斯在黑海地区东正教核心国家的地位。黑海沿岸六国中除土耳其主要信仰伊斯兰教外，俄罗斯、乌克兰、格鲁吉亚、罗马尼亚和保加利亚五国的主要宗教信仰都是东正教，它们是以俄罗斯为核心国家的东正教地缘政治圈的重要组成部分。这些国家在苏联未瓦解之前，受苏联控制影响至深。

冷战结束后，以美国为首的西方一步步向黑海地区渗透，加紧输出"先进文明"，竭尽所能提高西方文明的战略地位，遏制反大西洋主义的倾向，黑海沿岸国家逐渐向西方文化圈靠拢。如今保、罗两国在形式上已经加入了西方阵营，乌、格与俄罗斯维持着脆弱的关系，黑海地区成为文明角力场。

汤因比在《历史研究》中说过，西方文明在这些前俄罗斯领土上的政治统治逐渐赢得了文化上的皈依者，这也是俄罗斯大一统国家与接踵而至的西欧列强不断进行军事对抗的一个主要根源[③]。俄罗斯当然不愿放弃以己为核心的斯拉

① 〔法〕菲利普·赛比耶－洛佩兹：《石油地缘政治》，潘革平译，社会科学文献出版社，2008，第33页。

② 由东方、拜占庭、俄罗斯东正教教堂在本质上构成宗教、精神、文化、基督教道德信息空间。从15世纪开始，东正教的地缘政治实际上与俄罗斯的地缘政治相吻合。参见〔俄〕彼得罗夫《俄罗斯地缘政治——复兴还是灭亡》，于宝林、杨冰皓译，中国社会科学出版社，2008，第184页。

③ 〔英〕阿诺德·汤因比：《历史研究》，刘北成、郭小凌译，上海人民出版社，2005，第352页。

夫文明空间。值得注意的是，乌、格、保、罗四国虽然倒向了西方，但在经历重塑自我之后是否会出现向东正教文明以及自身传统的回归呢？短时期看，利益是国家结盟或对抗中的主要因素，而从长远看，文明认同是更为深刻的原因。著名的战略学家亨廷顿也曾指出："国家都倾向于追随文化相似的国家，抵制与它们没有文化共性的国家。就核心国家而言，尤其是如此。"[④]

三　俄黑海利益攸关方与俄土关系迷局

俄罗斯在黑海地区拥有众多利益，与这些利益紧密相关的黑海国家构成了俄黑海利益攸关方。

俄罗斯与乌克兰不仅是黑海近邻，在历史、文化、宗教和经济上也是同根同源联系紧密。基辅是古罗斯文明的源头，俄罗斯族人在乌克兰人口中具有很大比重，俄罗斯一直把乌克兰当成自己的小兄弟。在涉及乌克兰道路选择问题上，俄一直不遗余力地施加影响。但是随着 2014 年 3 月与 6 月乌克兰先后与欧盟签订了联系国协定的政治和经济部分[①]，俄罗斯已经很难阻止乌克兰西去的步伐。乌克兰的西向选择使俄罗斯遭受了最大的地缘政治失败，即使克里米亚回归也无法弥补这一缺憾[②]。诚如此言，失去乌克兰，俄罗斯黑海地缘战略环境将极大恶化。没有乌克兰，以独联体或以欧亚主义为基础重建帝国都是不可行的。一个没有乌克兰的帝国最终只能是更"亚洲化"的离欧洲更遥远的俄罗斯[③]。

苏联解体后，格鲁吉亚奉行亲西方政策，在当前的俄格关系中，有两大症结。其一，领土问题。格鲁吉亚希望恢复领土完整，俄罗斯则表示不会在阿布哈兹和南奥塞梯问题上让步换取与格的友好关系，这是两国关系发展的根本性障碍，也是俄罗斯牵制格鲁吉亚西向的重要砝码。其二，格鲁吉亚加入北约问

① 乌克兰于 2014 年 3 月与欧盟签订了准成员国协定的政治部分，6 月签订了经济部分，规定同欧盟建立自由贸易区。

② Чернега В. Н. Украинский урок//Россия в глобальной политике. —2015. —№ 4. ［Электронный ресурс］: URL: http: //www. globalaffairs. ru/number/Ukrainskii - urok - 17645.

③ 〔美〕兹比格纽·布热津斯基：《大棋局：美国的首要地位及其地缘战略》，中国国际问题研究所译，上海人民出版社，2007，第 92 页。

题。目前格的主要目标仍然是积极发展与欧洲的关系，并与美国保持战略协作伙伴关系。作为俄罗斯南部边界的屏障，格鲁吉亚一旦加入北约，将极大恶化俄罗斯黑海地缘战略环境。所以，一心向西的格鲁吉亚和想方设法牵制其西去步伐的俄罗斯有着根本性的冲突。

除此以外，俄罗斯与罗马尼亚、保加利亚的关系也很重要，目前美国在这两国都有军事基地，俄罗斯必须处理好与这两国的关系。再者亦不能忽视阿塞拜疆对俄罗斯黑海地缘政治的影响，虽然阿塞拜疆不是黑海沿岸国家，但在地缘上属于广义上的黑海—里海地区国家。从东西方向看，它是里海石油天然气输往黑海地区的重要通道；从南北方向看，它是俄罗斯通往伊朗的陆上最近通道①。

俄土关系最为扑朔迷离，它们是黑海沿岸的两个强国，一个是黑海沿岸实力最强，一个掌握着出入黑海门户的钥匙。俄罗斯与土耳其为邻已经有 500 多年的历史，在这 500 多年中，贸易、战争、合作与冲突相伴相生，这一切多与黑海有关。

埃尔多安执政以来，俄土关系发展平稳。2015 年 11 月，土击落俄战机事件导致双边关系骤然恶化。2016 年 6 月，土总统埃尔多安就击落俄战机事件向普京道歉，两国关系开始解冻，俄逐步取消对土制裁②。2016 年 10 月 10 日，俄土签署天然气管道建设项目协议。对于土耳其而言，成为俄能源过境的"新宠"可以得到优惠价格的能源。2016 年 12 月"俄罗斯驻土大使在土遇刺身亡"这一恶性外交事件发生也没有给两国关系带来大的冲击，两国表现的理性克制。2017 年 5 月 31 日普京签署法令，解除部分针对土耳其的制裁措施，俄土关系由紧张到缓和再到拉近，是双方权衡利弊的结果，有经贸关系相互依存的原因③和天然气管道中的政治考量。更为重要的是，俄与土保持相对友好关系是出于对自身中东利益的保护。处于中东地缘中心的叙利亚是俄在中东地区的唯一盟友，

---

① 〔法〕菲利普·赛比耶－洛佩兹：《石油地缘政治》，潘革平译，社会科学文献出版社，2008，第 176 页。

② 在土耳其 2016 年未遂的军事政变中，俄罗斯旗帜鲜明地谴责了政变，支持了埃尔多安，而埃尔多安却未获美国等西方国家的实质性支持。

③ 俄罗斯是土耳其第一大进口来源国、第二大贸易伙伴，土耳其是俄罗斯的第五大贸易伙伴，两国贸易依存度较高。尤其是土耳其能源极为匮乏，石油和天然气 95% 依赖进口，俄罗斯是土耳其最大的天然气供应国。

其塔尔图斯港也是俄除独联体以外在地中海唯一的海外军事基地，为俄地中海分舰队长期驻留提供后勤保障和燃料支持。普京曾经发表声明称，俄罗斯在地中海的利益涉及国家安全保障，俄打算为军舰在地中海长期驻留创造条件①。然而，俄罗斯和叙利亚并不接壤，取道土耳其进入叙利亚是俄罗斯支援叙利亚的捷径。如果与土耳其关系搞僵，俄罗斯的中东利益将受到重大影响。由于西方在俄罗斯南部动作频频，俄不得不与土耳其结成阶段性的联盟，它们的关系是夹杂对各自利益考量的战术性妥协。

综上所述，黑海利益攸关方深刻影响俄在黑海地区的地位和处境。俄罗斯要想获得在黑海地区的主动权，扩大对黑海地区的影响力，保护自己在黑海的利益，就必须重视和处理好与它们的关系。

四　结论

黑海是关乎俄罗斯战略全局的重要核心区，是俄全球战略的支轴，始终处于俄罗斯外交关注中心。俄罗斯在黑海基本的战略目标是：保持通往地中海的水域通道开放，保证乌克兰和格鲁吉亚等黑海北岸国家的政治形势和军事进程在俄可控范围内，避免西方国家和土耳其扩大对该地区的影响。在黑海地区的经济、军事、安全等利益诉求构成了黑海对俄要义的主要内容，将黑海利益最大化是俄黑海地缘战略的主要目的，有针对性地分别发展黑海沿岸国家关系是俄维护黑海利益的重要手段。俄罗斯有追求海洋利益的外交传统，在早期的地缘政治观中，就曾将自己的地缘政治地位确立在控制波罗的海、黑海和里海三海空间上②。随着俄黑海地缘战略环境的变化，当代俄罗斯要面临的已经不仅仅是一个出海口安全的问题，还涉及如何保有在黑海的利益，如何处理变化后的黑海沿岸国家关系以及如何应对外部势力干涉。因此，强化在黑海的主导权是俄罗斯重要的战略选择。2017 年 7 月 20 日普京签署的《2030 年前国家海洋军事活动政策基本原则》强调，“通过发展克里米亚半岛的诸兵种混合部队来提高

---

① 《普京：地中海地区对俄战略重要 涉俄国家安全利益》，新华网，2013 年 6 月 7 日，http：//news. xinhuanet. com/world/2013 -06/07/c_ 124825772. htm。

② 顾志红：《事实与真相——俄罗斯地缘政治与外交》，长春出版社，2010，第 8 页。

黑海舰队的战斗力”，“确保俄罗斯在地中海和其他战略要地的长期存在”[①]。这是俄罗斯适应新形势，为应对美国、西欧和北约威胁而提出的海军作战部署方向。

近年来，除了塞瓦斯托波尔港，俄还将新罗西斯克作为部署和维护舰艇的主要场所，计划为黑海舰队新增舰艇和潜艇 80 余艘，并配置高端武器。636.3 型非核潜艇不仅能对抗水面舰艇，还能用远程巡航导弹打击沿岸目标，它的出现有可能改变黑海地区的力量格局，对美国在罗马尼亚的反导系统基地产生制衡。同时部署的潜艇导弹射程可达 1500 千米，覆盖整个黑海地区，这使得新罗西斯克海军基地可以随时支援克里米亚和叙利亚。俄罗斯在黑海地区拥有两个海军基地将进一步提升其在国际事务中的应变能力，在应对地区冲突中扮演更加重要的角色。

黑海地区局势严重影响周边的中东、南高加索和中亚地区安全，成为俄罗斯与西方博弈最为激烈和矛盾最为凸显的地区，是俄全球战略的缩影。俄罗斯只有在黑海拥有主导权，才可能在全球战略中获得主动，成为国际事务的“主导者”。

（原文发表于《俄罗斯学刊》2017 年第 6 期）

① Об утверждении Основ государственной политики Российской Федерации в области военно-морской деятельности на период до 2030 года，［Электронный ресурс］：URL：http：//www. kremlin. ru/acts/news/55127.

中俄战略协作伙伴关系：从外交策应到共同发展

柳丰华*

内容提要： 在中俄战略协作伙伴关系建立以来的绝大部分时期，外交策应是双方战略协作的主要领域。外交策应主要表现在两个方面：共同维护良好的周边和国际安全环境，致力于建立国际政治经济新秩序；支持对方维护国家主权与领土完整的努力。以2014年中俄两国启动天然气战略合作、扩大经济和军技合作以及随后推动的共建丝绸之路经济带合作为标志，中俄战略协作伙伴关系进入共同发展时期。共同发展的基本内涵在于：在保持既有的高水平外交策应的基础上，中俄两国将各自经济社会发展战略和区域一体化战略进行对接合作，充分发掘双方合作潜力，以实现共同发展目标。

关键词： 中俄关系　战略协作　外交策应　共同发展

苏联解体后，中俄两国在继承中苏关系的基础上，很快建立了平等信任、面向21世纪的战略协作伙伴关系。经历了近20年的发展，中俄战略协作在各个领域取得丰硕成果，双方战略伙伴关系实现重大发展，并成为“冷战”后邻国间和大国间关系的典范。

* 柳丰华，中国社会科学院大学俄罗斯东欧中亚研究所俄罗斯外交研究室主任、研究员。

一　中俄战略协作伙伴关系的建立与发展

1996 年 4 月，中俄两国元首在北京发表联合声明，宣布双方将发展平等信任、面向 21 世纪的战略协作伙伴关系。从此，中俄关系进入一个新的历史阶段——战略协作伙伴关系。

从政治语义角度分析，战略协作伙伴关系这一概念包含两个构件：一是“伙伴关系”，强调两国友好关系和各自独立性；二是“战略协作”，强调双方协作的全局性和长期性。前者是性质，后者是特征。因此，正如双方反复对外宣布的，中俄战略协作伙伴关系是友好合作关系，不是结盟关系，也不针对第三国。至于中俄两国战略协作的范围，根据联合声明，包括战略稳定、建立世界政治经济新秩序以及亚太地区安全与合作等①，当然，这些只是双方最初的意向领域。

虽然建立中俄战略协作伙伴关系的倡议是俄罗斯首先提出来的，但是这个一拍即合的外交成果有其合乎逻辑的成因。北约东扩计划的实施，不仅无情地打破了俄罗斯“融入西方”的迷梦，而且促使其实行全方位外交，在东方寻求与其一道反对北约战车东进的政治朋友。而以俄罗斯共产党为代表的左翼力量赢得 1995 年俄罗斯国家杜马选举、信奉欧亚主义的普里马科夫主政俄外交部等因素，都显著地加强了俄国内主张发展与中国密切关系，以恢复俄大国地位的政治力量的影响②。1995 ~ 1996 年李登辉访美、中美军舰在台湾海峡对峙等事件表明，美国对华“接触 + 遏制”的双面政策已向遏制方向倾斜，特别是对台湾问题的干预。由此可见，美国的遏制政策、对美国单边主义和“冷战”后国际安全格局走势的严重忧虑，是促使中俄两国结成战略协作伙伴关系的最主要原因。当然，共同应对各自国内及中亚地区“三股势力”的威胁，发展双边经贸合作，也是中俄共同利益所在。

随后，中俄战略协作伙伴关系的主要机制，包括两国元首、政府首脑和外

---

① 《中俄联合声明》，新华网，1996 年 4 月 25 日，http：//news. xinhuanet. com/ziliao/2002 - 11/27/content_ 642464. htm。

② 柳丰华：《“梅普组合”的外交战略》，中国社会科学出版社，2012，第 42 ~ 45 页。

交部部长定期会晤机制相继建立。中俄总理定期会晤机制下设总理定期会晤委员会（副总理级）、人文合作委员会和能源谈判代表会晤机制，其中总理定期会晤委员会包括经贸、能源、运输、核能、科技、航天、银行、信息等分委会和秘书处。这些磋商机制的建立和运行，在深化两国友好关系和战略协作方面发挥了重要作用。

中俄两国战略协作的初期成果，主要体现在外交策应上。中国支持俄罗斯在车臣维护国家统一和社会秩序的行动，俄罗斯则在台湾问题上支持中国的立场。中国与俄罗斯、哈萨克斯坦、吉尔吉斯斯坦、塔吉克斯坦共同签署在边境地区加强军事领域信任协定和相互裁减军事力量协定，不仅巩固了中亚地区和平与稳定，而且将“上海五国”元首会晤变成一个开展多边合作的地区机制。正如1997年《中俄关于世界多极化和建立国际新秩序的联合声明》所示，推动世界多极化和建立公正合理的国际新秩序是两国战略协作的优先方向。在反对单极霸权方面有效协作的突出案例，是中国和俄罗斯都反对以美国为首的北约发动科索沃战争，并促成科索沃问题最终在联合国安理会范围获得政治解决。普里马科夫提议建立的俄中印战略三角，也是俄罗斯所主张的国际新秩序的基础之一。

显然，军事技术是中俄间最富成果的合作领域。苏联解体后，俄罗斯军事工业步履维艰，乐于向任何有购买力的客户出售武器，以维持其生存。中国面临军事力量现代化问题，把引进外国军事技术作为重要解决途径之一。因此，从1992年起，中俄两国军技交易呈现快速发展之势。1995～1999年，中俄军火贸易额达33亿美元①。其中主要包括战斗机、运输机、现代化潜水艇、驱逐舰、雷达系统、防空导弹系统以及其他武器装备。尽管中国是俄罗斯军技最大进口国，但是这时的中俄军技合作未必达到战略协作水平。因为中苏对抗的历史记忆、尚未解决的中俄边界问题、俄罗斯对本国安全的担忧等困扰着俄军售决策层，在对华高新军事技术出口方面存在诸多限制。

2000年，年富力强、信奉实用主义的普京担任俄罗斯总统，其新政将给中俄关系带来哪些变化呢？根据同年出台的《俄罗斯联邦对外政策构想》，俄对华

---

① Stockho lmInternational Peace Research Institute, *SIPRI YEARBOOK 2000*: *Armaments*, *Disarmament and International Security* (New York: Oxford University Press, 2000): 341.

外交的主要任务是使两国经济合作规模与政治关系水平相适应[①]。20 世纪 90 年代，中俄年度贸易额一直在 60 亿美元上下徘徊，这一指标远不符合两国经济实力和政治关系水平，更不能同中美、中日贸易相提并论。在双方的共同努力下，从 2000 年开始，中俄贸易开启了长期、高速的增长进程，尽管规模与质量仍待提升。

2001 年是当代中俄关系史上一个具有里程碑意义的年份，这一年上海合作组织宣告成立，《中俄睦邻友好合作条约》得以签署。中俄两国将“上海五国”会晤机制升格为地区性的国际组织——上海合作组织，这不仅是其成员国应对中亚“三股势力”等安全威胁的共同利益的结果，也是中国与俄罗斯建立公正合理的国际政治经济新秩序的先导。《中俄睦邻友好合作条约》规定长期全面地发展两国睦邻友好与战略协作伙伴关系，以开创中俄“永久和平、世代友好”的局面[②]。该条约还包括促进建立国际新秩序等战略协作目标，反映了中俄两国在反对单极世界问题上的共同立场。这两大事件都是在俄罗斯与西方关系没有走出科索沃战争所导致的低谷、普京政府基本延续叶利钦—普里马科夫时期的“多极化”外交政策的形势下发生的。

但是，中俄战略协作伙伴关系并非世界大洋中的“孤岛”，国际形势的风云变幻不可避免地波及中俄两国及其相互关系。“9·11”事件后，美国不得不将对外战略重点从遏制中、俄等地区大国转向反恐，普京总统抓住时机，推行其实用主义外交政策。这一政策的主要内容是与美国结成反恐伙伴关系，同北约建立“20 国”合作机制，恢复俄罗斯的大国地位，为俄经济社会发展营造良好的外部环境[③]。俄美关系的改善，使普京联华制美的战略需求大为减弱，中俄战略协作因此松懈。中俄两国在全球层面的战略协作首先弱化，因为联合抵制单极霸权，推进世界多极化，其实就是针对美国的。中俄在维护全球战略稳定，主要是维系《反导条约》方面的战略协作也出现不谐。此前俄罗斯拉中国一起坚决反对美国建立导弹防御系统，但是 2001 年 12 月美国正式宣布退出《反导

---

① Концепция внешней политики Российской Федерациии，утвержденая Президентом Российской Федерации В. В. Путиным 28 июня 2000 г.，［Электронный ресурс］：URL：http：//www.scrf. gov. ru. /dovument/decree/2000/07/ –10. html.

② 《中俄睦邻友好合作条约》，《人民日报》2001 年 7 月 17 日。

③ 柳丰华：《“梅普组合”的外交战略》，中国社会科学出版社，2012，第 62 页。

条约》后，俄罗斯反应平淡，与此前中俄两国的共同立场格格不入。继而俄罗斯提出与北约合作建立欧洲战区导弹防御系统的倡议，更让中国感到莫名其妙。

中俄战略协作的淡化，反映出双方战略协作伙伴关系的两个基本特点。其一，地缘政治考量优先性。地缘政治形势既能促成中俄战略协作伙伴关系，又能影响其发展状况。俄罗斯虽然地跨欧、亚两洲，但其从来都认为自己是欧洲国家，属于欧洲文明，只有当其在西方遭受挫折或冷遇时，才会想到东方。简而言之，中俄战略协作伙伴关系似乎是俄罗斯的一张“外交牌”。同样，中国在对美外交中也有打“俄罗斯牌”的情况。其二，不稳定性，或者说易受一方外交政策变化的影响。普京认识到，俄罗斯最迫切的任务是解决国内的政治失序和经济危机问题，而不是遏制美国单极霸权，况且实践证明俄“多极化”外交政策已经失败。但是要为国内政治经济发展营造良好的外部环境，就必须发展与西方的稳定的合作。俄罗斯对西方政策一经调整，对中俄战略协作的影响就立刻显现出来。

尽管受到影响，但是中俄在地区和双边层面的战略协作仍然有所发展。《上海合作组织宪章》的签署为该组织奠定了国际法基础，上海合作组织相继建立起国家元首、政府首脑和各部门领导人定期会晤机制，成立了秘书处和地区反恐怖机构，完成了自身机制建设。上海合作组织成员国还签署《上海合作组织成员国政府间关于开展区域经济合作的基本目标和方向及启动贸易和投资便利化进程的备忘录》《上海合作组织成员国多边经贸合作纲要》等文件，在经贸、安全等领域开展合作。与此同时，中俄双边政治、经济、军事等领域的合作不断发展，取得了不少成果。

中俄双边合作中也出现一些问题。俄罗斯因为不愿意中国投资其战略资源领域，阻止了中国石油天然气集团有限公司对俄罗斯“斯拉夫石油”公司的收购行动。出于能源管道和出口市场不依赖中国等考虑，俄罗斯将双方早就确定的安加尔斯克—大庆石油管道项目长期搁置起来。这些问题表明，普京政府在对华合作中既追求利益最大化，又持防范态度。

在普京总统的第二任期，由于俄美两国在俄罗斯国内政治、独联体地区“颜色革命”和北约东扩等问题上矛盾激化，普京政府实行坚决维护包括俄发展道路在内的核心利益的新斯拉夫主义外交①。在这种外交政策中，中俄关系因其

① 柳丰华：《“梅普组合”的外交战略》，中国社会科学出版社，2012，第80页。

制衡西方的战略意义而处于优先地位，因此，两国战略协作再度加强。美国入侵伊拉克，北约扩大到俄罗斯西部边界，独联体多国发生“颜色革命”等形势变化，促使两国在2005年签署《中俄关于21世纪国际秩序的联合声明》，阐述双方对国际新秩序、维护发展模式多样化、巩固全球战略稳定等问题的共同立场。中国和俄罗斯都反对美国部署国家导弹防御系统和东亚战区导弹防御系统，共同抵制美国的太空武器化图谋。中俄两国都担心“颜色革命”导致中亚地区社会政治动荡，进而危及各自邻近地区的稳定，因而支持中亚国家抵御“颜色革命”、维护社会政治稳定的举措。2005年阿斯塔纳峰会发表的《上海合作组织成员国元首宣言》要求美国制定从中亚撤军的时间表，对美国的中亚政策产生了很大的政治压力。

同时，中俄双边合作成果斐然，并且协作的战略性逐渐增强。2004年中俄国界东段的补充协定的签署，标志着中俄边界全线走向都已确定。历史遗留的边界问题的全面解决，大大增进了两国政治互信，为双方深化其他领域的合作创造了有利的政治条件。2005年中俄两国启动国家安全磋商机制，“和平使命—2005”联合军事演习的举行标志着双方军事合作迈上了新的台阶。2006年中俄两国就泰舍特—纳霍德卡输油管线（以下简称“泰纳线”）的中国支线项目达成协议，俄方动工兴建“泰纳线”的泰舍特—斯科沃罗季诺管道，标志着中俄原油管道合作项目进入实施阶段。中俄贸易额连年增长，2007年达到481.7亿美元①，中国已成为俄罗斯第三大贸易伙伴，俄罗斯则成为中国第八大贸易伙伴。

在“梅普组合”时期，中俄战略协作伙伴关系得到稳定的发展。亚太国家经济和区域化的蓬勃发展，开发西伯利亚和远东地区的迫切性等因素，都促使俄罗斯加强与亚太国家，特别是与中国的经贸合作。2008年新版《俄罗斯联邦对外政策构想》规定，俄对华政策注重提升双方经济合作的规模和质量，发展在上海合作组织、“俄中印（度）三国”和“金砖四国”等框架下的合作②。中俄两国领导人频繁会晤，双边对话与合作机制有效运作。2010年中俄原油管道

① 数据来源于中国海关总署网站，http：//www. customs. gov. cn。

② Концепция внешней политики Российской Федерации，утвержденая Президентом Российской Федерации Д. А. Медведевым 12 июля 2008 г. ［Электронный ресурс］：URL：http：//www. kremlin. ru/text/docs/2008/07/204108. shtml.

完成建设，次年开始向中国供应俄罗斯原油，年供油量为1500万吨，这标志着两国能源合作迈上一个新台阶。除了2009年因国际金融危机而下滑之外，中俄贸易额总体上保持快速增长态势，2011年达到792.5亿美元①，中国已成为俄罗斯第一大贸易伙伴。中俄在双边和上海合作组织框架下的联合军演提高了两军在陆、海、空战中的协同作战能力，双方军事技术合作不断发展。中俄人文合作日益扩大，“语言年”活动加强了两国人民的相互理解和友谊。两国在促进国际政治经济秩序改革和世界多极化、维护国际战略稳定、打击“三股势力”、稳步实行联合国安理会改革、政治解决朝鲜核问题与伊朗核问题及叙利亚问题、加强上海合作组织与“金砖国家”框架下的合作等重大国际和地区问题上进行了良好的协调与合作。应当说，“梅普组合”时期俄美关系的“重启”和俄欧务实合作的进展没有削弱俄罗斯发展与中国合作的兴趣，而国际金融危机的肆虐则进一步加强了中俄在经贸等领域的协作。

2012年普京重返克里姆林宫后，中俄战略协作伙伴关系逐渐进入一个大发展的时期。从中俄关系角度看，经过十多年的发展，双方战略协作伙伴关系已经具备了较为扎实的物质基础和社会基础，因而具有了相当的自我发展能力。从外部环境看，美国对中俄两国的遏制不仅没有放松，随着美国经济摆脱衰退，反而呈现加强之势。至于俄罗斯与西方的关系，则因为普京回归总统府而复杂化了：最初因为俄国内政治问题而互相疏远，继而美国部署欧洲反导系统问题导致俄美关系紧张，2013年俄美两国围绕叙利亚和斯诺登等问题进行了激烈的外交交锋，2014年因为乌克兰危机俄与西方严重交恶。中国在乌克兰危机问题上采取的友好中立立场受到俄罗斯的赞扬，俄社会舆论普遍认为中国是可信的伙伴，主张加强中俄关系。

为了缓解西方制裁所造成的经济困难，俄罗斯被迫将外交重点“转向东方”，特别是深化中俄全面战略协作伙伴关系，从而给中俄关系的发展带来额外的驱动力。中俄天然气合作取得突破性成果：2014年5月签署总额4000亿美元、以380亿立方米年输气量供应30年的《中俄东线供气购销合同》，11月签订供气规模为300亿米^3/年、供气期限为30年的《关于沿西线管道从俄罗斯向

① 数据来源于中华人民共和国商务部《国别贸易投资环境报告2012》，中华人民共和国商务部网站，http：//www.mofcom.gov.cn。

中国供应天然气的框架协议》。中俄天然气合作的启动，将促进中国天然气进口渠道多元化，进一步加强两国能源战略合作伙伴关系。2014 年中俄贸易额为 952.8 亿美元，同比增长 6.8%①，中国保持了俄罗斯第一大贸易伙伴地位，俄罗斯是中国第九大贸易伙伴②。截至 2014 年 9 月，中国累计对俄罗斯各类投资达到 320 亿美元③，成为俄罗斯第四大投资来源地。据俄罗斯媒体报道，2014 年秋季中俄两国已经签署《S－400“凯旋”防空导弹系统供应合同》，合同规定俄罗斯将向中国供应至少 6 个营、总价值超过 30 亿美元的 S－400 防空导弹系统④。俄罗斯对华供应 S－400 防空导弹系统将为双方军技合作的新一轮发展注入强劲动力。

中俄两国在共建丝绸之路经济带方面的合作逐渐启动。2014 年 2 月习近平主席赴俄罗斯出席索契冬奥会开幕式，俄领导人基本消除了对丝绸之路经济带项目的忧虑，双方商定将寻找该项目和即将建立的欧亚经济联盟之间的契合点。2015 年 5 月，两国发表《中华人民共和国与俄罗斯联邦关于丝绸之路经济带建设和欧亚经济联盟建设对接合作的联合声明》，表示将通过两大工程建设的对接合作，加强区域经济一体化⑤。同月中俄两国签署莫斯科—喀山高铁合作形式和融资模式备忘录，中方表示将向该高铁项目投资超过 70 亿美元。该高铁线将成为中国丝绸之路经济带项目的一部分，预计还将向西修建到圣彼得堡的分支线路。

笔者认为，以 2014 年中俄两国启动天然气战略合作、扩大经济和军技合作以及随后推动的共建丝绸之路经济带合作为标志，中俄战略协作伙伴关系开始进入共同发展时期。共同发展的基本内涵在于：在保持既有的高水平外交策应的基础上，中俄两国将各自经济社会发展战略和区域一体化战略进行对接，充分发掘双方合作潜力，以实现共同发展的目标。

---

① 数据引自中国海关总署网站，http：//www. customs. gov. cn。

② 《俄驻华商务代表：在世界整体不稳定的背景下俄中经济合作现增长》，俄罗斯卫星通讯社，2014 年 12 月 29 日，http：//sputniknews. cn/russia_ china_ relations/20141229/1013400681. html。

③ 《张高丽与俄第一副总理舒瓦洛夫举行中俄投资合作委员会第一次会议》，新华网，2014 年 9 月 9 日，http：//news. xinhuanet. com/politics/2014－09/09/c_ 1112408358. htm。

④ 《俄媒体：俄中签署 S－400 供应合同》，俄罗斯卫星通讯社，2014 年 11 月 26 日，http：//sputniknews. cn/russia_ china_ relations/20141126/44207346. html。

⑤ 《中华人民共和国与俄罗斯联邦关于丝绸之路经济带建设和欧亚经济联盟建设对接合作的联合声明》，新华网，2015 年 5 月 9 日，http：//news. xinhuanet. com/world/2015－05/09/c_ 127781619. htm。

综上所述，近20年来的中俄战略协作伙伴关系，不仅取得了丰硕的成果，而且实现了从外交策应到共同发展的重大跨越。中俄战略协作伙伴关系的实践还积累了宝贵的历史经验。主要包括：保持独立，睦邻友好；互相尊重，平等相待；互利合作，利益均衡；不结盟，不对抗，不针对第三国；国家间关系非意识形态化等。中俄“结伴不结盟”的新型国家关系不仅符合两国人民的根本利益，而且成为当代世界邻国间和大国间关系的典范。

二 中俄战略协作伙伴关系的基础

从实践看，中俄战略协作伙伴关系的基础从初期的外交协作扩大到政治合作与军事技术合作，再发展到现在的经济合作与能源合作。不仅合作领域在拓展，而且各个领域的合作深度也在加强。基于共同利益的、日益达到战略水平的多领域合作，构成了中俄战略协作伙伴关系的可靠基础。

首先是外交协作。既然国际安全环境的变化和来自霸权主义的压力是促使中俄两国结成战略协作伙伴关系的最主要原因，那么在国际事务中的合作自然而然地成为中俄战略协作的最重要部分，至少在当时是这样。苏联解体后，俄罗斯指望通过融入西方国际体系的方式保持其大国地位的努力失败，美国利用俄罗斯的衰弱推动北约东扩，以兼并原属苏联的东欧势力范围，引起俄外交抗争。同时，苏联解体虽然改善了中国的“三北”（东北、华北、西北）安全环境，但是也使美国联华抗苏战略失去基础，并使中国成为美国的遏制对象。这样，由于中苏交恶历史和包括边界争端在内的一系列悬而未决的问题，原本难以推进双边关系的中俄两国，却越走越近，结成战略协作伙伴关系。

中俄外交协作在全球、地区、双边和多边四个层面展开。最重要的是在全球层面的协作，包括在若干具体问题上对美国的反制，如反对美国的军事政治同盟体系向中国和俄罗斯的周边国家扩员或者加强部署军事力量，反对美国发动科索沃战争，反对美国部署战区导弹防御系统，反对在外太空部署武器以及反对世界单极化，建立国际政治经济新秩序等。在这些方面的外交协作之所以极为重要，是因为其关乎两国的国际安全环境和国际地位。需要强调的是，中俄两国至今都避免形成广泛意义上的反美同盟，即使在上述具体问题上的外交合作，也仅限于外交声明。地区层面的外交协作主要是在中亚建立和发展上海合作组织，在亚太建立开放、平等的地区安全结构。中亚和亚太是中俄两国的邻近地区，促进这些地区的和平与发展符合两国及有关国家的利益。在双边范围，中国和俄罗斯坚定地支持对方维护国家主权与领土完整的努力，还在诸多国际问题，如朝鲜核问题、伊朗核问题、阿富汗问题、叙利亚问题、乌克兰危机等问题上开展合作。两国在联合国、"金砖国家"、二十国集团、中俄印、亚太经济合作组织等多边机制中开展外交协调与合作。中俄外交协作虽然由于美国时常拉俄压中或者拉中压俄而出现短暂的松懈，但是总的说来，富有成效，并呈现加强态势。

其次是政治合作。中俄政治合作最初包括解决历史遗留的边界问题，反对"三股势力"、反对干涉他国内政。双方建立了较为完善的政治对话机制，有力地促进了政治及其他领域的合作，《中俄睦邻友好合作条约》正是这方面合作的重大成果。边界问题涉及中国民族自尊和历史记忆以及中俄政治互信，中俄两国通过共同努力彻底解决了复杂的边界问题，为双方发展政治关系、扩大其他领域合作创造了良好的条件。中国和俄罗斯不仅支持对方反对"三股势力"，而且在中亚地区开展这方面的合作。进入21世纪，中俄两国在抵御"颜色革命"、维护文明多样性与自主选择发展道路、保持二战历史观等问题上相互支持与合作。

再次是军事技术合作。从20世纪90年代初到2006年前后，中国连续多年占据俄罗斯的武器出口第一大国地位，从俄罗斯采购了数量庞大的军用飞机、防空武器和海军装备，主要包括各种类型的苏－27与苏－30战斗机、"956"型现代级驱逐舰、"基洛"级柴油动力潜艇、S－300PMU1防空导弹系统与道尔M－1地对空导弹系统。2006～2013年，由于中国对俄一般性军事技术需求趋于饱和等，两国除了执行以前签署的一些大宗武器装备购买合同，主要是中方进口防空导弹系统、航空发动机、航空系统和海军装备部件之外，军事技术合作规模呈现下降态势。尽管如此，中国仍然是俄罗斯军技出口的主要市场之一。以2014年秋季中俄两国签署《S－400"凯旋"防空导弹系统供应合同》为标志，双方正迎来新一轮军技合作高峰期。这是俄罗斯首次向外国出口S－400防空导弹系统，也是中俄军技合作史上最大的一笔交易，它表明双方军技合作已经具有战略性，能够发挥两国战略协作伙伴关系的作用。中俄军技合作的这种战略升级，虽然有乌克兰危机后国际形势的间接推动，但主要还是两国高水平的战略协作关系和军技合作长期发展的结果。

曾经是中俄战略协作伙伴关系薄弱环节的经济合作，现在已经变成其战略基础之一。中俄贸易额从1996年的68.4亿美元，发展到2014年的952.8亿美元[①]。从2011年起，中国一直是俄罗斯第一大贸易伙伴，俄罗斯也居中国十大贸易伙伴之列。中俄贸易商品结构逐渐改善，高附加值产品所占比重有所增长。可以说，中俄贸易基本达到两国元首确定的2015年达到1000亿美元的目标，开始瞄准2020年达到2000亿美元的目标。相较于双边贸易成果，中俄投资合作显得有些滞后，但是中国也已成为俄罗斯第四大投资来源地，并且双方正积极发展投资合作。不断发展的中俄战略协作伙伴关系推动了双方经贸合作的发展，而经贸合作终于发展到能够为这种战略关系提供动力的水平。

能源合作也已发展为中俄战略协作伙伴关系的新基础。中俄石油贸易不断扩大，从20世纪90年代进口少量俄罗斯石油，到2014年进口3310万吨石油，俄罗斯已经成为中国的第三大石油供应国。2010年中俄原油管道完成建设，次年正式投入商业运营，开始向中国提供稳定可靠的原油供应，这标志着两国已经确立在石油领域的合作伙伴关系。两国能源公司在共同开发油气田、炼油化工方面的合作日益扩大，形成油气上、下游一体化合作格局。以2014年5月《中俄东线供气购销合同》和2015年5月中俄西线管道输气基本条件协议的签署为标志，中俄天然气管道项目启动。同时，两国在核能、电力、煤炭等领域合作全面推进，中俄能源合作伙伴关系得到巩固和发展，并进入长期战略合作的新阶段。

三　中俄战略协作伙伴关系的变量

这里的“变量”不是一般意义上的研究变量，而是特指那些有可能影响中俄战略协作伙伴关系发展的消极因素。主要包括：美国因素、中俄在中亚地区的共处问题。

首先是美国因素。美国既是促成中俄战略协作伙伴关系的最大外来动力，又是分化和弱化中俄这种战略关系的主要外部因素。美国是冷战后唯一的超级

① 数据引自中国海关总署网站，http：//www. customs. gov. cn。

大国，是当今国际体系的主导者，有实力和工具影响中俄关系，实际上也时常离间中俄关系或拉拢一方压制另一方，以防止中俄两国接近并挑战其国际地位。而中国和俄罗斯在经济、安全等领域均有求于美国，在一般情况下两国都将发展与美国关系作为各自外交政策的优先方向，这就使美国针对中俄关系的离间和弱化策略并非总是落空。比如，“9·11”事件后美国利用俄罗斯改善与美欧关系的需求，加强了与俄在反恐、北约等方面的合作，从而使中俄战略协作伙伴关系及中俄在上海合作组织架构下的合作明显松懈。

就中俄美三角关系而言，与20世纪90年代中后期中俄两国即使联合也不能撼动美国的实力优势和外交决策不同，现在的世界第二大经济体与世界第二大军事强国如果联手抗衡美国，美国再想在国际事务中推行单边主义就不太现实了，2013年中俄联手成功阻止美国军事打击叙利亚的计划就是明证。在当前美国既推行“亚太再平衡战略”，又利用乌克兰危机遏制俄罗斯崛起的情况下，中美战略竞争关系与俄美冷淡关系还将持续，但是不排除在中远期美国与俄罗斯在乌克兰问题上达成妥协，进而拉拢俄共同遏制中国的可能，对此中俄两国都需警惕。随着中俄共同发展战略的深入实施，加上两国对美国分化、弱化策略的清醒认识，相信中俄战略协作伙伴关系将具有稳定、不受外力影响的特性。

其次是中俄在中亚地区的共处问题。俄罗斯视中亚为其“后院”和阻止极端主义、恐怖主义的“隔离带”，对于任何大国，包括中国在该地区的存在都持或明或暗的排斥态度。中国无意挑战俄罗斯在中亚地区的主导地位，但是中国在中亚有着合理的利益，比如保持与中亚国家边界安全，防止“三股势力”以中亚为跳板向新疆渗透，发展与中亚国家的能源合作、经济合作等，对此俄罗斯也予认可。

2013年习近平主席提出丝绸之路经济带构想之后，中俄在中亚的关系中又出现了一个新的因素——如何处理丝绸之路经济带建设与欧亚经济联盟建设之间的关系问题。最初俄罗斯的反应是很抵触的，因为其担心中国凭借雄厚的经济实力，在“丝绸之路”经济带名义下占领中亚地盘，给俄即将建立的欧亚经济联盟以当头一击。在中方各界反复地对俄罗斯做工作，特别是西方因为乌克兰危机实施对俄经济制裁之后，俄罗斯开始改变对丝绸之路经济带构想的消极看法，寻求丝绸之路经济带建设与欧亚经济联盟之间的项目对接，其结果是2015年5月两国发表《中华人民共和国与俄罗斯联邦关于丝绸之路经济带建设和欧亚经济联盟建设对接合作的联合声明》。这两大工程建设的对接合作对于协调中俄两国在中亚地区的关系，无疑是好事，若能推动中俄在中亚甚至独联体范围的区域经济一体化，将给两国及地区内各国带来莫大的福祉。

四 结论

通过对中俄战略协作伙伴关系发展进程及其内外动力、制约因素的分析，可以得出如下结论。

第一，在中俄战略协作伙伴关系建立以来的绝大部分时期，以战略水平标准来衡量，外交策应是双方战略协作的主要领域。外交策应主要表现在两个方面：一是共同维护良好的周边和国际安全环境，并且致力于建立公正合理的国际政治经济新秩序；二是支持对方维护国家主权与领土完整的努力。正是由于外交策应所引领的战略协作伙伴关系的发展，带动了两国在其他领域合作的深化，从而使这种战略关系的基础日益巩固。

第二，以 2014 年中俄两国启动天然气战略合作、扩大经济和军技合作以及随后推动的共建丝绸之路经济带合作为标志，中俄战略协作伙伴关系进入一个质量全新的阶段——共同发展时期。共同发展的基本内涵在于：在保持既有的高水平外交策应的基础上，中俄两国将各自经济社会发展战略和区域一体化战略进行对接，充分发掘双方合作潜力，以实现共同发展的目标。

第三，中俄战略协作伙伴关系的实践积累了宝贵的历史经验。主要包括：保持独立，睦邻友好；互相尊重，平等相待；互利合作，利益均衡；不结盟、不对抗、不针对第三国；国家间关系非意识形态化等。历史和现实表明，在战略协作伙伴关系架构下不断丰富和深化战略性协作的内涵，符合中俄两国的国家利益，也是中俄关系的康庄大道。在可预见的将来，不需要建立中俄军事政治同盟。这种新型国家关系已经超出中俄双边范围，成为当代世界邻国间和大国间关系的典范。

第四，中俄战略协作伙伴关系的基础从初期的外交协作、政治合作与军事技术合作，扩大到现在的经济合作与能源合作，未来还可能向区域一体化等领域的合作拓展。战略基础的扩大和增强，将为中俄战略协作伙伴关系的可持续发展提供可靠的保障。

第五，中俄战略协作伙伴关系面临美国因素、中俄在中亚地区的共处等现实或潜在的问题。由于中俄战略关系已经达到很高的水平，相信两国能够从战略高度处理好这些问题，使相互关系更加健康、顺利地发展。

第六，中俄战略协作伙伴关系前景良好。其依据在于：战略协作伙伴关系是中俄两国吸取历史经验和教训之后确立的最适合两国国情的关系模式；在社会经济发展和国际安全环境维护方面开展战略协作符合两国共同利益；中俄两国都把发展相互战略协作伙伴关系作为长期方针和外交优先方向；随着两国共同发展战略的落实，中俄经济相互依存度将不断提高，双方战略协作关系的不可逆性也将不断加强。

（原文发表于《俄罗斯学刊》2015 年第 6 期）

“新时代中俄全面战略协作伙伴关系”的历史逻辑与战略走势

王晓泉*

内容提要： “新时代中俄全面战略协作伙伴关系”遵循了历史必然逻辑，符合双方国家利益，呈现出在高水平上持续发展的战略走势。“结伴而不结盟”是“新时代中俄全面战略协作伙伴关系”持续发展的根本保障，能够确保中俄战略协作的先进性，并不断拓展其深度和广度。中俄的安全观与战略文化原本差异较大，但双方吸取历史教训并深化安全合作之后，共识增加，互信加强，形成了新安全关系，为两国保持高度战略默契打下坚实基础。以“市场经济+政府引导”为特征的开放型合作是新时代中俄经济合作的基本模式，有别于美国所推行的“自由市场经济控制别国经济命脉”的模式，其影响必然外溢出双边范畴，为建立更为公平合理的世界经贸关系提供了借鉴。“共同价值观”是新时代中俄开展战略协作的精神指引，将为瓦解任何形式的世界垄断利益以及解构不公正、不合理的世界秩序提供强有力支撑。

关键词： 中俄关系　战略安全合作　共同价值

* 王晓泉，中国社会科学院“一带一路”研究中心副主任、中国俄罗斯东欧中亚学会秘书长，中国社会科学院中俄战略协作高端合作智库理事。

中俄关系已经走过70多年风雨历程，先后经历结盟时期、对抗时期、正常化时期、战略协作伙伴关系时期，现已发展为“守望相助、深度融通、开拓创新、普惠共赢”① 的“新时代全面战略协作伙伴关系”。新时代中俄全面战略协作伙伴关系是一种新型大国关系，遵循了历史必然逻辑，符合双方国家利益，呈现出在高水平上持续发展的战略走势。

一 “结伴而不结盟”是“新时代中俄全面战略协作伙伴关系”持续发展的根本保障

中华人民共和国成立伊始，中苏便签订了《中苏友好同盟互助条约》。中苏同盟关系为新中国赢得了社会主义阵营的全面支持，有力地巩固了新政权。然而，中苏间结构性矛盾注定同盟关系无法持久维系下去。

第一，结盟意味着与美国形成阵营对垒局面。大大缩小了中国战略回旋空间，几乎完全失去了与资本主义阵营建立外交关系与合作的机会。同时，中国不得不加强军备并耗费巨大资源配合苏联同美国开展阵营对抗。比如，斯大林曾表示：“在国际革命运动中，中苏两家都应多承担一些义务，而且应该有某种分工。希望中国今后多做东方和殖民地、半殖民地国家的工作，苏联对西方多承担些义务，多做些工作……”② 中国在抗美援朝战争中付出了极大牺牲，在抗美援越行动中耗资200亿美元左右，其中绝大多数为无偿援款。

第二，结盟意味着不平等地让渡部分主权。中国当年虽弱，却是有着广阔领土、众多人口和悠久文明的大国。在饱受列强欺凌后重新站起之际，中国不能容忍不平等对待。因此，毛泽东第一次访苏便要求苏联废除1945年同国民党政府签订的《中苏友好同盟条约》，取消苏联在中长铁路、旅顺口及大连港等在华一切特殊权益，与新中国重新签订一个新的体现完全平等的条约。斯大林勉

① 《中俄元首签署〈中华人民共和国和俄罗斯联邦关于发展新时代全面战略协作伙伴关系的联合声明〉》，新华网，2019年6月6日，http://www.xinhuanet.com/world/2019-06/06/c_1124588505.htm。

② 沈志华：《揭秘：毛泽东屡次试探斯大林，欲建“东方情报局”》，人民网，2012年2月7日，http://history.people.com.cn/GB/205396/17042538.html。

强答应此事，但对新中国脱离苏联战略轨道感到担忧，开始加强对新中国的防范与制衡。因此，毛泽东访苏仅过去 4 个月，苏联便暗中支持金日成南下统一全国，引发朝鲜战争。如果朝鲜民主主义人民共和国获胜，则美国被削弱，统一而亲苏的朝鲜便会扩大苏联在亚洲的影响，并对新中国形成制衡。如果朝鲜民主主义人民共和国失败，美国会把战火燃到鸭绿江边，迫使中国参战，让中美相互削弱，从而增加中国对苏依赖，苏联便有理由继续保持在中国东北的军事存在①。然而，中国在朝鲜战争中的出色战绩空前提高了中国的国际地位和独立自主能力。对此，苏联并不甘心。“1958 年 4 月和 7 月，苏联领导人先后提出在中国建立长波电台和联合潜艇舰队问题。中方认为这是侵犯中国主权，坚决予以拒绝。”② 为此，苏联加大对华制衡力度，撕毁国防新技术协定，撤走援华专家。

第三，以意识形态为基础的结盟使双边关系复杂化。斯大林执政时，中国共产党将斯大林视为社会主义阵营领袖。斯大林去世后，社会主义超级大国苏联仍是中国的“老大哥”，但赫鲁晓夫在社会主义阵营中的资历与声望不及毛泽东。两国实力和两国领导人声望的巨大反差，使双边关系难以准确定位，这是中苏关系恶化的一个重要原因。

中苏结盟关系瓦解后进入对抗时期，两国大量国民财富被用于相互防范，严重影响了各自的经济发展。为联手应对苏联，中国于 1979 年与美国建交。中美联合对抗苏联构成了苏联由盛及衰的深层次原因之一。

苏联解体后，中俄吸取历史教训，“致力于建立和发展平等信任、面向

---

① 沈志华曾发表文章推断：中苏同盟条约的签订将使苏联失去通向太平洋的唯一的出海口和不冻港，这无疑是一个战略利益的重大损失，其结果将导致苏联在亚洲失去战略依托。斯大林同意金日成对韩国发动进攻，就是想通过这次军事行动来重建或保障苏联在远东地区的这一传统战略的支撑点。斯大林一向思维缜密、行事谨慎，他当然会想到军事进攻有两种结果——顺利或者不顺利。在战争胜利的情况下，苏联就会控制整个朝鲜半岛，仁川、釜山或其他韩国的港口就将替代旅顺口和大连港的作用。即使战争失利，苏联仍然能够如愿以偿，因为东北亚的紧张局势会迫使中国要求苏联军队留驻旅顺、大连，而根据中苏双方的协定，一旦出现战争或危急局面，苏联军队有权使用中长铁路。所以，斯大林显然已经预见到，在朝鲜半岛出现的武装冲突，无论其结局如何，都将保证苏联在远东设定的战略目标——获得太平洋的出海口和不冻港。后来事情的发展果然不出斯大林所料。由于朝鲜战争的爆发，中国不得不开放中长铁路，并请求苏军继续留驻旅顺基地。参见《斯大林支持金日成发动朝战的动机》，载《国家人文历史》2013 年第 3 期。

② 王绳祖主编《国际关系史》第 8 卷，世界知识出版社，1995，第 314 页。

二十一世纪的战略协作伙伴关系，这是一种新型的国家关系。它的基本宗旨是：……保持长久的睦邻友好……维护各自的独立、主权和民族尊严……推动世界多极化趋势的发展和公正合理的国际新秩序的建立。中俄的这种新型关系，只是双方的协作友好关系，而不是结盟关系。它不针对任何第三国。”[①] 由于定位清晰准确，中俄关系并不受国际风云变幻的影响而一路高歌猛进。中俄于1996年建立了战略协作伙伴关系，于2001年签署了《中华人民共和国和俄罗斯联邦睦邻友好合作条约》，2019年宣布建立“新时代中俄全面战略协作伙伴关系”，形成一种“结伴而不结盟”的新型大国关系。

中俄作为发展中国家，对争取公正合理的世界秩序有着相同或相似的诉求。“结伴”是指中俄达到高水平战略默契，为在国际上争取安全保障、平等权利和发展机遇，为改造世界秩序和促进地区和平稳定与发展进行高水平战略协作。需要指出的是，两国国内对中俄“结伴”都有质疑之声，主要担心影响两国对美关系，却忽视了中俄与美国的结构性矛盾。这种观点对中俄政府决策影响不大，尤其是在美国明确将中俄作为全球战略对手而加大打压之后。同时，主张中俄结盟的呼声也日益高涨，这种观点的依据为中俄在军事和非传统安全领域的战略互需巨大。然而，历史上因结盟而出现的结构性矛盾不会随着中俄实力对比变化而消失，结盟必然不利于中俄关系持久健康发展。笔者认为，在“新时代中俄全面战略协作伙伴关系”阶段，中俄可能形成准结盟或战略结盟（非军事结盟）[②] 关系，即在军事安全和非传统安全领域深化合作，互为战略支撑，联手与美国缠斗，但不承担约束性国际军事义务，不搞阵营对抗和势力范围划分，不割裂世界市场和破坏经济全球化，不放弃与包括美国在内的西方国家的合作。“结伴而不结盟”关系能够确保中俄战略协作的先进性，并不断拓展其深度和广度，保障中俄关系在高水平上持续发展。

① 江泽民：《为建立公正合理的国际新秩序而共同努力》，《人民日报》1997年4月24日。

② 俄罗斯总统普京在2019年圣彼得堡国际经济论坛上表示，俄罗斯和中国是战略盟友，但是没有成立军事联盟，也不针对任何国家。

二 新安全关系是新时代中俄保持高度战略默契的坚实基础

中俄的安全观与战略文化原本差异较大，但双方吸取历史教训深化安全合作之后，安全共识增加，互信加强，形成了新安全关系，为两国保持高度战略默契打下坚实基础。

第一，中俄对安全与发展关系的认识趋同。俄罗斯由于在历史上多次经历强敌入侵，历来将安全利益置于经济利益之上，为保障国家安全不受制于经济的承受能力和外交的条条框框，即使在经济最困难的时期依然大力发展军力，敢于不顾西方制裁而坚决维护安全利益，几乎参与了世界所有的安全热点问题。由国防部、内务部、联邦安全总局等十多个国家安全与司法部门组成的俄罗斯强力部门，对政府各部门都有巨大影响。普京总统及大量政府高官均出身于强力部门。俄罗斯强力部门作为制定俄联邦对外政策的主导力量，在兼并克里米亚、出兵叙利亚等重大战略决策的制定和实施中发挥了关键作用，同时其在对外经贸合作中同样权力巨大，可以否决其不放心的项目。

与俄罗斯的情况不同，中国在改革开放后抓住了"战略机遇期"，以坚持"一个中心、两个基本点"为中国共产党的基本路线①。邓小平提出，"军队要一切服从国家建设这个大局"②。到20世纪末，"我们肯定会超过翻两番的目标，到那个时候我们经济力量强了，就可以拿出比较多的钱来更新装备"③。

中俄对安全利益和经济利益重视程度的差异，导致双方在双边关系和对外政策重点方向判断上出现差异，这成为影响中俄战略协作的深层次因素。中国更重视加强对俄经济合作，而俄罗斯更重视加强对华安全合作。在区域层面，中国更重视经济一体化，提出了共建"一带一路"倡议；而俄罗斯更注重政治和安全一体化，提出了"大欧亚伙伴关系"。俄罗斯对组建上海合作组织开发银行的态度不积极的主要原因是，担心该行成为中国在上合组织扩大影响力的工

---

① 1987年中国共产党第十三次全国代表大会提出了"以经济建设为中心，坚持四项基本原则，坚持改革开放"的党的基本路线。

② 《邓小平文选》第3卷，人民出版社，1993，第100页。

③ 《邓小平文选》第3卷，人民出版社，1993，第128~129页。

具。中国有些专家因为中俄经贸关系的进展没有达到预期，且俄罗斯对上合组织经济合作以及“一带一路”建设的态度不够积极，而对中俄战略协作信心下降；俄罗斯有些专家因为中国在安全问题上对俄支持力度没有达到预期，且对“大欧亚伙伴关系”倡议态度不够积极，亦对中俄战略协作信心下降。

随着美国安全压力不断加大，中国更加重视俄罗斯抵制美国霸权的独特作用，开始加强对俄安全合作。中俄两军合作水平不断提升，中国在反导、叙利亚等问题上加大了对俄支持力度。中国在俄罗斯因克里米亚问题遭受国际社会孤立与西方制裁的情况下，排除西方阻力而大力发展对俄关系，使2014年成为中俄关系提升的标志性年份。2014年5月，中俄签署了《中俄东线天然气合作项目备忘录》，中国向俄罗斯提供了大量美元贷款。俄罗斯社会对华态度大为改善，俄罗斯强力部门对华安全疑虑大大降低。同时，俄罗斯认识到经济发展长期滞后将影响国家安全利益，对华经济合作变得积极，拖延多年的中俄同江铁路大桥和黑河—布拉戈维申斯克界河公路大桥的施工进度明显加快。

第二，中俄达成了经营“共同周边”的地缘安全共识。俄罗斯对外战略遵循实力主义，扩张成为主线。俄罗斯扩张思想源自其地理、宗教、历史、文化等方面的特性。东正教和救世主义为俄罗斯推行扩张政策提供了道义支点和崇高使命感。俄罗斯身处无险可守的东欧大平原，需要通过扩大战略纵深确保国家安全。然而，扩大势力范围必然引起其他大国的疑虑，乃至引发大国之间对势力范围的争夺，对自身资源的消耗亦十分巨大。俄罗斯历史上两次大崩溃都是势力范围扩张突破实力极限所致。第一次是1905年沙皇俄国在争夺东北亚的日俄战争中惨败，帝国崩溃的丧钟由此敲响。第二次是苏联出兵阿富汗后陷入泥潭，最终在与美国等大国博弈中走向解体。

在实力主义和扩张思想的影响下，俄罗斯的势力范围思想根深蒂固，曾谋求在中亚国家以及白俄罗斯、乌克兰等独联体国家建立势力范围甚至合为一国。尽管俄罗斯需要利用中国抵御美国等西方势力挤占中亚传统势力范围，但是同时也警惕中国在中亚坐大，因而对中国推动上合组织多边经济合作疑虑较大。中国充分尊重俄罗斯的安全利益，但反对划分势力范围。在美国加大战略遏制的态势下，俄罗斯为得到中国和周边国家的支持，逐渐接受了中国提出的“新安全观”。以2015年《中华人民共和国与俄罗斯联邦关于丝绸之路经济带建设和欧亚经济联盟建设对接合作的联合声明》的发表为标志，中俄形成了经营

“共同周边”的战略默契，即尊重域内国家主权，共同维护域内和平、稳定与发展，对域外大国与域内国家的合作持开放态度。中俄在“共同周边”的战略合作符合域内所有国家的利益，“共同周边”的稳定与繁荣取决于中俄战略默契程度。中俄在“共同周边”合作的重点锁定在“一带一路”与欧亚经济联盟的对接合作、维护地区和平与稳定、完善地区安全治理体系、打击“三股势力”、反对美国军事渗透、防止军备竞赛等方面。在新安全关系的基础上，中俄的战略影响力产生叠加效应，能够抵御任何外部势力在“共同周边”破坏战略稳定和威胁中俄安全利益的图谋。

第三，中俄不断深化非传统安全领域合作。随着科技和核武器等大规模毁伤性武器的发展，任何世界大国都难以对其他世界大国发动战争，非传统安全成为世界大国攻防的重点。2016 年发布的新版《俄罗斯联邦对外政策构想》指出，“国家随着军事实力的增长，其经济、法律、技术、信息等因素对国际政治的影响增加，其为实现地缘政治利益而利用这些因素，阻碍了国际争端的调解以及在国际法基础上以和平手段解决国际关系问题”①。普京指出：“信息安全问题已成为全球性问题，来自信息空间的威胁不断加剧，信息安全机制、通信联络的稳固和防护对国家而言具有战略意义。”② 中国亦重视非传统安全，2013 年成立了中国共产党中央国家安全委员会，2014 年提出了“总体国家安全观”，要构建集政治安全、国土安全、军事安全、经济安全、文化安全、社会安全、科技安全、信息安全、生态安全、资源安全、核安全等于一体的国家安全体系。

中俄在非传统安全领域合作的推进较为顺利，在打击“三股势力”方面的合作日益密切，举办“合作－2017”联合反恐演训等活动，共同推进上合组织打击“三股势力”。2016 年签署《中华人民共和国主席和俄罗斯联邦总统关于协作推进信息网络空间发展的联合声明》，不断拓展在航空航天等高技术领域的

① Указ Президента РФ от 30 ноября 2016 г. № 640 “Об утверждении Концепции внешней политики Российской Федерации” II. Современный мир и внешняя политика Российской Федерации ［Электронный ресурс］：URL：https：//www. garant. ru/products/ipo/prime/doc/71452062/.

② Владимир Путин провел заседание Совбеза，на котором обсуждалась информационная безопастность страны//Первый канал ［Электронный ресурс］：URL：https：//www. 1tv. ru/news/2017－10－26/335150－vladimir_ putin_ provel_ zasedanie_ sovbeza_ na_ kotorom_ obsuzhdalas_ informatsionnaya_ bezopasnost_ strany.

战略合作，不断加强在能源、农业等领域的合作。在西方对俄加大制裁以及美国挥舞"长臂管辖"大棒的情况下，中俄在本币结算领域合作加强，共同致力于人民币跨境支付系统（CIPS）的使用。俄罗斯对人民币需求旺盛，2015 年中俄贸易人民币结算额增加了 250%，超过 1200 亿元人民币，人民币互换交易额从年初起增加了 11 倍多，达到 120 亿美元，人民币信用证交易额增长了 12 倍①。2018 年第三季度，中国银行同业拆借市场人民币和卢布结算业务额达 49 亿元人民币（约合 7.06 亿美元），较 2017 年同期的 24 亿元人民币（约合 3.45 亿美元）增长 104%。

新安全关系对中俄战略合作极为重要，中俄彻底解决最为困难的边界问题得益于此，上合组织的建立和发展亦得益于此。上合组织的前身是"上海五国"，是以"新安全观"解决敏感复杂安全问题的典范。由于安全关系的发展，中俄在安全领域和经济领域的战略合作将更为均衡，中国可以更加深入地参与俄罗斯远东大开发，上合组织的安全与经济作用也将更为均衡。

三　以"市场经济+政府引导"为特征的开放型合作是新时代中俄经济合作的基本模式

中俄都经历过高度计划经济和市场经济改革。苏联依靠高度计划经济实现了工业化并战胜了德国法西斯；而中国依靠高度计划经济打下了工业化基础，并实现了"两弹一星"等重大国防技术的突破。然而，高度计划经济也造成经济管理体制僵化和经济活力逐渐下降。中苏经济合作是两个计划经济大国的合作，并且掺杂了意识形态因素和安全利益考虑，其特点是忽视市场规律。比如，苏联在中国开展抗美援朝之后开始全面支援新中国社会主义建设，在 20 世纪 50 年代将双边经贸合作关系推上顶峰。苏联援建中国的 156 个工业项目"为新中国建立比较完整的工业体系打下了初步基础"②。但是，这 156 个项目并非按照市场规律操作，两国相关部委承担了项目对接的主责，双方没有按照市场规律就投资收益、知识产权保护等问题进行谈判，这 156 个项目因此被称为苏联援

---

① 《中俄贸易人民币结算额猛增》，《参考消息》2015 年 12 月 28 日。

② 石林主编《当代中国的对外经济合作》，中国社会科学出版社，1989，第 318 页。

建项目。苏共二十大之后，中苏在对斯大林的评价、国际共产主义运动发展方向等问题上出现分歧，导致关系恶化，两国经济一体化进程受挫。苏联终止援华项目，迅速撤出专家，给两国经济造成巨大损失：两国经济巨大的互补性难以推动经济合作，中国丰富的日用品和农产品难以出口到苏联，中国短缺而苏联过剩的机械、化工等产品也难以出口到中国。此外，中苏在边境线上的军事对峙使两国都背上了沉重的经济负担。

改革开放后，中国注重引进西方经济技术，实施市场经济改革，住房、医疗、教育、国企等改革均以市场化为导向，在增强经济活力的同时，也造成了房地产过热、医疗保障和教育资源分配不公、国有资产流失等问题，集中力量办大事的制度优势亦在一定程度上受损。因此，中国决定“使市场在资源配置中起决定性作用和更好发挥政府作用”①。俄罗斯在独立伊始便彻底抛弃计划经济，全盘复制西方政治和经济制度，经济上实行“休克疗法”，导致国家财富损失惨重，经济基础土崩瓦解，国家陷入深刻危机。所以，普京在执政后加强中央集权，强化政府在发展战略制定和宏观经济管理方面的作用。在中俄开始市场化改革时期，由于缺少政府引导和监管，两国贸易出现低水平野蛮增长的情况。大量劣质中国商品在损害俄罗斯消费者利益的同时，也严重损害了中国商品的形象；由于俄罗斯营商环境欠佳，愿意在俄投资的中国企业寥寥。随着中俄政治关系的发展，依靠市场机制的中俄经济合作明显滞后于政治合作，两国政府开始推动经济合作。两国战略合作项目由此得以顺利实施。

基于计划经济时期中苏双边经济合作以及20世纪90年代中俄在市场经济环境下开展经济合作的经验与教训，中俄经济合作逐步形成了“市场经济＋政府引导”的特点，即经济合作建立在市场经济基础上，两国政府对大项目合作发挥引导作用，但归根结底要使项目具有互利共赢的效果和可持续发展的市场逻辑。为推动双边经济合作，中俄政府建立了多领域多层次的经贸沟通机制，举办了中俄地区合作友好交流年，制定了诸多合作规划。政府推动的大项目在中俄贸易额中占有相当大比重。两国在科技、金融、能源、农业等领域加强大项目合作已是大势所趋。随着大项目合作的深化，其对双方中小企业合作的带

① 习近平：《关于〈中共中央关于全面深化改革若干重大问题的决定〉的说明》，载《十八大以来重要文献选编》（上），中央文献出版社，2014，第498页。

动作用将更加明显。

“市场经济+政府引导”的中俄经贸合作模式具有开放性。中俄都吸取了苏联在社会主义阵营搞封闭式经济合作而导致传统地缘经济联系被割裂，进而造成经济活力下降的教训。中国同西方恢复经贸关系是实现经济持续高速发展的重要基础条件，因此习近平主席承诺“中国开放的大门只会越开越大”。虽然俄罗斯对其主导的欧亚经济联盟与中国建立自贸区持有疑虑，但欧亚经济联盟并非封闭运行，对与其他国家建立自贸区持开放态度。欧亚经济联盟已与越南签署了建立自贸区的协议，正在与中国、伊朗、印度、以色列、新加坡、埃及、塞尔维亚开展自贸区谈判，并在2016年开始与中国进行非优惠经贸协议谈判。此外，欧亚经济联盟还将韩国、新西兰、柬埔寨、蒙古国、秘鲁和智利作为自贸区谈判的潜在对象。欧亚经济联盟的自贸区谈判对象几乎与“一带一路”沿线国家完全重叠。因此，普京指出，“俄罗斯将继续构建欧亚经济联盟统一市场，并发展对外合作，包括继续推进欧亚经济联盟与‘一带一路’对接，这是建立大欧亚伙伴关系的‘序言’”①。

大数据、人工智能等高技术的迅猛发展为“市场经济+政府引导”的中俄经济合作机制提供了重要的技术保障，为建立更为公平合理的世界经贸关系提供了借鉴，也将极大促进欧亚一体化进程。

四　共同价值观是新时代中俄开展战略协作的精神指引

共同价值观属于意识形态范畴，但可被多种意识形态所认同或包容。中苏在历史上都有过犯教条主义错误的教训。

中华人民共和国成立后，中国共产党复制了不完全符合中国国情的苏联经济模式。20世纪60年代，中苏爆发了“十年论战”。这场论战加大了中苏意识形态分歧，导致中国“以阶级斗争为纲”的“左”倾思想占据主流。经过论战，中苏都出现了思想僵化、经济和社会缺乏活力等问题。邓小平说：“我算是

① 《普京发表国情咨文：继续推进欧亚经济联盟与“一带一路”对接》，中国一带一路网，2019年2月21日，https：//www. yidaiyilu. gov. cn/xwzx/hwxw/80160. htm。

那场争论的当事人之一，扮演了不是无足轻重的角色。经过二十多年的实践，回过头来看，双方都讲了许多空话。马克思去世以后一百多年，究竟发生了什么变化，在变化的条件下，如何认识和发展马克思主义，没有搞清楚……”①

苏联解体后，俄罗斯放弃社会主义，拥抱资本主义。然而，资本主义意识形态并不适合俄罗斯国情，造成社会思想混乱。普京不得不用基于东正教的传统文化重建精神家园。可见，俄罗斯经历了由遵循马列教条到放弃社会主义，再到资本主义意识形态与本国传统文化相结合的改造。中国在改革开放后强调“实践是检验真理的唯一标准”②，但同时也遭遇了资本主义意识形态所带来的思想混乱，于是开始从中华传统文化中汲取养分，并将其与社会主义意识形态相结合。习近平主席的演讲就经常引用中国古代先贤的智慧。于是，中国完成了由遵循“马列教条”到放弃“马列教条”，再到社会主义意识形态与中华传统文化相结合的改造。

中俄传统文化都是民族和国家发展过程中长期积累的智慧结晶，都是实践的产物，其中既有皇权思想等封建糟粕，又有经世济民的人本思想。资本主义意识形态归根结底服务于垄断资本集团，而中俄都对资本势力进行了有效管控，两国因此有条件将传统文化中人本思想与国情结合，与时俱进地创造出新价值观。中俄新价值观有诸多相通之处。比如，两国都重视国家主权、集体主义、可持续发展、人民福祉等，其所派生出的国家管理模式也有相通之处。比如，两国都重视强化中央垂直权力体系和维护社会稳定。

更重要的是，中俄作为世界上最具影响力的发展中国家，正在基于双方在价值理念上形成的共识而酝酿更具普遍性的共同价值观。中国具有整体观，早在秦朝便实现了“大一统”，具备长期治理天下的经验，在历史长河中自我展现出来的并非民族国家，而是一种文明形态；中华文明由农耕文明发展而来，农耕文明讲求和平合作以及与大自然和谐相处，而非利益最大化；中华文化中民本主义思想根深蒂固，经世济民是精英知识分子的追求；中华文化是儒释道的有机结合，儒家讲求秩序、佛家讲求因果、道家讲求规律，三者和谐共生、包容互补。并且，

① 《邓小平文选》第3卷，人民出版社，1993，第291页。

② 1978年5月11日，《光明日报》发表特约评论员文章《实践是检验真理的唯一标准》，由此引发了一场关于真理标准问题的大讨论。

中国宗教具有多元性，长期占主导地位的佛教和道教是多神教，具有较强的包容性，能够与其他宗教包容共生。中国不会因为宗教信仰不同而发动宗教战争。因此，积淀深厚、源远流长的中华文化能够摆脱西方文化乃至“马列教条”中的二元对立模式或零和模式，肩负起建立和平相处、互利共赢、包容互鉴、和谐发展的世界秩序的历史使命。中国提出的构建“人类命运共同体”倡议显现出巨大包容性，强调世界多样性的统一，将从根本上终结以西方中心论为基础的历史观、世界观、价值观、发展观和安全观。在中华价值体系的影响下，中国提出了针对西方价值体系的世界秩序改造方案：安全上由绝对安全模式变为互保模式，集中体现为中国提出的“共同、综合、合作和可持续的新安全观”；经济上由垄断模式变为互利模式，集中体现为以“共商、共建、共享”为原则并尊崇“合作和平、开放包容、互学互鉴、互利共赢的丝路精神”的“一带一路”倡议；文化上由冲突模式变为“尊重文明多样性”的互鉴（互容）模式。

俄罗斯在对西方民主价值观进行深刻反思后，提出了“主权民主”理论，强调“俄罗斯首先要维护自己的主权。做强国是俄罗斯唯一的现实选择。民主应该适应俄罗斯的国情与传统”①。俄罗斯战略思想界的西化派式微而本土派崛起。俄罗斯新欧亚主义代表人物亚历山大·杜金教授提出了多极全球化进程中的欧亚价值观。他认为，多极全球化已经来临，由西向东的全球化变为由东向西的全球化。在这一过程中，大陆心脏地带的地位上升，将出现多个分布式中心区。“多极全球化与单极全球化的主要区别在于：没有像自由化资本主义意识形态这样的统一的义务性意识形态；没有单方面操控的国家间合作项目，项目的参与者既是主体也是客体，不干涉项目参与国的内政。多极全球化不是建立在大西洋价值观基础上，而是建立在欧亚价值观基础上，其特点是坚持多极全球化话语权和哲学：以多元化否定普世化；以坚持传统否定自由化后现代主义；以坚持友谊（双赢）否定恶性竞争；以坚持团结和为全体人民的福祉否定个人主义；以坚持平等发展否定垄断；以包容性否定排他性。”②

---

① 庞大鹏：《俄罗斯的“主权民主”思想》，《欧洲研究》2008 年第 4 期。

② 摘自 2019 年 7 月 4 日俄罗斯亚历山大·杜金教授在北京师范大学的讲座《多极世界的地缘政治：被划分的心脏地带与中国作用》。

中俄共同价值观符合包括西方国家人民在内的各国人民的根本利益，能够在世界范围内建立谋求互利共赢和共同发展的人民统一战线。随着战略协作不断深化，中俄共同价值理念将进一步发展，为瓦解任何形式的世界垄断利益以及解构不公正、不合理的世界秩序提供强有力支撑。

（原文发表于《俄罗斯学刊》2020 年第 2 期）

中俄经贸合作70年：经验与教训

李 新　张宇熙*

内容提要： 过去能看得多久，未来才能望得多远。纵观中俄经贸合作的发展进程可以看出，影响两国经贸关系发展的因素是多方面的：中俄两国政治关系的好坏对双边经贸合作的影响至关重要，两国民族意识之间的差异对双边经贸合作的制约作用明显；两国的经济发展模式与经济结构决定了双边经贸合作的结构和内容。为了提高中俄经贸合作水平，在全球经济受保护主义和单边主义威胁的背景下，需要两国政府采取积极措施，以"一带一盟"对接为基础，以上合组织为平台，由"一带一路"联系欧盟与东盟，构建亚欧经济伙伴关系，实现商品、资本、技术和服务自由流动。在这一目标框架下两国贸易额实现2000亿美元甚至3000亿美元的目标是完全可能的。

关键词： 中国　俄罗斯　经贸合作

自1949年10月中华人民共和国与苏联建立外交关系以来，中俄经贸合作经历了70年的历程：20世纪50年代中苏同盟时期的繁荣，60年代同盟破裂的一落千丈和70年代的萧条与停滞，80年代关系正常化时期的复苏和

---

* 李新，上海国际问题研究院世界经济研究所所长、研究员，上海财经大学世界经济专业博士生导师；张宇熙，中国人民大学商学院贸易经济系学生。

90 年代磨合时期的徘徊，以及进入 21 世纪以来中俄构建新型国际关系时期的高涨。

一　中国与苏联经贸关系及其演变

（一）中苏友好同盟与经贸合作的深入发展

1949 年中华人民共和国刚刚成立时，经济、社会百废待兴，同时还遭受西方列强的封锁、孤立。走上社会主义道路的中国只能向世界上第一个社会主义国家苏联学习，共同的社会政治和经济制度为中苏两国经贸合作奠定了政治基础。1949 年 6 月毛泽东就指出："我们在国际上是属于以苏联为首的反帝国主义战线一方面的，而不能向帝国主义战线一方面去找。"① 同时，他派刘少奇率中共代表团秘密访苏并争取到 3 亿美元的贷款②。同年 12 月，毛泽东、周恩来率中国政府代表团访问苏联并于次年 2 月签署了《中华人民共和国与苏维埃社会主义共和国联盟友好同盟互助条约》（以下简称《中苏友好同盟互助条约》）。之后半年内签署了《中苏关于中国长春铁路、旅顺口及大连的协定》《中苏贸易协定》《中苏关于贷款给中华人民共和国的协定》《1950—1952 年苏联供应中国工业装备及器材议定书》，1950 年 4 月签署了政府间贸易协定和支付协定、民航合作协定等。1958 年中苏两国签署的通商航海条约进一步确立了双边经贸关系的法律规范，从而为两国经贸合作的开展奠定了制度基础。

《中苏友好同盟互助条约》签署后，苏联政府向中国政府无偿移交了日本在中国东北地区的财产并向中方提供 3 亿美元低息（1%）贷款用以购买苏联的机器设备和器材，中国则主要以茶叶、原材料等初级产品偿还贷款。为解决中国能源紧缺和苏联稀有金属匮乏问题，还创办了中苏石油股份公司和中苏有色及稀有金属股份公司。同时决定共同创办民用航空公司，开通北京到赤塔、阿拉木图、伊尔库茨克的航线。1955 年苏联将上述三家公司和大连船舶制造维修公司的苏联股份移交给中国政府，中国则以向苏联出口货物抵偿。鉴于中苏两国

① 毛泽东：《论人民民主专政》，载《毛泽东选集》第 4 卷，人民出版社，1991，第 1475 页。

② 陆南泉：《中苏经贸关系史简析》，《俄罗斯中亚东欧市场》2008 年第 6 期。

货币制度的差别，根据两国政府间贸易协定，中苏贸易主要是根据国际市场确定大类商品价格，以易货贸易和记账的方式进行统一划拨清算。记账单位采用苏联货币卢布（1970 年以后改为瑞士法郎）①，双方不需要支付硬通货。这种贸易方式称为政府协定记账贸易。

如图 1 所示，20 世纪 50 年代中苏贸易快速发展。1950 年双边贸易总额为 3.4 亿美元，苏联成为中华人民共和国第一大贸易伙伴。1951 年双边贸易额达 8.1 亿美元。1952 年中苏贸易额超过中国对外贸易总额的一半。到 1959 年两国贸易额超过 20 亿美元。苏联政府从 1953 年开始向中国原计划的 50 个企业和新计划的 91 个企业提供设计方案、装备并帮助建设，派遣大批专家来华指导，提供技术帮助。1954 年赫鲁晓夫访华期间苏联政府向中国再提供 5.2 亿卢布长期贷款，再建 15 家工业企业并扩大此前计划的 141 家企业设备供应范围。这样，20 世纪 50 年代苏联政府对中国共援助建设 156 家工业企业，涉及化工、冶金、石油机械、电力、建筑等领域。为此，中国政府主要以补偿贸易的方式用农产品和原材料进行清偿。1950～1960 年，中国向苏联共出口有色金属精矿 54.9 万吨、生铁 235.9 万吨、锡 16.3 万吨、羊毛 13.6 万吨、肉猪 15.6 万吨、肉类产品 82.1 万吨、大米 291.2 万吨。中国成为苏联进口上述产品的主要来源地，其中从中国进口的生铁占其进口总额的 90.5%、锡占比 98.8%、肉和肉产品占比 54.5%、大米占比 76.7%②。

（二）中苏敌对关系与经贸合作的衰落

1960 年中苏两党之间意识形态分歧致使国家间的同盟关系破裂，苏联单方面废除了与中国的 257 个科技合作项目，撕毁合同，撤走专家，并对华实行贸易限制和歧视政策。中苏两国关系从同盟走向敌对，苏联在中苏和中蒙边境陈兵百万，甚至爆发了小规模正面军事冲突。再加上中国国内的“大跃进”“三年困难时期”“文化大革命”等因素对国民经济造成的严重冲击，使得中苏双边经贸关系发生了急剧转折，各种经济合作项目终止，贸易规模急剧下降。如图 1 所示，中苏双边贸易额从 1959 年的峰值 21 亿美元减至 1960 年的 16.6 亿美元，

① 为便于进行历史的比较，本文根据官方统计数据以美元为核算单位。

② 李允华：《回顾与展望：中、苏经贸关系四十年》，《苏联东欧问题》1991 年第 5 期。

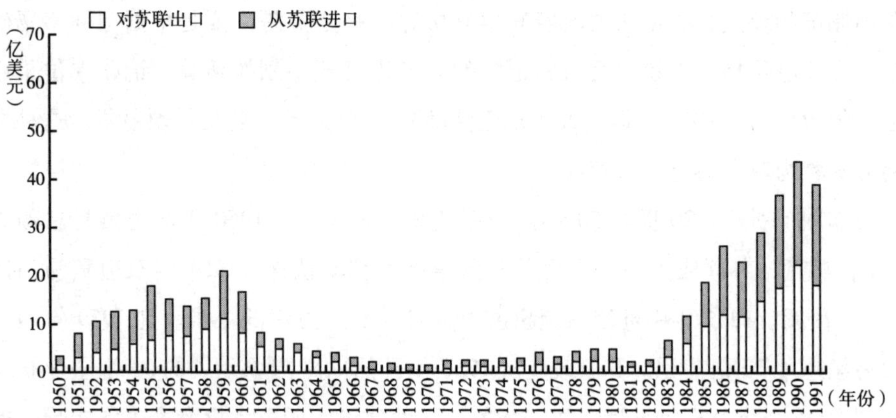

图1　1950～1991年中国与苏联贸易规模变化

资料来源：佟景洋《苏联时期中苏经贸关系概述》，《前沿》2018年第2期。

1962年进一步腰斩到8.3亿美元，到1970年只剩下不足5000万美元。截至1965年底，中国如期全部偿清了苏联的贷款本息14.1亿卢布。

进入20世纪70年代，中国国民经济有所好转，外交政策开始向西方倾斜，1971年中国恢复在联合国的合法席位，1972年美国总统尼克松访华，同年中国与日本实现邦交正常化，并与英、德等西方国家建立外交关系，1979年中美建交。中国对外贸易伙伴开始多元化。中国与苏联的贸易与60年代末相比稍有增加，到1971年更是止跌回升，增至1.5亿美元，1972年上升到2.5亿美元，到70年代中期中苏贸易额升至近3亿美元。70年代末，中国共产党果断地结束了长期的阶级斗争，将工作重心转移到经济建设轨道上来，开始了改革开放，国民经济迅速发展，对外贸易特别是与美国和日本的贸易呈现扩张之势。此间，中国与苏联的贸易额也有所增加，但仍不足5亿美元。整个70年代中苏贸易额仅占中国贸易总额的1%～4%，在苏联对外贸易总额中的占比更是只有0.2%～0.8%。

（三）中苏关系正常化与经贸合作的复苏和高涨

1979年两国以《中苏友好同盟互助条约》期满为契机举行中苏关系谈判，1982年初勃列日涅夫的塔什干讲话释放改善两国关系的信号，中方在与美国就对台军售问题谈判艰难的情况下对此做出积极回应，并于1982年10月开始了中苏关系副部长级磋商，中苏关系正常化进程正式启动。到1988年6月双方共进行了12轮政治磋商，1989年戈尔巴乔夫正式访华，两国关系实现正常化。随着中苏两国关系的转暖和中国改革开放的重心从农村向城市转移以及不断深入，中国国民经济呈现高速发展之势。中国对外贸易体制的改革打破了对对外贸易的政策束缚，对外贸易规模迅速攀升。20世纪80年代中期，中苏成立了副总理级的经济贸易、科技合作混合委员会，中国对苏联的贸易开始大幅增长。如图1所示，1983年中苏双边贸易额从上年的不足3亿美元增至6.7亿美元，1986年突破了中苏同盟时期的峰值达到26.4亿美元，1990年再创新高达到43.8亿美元。至此，苏联迅速成为继中国香港和澳门、日本、美国和联邦德国之后中国第五大贸易伙伴，占中国对外贸易总额的4.5%。这一时期双方贸易结构发生了显著变化，即中国对苏联的出口从此前以农产品和原材料为主转向以轻纺工业品、家电产品和机械设备等制成品为主；苏联对中国的出口也从机电设备、飞机和汽车等运输工具为主转向机械设备、汽车、化肥、水泥、钢材、木材等为主（如图2所示）。1981~1989年，中国向苏联出口肉和肉罐头60万吨、水果63万吨、生丝8000吨；同期中国从苏联进口11.9万辆汽车，57架飞机，780万吨钢材和生铁，1700万立方米锯材、原木和纸材，370万吨尿素①。根据中苏政府间贸易协定，双方各自出口的原材料和初级产品占50%，其他50%为轻工业产品和机械产品的互换，结算方式依然采取以瑞士法郎记账的方式。

中苏贸易结构表现为中方出口更多的原材料，换来高附加值的机电设备。20世纪50年代上半期中苏友好同盟时期，中方大规模进口苏方的机电设备，逆差规模较大；后半期还账的因素上升使得中方向苏方出口大量食品和原材料，表现为顺差。这种状况在60年代上半期表现得尤其显著，1965年中国彻底还清了苏联的债务，此后直到20世纪90年代初中苏贸易基本保持均衡状态（详见图3）。

随着中国改革开放从东部沿海逐步向内地和沿边地区深入，中苏边境民间贸易趋于活跃。1982年中苏双方决定恢复边境贸易。1984年8月，中共中央总书记胡耀邦沿中苏边境考察了黑河、伊春、同江、虎林、密山、绥芬河和牡丹江等地，鼓励黑龙江沿边地区向苏联开放。黑龙江省与苏联贸易额从1983年的1590.6万瑞士法郎增至1988年的近2亿瑞士法郎，1991年更是突破了10亿瑞士法郎。中苏边境贸易总

① 李允华：《回顾与展望：中、苏经贸关系四十年》，《苏联东欧问题》1991年第5期。

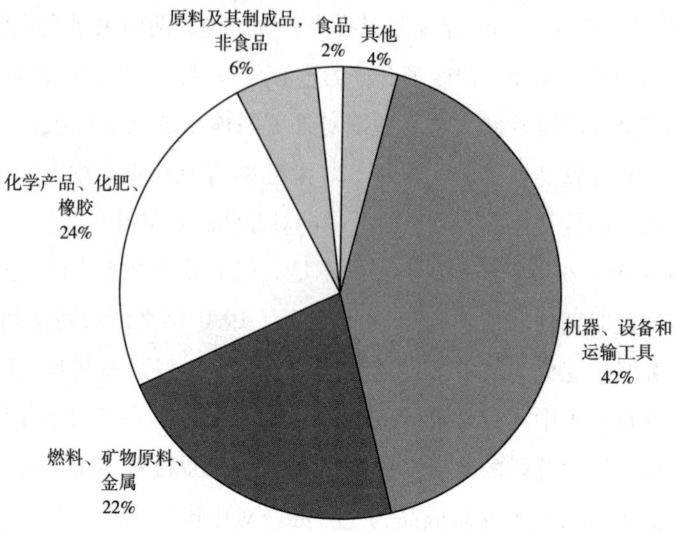

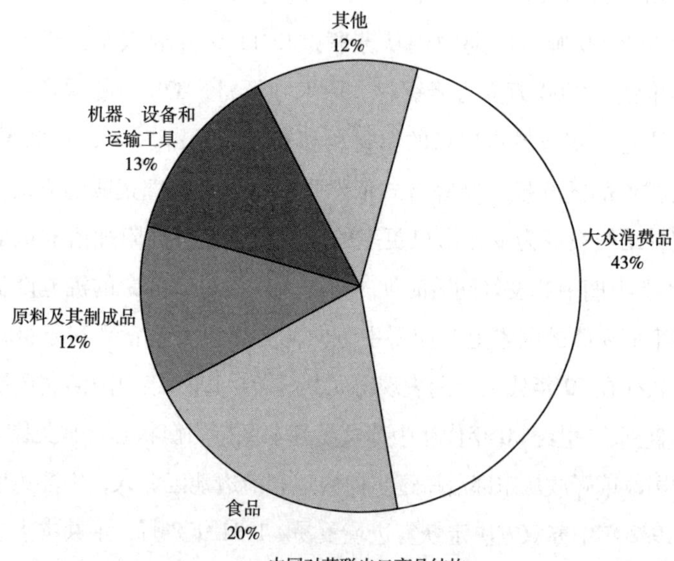

图 2　1990 年中国与苏联贸易商品结构

资料来源：http：//www. customs. ru/index. php？ option = com_ content&view = article&id = 13858&Itemid = 2095。

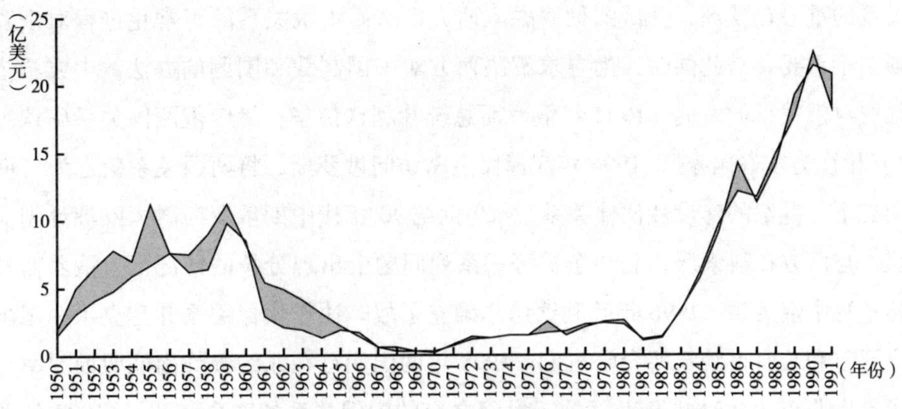

图 3　1950～1991 年中苏贸易差额变化

资料来源：佟景洋《苏联时期中苏经贸关系概述》，《前沿》2018 年第 2 期。

额从 1983 年的 630 万卢布（约合 1775.6 万瑞士法郎）增至 1989 年的 5 亿卢布（约合 12.9 亿瑞士法郎），占两国贸易总额的 21%①。1992 年中国政府批准黑河等 14 个沿边城市对外开放，进一步释放了中俄边境贸易发展的能量。

此外，20 世纪 80 年代后期中苏双方开始创办合资企业，开展劳务合作。到 1990 年双方共签订 359 个劳务合作和工程承包合同，总值 9 亿美元，约 4 万名工人和技术人员赴苏联从事农业种植、森林采伐和建筑工程。

二　20 世纪 90 年代中国与俄罗斯经贸关系的正常化和规范化

（一）中俄政治关系的强化与发展奠定了经贸合作的制度基础

1991 年 12 月 26 日，苏联最高苏维埃共和国院举行最后一次会议，宣告苏联停止存在。12 月 27 日，中国与俄罗斯在莫斯科签署会谈纪要，双方确认中俄关系继承中苏关系。此后便开始了中俄两国关系正常化的磨合期。中苏关系刚刚结束近 30 年的敌对关系实现正常化苏联就解体了，而苏联解体后俄罗斯对外

① 李允华：《回顾与展望：中、苏经贸关系四十年》，《苏联东欧问题》1991 年第 5 期。

关系的重心在欧洲，并试图彻底融入西方，因而中俄关系的正常化进程对俄罗斯并不重要。与此同时，为寻求解决西方对中国制裁和围剿的办法，中方希望加快对俄关系的发展。1992 年俄罗斯总统叶利钦访华，将中俄两国关系确认为“互相视为友好国家”。1994 年江泽民主席访问俄罗斯，将两国关系确定为“面向二十一世纪的建设性伙伴关系”。20 世纪 90 年代中期俄罗斯融入欧洲计划受阻，与西方在科索沃、北约东扩等一系列问题上出现分歧的情况下，俄罗斯开始重视中俄关系。1996 年叶利钦访华确立了战略协作伙伴关系并建立了两国国家元首和政府首脑定期会晤机制。1998 年两国元首在北约轰炸南联盟前夕举行了首次非正式会晤并发表《关于世纪之交的中俄关系的联合声明》。1999 年北约轰炸南联盟和中国驻南联盟大使馆直接促使了中俄关系的迅速发展。

（二）中俄经贸关系的徘徊及其影响因素

20 世纪 90 年代初，中俄经贸合作延续了 80 年代末中苏经贸合作的增长趋势。根据俄罗斯联邦国家统计委员会数据，中俄贸易规模从 1989 年的 36.8 亿美元增至 1993 年的 54 亿美元。但是，整个 20 世纪 90 年代双边贸易规模除 1996 年达到峰值 57.2 亿美元之外，基本徘徊在 47 亿美元左右，而且在 1993 ~ 1994 年、1997 ~ 1999 年出现两次滑坡（见图 4）。此间，中俄两国贸易持续失衡，中方逆差从 1993 年的 7.4 亿美元扩大到 1999 年的 27 亿美元，其中 1996 年贸易逆差高达 37.2 亿美元，占双边贸易总额的 65%。此间，中国出口到俄罗斯的主要是食品、轻工等低附加值产品，而从俄罗斯进口的主要是机电、钢材等高附加值产品，以满足国内经济建设高速发展的需要。

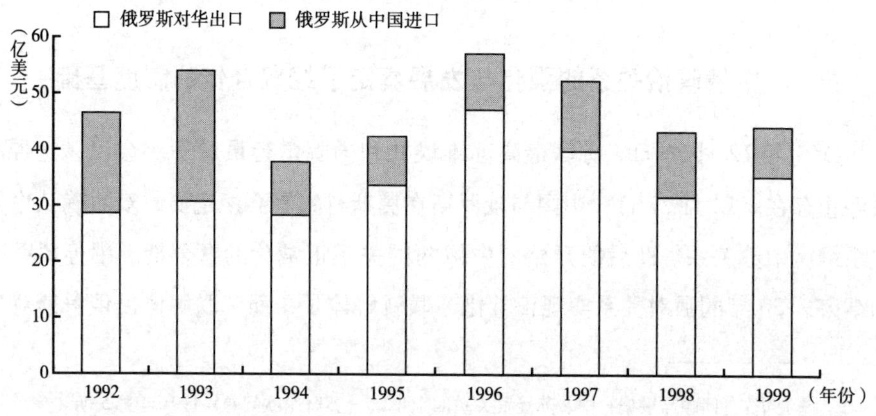

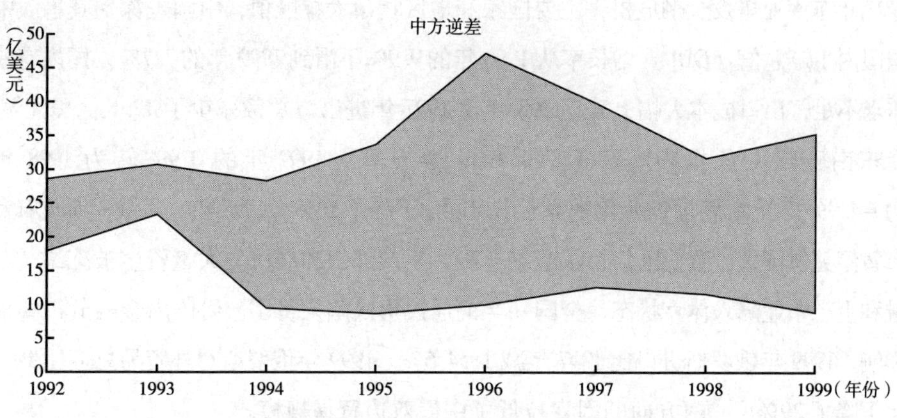

图4　20世纪90年代中国与俄罗斯贸易规模变动情况

资料来源：Российский статистический ежегодник：Стат. сб. /Госкомстат России. М.，2000. С. 580。

1993～1994年中俄贸易滑坡可以解释为1994年俄罗斯政府单方面限制了易货贸易。20世纪50年代，苏联刚刚弥合了反法西斯战争的创伤，中国刚刚结束长达近一个世纪的战乱，百废待兴的中国又遭遇到抗美援朝战争和外部世界的遏制。双方在外汇极度紧缺的条件下采取了易货贸易记账结算的方式。这种易货贸易方式一直延续到20世纪80年代末到90年代初，边境贸易和民间、地方之间的贸易也采取了这一方式。1992年俄罗斯政府采取“休克疗法”向市场经济过渡，旧制度被打破而新制度没有建立起来，一方面恶性通货膨胀和紧缩的财政与货币政策破坏了企业之间正常的支付联系进而形成普遍的支付危机；另一方面造成管理真空形成无政府状态。企业相互之间以货币为媒介的商品交换回到了原始的物物交换，企业职工工资也大多以实物形式发放。这也促使中俄之间的贸易采取易货的方式。20世纪80年代末到90年代初，中国受西方制裁，对外贸易受阻，国内市场疲软，需要尽快消除库存积压，这也促使中国企业打开俄罗斯的消费市场并从俄罗斯换取国内经济建设大发展所急需的机电设备、钢材和木材、化肥、原材料。1994年俄罗斯政府限制了易货贸易，改为以硬通货结算贸易。在短时间内制约了中俄贸易的开展，但此时随着俄罗斯私有化、市场化改革和开放逐渐规范化以及中国改革开放的红利积累和市场经济目标的确立，中俄贸易混乱的状况得以规范，很快便克服了这一障碍，1996年双边贸易达到了峰值。

1997～1999年中俄贸易滑坡主要受东南亚金融危机和俄罗斯金融危机的影响。

1997年东南亚爆发金融危机，主要国家和地区货币大幅贬值，中国也深受其害。中国国内生产总值（GDP）增长率从1996年的9.9%下滑到1999年的7.7%，国内有效需求不足，出口成本大幅上升。1998年比1997年进出口总额减少了12.1亿美元①。受东南亚金融危机影响，俄罗斯GDP增长率从1997年的0.9%转为1998年的-4.9%。受此影响1998年俄罗斯出口同比下降了16%。1998年8月俄罗斯政府宣布暂停兑付国债，致使国债市场吸纳金融、生产部门和居民的大量资金被冻结，金融和生产企业陷入休克状态，全国一半的居民再次陷入贫困。受国内金融危机叠加影响，1999年俄罗斯进口比1997年减少54.5%。1999年俄罗斯对外贸易总额比1997年下降了29%②。两方面的因素拉低了中俄双边贸易规模。

整个20世纪90年代，中俄两国贸易规模基本维持在年均50亿美元的水平，这主要还是受制于两国的经济规模体量不大，以及缺乏统一、标准的贸易制度和规范，实际处于自发状态。此外，中国进口关税整体水平较高，抑制了从俄罗斯的进口。从进出口商品结构来看，中国从俄罗斯进口商品趋于原料化，俄罗斯从中国进口的主要是大众消费品，都是低附加值产品，阻碍了双方贸易额的进一步提升。

（三）中俄贸易结构变化

1992年邓小平发表南方谈话，中共十四大确定了社会主义市场经济的改革目标并在1993年中共十四届三中全会上通过《中共中央关于建立社会主义市场经济体制若干问题的决定》，对从计划经济向市场经济过渡进行了战略部署。标志着中国的改革开放进入新的阶段，进一步激活了市场主体的主动性和积极性，大规模释放了全国的生产力。特别是股票市场的形成、各地开发区建设和房地产的发展有力地刺激了20世纪90年代上半期中国经济的持续高涨，1992年GDP增长率达14.2%，此后连续两年增长率超过13%，90年代中期仍然超过10%③。中国对钢材、建筑机械、建筑材料、能源和原材料的需求大幅膨胀，刺激了企业从俄罗斯廉价进口上述产品。如图5所示，1992年中国从俄罗斯进口的机械及运输设备占比45.3%，化学成品及有关产品近30%，而矿物燃料的比

① 参见中华人民共和国国家统计局网站相关统计数据，data. stats. gov. cn/easyquery. htm? cn = C01。

② Российский статистический ежегодник：Стат. сб. —М.：Росстат，2020. —С. 16.

③ 参见中华人民共和国国家统计局网站相关统计数据，data. stats. gov. cn/easyquery. htm? cn = C01。

例并不是太大。但是到90年代中期，中国政府对经济过热的宏观调控和清理三角债问题的政策趋于严厉以及后半期受东南亚金融危机的影响，经济增长率出现回落，对俄罗斯产品的需求规模下降，中俄贸易结构发生了变化。

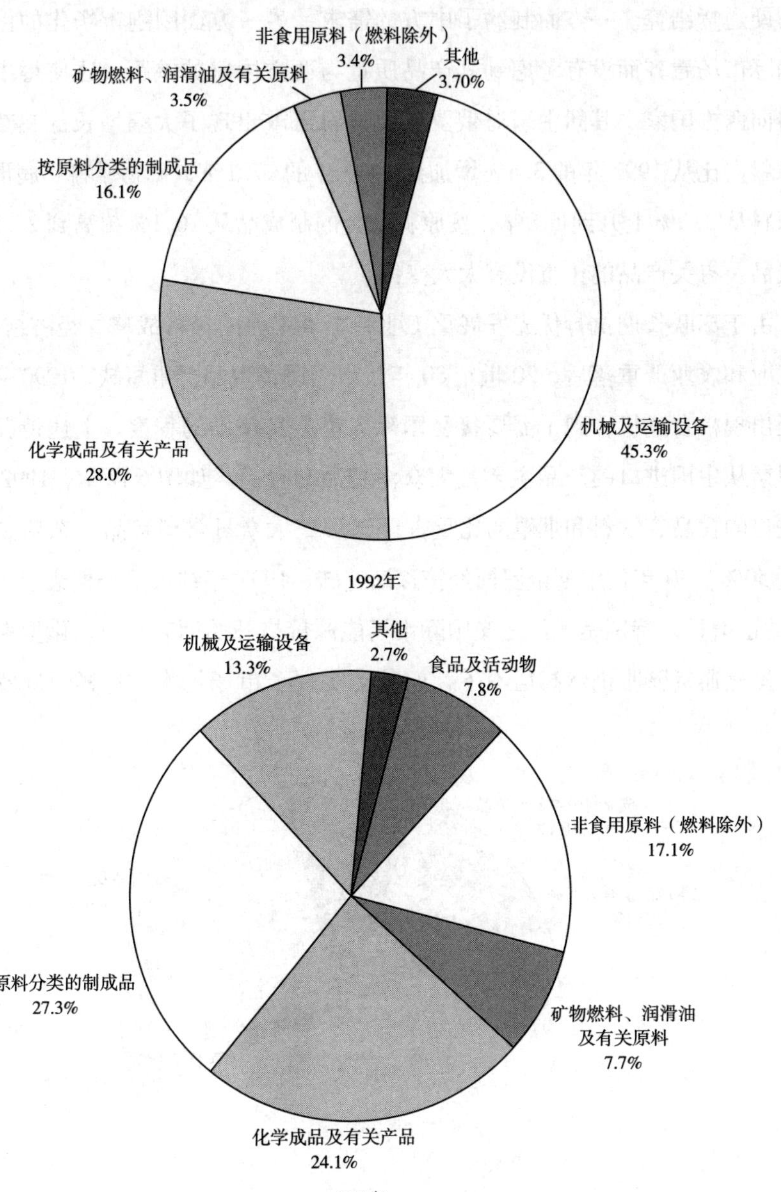

图5　20世纪90年代中国从俄罗斯进口商品结构变化

资料来源：联合国贸易数据库，https：//comtrade. un. org。

1993 年中国从俄罗斯进口的机械及运输设备占比从上年的 45. 3% 大幅萎缩到 32. 3%，1994 年进一步减少到 16. 2%，90 年代末维持在 13% 左右。除上述中方国内经济政策的调整因素以外，主要的因素还是俄罗斯严格限制易货贸易，改为硬通货结算。一方面制约了中方的需求，另一方面刚刚市场化的俄方定价向国际市场看齐而没有考虑到其产品质量与西方国家的差距，这使得中方的需求转向西方国家。其间中国对俄罗斯原材料需求出现了大幅增长的趋势，非食用原料占比从 1992 年的 3. 4% 增加到 1999 年的 17. 1%，矿物燃料、润滑油及有关原料从 3. 5% 上升到近 8%，按原料分类的制成品从 16. 1% 提高到 27. 3%，化学成品及有关产品的比重没有太大变化。

由于苏联长期执行优先发展重工业和军事工业的经济战略，经济结构失衡，轻工业和农业严重落后，20 世纪 80 年代末居民消费品严重短缺，1990 ~ 1992 年甚至出现粮食危机，到了需要接受国际人道主义援助的程度。上述情况决定了俄罗斯从中国进口的产品主要是大众消费品和食品。如图 6 所示，1992 年俄罗斯进口的食品、饮料和烟草的比重占近 30%，大众日常消费品（杂项制品）比重近 50%。90 年代中期俄罗斯经济逐渐好转，1997 年结束了长期衰退，出现了 1% 的正增长，特别是世纪之交国际市场能源价格开始回升，拉动俄罗斯经济回暖。虽然通货膨胀仍然高居不下，但基本实现了市场均衡。这样，俄罗斯从中

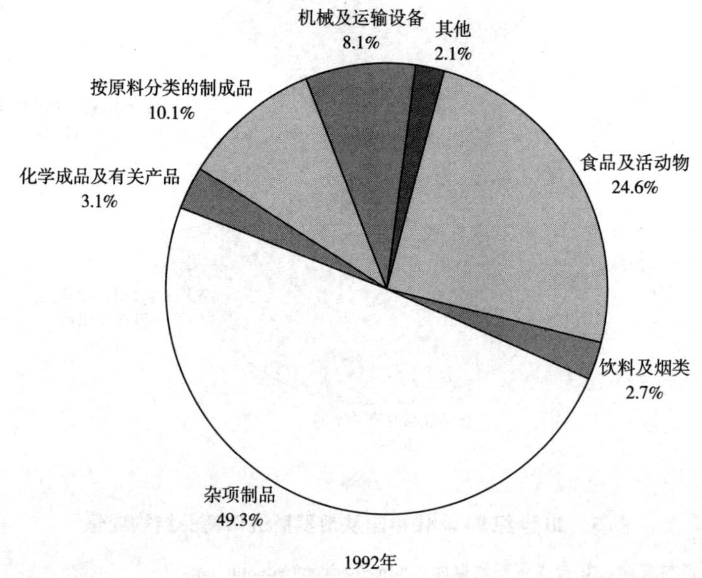

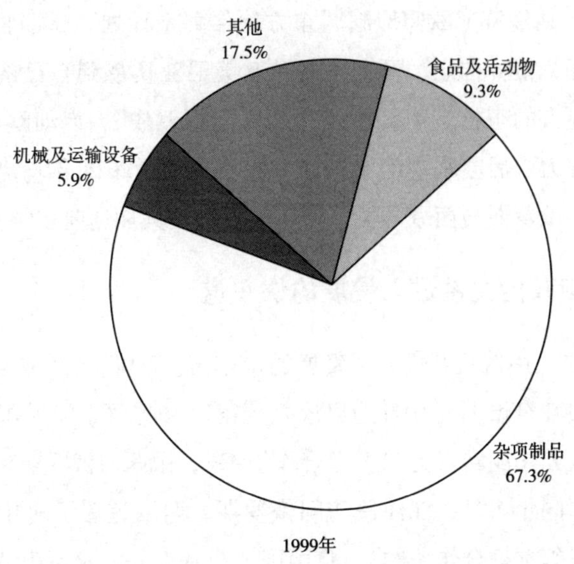

图6　20世纪90年代中国向俄罗斯出口的商品结构变化

资料来源：联合国贸易数据库，https：//comtrade. un. org。

国进口的食品有所减少，但大众消费品（杂项制品）的比重1999年进一步上升到近70%。主要还是因为中国商品具备强有力的价格和品种优势，这对因“休克疗法”改革而深陷贫困的俄罗斯居民而言具有极强的吸引力。1992年和1998年俄罗斯生活在贫困线以下的居民一度高达全国人口的一半，其他年份也在三分之一左右。

三　21世纪以来中国与俄罗斯经贸关系的升华

2000年，俄罗斯新当选总统普京最初像戈尔巴乔夫和叶利钦一样仍然抱有融入西方社会的幻想，对美国和北约在阿富汗发动反恐战争给予了极大支持，但他还是没有得到西方的接纳。北约不仅不顾俄罗斯的强烈反对完成了大规模的东扩，将东欧国家纳入自己的势力范围并在这些国家部署反导系统，与此同时将触角伸向了后苏联空间，进一步蚕食俄罗斯的势力范围。2005年前后西方在该地区策划了一系列“颜色革命”，如格鲁吉亚的“玫瑰革命”、乌克兰的“橙色革命”、吉尔吉斯斯坦的“郁金香革命”等，支持强烈希望加入北约的

“古阿姆集团”；在经济上欧盟炮制“东方伙伴关系计划”试图将乌克兰、白俄罗斯、摩尔多瓦、格鲁吉亚、阿塞拜疆和亚美尼亚诱惑到自己的轨道上。普京面对西方咄咄逼人的东扩，不得不展开“家园保卫战”，启动欧亚一体化进程，建立欧亚联盟，力求后苏联空间不被西方完全夺走。2014 年乌克兰成为这场争夺战的牺牲品，俄罗斯与西方的关系彻底破裂，使其加速向东转。

（一）中俄政治关系进入发展的快车道

21 世纪以来，中俄关系进入了发展的快车道。2000 年普京当选俄罗斯总统并首次访华，2001 年 6 月，中苏边界谈判延续下来的“上海五国”机制邀请乌兹别克斯坦加入并华丽转身为“上海合作组织”，中国与俄罗斯和中亚国家的合作实现机制化。同年 7 月，江泽民访问俄罗斯，两国签署了《中华人民共和国和俄罗斯联邦睦邻友好合作条约》，将两国“世代友好、永不为敌”的和平思想用法律形式固定了下来，规定了双方政治、经济、贸易、科技、文化合作的原则和方向。2004 年俄罗斯总统普京访华，两国元首批准了《〈中俄睦邻友好合作条约〉实施纲要（2005 年至 2008 年）》，并签署了《中华人民共和国和俄罗斯联邦关于中俄国界东段的补充协定》，中俄边界问题得到彻底解决。2010 年俄罗斯总统梅德韦杰夫访华，将双边关系进一步提升为“全面战略协作伙伴关系”。2014 年俄罗斯总统普京访华宣告两国“全面战略协作伙伴关系进入新阶段”。2019 年习近平主席访问俄罗斯引领中俄“全面战略协作伙伴关系进入新时代”，两国政治关系达到前所未有的高水平。

自 2000 年中俄两国举行第五次政府总理会晤以来，共签署了 250 余项合作协定，涉及政治、经济、贸易、科技、能源、金融、文化等领域。2013 年习近平主席提出共建“一带一路”倡议后得到俄罗斯的积极支持，2014 年俄罗斯总统普京建议俄跨欧亚铁路对接“一带一路”并由此带动西伯利亚和远东的开发，2015 年两国元首在莫斯科签署了《中华人民共和国与俄罗斯联邦关于丝绸之路经济带建设和欧亚经济联盟建设对接合作的联合声明》。中俄能源领域合作在 20 世纪 90 年代进展缓慢，但进入 21 世纪后以贷款换石油的融资模式打破了僵局。2005 年中俄双方达成 60 亿美元融资协定，2005～2010 年俄方通过铁路向中方提供 4840 万吨石油。2009 年两国签署《中俄石油领域合作政府间协议》，中方向俄方提供 250 亿美元融资贷款，俄方在从 2011 年起的 20 年内每年通过管道向中国提供1500万吨原油。2013年中国石油天然气集团有限公司（以下简称“中国石油”）和俄罗斯石油公司签订合同，25年内俄方每年增供石油，到2018年达到每年3000万吨；并通过中哈石油管道每年增加供应700万吨。与此同时，双方还加快了天然气供应谈判，2014年中国石油和俄罗斯天然气工业股份公司达成4000亿美元交易，俄方在今后30年内每年通过“西伯利亚力量”天然气管道向中国输送380亿立方米天然气，2019年12月该天然气管道将投入使用。2013年中国石油购买俄罗斯最大液化天然气项目“亚马尔液化天然气”20%的股权，2016年中国丝路基金再购买9.9%的股权。中国石油从2019年起每年从亚马尔项目进口300万吨液化天然气（LNG）。随后，中国石油和中国海洋石油总公司又相继分别入股俄罗斯LNG-2项目，各获得10%的股份。

（二）中俄贸易的规模和质量大幅提升

经过20世纪90年代两国关系正常化的磨合和经贸合作规模的停滞，中俄经贸合作进一步从制度上得以规范化。与此同时，世界经济在2000年进入上升期，国际市场原材料和能源价格大幅上涨。这两大因素促成了中俄两国经贸合作的规模大幅提升，如图7所示，2008年冲高到560亿美元，但是受国际金融危机影响，2009年跌至不足400亿美元。随后继续回升，到21世纪10年代上半期稳定在800亿~900亿美元，2010年中国成为俄罗斯第一大贸易伙伴。然而受乌克兰危机和西方的制裁以及国际石油和原材料价格暴跌导致俄罗斯卢布大幅贬值的影响，中俄贸易规模再次跌回600多亿美元。经过两年的适应期，双边贸易额到2018年最终超过了1000亿美元。

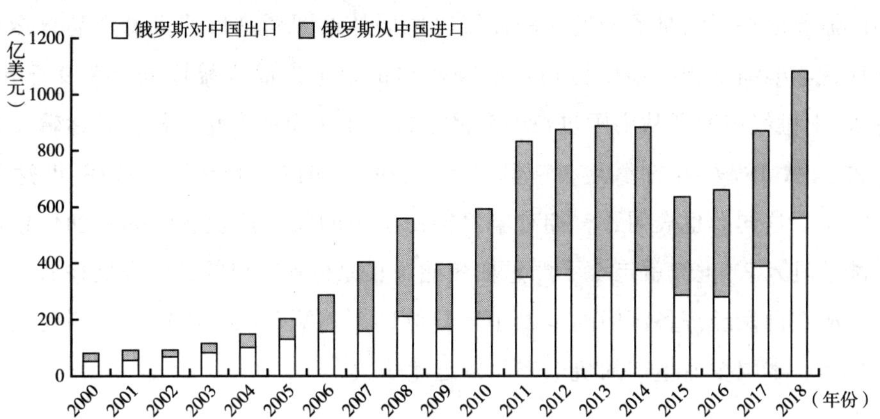

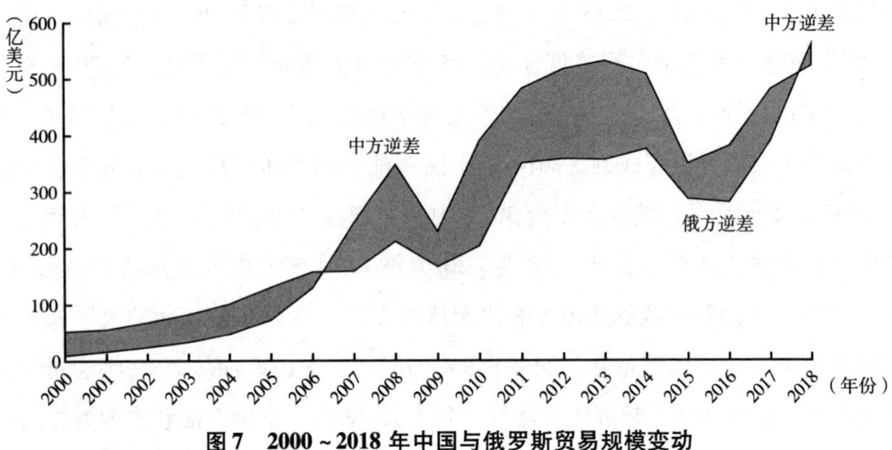

图7　2000～2018 年中国与俄罗斯贸易规模变动

资料来源：Российский статистический ежегодник：Стат. сб. /Госкомстат России. М.，2018. С. 581；Российский статистический ежегодник：Стат. сб. /Госкомстат России. М.，2015. С. 631；Российский статистический ежегодник：Стат. сб. /Госкомстат России. М.，2012. С. 699；Российский статистический ежегодник：Стат. сб. /Госкомстат России. М.，2008. С. 766；Российский статистический ежегодник：Стат. сб. /Госкомстат России. М.，2013. С. 636；Россия в цифрах：Стат. сб. /Госкомстат России. М.，2019. С. 516。

从双边贸易结构来看，如图 8 所示，俄罗斯对中国出口的商品结构与 20 世纪 90 年代相比发生了质的变化。1992 年中国从俄罗斯进口的机械及运输设备占比达 45.3%，1999 年萎缩到 13.3%，2018 年只有 3%。矿物燃料、润滑油及有关原料占比从 1999 年 7.7%猛增到 2008 年的 54.2%，2018 年超过 70%。这与俄罗斯整个对外出口商品结构相吻合。同时也是因为改革开放，中国变成了“世界工厂”，制造业生产能力大幅提高，特别是 2001 年加入世界贸易组织（WTO）之后，中国的生产能力除了满足国内对生产和消费品的需要之外还满足了全世界的需要。中国从俄罗斯进口的机电产品自然而然地逐渐萎缩，相应地中国对俄罗斯出口的机电产品大幅增加。图 9 显示，进入 21 世纪俄罗斯从中国进口的商品结构发生了质的变化，机械及运输设备等占比从 1999 年的不足 6% 猛增到 2008 年的超过 50%，2018 年达到 54.3%。这同时也表明了，拥有丰富能源资源的俄罗斯随着国际石油价格的高涨从进入 21 世纪就走上了严重依赖能源和原材料出口的经济发展模式，各项资源在国民经济各部门的分配中明显倾向于能源部门，制造业部门受到严重排挤，本国企业生产的机电产品缺乏竞争力。

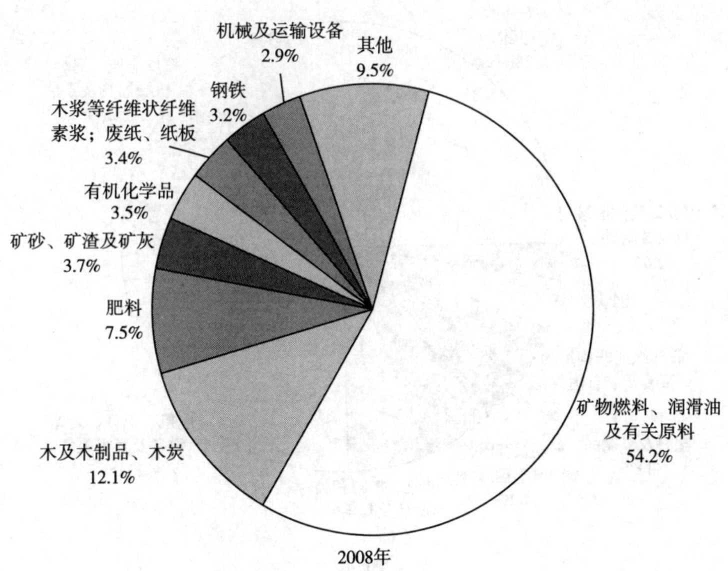

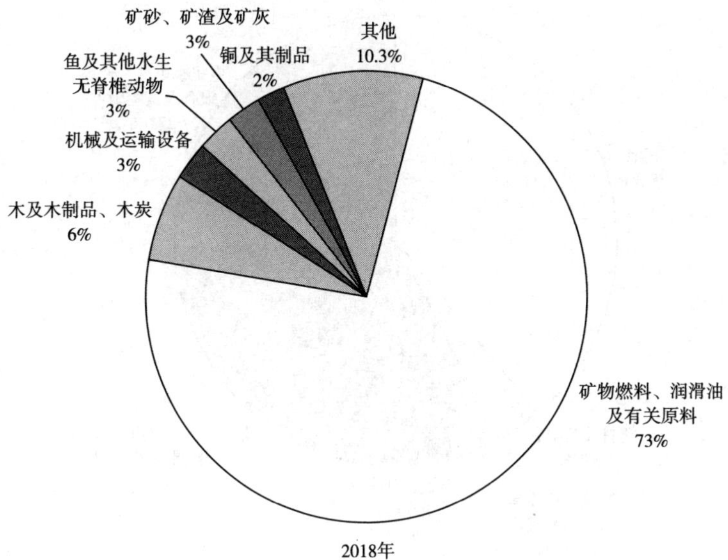

图 8　21 世纪以来俄罗斯对中国出口的商品结构变化

资料来源：中华人民共和国商务部《国别贸易投资环境报告》（2009～2019 年）。

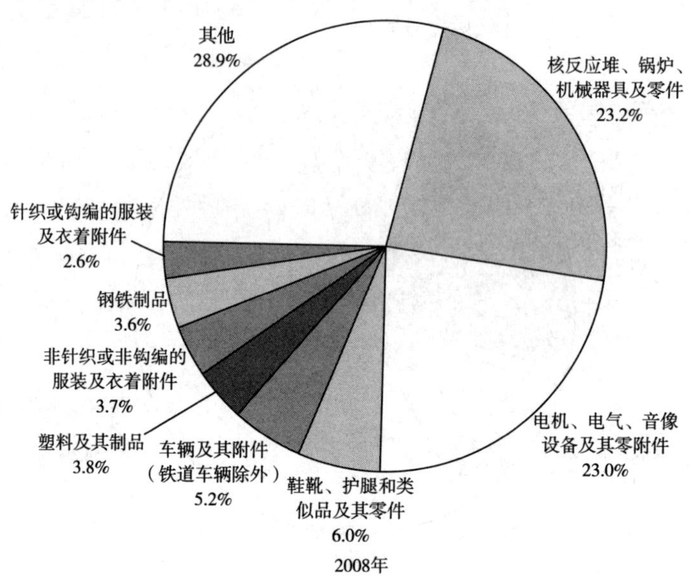

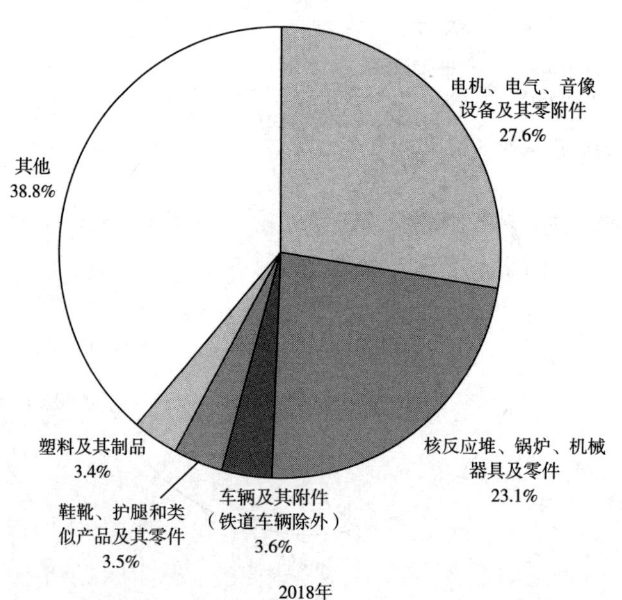

图9　21世纪以来俄罗斯从中国进口的商品结构变化

注：机械及运输设备包括核反应堆、锅炉、机械器具及零件，电机、电气、音像设备及其零附件，车辆及其附件（铁道车辆除外）。

资料来源：中华人民共和国商务部《国别贸易投资环境报告》（2009～2019年）。

进入21世纪以来，中俄双边贸易发展的另一个变化就是服务贸易规模逐步扩大，如图10所示，从2002年的11.7亿美元增至2010年的24亿美元，再增加到2018年的近60亿美元。其中，中国对俄罗斯服务进口从2002年不足8亿美元增加到2018年的近30亿美元；俄罗斯对中国的服务进口也从2002年的不足4亿美元后来居上并迅速扩大到2018年的超过30亿美元。直到2016年中国对俄罗斯服务贸易仍保持顺差，但从2017年开始中国转为逆差，2018年逆差近4亿美元。在双边服务贸易进出口总额中，旅游占比最大，2010年达到57.5%；其次为运输，2011年为20.5%；最后是建筑部门，2013年为14.8%。其他还有保险、金融、专利和特权使用费、通信服务等。

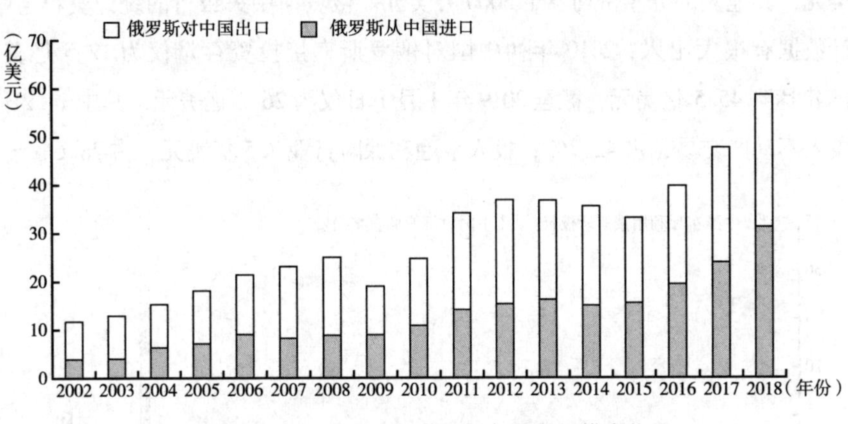

图10　2002～2018年中俄服务贸易规模变化

资料来源：Статистика внешнего сектора. URL：https：//www.cbr.ru/statistics/macro_itm/svs/。

（三）中俄双边经济合作领域拓宽

随着中俄关系的深入发展，两国经济合作的领域不断拓宽。除了双边贸易规模连续迈上新台阶，相互投资规模也不断扩大，投资的领域不断扩展。进入21世纪中国对外开放开始从“引进来”到“走出去”，2002年末中国对外直接投资存量不足300亿美元，当年的投资额只有27亿美元，在全球排第27位。2005年对外直接投资额达到100亿美元，2008年突破500亿美元，2013年再突破1000亿美元，2016年接近2000亿美元，居世界第二位。对外直接投资存量于2007年末达到1000亿美元，2012年突破5000亿美元，2015年再突破1万亿美元，2017年接近2

万亿美元，居世界第二位①。相应地，据中国国家统计局资料，21 世纪以来，中国对俄罗斯直接投资呈现加速之势。2012 年成立中俄投资基金，双方各自出资 10 亿美元，主要用于支持俄罗斯投资项目。2018 年 9 月，习近平在东方经济论坛上宣布设立首期 100 亿元、总规模 1000 亿元人民币的中俄地区合作发展投资基金。如图 11 所示，中国对俄罗斯直接投资从 2010 年的 5.7 亿美元增加到 2017 年的 15.5 亿美元，其中 2015 年高达 30 亿美元。不过，俄罗斯在中国对外直接投资对象国中排名并不靠前，在 2017 年的流量指标中排名第 12 位，占比 1%②；年末存量 138.7 亿美元，排名第 10 位，占比 0.8%③。俄罗斯对中国投资更少，中国实际利用外资指标中来自俄罗斯的投资自 20 世纪 90 年代以来只有 2004 年突破了 1 亿美元，其他大部分年份均不足 5000 万美元。俄罗斯中央银行的统计资料与中国统计数据有很大出入，2010 年初中国对俄罗斯直接投资存量仅为 12.5 亿美元，2014 年达到 45.5 亿美元，截至 2019 年 1 月 1 日仅为 26.2 亿美元，其中 11.2 亿美元投入不动产交易，占 42.7%；投入金融和保险行业 7.5 亿美元，占 28.6%④。

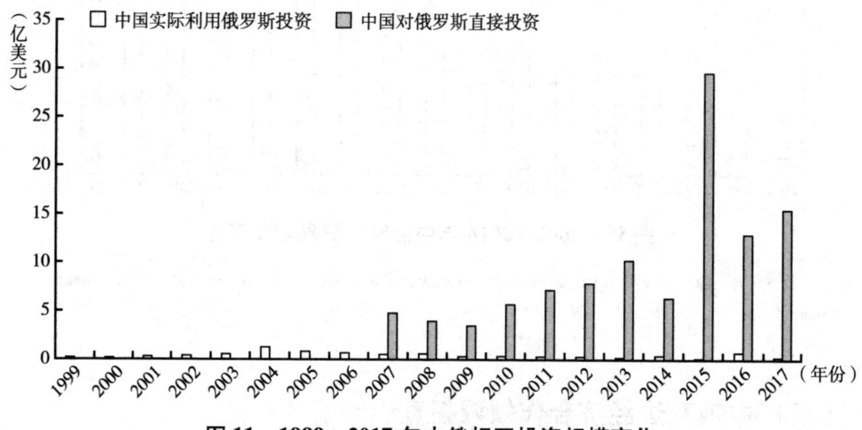

图 11　1999 ~ 2017 年中俄相互投资规模变化

资料来源：中华人民共和国国家统计局网站相关统计数据，data. stas. gov. cn/easyquery. htm? cn = C01。

① 中华人民共和国商务部、国家统计局、国家外汇管理局编《2017 年度中国对外直接投资统计公报》，中国统计出版社，2018，第 6 页。

② 中华人民共和国商务部、国家统计局、国家外汇管理局编《2017 年度中国对外直接投资统计公报》，中国统计出版社，2018，第 15 页。

③ 中华人民共和国商务部、国家统计局、国家外汇管理局编《2017 年度中国对外直接投资统计公报》，中国统计出版社，2018，第 22 页。

④ Статистика внешнего сектора. URL：https：//www. cbr. ru/statistics/macro_ itm/svs/.

中俄两国大项目合作渐入佳境。2017年中国石油和丝路基金深度参与的俄罗斯亚马尔液化气项目一期顺利投产，成为中俄两国在北极地区合作的第一个全产业链项目，累计带动约80亿美元设备和工程服务对俄罗斯出口。2017年初中标和年底开工的中国铁建公司承建的莫斯科地铁标段工程，价值27亿元人民币。2017年1月，丝路基金完成对俄罗斯最大天然气加工及石化产品公司西布尔集团10%股权的收购，交易金额超过11亿欧元。2017年7月，北京燃气集团完成对俄罗斯石油公司子公司上乔油气公司20%股权的收购，交易金额11亿美元。2017年9月，中俄联合研制远程宽体客机项目组建合资公司，中俄国际商用飞机有限责任公司举行远程宽体客机CR929命名仪式，项目研制进入实质阶段。2017年11月，中国华信能源有限公司与俄罗斯石油公司达成2022年供应6080万吨石油的协议。2017年11月，中国国家航天局与俄罗斯国家航天集团签署2018~2022年航天合作大纲，加强两国在运载火箭和发动机方面的合作研发，加强月球和深空探测合作，开展对地观测数据交换，开放航天电子元器件、卫星导航、通信卫星系统领域合作。2018年中国华铭国际投资有限公司负责投资建设和运营管理的莫斯科中国贸易中心正式投入运营。同江—下列宁斯阔耶铁路桥、黑河—布拉戈维申斯克界河公路桥即将于2019年建成通车。滨海1号、2号国际交通走廊项目稳步推进。中俄石油运输管道复线、天然气管道东线也将于2019年投入运营。2018年中国国家副主席王岐山在圣彼得堡国际经济论坛表示，中俄"有73个大型项目正在实施，总投资额将超过1000亿美元"①。

中国与俄罗斯劳务合作规模扩大，承包建筑工程也在逐年增加。据中国国家统计局资料，如图12所示，2002年中国对俄罗斯承包工程完成营业额只有1亿美元，2008年接近10亿美元，2017年接近20亿美元。中方向俄罗斯劳务合作派遣人数2011年近1.3万人，年末在俄罗斯境内的劳务合作人数接近2万人。承包工程人数从2011年的约3000人增加到2014年的近6000人，年末在俄罗斯承包工程劳务人员相应地从3233人增加到近8000人②。据俄罗斯中央银行统计，2006~2018年自然人从俄罗斯对中国跨境汇款总额近250亿美元，年均近

① 韩显阳：《中国元素闪亮圣彼得堡国际经济论坛》，《光明日报》2019年6月7日。

② 参见中华人民共和国国家统计局网站相关统计数据，data. stats. gov. cn/easyquery. htm? cn = C01。

20 亿美元，2008 年高达 43 亿美元。而中国对俄罗斯的汇款总额只有 12 亿美元，年度汇款最高没有超过 2 亿美元①。

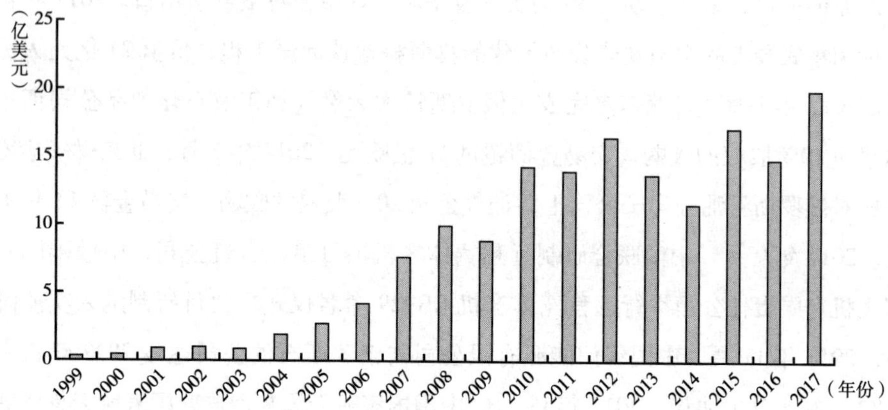

图 12　1999～2017 年中国对俄罗斯承包工程完成营业额

资料来源：中华人民共和国国家统计局网站相关统计数据，data. stas. gov. cn/easyquery. htm? cn = C01。

与此同时，中俄双方加快了金融领域的合作。在跨境贸易本币结算方面，2002 年双方签订了《中国人民银行与俄罗斯联邦中央银行关于边境地区贸易的银行结算协定》，黑河与布拉戈维申斯克之间贸易试行本币结算。以后将试行本币结算的范围逐步扩大，2011 年从边境贸易扩大到一般贸易。两国经济活动主体可自行决定用自由兑换货币、人民币和卢布进行商品和服务的结算与支付。2019 年两国签署了关于过渡到本币结算的政府间协议。据俄方统计，2009 年俄罗斯有 170 多家银行和经纪公司在莫斯科证券交易所从事人民币交易，此外中国银行、中国工商银行、中国建设银行和中国农业银行也在俄罗斯的交易平台上进行人民币交易。2009 年，中国农业银行与俄方合作推出借记卡，用户可以在俄罗斯的 ATM 机上提取人民币、卢布和美元现金。2014 年，中国银联与俄方合作发行卢布和人民币银联卡。2015 年，在绥芬河首次建立中俄跨境电商支付平台。哈尔滨银行也首次启动中俄跨境电商在线支付业务。2010 年人民币和卢布正式在双方货币市场挂牌交易。2016 年俄罗斯央行把人

① Статистика внешнего сектора. URL：https：//www. cbr. ru/statistics/macro_ itm/svs/.

民币纳入本国的黄金外汇储备，2018 年人民币在俄央行黄金外汇储备中的占比已经接近 15%。2014 年双方银行签署了 1500 亿元人民币本币互换协议。此外为解俄罗斯燃眉之急，2014 年和 2015 年中方给予俄罗斯除银行以外的金融和非金融机构贷款分别达到 130 亿和 180 亿美元，2016 ~ 2018 年提供的贷款总额也超过 100 亿美元①。

2019 年 1 月，包括中国、俄罗斯在内的 76 个 WTO 成员签署了《关于电子商务的联合声明》，启动与贸易有关的电子商务议题谈判。据俄方初步统计，2018 年 1 ~ 9 月，中俄跨境电商贸易额达到了 37 亿美元，同比增长 23%。俄罗斯成为中国跨境电子商务第二大出口目的国，俄罗斯来自中国的包裹约占境外网购的 90%，中俄跨境电子商务贸易额占俄罗斯跨境电子商务交易总额的 50% 以上。2018 ~ 2019 年“中俄地方合作交流年”活动的开展大大促进了中国东北和俄罗斯远东、中国长江中上游和俄罗斯伏尔加河流域地区的全面合作。此外，中俄农业合作成为快速发展的领域。2018 年两国农产品贸易创历史新高，首次突破 50 亿美元。

四　影响中俄经贸合作的主要因素及前景展望

习近平主席指出，“历史是一面镜子，鉴古知今，学史明智”，“总结历史经验，揭示历史规律，把握历史趋势”，“在对历史的深入思考中汲取智慧、走向未来”②。总结中俄经贸合作的历史经验，揭示两国经贸关系发展的历史规律，可以更好地把握今后双边合作发展的历史趋势，将两国经贸合作提高到应有的更高水平。

（一）影响中俄经贸合作的主要因素

从中俄经贸合作发展历程的回顾中我们可以发现，影响两国经贸关系的主要因素有以下几个方面。

第一，双边政治关系是决定两国经贸合作水平与规模的首要因素。20 世

① Статистика внешнего сектора. URL：https：//www. cbr. ru/statistics/macro_ itm/svs/.

② 《习近平致中国社会科学院中国历史研究院成立的贺信》，《光明日报》2019 年 1 月 4 日。

纪50年代中国与苏联建立了友好同盟关系，使得两国贸易水平短时期内便突破了20亿美元。苏联援建中国156个工业项目奠定了中华人民共和国的工业基础，启动了中国的工业化进程。然而，苏共与中共两党意识形态方面的分歧直接导致了20世纪60年代两国同盟关系的破裂，苏联撕毁合同撤走专家，两国贸易规模直线下降。中俄关系抛弃了意识形态因素，两国关系实现正常化，经过一段时期的磨合，进入21世纪双边政治关系不断提质升级，达到历史最高水平。两国贸易水平也迅速跨越一个个新台阶，2018年达到前所未有的1000亿美元。

第二，两国不同的民族意识和思维方式是制约经贸合作发展的重要因素。俄罗斯虽然地跨欧亚两大洲，但民族意识中仍然认为自己是欧洲国家，欧洲中心主义始终占据统治地位，融入欧洲是俄罗斯民族的历史夙愿。因而俄罗斯对外关系的重心在欧洲，不善于与亚洲人打交道。尽管美国与欧洲国家对俄罗斯实行了严厉制裁，但俄罗斯对外经贸合作的主要对象还是欧洲。2018年中俄贸易规模艰难突破了1000亿美元，而同期俄罗斯与欧盟的贸易额却高达3000亿美元，在俄罗斯进出口总额中的比重从2017年的42.1%上升到42.7%。另外，据俄罗斯中央银行统计，2007~2017年俄罗斯对中国的投资年均不超过3000万美元，截至2019年1月1日俄罗斯对中国直接投资存量仅2.6亿美元，而同期对欧洲国家的投资高达3748.4亿美元，占俄罗斯对外直接投资总量的86.5%。此外，自20世纪60年代中苏同盟破裂之后直到80年代末实现关系正常化，两国几乎30年没有往来，俄罗斯对中国来说成了陌生国家，中国掌握俄语的人大为减少。而自20世纪70年代末对外开放以来，中国从亚太走向欧美，国际通用的英语得以普及，熟悉了国际通用的贸易和投资规则，获得了大量先进技术。因而中国投资者更愿意与欧美等西方国家开展经济合作，而不是俄罗斯这个陌生国度。

第三，两国不同的经济发展模式和经济结构是制约双边经贸合作结构和内容的重要因素。20世纪90年代中国和俄罗斯先后启动了向市场经济过渡的进程，所不同的是俄罗斯采取了激进的“休克疗法”，中国则坚持了渐进的“摸着石头过河”的方式。“休克疗法”使俄罗斯陷入“十年衰退”和无政府状态，经济几近崩溃，通货膨胀严重，三分之一甚至一半的居民陷入贫困，直到21世纪借助国际市场上能源和原材料价格高涨赚取大量美元才使得其经济总量重回世界第六的水平。这同时也使得俄罗斯经济高度依赖能源和原材料的出口，经济原料化趋势难以逆转。中国的渐进改革保持了“帕累托改进”，在保持社会稳定的条件下经济总量于2010年稳居世界第二，形成了庞大的满足全球市场需要的生产能力，成为“世界工厂”。中国和俄罗斯都形成了出口导向型的经济发展模式，所不同的是俄罗斯出口的主要是能源和原材料，而中国出口的主要是制成品并逐渐从低附加值产品转向高附加值产品。这也就决定了中国和俄罗斯之间的贸易商品结构。

第四，两国共同的出口导向型经济发展模式决定了双边经贸合作的脆弱性。出口导向型经济发展模式的动力取决于国际政治环境和国际市场，国际市场供给和需求以及价格的波动对两国宏观经济造成一定程度的冲击，对两国的对外贸易也形成一定的冲击。例如1997年东南亚金融危机、2008年俄格冲突和全球金融危机、2014年乌克兰危机和国际石油价格暴跌等都使得中俄贸易水平受到不同程度的冲击。而西方对俄罗斯的制裁以及美国发动的对中国的“贸易战”，反而促成了中国从美国向俄罗斯的贸易转移，使得中俄贸易规模突破历史纪录。

第五，两国贸易的商品结构决定了双边贸易规模难以大幅提升。如前所述，中俄贸易关系70年中双方贸易的商品结构发生了实质性的逆转。中国从俄罗斯进口的主要商品从机电设备变成了能源和原材料；中国向俄罗斯出口的主要商品从农产品和原材料逐步转向面向大众消费的轻工业产品和机电设备。显然，能源、原材料和大众消费品都是低附加值产品，以价值衡量的贸易额难以大幅提高。中国与亚太和欧美国家的贸易商品结构当中高附加值产品比重大，贸易额远远大于中俄贸易额。而且中国与这些国家的贸易中大部分都是其跨国公司在中国设立的分公司或子公司的公司内部贸易，表现为中国进口高科技产品的零部件在中国利用廉价劳动力进行组装再出口制成品。而中俄之间则缺乏这种投资带动的产业内贸易。

第六，中俄经济政策的调整对双边经贸合作产生一定影响。20世纪90年代初俄罗斯实行“休克疗法”，实现经济自由化，使得俄罗斯任何企业都可以从事进出口业务，中国企业有机会从俄罗斯大规模进口机电设备；俄罗斯经济陷入“休克”导致的支付危机催生了对内和对外的易货贸易，中国外汇短缺的企业可以通过易货贸易的方式从俄罗斯进口机电设备；但是俄罗斯政府1994年限制易货贸易的政策使得两国贸易水平大幅下降。中国开放边境口岸激发了边民与俄罗斯开展边境贸易的积极性，中俄边境贸易规模占两国贸易总额的近三分之一。随着俄罗斯采取“向东转”政策，对中国的投资限制大大放宽，近年来中国对俄罗斯的大型投资合作项目大幅增加。

（二）中俄经贸合作前景展望

2011 年中俄两国元首签署的《关于〈中俄睦邻友好合作条约〉签署 10 周年的联合声明》确定了“将双边贸易额在 2015 年前提升至 1000 亿美元，在 2020 年前提升至 2000 亿美元”的目标①。双边贸易额 1000 亿美元的目标推迟了 3 年实现，2000 亿美元的目标能否实现呢？我们认为是肯定的，但不可能是 2020 年，也许是在 2025 年前后。

对 2000 亿美元的贸易额我们是有信心的。中俄关系抛弃了意识形态的影响，达到了历史最好水平并成为新型国际关系的典范，随着“一带一路”倡议与俄罗斯主导的欧亚经济联盟对接（以下简称“一带一盟”对接）合作以及与其北方海航道对接合作共同开发北极项目的逐步落实，两国投资领域的合作将会以前所未有的规模和速度推进，由此带动的产业内贸易和高附加值产品的比重会迅速提升。考虑到上述制约中俄经贸合作的具有根本性的第二个和第三个因素在可预见的将来难以改变，制约两国经贸合作的第四个和第五个因素在短期内也难以改变，这就需要两国政府从第六个因素着手，采取积极措施，特别是俄罗斯需要采取更加开放的政策促进两国经贸合作。以“一带一盟”对接为基础，以上海合作组织为平台，由“一带一路”联系东盟和欧盟，构建亚欧经济伙伴关系，实现商品、资本、技术和服务自由流动。此外，美国同时遏制俄罗斯和中国的战略在可预见的将来不会改变，客观上也将促进中俄开辟更加广泛的合作空间。2030 年前后两国贸易额突破 3000 亿美元也不是没有可能。

（原文发表于《俄罗斯学刊》2019 年第 4 期）

① 《中俄元首发联合声明 将扩大和深化两军交流合作》，中国网，2011 年 6 月 17 日，http：//www. china. com. cn/military/txt/2011 -06/17/content_ 22802643. htm。

北京“老莫”餐厅：公共空间的苏联形象与中苏关系变迁的映像*

张建华**

内容提要： 莫斯科餐厅始建于1954年，是北京历史的重要符号，也是中苏关系的重要象征。开业至今，经历了由“政治符号”向“文化符号”的转变，其牵涉的不仅仅是这一家餐厅的历史，还有中国现代史和北京城市史以及中苏关系史。莫斯科餐厅落成后，得到中苏两国领导人的高度重视，最初其接待对象主要是苏联和东欧社会主义国家官员、国家领导人、苏联专家、中国政治与文化精英等。“文化大革命”后，莫斯科餐厅开始褪下政治外衣，进入普通市民的生活。现在莫斯科餐厅正逐渐淡出人们的视野，但它见证了半个世纪以来中苏关系的变迁，见证了当代中国社会的变化以及北京人私人领域和个人情感的变化，其作为一个常见又特殊的“公共空间”，在曾经的中苏交往和政治活动中发挥了重要作用。

关键词： 莫斯科餐厅　中苏关系　历史记忆　北京社会

建成于1954年的莫斯科餐厅（北京人习惯称其为“老莫”餐厅）是北京历

* 本文系国家社科基金一般项目“文化冷战视野下苏联知识界与苏联东西方外交战略研究（1946～1991）”（项目编号：17BSS003）阶段性成果。

** 张建华，黑河学院特聘教授，北京师范大学历史学院教授、博士生导师。

史的重要符号，也是中苏关系的重要象征。通过莫斯科餐厅，中国人（北京人）不仅了解了俄罗斯（中国人习惯称为苏式）餐饮风格，更重要的是认识了俄国十月革命及其所代表的苏联文化，了解到了列宁、斯大林、高尔基、乌兰诺娃等苏联政治文化精英形象。莫斯科餐厅作为一个常见但又特殊的“公共空间”，在曾经的中苏交往和政治活动中发挥着重要的作用，见证了半个世纪以来中苏关系由同志、兄弟到敌人、叛徒，再到中苏关系正常化的变迁，它也见证了当代中国社会的变化以及北京人私人领域和个人情感的变化。莫斯科餐厅开业至今，经历了由“政治符号”向“文化符号”的转变。这一过程，所牵涉的不仅仅是这一家餐厅的历史，还有中国现代史和北京城市史以及中苏关系史。

本文借鉴法国学者列斐伏尔（Henri Lefebvre）的“空间政治”（The politics of space）和德国学者哈贝马斯（Jürgen Habermas）的“公共领域”（public sphere）理论，采用社会问卷调查方式（涉及20世纪30~40年代、20世纪60~70年代和20世纪90年代至21世纪出生的三代人），以历史学为基本研究方法、以社会学和政治学为辅助方法进行研究。

一　政治符号：友谊与冲突

随着1949年底毛泽东访问莫斯科和1950年《中苏友好同盟互助条约》的签订，中苏两党和两国关系加速升温。1954年以后，中苏关系进入“蜜月期”。就推动双边关系而言，这一时期苏联采取了更为积极、主动的态度，而中国方面的响应也十分热烈。

1952年，中国政府决定按照莫斯科全苏国民经济展览馆的样式在北京、上海、广州等大城市建立“苏联展览馆”，中方为此在1953年提供了2400万元人民币财政支持建设苏联展览馆建筑群。其中北京的“苏联展览馆”最大，投资最多。并且只有北京的“苏联展览馆”设有“莫斯科餐厅”，作为对等的回报，莫斯科同时建设了北京餐厅。

1954年，苏联展览馆建筑群仅用一年时间在北京落成，成为北京最初的十大建筑之一。1958年，根据周恩来总理的意见，苏联展览馆更名为北京展览馆。在中华人民共和国百业待兴之时，修建如此庞大的一套苏联式建筑群，足见当时中国国家领导人对中苏友谊的重视。即使在今天，站在距离展览馆1000米的西直门立交桥上，也能清楚地看到北京展览馆上直插云霄的红星。

1954 年 10 月 2 日，莫斯科餐厅正式开始营业，当时由周恩来总理剪彩。开业当天，周恩来总理在莫斯科餐厅举行了盛大宴会招待苏联贵宾及众多中外专家[①]。那也是“老莫”第一次在世人面前亮相。莫斯科餐厅最初的接待对象主要是苏联和东欧社会主义国家官员、国家领导人、苏联专家[②]和中国精英知识分子，其宗旨是“为中央服务，为政治服务，为展会服务”[③]。

中国领导人对“老莫”关怀备至。1954 年 10 月 25 日晚 7 时 25 分，毛泽东、刘少奇、朱德、陈云等领导人前往西郊苏联展览馆参观“苏联经济及文化建设成就展览会”，苏联驻华大使尤金、苏联经济及文化建设成就展览会主任鲍里辛科等人陪同。毛主席等人仔细参观了展览会的工业馆、农业馆、食品馆、文化馆、高等教育馆和美术作品馆等后，来到了莫斯科餐厅进餐[④]。这是“老莫”第一次迎来毛主席的到访。对此次“老莫”之行毛泽东主席十分满意。他在题词中写道：“我们觉得很满意，很高兴。”“苏联政府和苏联人民在我们的建设事业中给了我们多方面的一贯的巨大的援助……也正是苏联对我国热情援助的一种表现。我们代表全中国人民对于这种情同手足的友谊表示感谢。”[⑤]

1957 年 5 月，苏联最高苏维埃主席团主席伏罗希洛夫访华，中国国家主席刘少奇在莫斯科餐厅设宴招待。1958 年，朱德在莫斯科餐厅亲自主持了庆祝苏联建国 40 周年活动。1959 年 10 月，在中华人民共和国成立 10 周年之际，莫斯科餐厅厨师被派往钓鱼台国宾馆，为来华访问的苏共中央第一书记赫鲁晓夫服务。

---

① 中华人民共和国外交部外交史研究室编《周恩来外交活动大事记（1949—1975）》，世界知识出版社，1993，第 311 页。

② 根据苏联驻华使馆 1960 年年度工作报告，截至 1960 年 7 月 1 日，在中国的 44 座城市和 34 个部委系统中有 1292 名苏联专家在工作。

③ 王小甜：《老莫，盛宴下的红色记忆》，《南都周刊》2009 年 10 月 10 日。

④ 当代中国研究所编《中华人民共和国史编年》（1954 年卷），当代中国出版社，2009，第 739 页。

⑤ 毛泽东：《毛泽东等为苏联经济及文化建设成就展览会的题词》，《人民日报》图文数据库（1946—2022），http：//data. people. com. cn/rmrb/pd. html? qs = %7B%22cds%22%3A%5B%7B%22fld%22%3A%22dataTime%22%2C%22cdr%22%3A%22AND%22%2C%22hlt%22%3A%22false%22%2C%22vlr%22%3A%22OR%22%2C%22qtp%22%3A%22DEF%22%2C%22val%22%3A%221954 - 10 - 31%22%7D%5D%2C%22obs%22%3A%5B%7B%22fld%22%3A%22dataTime%22%2C%22drt%22%3A%22DESC%22%7D%5D%7D&tr = A&pageNo = 1&pageSize = 20&position = 2。

莫斯科餐厅最初因为头上顶着特殊的政治光环而令常人无法接近。来就餐的多是苏联专家、官员和归国知识分子，门口站的不是门童而是军人，就餐须凭特殊餐券而不是付钱。人们穿着中山装和列宁装步入吊灯高挂、红毯铺地的餐厅，仿佛前来“朝圣”，而不是赶赴饭局。“当时苏联驻中国大使馆的大小宴会几乎都由莫斯科餐厅来做。”① 曾任莫斯科餐厅厨师长的王兆忠回忆说：“‘老莫’接待的客人以苏联专家和参展官员为主，同时面向高级知识分子和外国专家人群。莫斯科餐厅来过很多首长，朱德、彭真……苏联国防部长、莫斯科市长也来过。他们什么时候来的，我不大记得了。我记得有一次苏联国防部长来莫斯科餐厅吃饭。那次我们给他们上的所有菜都需要留样一天，查看是否会出现食物中毒；给他们上的每样酒也都需要人先品尝。”② 让王兆忠记忆犹新的是，“1957 年苏联国庆宴会，餐厅迎来了党和国家领导人刘少奇、朱德，厨房为此特别制作了两个巨型糖花：一座是克里姆林宫，一座是天安门”③。

莫斯科餐厅除了在中苏交往中发挥作用外，在国内政治活动中也是一个十分有特色的场所。很多招待会、国宴、庆典也在此举办。

除了领导人之外，来这里的更多的是官员、苏联专家、知识分子等。著名记者罗雪挥指出，其实“文化大革命”前“老莫”大部分是高级知识分子去，高干很少去，他们都是从抗战、解放战争走过来的，除非是有外事活动，否则更习惯吃中餐。后来去老莫的人成分改了，会吃不会吃，敢吃不敢吃，都来了。唯一值得欣慰的是，老莫还是保留了一个高尚的氛围，这里没有划拳行令，大声呼和的④。

中华人民共和国成立初期，来莫斯科餐厅吃一次饭也是价格不菲的。北京大学著名教授季羡林是中国极少见的一级教授，每月工资 345 元，加上中国科学院学部委员的津贴 100 元，共 445 元。按照陈明远的估算，20 世纪 50 年代一般知识分子的月工资为 25 ~60 元⑤。“到莫斯科餐厅吃一次简单的饭，一人约需

---

① 孙莉：《莫斯科餐厅：几代人的情结》，《商业文化》2009 年第 9 期。

② 李樱、张立洁：《王兆忠“老莫”厨师长的 25 载》，《三月风》2006 年第 5 期。

③ 李樱、张立洁：《王兆忠“老莫”厨师长的 25 载》，《三月风》2006 年第 5 期。

④ 罗雪挥：《我与老莫的 47 载情缘》，《中国新闻周刊》2004 年第 38 期。

⑤ 陈明远：《知识分子与人民币时代》，文汇出版社，2006，第 155 页。

1.5~2元，汤菜俱全，有黄油面包，还有一杯啤酒。”① 北京师范大学教授蓝英年回忆：当时他是中国人民大学外语系俄文专业的大三学生，“苏联成就展期间，老莫的确还是凭票才可以进去就餐，主要保证苏联专家和看展官员的就餐。但这个日子似乎并不长，展览结束之后，餐厅就对外开放了，有对外赠券。赠券主要面向高知和外国专家，但普通老百姓有钱也可以吃上一顿。身为大学生的我，每月有24块的补贴，除了12元伙食费之外，剩下一半可自由支配，我会不时来老莫花上两三块打牙祭”②。对于“月平均工资十几元钱的普通民众来说”③，来莫斯科餐厅消费一次几乎要花去其大半月工资了。

1955年，一位姓穆的男士用攒了3个月的钱请女朋友在莫斯科餐厅吃饭，他唱着《莫斯科郊外的晚上》向女朋友求婚。结婚30周年纪念日，穆先生带着妻子第二次来到莫斯科餐厅吃同样的菜。举起酒杯时，妻子的泪水伴着穆先生《莫斯科郊外的晚上》的歌声流了下来④。

曾经担任莫斯科餐厅厨师长的王兆忠回忆：“2000人同时在展馆中央大厅就餐，几百号员工都要出动，带着锅碗瓢盆，甚至连桌子都要拉过去。”⑤ 这是20世纪50年代莫斯科餐厅的经典场景，几乎成为展现中苏伟大友谊时期最令人震撼、辉煌的时刻。

即使在中国三年困难时期（1959~1961年），莫斯科餐厅仍然成为少数被“特殊供应”的单位，供应量也没有削减分毫⑥。最初餐厅的服务员都是清一色穿着碎花裙子的苏联姑娘，中苏关系紧张后，中国的服务员取代了她们。著名作家和戏曲学家章诒和回忆，年少时自己经常与父亲（章伯钧）和母亲（李健生）去莫斯科餐厅吃西餐。印象中，餐厅的服务员都神气得很，同去的著名作家聂绀弩批评说：“什么叫养尊处优？还用查字典吗？她们的脸就是注解。凡掌管食品的人，都是养尊处优。”⑦

---

① 黄新：《建国初期季羡林月薪445元，吃顿西餐才2块钱》，《往事》2007年第6期。

② 邓艳玲：《老莫往事》，《中国周刊》2009年第4期。

③ 陈明远：《知识分子与人民币时代》，文汇出版社，2006，第121页。

④ 李亚红：《北京莫斯科餐厅：在怀旧中选择“复古”》，网易新闻，2009年7月4日，http://news.163.com/09/0704/09/5DC8SMNU000120GU.html。

⑤ 李樱、张立洁：《王兆忠“老莫”厨师长的25载》，《三月风》2006年第5期。

⑥ 邓艳玲：《老莫往事》，《中国周刊》2009年第4期。

⑦ 邓艳玲：《老莫往事》，《中国周刊》2009年第4期。

在莫斯科餐厅的最辉煌时期，尽管来赴宴和吃饭的都是北京的政治和文化精英，但时常发生银质餐具丢失事件，让人觉得难以理解。曾经担任餐厅厨师长的白忠义解释："那时候，到这来就餐是一种身份的象征。但你说你来过老莫，空口无凭，怎么办，有的人就拿个杯套、拿把餐刀，回去一亮，特别自豪。"①

20 世纪 50 ~ 60 年代，大部分人去莫斯科餐厅用餐的目的不是吃饭，而是政治"朝圣"和寻求政治与意识形态上的认同。因为莫斯科餐厅意味着十月革命和苏联文化。北京市民韩忠森先生回忆："老莫的西餐究竟有多好吃，说不清楚。但在我年轻的时候，要是能吃上一顿老莫，那就跟出了趟国一样令人羡慕。""第一次来老莫是 1968 年，要去北大荒插队，离开北京时大家一起到老莫吃告别饭，'感觉像是在宫殿里就餐似的'。"② 莫斯科餐厅实际上是几代人对那段红色年代的集体记忆。

中苏两党两国关系交恶以及"文化大革命"打断了莫斯科餐厅的雅致与宁静。1966 年，北京展览馆被红卫兵占领，莫斯科餐厅自然也成为苏联修正主义和帝国主义的象征。王兆忠回忆："那天，红卫兵进来，我正在厨房。就听到别人说'小学生'上桌子了，说'你们还在这吃饭，你们都是修正主义'，这一说把顾客都吓跑了。最后红卫兵到了厨房，在厨房门口指着我们鼻子骂，'你瞧你们戴的那大盖帽、棺材帽，都是修正主义。'当时我们戴的厨师帽是圆的。这一闹，餐厅就不敢开了。"③ 1967 年，莫斯科餐厅第一次停业。次年，在"抓革命促生产"的号召下恢复营业，但餐厅更名为"北京展览馆餐厅"。这家政治背景浓郁的西餐厅，由此进入其命运中最荒诞的时期。

更名后的莫斯科餐厅开始做起中餐。厨师长王兆忠笑容中透着无奈："很快，串联的红卫兵大量涌入北京。整个展览馆被红卫兵占领，各个展厅都铺上毯子，睡满了人。餐厅开始负责给这些外地来的红卫兵们供应伙食。"④ 餐厅的西餐师傅们转做烧茄子、京酱肉丝、蛋炒饭、盖浇饭接待红卫兵⑤。北京市民秦大同接受采访时说，1968 年为躲避抄家、揪斗，父母带着他一个月去了七次动

---

① 李静：《1966：老莫的疾风骤雨》，《瞭望东方周刊》2009 年第 29 期。

② 宋玮：《北京莫斯科餐厅将停业装修，将恢复 1954 年原貌》，《北京晚报》2009 年 6 月 9 日。

③ 李樱、张立洁：《王兆忠"老莫"厨师长的 25 载》，《三月风》2006 年第 5 期。

④ 邓艳玲：《老莫往事》，《中国周刊》2009 年第 4 期。

⑤ 张程：《中国脸谱——我们时代的集体记忆》，河南文艺出版社，2011，第 39 页。

物园，结果赶上莫斯科餐厅重新开张，父母“铤而走险，冒着被人认出揪走”的危险咬牙决定吃一顿。走进已经改名为“北京展览馆餐厅”的“老莫”大厅，他不禁一愣，雕镂精致的柱子上糊着红色大标语，玻璃窗前用铁丝吊着一排标语和大字报，周围是嘈杂的人声和语录歌，西侧的墙上悬着块小黑板，“最高指示”下只有五六个菜名……无奈归无奈，可人们依然有办法自得其乐。坐在纯俄罗斯风格的大铜柱旁，看着头顶的“雪花”天花板，那一刻，他一边吃着鸡蛋炒西红柿、蛋炒饭，一边在心底悄悄哼唱起《莫斯科郊外的晚上》《喀秋莎》。①

出生于1948年的周先生仍然清楚地记得“文化大革命”时期，莫斯科餐厅被改名叫作“北京展览馆餐厅”的事。“当时，（‘老莫’）改了名字了，叫什么‘北展餐厅’。但我们大多数人私下里还那么叫，这个名字我记得叫的也并不多，似乎就没传开。可能因为大家觉得，‘老莫’就是‘老莫’，改了什么名字，都还是叫‘老莫’吧。这个名字是不会被人那么容易遗忘的。”②

二　文化符号：饮食年代

对莫斯科餐厅来说，“文化大革命”是一个至关重要的节点。正是在此背景下，莫斯科餐厅开始褪下政治的外衣，进入普通市民的生活。

莫斯科餐厅的老顾客们记得，在“文化大革命”的特殊年代，虽然宴会厅中央那四个雕满各种可爱小动物的大铜柱有时候会被大红布包裹，墙壁和窗户上也会张贴各种政治标语和口号，但餐厅内部设施基本没有什么变化：雪花屋顶，木地板，高大的穹顶，列维坦的油画，喷泉，方形木桌椅，列宁与十月革命的画像，等等。

1976年，“文化大革命”结束。许多获得平反并且补发工资的人来到莫斯科餐厅，在鱼子酱和伏特加的滋味里追忆逝去的年华。中国女权运动先驱、上海锦江饭店创始人董竹君在《我的一个世纪》中谈道：“犹如27年前上海解放，顿时一切都明亮了。……最后，国瑛女决定，我同意，明天去西郊展览馆

---

① 李静：《1966：老莫的疾风骤雨》，《瞭望东方周刊》2009年第29期。

② 李静：《1966：老莫的疾风骤雨》，《瞭望东方周刊》2009年第29期。

莫斯科餐厅，喝一杯庆祝酒。”① 著名电影演员赵丹的女儿、舞蹈家赵青清楚地记得，1978年2月，父亲赵丹特地在莫斯科餐厅请著名导演陈鲤庭和著名女演员于蓝吃西餐，讨论15年前就想搬上银幕的《鲁迅传》。他想请陈当导演，请于蓝扮演许广平②。尽管这部电影最终没能拍成，但是赵丹与朋友在获得政治新生后选择莫斯科餐厅作为谈话地点，可见莫斯科餐厅在他们心目中的位置。

进入20世纪80年代，莫斯科餐厅的地位和形象进一步平民化，笼罩在莫斯科餐厅上的政治和特权色彩逐渐淡去。1983年，北京市民郭爱国在莫斯科餐厅举办了婚礼，他看中的是莫斯科餐厅优雅的气氛和适宜的价格。他在回答记者采访时说：“外人以为老莫很高档，其实当时真不贵，咱们去四五十人，一人的标准就四五元，总共才花了220元。”③

1984年11月7日，俄国十月革命68周年到来之际，莫斯科餐厅恢复了原来的名称。时任莫斯科餐厅厨师长白忠义回忆：“顾客猛增，特别是老百姓多起来了。”他继续回忆：最火的是在1984年到1989年，尤其是周末“开门之前，顾客就在门外拐弯地排着队拿号，进来之后，还得排队”④。此时的莫斯科餐厅已经不再是只为重要来宾和高干子弟服务的“特殊场所”，而来莫斯科餐厅寻找苏联文化和青春记忆的那一代已步入中老年，餐厅的顾客越来越年轻化和多样化。

现在，莫斯科餐厅人均消费在150元人民币以上，尽管并非西餐厅中最昂贵的，但无疑仍高于普通百姓的接受能力。由于餐厅温暖、浓厚的怀旧气氛，来此就餐的客人多是家庭成员和朋友，而少有商务往来的人士。很多人的父辈或者他们自己，心中都怀有浓厚的苏联情结和怀旧情结，来这里寻找曾经的青春记忆。餐厅中悠扬的背景音乐往往是人们所熟悉的旋律。人们在吃饭的时候可以欣赏来自俄罗斯的演员演唱的《小路》《莫斯科郊外的晚上》《红莓花儿开》，也可以自己上台演唱。

2000年，莫斯科餐厅进行了现代化装修，随后取得了北京市政府颁发的

① 董竹君：《我的一个世纪》，生活·读书·新知三联书店，2008，第537~538页。
② 邓艳玲：《老莫往事》，《中国周刊》2009年第4期。
③ 李静：《1966：老莫的疾风骤雨》，《瞭望东方周刊》2009年第29期。
④ 罗雪挥：《老莫餐厅经营的前半生与后世纪》，《中国新闻周刊》2004年第38期。

餐饮行业的五星级认证资质。这次装修并没有得到老顾客的认同，他们感觉莫斯科餐厅的建筑风格甚至菜式风格都发生了变化，他们为此表达了强烈的不满。2009 年莫斯科餐厅再次装修，又回到了 1954 年开业时原汁原味的俄式风格。

莫斯科餐厅在特定的历史环境中代表着政治、地位和尊贵，今天的莫斯科餐厅在北京人心目中已经完全失去了十月革命形象和列宁形象，失去了中苏关系友好或敌视的象征，失去了政治的公共空间的地位，它在北京人的意识中只代表着俄罗斯（苏联）式的建筑风格和厨艺，已经完全由政治符号转为文化符号。甚至，当询问 20 世纪 80 年代以后出生的北京人时，他们大多不知道“老莫”的名称，即使知道它是莫斯科餐厅的别名，但基本不知道为何他们的父辈称之为“老莫”。

莫斯科餐厅的历史记忆不仅存在于 20 世纪 40 ~ 50 年代出生的北京人心中，莫斯科餐厅的形象也体现在反映那些年代北京人生活的文学和影视作品之中。

在曾经担任文化部部长的著名作家王蒙的笔下，莫斯科餐厅俨然成为一段最神圣和最美好的记忆。在他的记忆中，“上个千年的最后几年，在我们这个城市的俄罗斯总领事馆附近，开了一家俄式西餐馆。对于它的烹调我不想多说什么，反正怎么吃也已经吃不出 50 年代专门去北京到新落成的苏联展览馆莫斯科餐厅吃 2.5 元的份饭（现在叫套餐）的那个香味来了”①。“不知道为什么，一进这个厅，激动得就想哭一场。其实进这个厅也不是那么容易的，几乎每一顿饭都是供不应求，要先领号，然后在餐厅前面的铺着豪华的地毯摆着十七世纪式样的大硬背紫天鹅绒沙发的候吃室里等候叫号。甚至坐在那里等叫号也觉得荣幸享受如同上了天，除了名称与莫斯科融为一体的这家餐厅，除了做伟大的苏联饮食的这家餐厅，哪儿还有这么高级的候吃的地方！……我只觉得革命烈士的鲜血没有白流，我只觉得人间天堂已经归属于我这一代人了。”②

---

① 王蒙：《歌声好像明媚的春光》，《收获》2000 年第 4 期。

② 王蒙：《歌声好像明媚的春光》，《收获》2000 年第 4 期。

三 影视文学中的"老莫"记忆

中国著名导演叶京编剧并导演的《梦开始的地方》和根据著名作家王朔小说《玩的就是心跳》改编的电视剧《与青春有关的日子》都直观地反映了生活在军队大院的孩子们所共同经历的特殊年代（20世纪50年代）的青春往事。在这两部电视剧中，莫斯科餐厅都是重要的场景。《梦开始的地方》中，几位主人公在机缘巧合之下相聚于"老莫"，之后彼此相熟相知并一起狂饮起来。在《与青春有关的日子》里，一群中学毕业后无所事事的伙伴偶然相遇，并相约来到莫斯科餐厅聚会，随后主人公一生的命运发生改变。出生并生活于军队大院的著名导演叶京强调，与其说自己是在"拍戏"，更不如说是在"圆梦"①。

在北京作家都梁所著，反映20世纪60～70年代北京人生活的小说《血色浪漫》中，在主人公钟跃民的潜意识里，莫斯科餐厅是个理想之地，似乎只有敲别人竹杠或者有什么值得庆祝的事情时才应该去那里。"1968年的北京，偌大的一个城市，只有两家对外营业的西餐厅，一家是北京展览馆餐厅，因为北京展览馆是五十年代苏联援建的，当时叫苏联展览馆，它的附属餐厅叫莫斯科餐厅，经营俄式西餐。中苏关系恶化以后才改成现在的名字，但人们叫惯了以前的名字，一时改不过口来，北京的玩主们干脆叫它'老莫'。"② 在钟跃民威胁杜卫东时说："反正这笔账得算在你头上，你说吧，两条道儿你挑一条，要么让我们捶你丫的一顿，算是我们参加抗日了。要么你掏钱请哥几个上'老莫'嘬一顿，你挑吧。"③

由在北京出生并长大的著名电影演员兼导演姜文与王朔共同编剧并导演的《阳光灿烂的日子》是在中国产生重大影响的京味电影。电影中有两段发生在莫斯科餐厅的场景，而当"两拨人浩浩荡荡开赴莫斯科餐厅痛饮。一溜长桌排开，数百支扎啤在镜头的景深里明晃晃地举起来，喊声一片，'干杯'"，这一幕不知就此唤起了多少人沉睡的记忆④。

---

① 安邸：《老莫 一段红色年代的集体记忆》，中国日报网，2012年2月9日，http://luxury.chinadaily.com.cn/2012-02/09/content_14567186.htm。

② 都梁：《血色浪漫》，长江文艺出版社，2004，第50页。

③ 都梁：《血色浪漫》，长江文艺出版社，2004，第53页。

④ 胡渝江、李劳：《莫斯科餐厅：风雨飘扬的美食暗号》，《城市画报》2006年第9期。

四　说不尽的“老莫”

笔者为研究本案例所进行的社会问卷调查的时间为2010年7月10～17日，前后历时8天，共完成有效问卷500份。调查对象为各年龄段的北京市民，接受调查的人中，最小的15岁，最大的85岁。笔者采访了20世纪40～50年代、20世纪60～70年代和20世纪90年代至21世纪出生的三代人。调查方式主要为问卷式，部分进行了访谈、留言，以此来调查北京市民对莫斯科餐厅的了解与认知程度。

数据分布呈现在表1（组内分布表）和表2（总体分布表）之中，以各问题的具体数据分布来呈现。表1（组内分布表）以每组数据为样本，以此来分析不同年龄段人对莫斯科餐厅的认知程度；表2（总体分布表）以总体数据（$n=500$）为样本，来分析北京人整体上对莫斯科餐厅的认知与了解程度。

表1　“北京莫斯科餐厅情况调查问卷”各年龄段内数据分布表（组内分布表）

单位：%

	20岁及以下	21～40岁	41～60岁	61岁及以上
您对莫斯科餐厅的了解程度？				
从未听过	9.23	0.99	0.85	0
不太了解	46.15	27.72	16.10	33.77
一般了解	26.15	28.71	17.80	27.15
了解很多	11.54	23.76	28.81	23.19
十分了解	6.93	18.82	36.44	15.89
请问您之前是否有在莫斯科餐厅用餐的经历？				
是	49.23	69.31	85.59	74.17
否	50.77	30.69	14.41	25.83
您知道莫斯科餐厅的位置吗？				
知道	54.62	77.23	94.91	90.73
不知道	55.38	22.77	5.09	9.27
您的家人是否对莫斯科餐厅有所了解？				
是	66.92	88.12	96.62	98.01
否	8.46	1.98	1.69	0.66
不知道	24.62	9.9	1.69	1.33

续表

	20 岁及以下	21～40 岁	41～60 岁	61 岁及以上
若您到莫斯科餐厅用餐,您主要目的是什么?				
品尝西餐	30.77	28.71	8.47	24.50
怀旧	8.46	17.82	55.08	45.03
庆祝	32.31	37.62	24.58	9.93
没什么刻意目的	28.46	15.85	11.87	20.54
您知道莫斯科餐厅在"文化大革命"期间的名字吗?				
知道	3.08	6.93	24.58	21.19
不知道	96.92	93.07	75.42	78.81
您会选择莫斯科餐厅作为庆祝或怀旧的地方吗?				
会	54.62	64.36	99.15	84.77
不会	34.62	27.72	0	4.64
无所谓	10.76	7.92	0.85	10.59
您关注莫斯科餐厅的经营与发展吗?				
非常关注,持续了解	1.54	5.94	18.64	13.25
偶尔听说,一般了解	13.08	22.77	42.37	31.13
基本不关注	85.38	71.29	38.99	55.62
您是通过什么途径知道或了解莫斯科餐厅的?				
书报杂志	9.23	14.85	16.10	21.85
电视新闻媒体	16.92	12.87	9.32	11.92
网络	29.23	28.71	0	0
政府宣传	1.54	1.98	32.20	27.81
听人所说	43.08	41.59	42.38	38.42

注：样本总量为500人；频数分别为20岁及以下130人，21～40岁101人，41～60岁118人，61岁及以上151人；频率分别为20岁及以下26%，21～40岁20.2%，41～60岁23.6%，61岁及以上30.2%。

表2 "北京莫斯科餐厅情况调查问卷"各年龄段间数据分布表（总体分布表）

单位：%

	20 岁及以下	21～40 岁	41～60 岁	61 岁及以上	总计
您对莫斯科餐厅的了解程度?					
从未听过	2.4	0.2	0.2	0	2.8
不太了解	12	5.6	3.8	10.2	31.6
一般了解	6.8	5.8	4.2	8.2	25
了解很多	3	4.8	6.8	7	21.6
十分了解	1.8	3.8	8.6	4.8	19

续表

	20岁及以下	21~40岁	41~60岁	61岁及以上	总计
请问您之前是否有在莫斯科餐厅用餐的经历？					
是	12.8	14	20.2	22.4	69.4
否	13.2	6.2	3.4	7.8	30.6
您知道莫斯科餐厅的位置吗？					
知道	14.2	15.6	22.4	27.4	79.6
不知道	11.8	4.6	1.2	2.8	20.4
您的家人是否对莫斯科餐厅有所了解？					
是	17.4	17.8	22.8	29.6	87.6
否	2.2	0.4	0.4	0.2	3.2
不知道	6.4	2	0.4	0.4	9.2
若您到莫斯科餐厅用餐，您主要目的是什么？					
品尝西餐	8	5.8	2	7.4	23.2
怀旧	2.2	3.6	13	13.6	32.4
庆祝	8.4	7.6	5.8	3	24.8
没什么刻意目的	7.4	3.2	2.8	6.2	19.6
您知道莫斯科餐厅在“文化大革命”期间的名字吗？					
知道	0.8	1.4	5.8	6.4	14.4
不知道	25.2	18.8	17.8	23.8	85.6
您会选择莫斯科餐厅作为庆祝或怀旧的地方吗？					
会	14.2	13	23.4	25.6	76.2
不会	9	5.6	0	1.4	16
无所谓	2.8	1.6	0.2	3.2	7.8
您关注莫斯科餐厅的经营与发展吗？					
非常关注，持续了解	0.4	1.2	4.4	4	10
偶尔听说，一般了解	3.4	4.6	10	9.4	27.4
基本不关注	22.2	14.4	9.2	16.8	62.6
您是通过什么途径知道或了解莫斯科餐厅的？					
书报杂志	2.4	3	3.8	6.6	15.8
电视新闻媒体	4.4	2.6	2.2	3.6	12.8
网络	7.6	5.8	0	0	13.4
政府宣传	0.4	0.4	7.6	8.4	16.8
听人所说	11.2	8.4	10	11.6	41.2

注：样本总量为500人；频数分别为20岁及以下130人，21~40岁101人，41~60岁118人，61岁及以上151人；频率分别为20岁及以下26%，21~40岁20.2%，41~60岁23.6%，61岁及以上30.2%。

通过对表1与表2的分析可以得出以下结论。

第一，大部分北京人知道莫斯科餐厅，但是很少有人对其有具体的了解。从目前情况来看，对莫斯科餐厅有着记忆的主体是41岁以上的中老年人。他们现在去莫斯科餐厅的目的更多是怀旧，其次是庆祝，他们对西餐的味道如何并不是很关心，他们所需的是莫斯科餐厅本身这个能让人回忆、追忆时光的地方。

第二，北京人主要是通过听别人所说的方式了解莫斯科餐厅。由此看出，关于莫斯科餐厅的记忆很大程度具有传承性。莫斯科餐厅的经理张春燕说："这么些年，老莫几乎就没在媒体做广告。但北京人谁不知道老莫?"① 因此，莫斯科餐厅在1958年后，仍能保持如此红火，可以说，这与北京人对莫斯科餐厅独特的情感是分不开的。

第三，在北京人的历史记忆中，很少有人真正关心莫斯科餐厅的经营情况，也没几个人知道其在"文化大革命"时代的名字。这说明，北京人心目中的莫斯科餐厅，并不是具体的，而是抽象的。北京人更加关心的并不是存在于现实中的具体的莫斯科餐厅，而是记忆中的莫斯科餐厅。

第四，从数据中可以看出，莫斯科餐厅正在渐渐淡出人们的视野。年轻一代北京人似乎对莫斯科餐厅并不喜欢，虽然莫斯科餐厅仍然庄重大气。

如今，在莫斯科餐厅周围汇聚着德式、法式、阿拉伯式、韩式、泰式等外国餐厅，以及肯德基、麦当劳等各式快餐店。莫斯科餐厅好似凝固在时间里，依旧保持着那份典雅与雍容。北京展览馆尖顶上的红星仍旧举向天空，而在其西侧回廊上的，依旧是一家曾经代表着十月革命和苏联文化以及三代北京人青春历史的餐厅。

（原文发表于《俄罗斯学刊》2018年第4期）

---

① 王小甜：《老莫，盛宴下的红色记忆》，《南都周刊》2009年10月10日。

俄罗斯在华留学生境况调查结果分析

于晓丽*

内容提要： 俄有关学术力量分别于2006年和2016年针对在华俄罗斯留学生进行了跟踪调查。调查内容主要包括受访留学生的身份类别和专业选择、了解中国高校的渠道、选择中国高校的动机、在华日常生活情况、对中国高校教学条件和教学质量的评价等方面。从调查结果来看，最近十几年，中俄在教育合作领域取得的成就可圈可点，但是2015年赴华俄罗斯留学生人数在21世纪以来首次下降、受访留学生对中国高校职业教育培训质量评价不高的情况令人忧虑。对此，俄罗斯学者认为，有必要进行周期性的且规模更大的社会调查，无论在赴华留学的俄罗斯学生中间，还是在赴俄留学的中国学生中间，都有必要对调查结果进行公布和广泛讨论。此外，俄学者认为，从最近10年双边教育合作的发展趋势来看，完成中俄领导人确定的到2020年将留学生互换人数增加到10万人的目标，尚存在较大困难，需要付出更大的努力。

关键词： 俄罗斯　在华留学生　社会调查

* 于晓丽，黑龙江大学俄罗斯语言文学与文化研究中心副研究员、中俄全面战略协作省部共建协同创新中心副研究员。

2006~2007学年俄罗斯有关学术力量对在华俄罗斯留学生进行了问卷调查，调查结果由俄罗斯科教部（Минобрнауки России）社会研究中心副主任亚历山大·阿列菲耶夫在2010年公开发表于俄专业学术期刊上[①]，笔者也曾撰文对其内容加以介绍[②]。时隔10年，2016年，俄有关学术力量再次通过网络对已经在中国完成学业的俄罗斯留学生进行了跟踪调查。调查结果再次由亚历山大·阿列菲耶夫与俄罗斯科学院远东研究所研究生克谢尼娅·柳布斯卡娅共同于2017年2月发表在学术刊物上[③]。由于两次调查的具体内容有相同之处，所以俄学者在文中对于调查结果进行了对照分析，其中一些结论值得我们关注。在我国学界针对在华留学生所做的调查研究中，就笔者视野所及，目前尚无专门以俄罗斯留学生作为研究对象的成果，俄罗斯学界所进行的这两次调查在某种意义上填补了这一空白，有鉴于此，我们将对该文的具体内容加以介绍和分析。

一　赴华俄罗斯留学生的相关统计数据

俄学者引用统计数据[④]，对十几年来赴华留学生的总体情况进行了介绍，包括数量变化、地区分布、所选择的专业和院校等情况。

20世纪90年代初，俄罗斯在华留学生数量仅有几百人，到21世纪初才达到1000人，之后开始逐年增长。总的来看，十几年来，中国高校俄罗斯留学生人数在外国留学生中所占比例基本在3%~5%。

俄罗斯公民目前在中国250多所高校留学。最近几年，他们主要聚集在中国东北三省和北京、上海的高校。辽宁省俄罗斯留学生人数增长最快，已增长近2000人，他们主要在沈阳的高校就读。青海省、宁夏回族自治区和西藏自治区的俄罗斯留学生特别少，而且是在不久前才开始有俄罗斯留学生

① Арефьев А. Л. Российские студенты в китайских вузах. Электронная версия бюллетеня Население и общество. —2010. —№ 441 – 442.

② 于晓丽：《俄罗斯在华留学生境遇调查结果分析》，《俄罗斯学刊》2011年第4期。

③ Арефьев А. Л. Любская К. А. Российские студенты в Китае. ［Электронный ресурс］: Демоскоп Weekly. —2017. —№ 715 – 716. URL：http：//demoscope. ru/weekly/2017/0715/tema0.

④ 其中包括中国教育部国际合作与交流司的《来华留学生简明统计》。

（学语言的进修生）的，2014 年在上述地区高校就读的俄罗斯留学生均只有两人。

与其他国家的留学生一样，大多数俄罗斯留学生是来学习中文的，这种情况在最近 10 年没有发生大的变化。同时，学习商务管理和工科的留学生比例有所增长，而选择社会科学的留学生比例明显下降。2014 年学习历史和哲学的留学生尤其少，前者为 22 人，后者为 23 人；但学习法律的人（无论是国际法，还是中国法）有所增多。与来自西方和亚非国家的留学生不同的是，俄罗斯留学生鲜少学医，2014 年仅有 139 人学习传统中医，74 人学习西医。那些选择了教育学方向的俄罗斯留学生则主要以体育为专业。俄罗斯留学生对农学的兴趣最低。

与其他国家的留学生相比，俄罗斯留学生的学习具有以下特点。一是攻读学位的学历生不多，尤其是攻读硕士和博士学位的人。2014 年攻读博士学位的人共有 213 位，他们主要在黑龙江、辽宁以及北京和上海的高校就读。二是进修生和在语言班学习的人较多。对比一下 2007 年和 2014 年中国高校俄罗斯留学生的培养情况，可以发现，攻读硕士学位的留学生比例大幅上升，进修生和在语言班学习的学生比例有所下降。

学习中文的俄罗斯留学生，多数是进修生（其中包括按照校际交流项目来学 1 ~ 2 个学期的）或者在语言班学习的人。在中文专业攻读学位的大多是本科生（4 年）。学习经济、金融和管理的则主要是本科生、研究生（少数为博士生）。学习工科的本科生和研究生人数基本等同。学习社会科学和法律的主要是硕士生。学艺术文化专业的，有本科生、硕士研究生和不以拿学位为目的的短期进修者，三者人数几乎等同。学教育（主要是体育和运动）的主要是硕士研究生和博士研究生，也有短期班的留学生。学习医学（中医以及西医）的主要是短期班的学生以及本科生和硕士研究生。学习自然科学的几乎都是硕士研究生和博士研究生（而且博士研究生的比例在这个领域是最高的，为 25%）。以管理、工科和法律为专业的博士研究生人数最多。

中国有 18 所大学的俄罗斯留学生人数较多，其中 11 所分布在北京和上海，另外 7 所坐落在其他省份。在这些大学就读的各类俄罗斯留学生占中国高校俄罗斯留学生总数的 1/3。

二　对在华俄罗斯留学生的两次调查

2006年和2016年针对赴华俄罗斯留学生进行的两次社会调查，目的皆为弄清楚中国高校的俄罗斯留学生是如何评价自己的学习条件、生活条件以及学习质量的，他们遇到了什么问题，他们有什么愿望。

（一）受访者的来源地及性别结构

2006年受访者总数是243人。他们来自俄罗斯的38个城市，其中包括莫斯科、圣彼得堡、别尔哥罗德、喀山、罗斯托夫、叶卡捷琳堡、托木斯克、伊尔库茨克、巴尔瑙尔、乌兰乌德、新西伯利亚、克拉斯诺亚尔斯克、雅库茨克、布拉戈维申斯克、哈巴罗夫斯克、符拉迪沃斯托克（海参崴，下同）、纳霍德卡、斯巴斯克达里尼等。调查是在身处中国以及回俄后的留学生中进行的。2016年的被访者是142人。他们是从25个俄罗斯城市来到中国的，其中包括莫斯科、圣彼得堡、伏尔加格勒、下诺夫哥罗德、基洛夫、克拉斯诺达尔、罗斯托夫、皮亚季戈尔斯克、叶卡捷琳堡、克麦罗沃、比斯克、布拉茨克、伊尔库茨克、新西伯利亚、托木斯克、乌兰乌德、赤塔、比罗比詹、布拉戈维申斯克、阿穆尔河畔共青城、哈巴罗夫斯克、符拉迪沃斯托克等。调查是通过网络主要在已经完成学业的人当中进行的。

2016年受访的留学生几乎覆盖俄罗斯国内所有主要地区，44%来自俄罗斯欧洲地区，33%来自乌拉尔和西伯利亚地区，23%来自远东地区。其中来自莫斯科、圣彼得堡、伊尔库茨克、新西伯利亚、乌兰乌德等城市以及滨海边疆区、哈巴罗夫斯克边疆区和阿穆尔州的人数比较多。来自后三个地区的留学生主要就近在中国东北地区的高校就读。

从性别来看，2016年37%的受访者是男性，63%的受访者是女性，这与2006年受访者的性别结构相似。2006年受访者的平均年龄是20岁，2016年平均年龄为25岁。在两次调查中，受访者来华留学前在国内所受的教育水平是有差别的：2006年大学没毕业的人居多，2016年已经大学毕业的人居多。

（二）受访者的身份类别及专业选择

在这两次调查中，多数受访的俄罗斯公民就读于中国高校的语言班（期限通常不超过两学期）或者通过学术交流项目来进修。进修的主要是本科生，硕士研究生较少，博士研究生更少。也有大学毕业后进修的。想在中国获得文凭的人不到受访者的1/10。有些人到中国来是为了收集资料并在专业对口的中国大学准备学位论文，以便之后回国答辩。

大多数受访者（2006 年占 75%，2016 年占 58%）学的是中文，包括作为专业来学（未来从事翻译和汉语教师等工作）。俄罗斯留学生选择文科的领域相当广泛，包括国际关系、中国历史和哲学等（2006 年占 9% 以上，2016 年占 5%）。以经济（包括世界经济）、商务、贸易以及管理（国家管理）和区域学为专业的人，2006 年占 11%，2016 年占 25% 以上。以社会文化和教育学为专业的人 2006 年占 2. 5%，2016 年占 5%。以自然科学（物理、地理）为专业的，2006 年占 1. 2%，2016 年占 2%。以工科和信息学为专业的人，在 2006 年占 15%①，在 2016 年占 4%。

（三）受访者了解中国高校的信息渠道及选择动机

受访者是从哪里了解到其所就读的中国高校的？根据 2006 年受访者的回答，每三个人中有一个是从之前在中国留过学的人那里获得的信息，同样多的人是从互联网上获得关于中国高校的信息的。还有两个重要的信息源——安排受访者赴华留学（语言班）的学校、组织或者公司以及中央或者地方的教育管理机构。其他关于中国高校的信息源都不那么重要。2016 年的受访者称，关于中国高校的主要信息源是互联网（包括这些学校的网站），处于第二位的是过去在中国学习过的人提供的信息。

受访者选择某个中国高校的动机在最近 10 年没有大的改变。决定性因素仍然是亲朋好友以及之前就读的学校老师的建议；其次是由俄方高校、教育管理机构的派遣或者中方的邀请决定的；最后是被中国大学的知名度和声望所吸引。

---

① 需要注意的是，俄学者在 2017 年发表的文章中给出的 2006 年的数据与 2010 年发表的文章中给出的不同，而且差距很大。笔者猜测他们或许是对之前的数据进行了修订。

教育收费相对不高也起到了一定的作用，而且是相当有吸引力的因素，因为赴华留学生主要来自收入一般的俄罗斯家庭。最富裕的俄罗斯公民，如高官、巨贾更倾向于把自己孩子送到西欧和北美国家的大学去，以便将来整个家庭都移民到这些国家（见表1）。

表1　俄罗斯公民选择某个中国高校的动机

单位：%

动机	2006年	2016年
亲友、熟人和学校老师的建议	24.7	28.7
被派遣(受邀请)留学,获得留学资助	19.8	36.5
大学的知名度和声誉高	14.8	12.3
其他动机(包括学校的位置便利)	9.9	11.7
随机选择	3.5	2.9
没回答	13.8	1.8

注：比例之和 <100%，资料原文如此。

资料来源：Арефьев А. Л.，Любская К. А. Российские студенты в Китае. ［Электронный ресурс］：Демоскоп Weekly. —2017. —№ 715 – 716. URL：http：//demoscope.ru/weekly/2017/0715/tema0。

（四）受访者对在华日常生活条件的评价

2016年多数受访者（70%）住在留学生宿舍，27.1%的人租住公寓或房间，少数人住在（3%左右）中国的熟人、亲属或者父母那里。2006年受访者的居住情况与此大致相同。

最近10年俄罗斯大学生、进修生和语言班听课生对自己在中国的日常居住条件完全满意的比例从25.9%上升到了52.3%，对中国大学基础设施和宿舍条件不满意的留学生比例显著下降，从19.8%降至4.5%（见表2）。

表2　俄罗斯留学生对中国大学宿舍日常居住条件的满意程度

单位：%

满意度	2006年	2016年
完全满意	25.9	52.3
部分满意	49.4	35.6
不满意	19.8	4.5
难以回答	4.9	7.6

资料来源：Арефьев А. Л.，Любская К. А. Российские студенты в Китае. ［Электронный ресурс］：Демоскоп Weekly. —2017. —№ 715 – 716. URL：http：//demoscope.ru/weekly/2017/0715/tema0。

对于食堂、咖啡馆、小卖部、医疗服务质量、从事体育活动的条件和校方组织的休闲活动，俄罗斯留学生满意度明显提升（见表3）。

表3　俄罗斯留学生对于食堂、咖啡馆、小卖部的工作，医疗服务以及在中国高校从事体育活动和度过休闲时光的条件的满意度

单位：%

对于中国高校提供的服务的评价	完全满意		部分满意		不满意		没回答	
	2006年	2016年	2006年	2016年	2006年	2016年	2006年	2016年
食堂、咖啡馆和小卖部的工作	38.3	67.4	34.6	21.2	19.8	6.8	7.4	4.5
医疗服务	13.6	38.6	45.7	30.3	19.8	18.2	21.0	12.9
从事体育活动的条件	51.9	69.7	32.1	18.9	11.1	5.3	4.9	6.1
学校组织的休闲活动	35.8	56.1	42.0	26.5	16.0	9.8	6.2	7.6

资料来源：Арефьев А. Л.，Любская К. А. Российские студенты в Китае.［Электронный реурс］：Демоскоп Weekly. —2017. —№ 715－716. URL：http：//demoscope. ru/weekly/2017/0715/tema0。

体现境外留学舒适度的重要指标之一是留学生的人身安全水平。2006年和2016年的调查表明，中国高校在这个领域进步很大（见表4）。

表4　俄罗斯留学生对人身安全的满意程度

单位：%

满意程度	2006年	2016年
完全满意	58	76.6
部分满意	28.4	15.2
不满意	4.9	3.8
难以回答	8.6	4.5

资料来源：Арефьев А. Л.，Любская К. А. Российские студенты в Китае. Электронная версия бюллетеня Население и общество. —6－19 февраля 2017—№ 715－716。

调查结果显示，中国属于对外国人态度非常友善的国家。在受访者中很少有人在留学期间遭遇哪怕一次不友好的情感和民族主义的表现，也没有人成为人身侵犯或者攻击的对象（见表5）。需要特别指出的是，在留学生宿舍内部，俄罗斯大学生和进修生（主要来自莫斯科以及一系列远东城市——布拉戈维申斯克、符拉迪沃斯托克、哈巴罗夫斯克）与来自其他国家的（非洲和欧洲）学生、俄本国学生（通常是来自俄其他地区的）及前苏联各加盟共和国的学生关系不睦。这种不睦一般基于民族和其他因素。

表5　俄罗斯留学生在华学习期间遭遇不友好情感和民族主义表现的情况

单位：%

某一方表现出的不友好情感和民族主义情绪	2006 年	2016 年
当地居民	7. 4	6. 1
中国大学生	0. 0	1. 5
其他国家留学生	6. 2	5. 3
中国教师	0. 0	2. 2
校方	0. 0	0. 0
中国政权机构和执法机关(警局)人员	0. 0	0. 8
没有遭遇这些不良现象	86. 4	81. 1
难以回答	0. 0	3. 0

资料来源：Арефьев А. Л. , Любская К. А. Российские студенты в Китае. Электронная версия бюллетеня Население и общество. —6 – 19 февраля 2017—№ 715 – 716。

俄罗斯留学生在华期间的交往范围相当广泛。根据2016年的调查结果，最积极的接触不是与中国大学生，而是与外国留学生以及来自俄罗斯和其他独联体国家的同胞（见表6）。

表6　2016年俄罗斯大学生在华留学期间最常与谁交往

单位：%

与来自其他国家的外国大学生	37. 0
与来自俄罗斯等独联体国家大学生	27. 6
与中国大学生	14. 4
与来自同一座城市、同一所学校的朋友	10. 9
与中国老师	8. 6
与其他朋友	1. 2
没回答	0. 4

资料来源：Арефьев А. Л. , Любская К. А. Российские студенты в Китае. Электронная версия бюллетеня Население и общество. —6 – 19 февраля 2017—№ 715 – 716。

（五）受访者的汉语水平及其对于提高语言能力的建议

俄罗斯留学生面临的最主要的适应障碍是语言。熟练掌握汉语不仅是日常交往，也是教学过程所必要的。对于俄罗斯大学生、进修生和其他类别的留学生而言，其所掌握的汉语知识能在多大程度上满足对课程的全面把握呢？如表7所示，这项指标在这十年间有所改善。

表7　汉语知识能在多大程度上满足俄罗斯留学生在高校学习的需要

单位：%

满足程度	2006年	2016年
足够用	44.4	54.6
部分够用	53.1	33.3
不够用	2.5	8.3
没回答	0	3.8

资料来源：Арефьев А. Л.，Любская К. А. Российские студенты в Китае. Электронная версия бюллетеня Население и общество. —6 – 19 февраля 2017—№ 715 – 716。

对于如何提高在华留学生的语言能力，问卷中给出的问题是开放型的，受访者提出很多建议，可以大致将其分为三类，一类针对来华前的校方，另一类针对来华后的校方，还有一类则针对留学生本人。

针对来华前校方的建议主要有几下几点：第一，派遣具有初等或中等汉语水平的大学生赴华进修，效果会更好一些；第二，俄罗斯汉语教师的教学质量和水平亟待提高，应采用新的有效的教学方法，更新教科书，提高语言班的学习强度；第三，在教学过程中，把重点放在翻译技能上，积极吸引以汉语为母语者参与教学过程。

针对来华后校方的建议主要有以下几点：一是最好在最初几个月给留学生指定一些志愿者，让他们帮助留学生熟悉校园、安排食宿，购买手机，了解主要的学习情况①；二是增加课时数量，帮助留学生找到能在课外练习口语的本地朋友；三是进行小班授课，把班级人数限制在8～10人；四是中国教师要加强对留学生的管理，不能放任自流，要留作业，要严格监督留学生的学习过程和学习质量。

---

① 在我国学者针对在华留学生所做的调研中，这一点也多次被提起，可见这是一个共性问题。参见孙乐芩等《在华外国留学生的文化适应现状调查及建议》，《语言教学与研究》2009年第1期。

针对留学生个人的建议则主要有以下几点：其一，独联体国家汉语教师的发音都很糟糕，所以在留学开始阶段必须多与本地人交流以便进行纠正，要多向老师请教，多交中国朋友，多听，多写，多交往；其二，如果想攻读本科、研究生等学位，最好与中国大学生一起上课，这样获得的教育水平比单独上课要高；其三，参与中国师生组织的活动，选修中国艺术、书法和文化等课程；其四，进修时间不少于两年，别用俄语交流，多与本地人交流，注重口语实践，多看中国电影①；其五，如果你所在的省份，人们在街上和在学生宿舍里交流时用的不是普通话，而是方言，那要把学习的重点放在对汉字的记忆上，因为在听说读写四种能力中，汉字能帮你读和写，从而为交流打下基础②。

（六）对教学条件的综合评价

调查结果显示，俄罗斯留学生对中国高校教学条件的综合评价在这十年间有所改善。如表 8 所示，半数以上的受访者对教学过程完全满意。在 2006 年和 2016 年，获得最高评价的是与中国教师、系办公室的关系以及课本的保障情况。对教学实践活动及对科研工作的参与以及校方维护留学生权益的活动满意者增多了。

表 8　俄罗斯留学生对自己在华学习的主要方面（条件）的满意度

单位：%

对中国高校学习条件的评价	完全满意		部分满意		不满意		没回答	
	2006 年	2016 年	2006 年	2016 年	2006 年	2016 年	2006 年	2016 年
总体教学过程	51.9	56.8	39.5	36.4	4.9	6.1	3.7	0.8
与教师的关系	82.7	72.0	13.6	25.0	1.2	2.3	2.5	0.8
与系办公室的关系	59.3	61.4	22.2	26.5	11.1	8.3	7.4	3.8

① 我国学者的研究证实，日常用语为“汉语”的在华留学生总体适应性最好。参见孙乐芩等《在华外国留学生的文化适应现状调查及建议》，《语言教学与研究》2009 年第 1 期。

② 我国学者的研究证实，能听懂的方言量越多，留学生对所处环境的适应水平就越高。参见孙乐芩等《在华外国留学生的文化适应现状调查及建议》，《语言教学与研究》2009 年第 1 期。此外，俄罗斯学者在这两次发表的文章中都强调指出，留学生在中国香港学习普通话是很难的，讲普通话的学校和班级数量有限，而且价格昂贵。在香港大学有专门为想学汉语的外国人开设的班级，但一周只有 1 ~ 2 次课，时长一个半小时，这对于掌握一门新的语言是不够的。此外，在香港，人们说的是广东话。也就是说，即使学的是普通话，但走出班级就无法进行练习，因为在校园里即使与中国学生之间也是用英文交流的。

续表

对中国高校学习条件的评价	完全满意		部分满意		不满意		没回答	
	2006 年	2016 年	2006 年	2016 年	2006 年	2016 年	2006 年	2016 年
课本保障	75.3	68.9	14.8	18.2	4.9	10.6	4.9	2.3
教学实践	25.9	33.3	27.2	26.5	14.8*	17.4	32.1	22.7
对科研工作的参与	18.5	25.8	23.5	34.8	22.2	12.9	35.8	26.5
校方维护留学生权益的活动	37.0	50.0	45.7	32.6	6.2	5.3	11.1	12.1

注：*此处俄学者给出的数据是 14.23%，而 2010 年发布的文章中给出的数据是 14.8%，笔者综合考量后认为，14.23% 可能是笔误，因此选用了 14.8%。

资料来源：Арефьев А. Л.，Любская К. А. Российские студенты в Китае. Электронная версия бюллетеня Население и общество. —6 – 19 февраля 2017—№ 715 – 716。

（七）赴华留学的资金来源

2016 年俄罗斯留学生留学的年平均费用相对不高，为 1.25 万元人民币（约合 1800 美元），因为许多人进行的是语言培训。多数自己付费的受访者认为这个费用额度是适中的，只有 12% 的人认为是高的。对比 2006 年和 2016 年的调查结果可以发现，自费赴华留学的人比例下降了，依靠从学校取得的或者中国政府提供的资助（国家奖学金）留学的人比例增加了（见表 9）。根据俄罗斯学者给出的注释，中国政府提供给俄罗斯留学生的国家奖学金的数量（免费学习的名额）在 2016 年为 2000 名左右（2008 年为 614 名）。奖学金的额度（每月发放额度）视学位级别而有所区别，本科 1400 元人民币，硕士研究生 1700 元人民币，博士研究生 2000 元人民币，访问学者（研究中国文化，时长为 5 个月）3000 元人民币。

表 9　俄罗斯公民在中国高校学习的资金来源

单位：%

资金来源	2006 年	2016 年
父母和亲属支付	50.6	32.6
自己支付	11.1	16.8
获得留学资助	7.4	29.0
俄罗斯科教部支付	11.6	4.5

续表

资金来源	2006 年	2016 年
免费留学，根据校际交流协议	21.0	11.6
由赞助者支付	0.7*	0.8
其他资金来源	1.2	2.6
没回答	0.0	2.6

注：* 此处俄学者 2010 年发表的文章给出的数据是0.8%；比例之和 >100%，资料原文如此，笔者认为与调查问卷多选项有关。

资料来源：Арефьев А. Л.，Любская К. А. Российские студенты в Китае. Электронная версия бюллетеня Население и общество. —6 – 19 февраля 2017—№ 715 – 716。

（八）对中国高校教学质量的评价

在调查中提出的关键问题是：在中国高校获得的职业培训的质量在多大程度上符合俄罗斯公民的个人期待？回答结果表明，并非所有人的期待都得到了圆满实现。而且，在 2016 年调查中取得的评价不如 2006 年。如表 10 所示，这与中国高校俄罗斯留学生的人数最近 15 年来首次下降相吻合。

表 10　在中国高校取得的职业培训的质量在多大程度上符合俄罗斯留学生的个人期待情况

单位：%

期待程度	2006 年	2016 年
完全符合	44.4	34.1
部分符合	43.6*	12.02
不符合	3.7	14.4
难以回答	8.3	8.3

注：* 此处俄学者 2010 年发表的文章给出的数据是 43.5%；2016 年比例之和 <100%，资料原文如此。

资料来源：Арефьев А. Л.，Любская К. А. Российские студенты в Китае. Электронная версия бюллетеня Население и общество. —6 – 19 февраля 2017—№ 715 – 716。

对于职业培训质量不符合期待的原因，2016 年的受访者给出了自己的解释，归纳起来有以下几点：一是学校对留学生的要求太低，教学大纲太简单，教授的知识量不够；二是有些教师在学问、经验、能力及教学态度上不尽如人意；三是课程理论多，实践少，不能学以致用；四是班级人数过多，教师不能充分关注每一个学生对知识的掌握程度；五是教学要求不够严格，学年论文的写作老师几乎不管，事后也没有对不足之处进行讲解，对具体事例的分析较少；六是教学大纲令人费解，有用的课程不多。

尽管如此，在2016年的调查中，有3/4以上的受访者声称，在回国后将建议自己的朋友和熟人去同一所中国大学学习同样的专业，换言之，打算做自己中国“母校”的广告代言人。2006年的调查取得的结果与此相似（见表11）。

表11　俄罗斯留学生是否会建议自己的朋友和熟人到同一所中国大学学习同样的专业

单位：%

选项	2006年	2016年
是的，会推荐这所中国大学	75	76.5
建议选择另一所大学	6.2	14.4
根本不建议到中国留学	1.2	4.6
难以回答	17.3	4.6

资料来源：Арефьев А. Л.，Любская К. А. Российские студенты в Китае. Электронная версия бюллетеня Население и общество. —6－19 февраля 2017—№ 715－716。

20%左右的受访俄罗斯留学生不建议在某所中国大学或者根本不建议到中国留学的（动机）原因在于，对授课质量不满意，对所取得的个别课程或者专业的知识不满意。有些受访者还指出了一些他们在学习期间碰到的日常问题，包括由于生态环境引起的不适（如在北京、大连等）。

但是，绝大多数受访的俄罗斯留学生列举出了在中国高校留学的好处，归纳起来有以下几点：其一，中国的大学各有千秋，通过留学可以了解另一种文化，收获不同寻常的体验；其二，在相应的语言环境中学习一门语言会更有成效，有些中国教师乐于传授自己的知识，乐于帮助留学生；其三，这是了解中国社会最好的机会，总体上，去哪所中国大学学习几乎不重要，最主要的是，多在中国待一段时间，多与中国人交流。

除了获得知识，在中国学习和居住还有一个效果，那就是91%的俄罗斯人在中国有了熟人和朋友。他们现在仍与许多朋友保持着联系，继续交往（见表12）。

表 12　2016 年在华学习期间俄罗斯留学生是否有了中国朋友和熟人

单位：%

有了朋友和熟人，但没有与他们保持联系	48
有了朋友，还继续与他们保持交往	22
有了熟人，并与他们继续保持联系	21
没有中国朋友和熟人	5
其他情况	1
没回答	3

资料来源：Арефьев А. Л.，Любская К. А. Российские студенты в Китае. Электронная версия бюллетеня Население и общество. —6 - 19 февраля 2017—№ 715 - 716。

考虑到许多受访者已经结束了在中国的学习，调查人员便对他们提出了在中国获得的教育对其今后的工作是否产生影响的问题。绝大多数受访者对于赴华留学的实际益处给予了高度评价。归纳起来有以下几点。

一是赴华留学获得了不可多得的经验，认识了很多来自不同国家的朋友，了解了不同的文化和风俗，拓宽了视野，改变了心态。

二是通过赴华留学获得了更加丰富的汉语知识，语言障碍消失了，词汇量增加了，对中国文化有了更深的理解。

三是赴华留学给就业带来的好处是巨大的。通过留学获得了交流技能及对就业和升迁有利的人脉，懂得了中国人的心理，从而在工作中充满业务自信。

三　俄学者得出的调查结论

在对调查结果做总结时，俄罗斯学者得出以下三点结论。

第一，最近几年，中俄教育合作领域已取得毋庸置疑的成就，无论在数量上，还是在质量上。最近几年中俄之间合作院校的数量大幅增加，它们之间签订了关于科教合作以及互换师生等方面的协议。从俄方看，这样的高校现在有 120 所（首先是莫斯科、西伯利亚和远东的大学），从中方看，有 600 所左右。标志性事件是莫斯科国立罗蒙诺索夫大学与北京理工大学合作在深圳创建中俄合作大学。

第二，俄罗斯留学生的数量在 21 世纪以来首次下降，受访留学生对中国大学职业教育培训质量的正面评价不高，这种情况令人担忧，并预示着有必要进行周期性的且规模更大的社会调查，无论在赴华留学的俄罗斯学生中间，还是在赴俄留学的中国学生中间，都有必要对调查结果进行公布和广泛讨论。

第三，根据中俄领导人的决定，到2020年将留学生互换人数增加到10万人，而从最近10年双边教育合作的发展趋势（平均每年每方增加1000人）来看，完成这项指标有困难。因为，这意味着在未来4~5年，需要将现在的留学生人数（2015~2016学年为3.8万人，其中在中国高校留学的俄联邦公民为1.6万人，在俄罗斯高校留学的中国公民为2.2万）提高1.6倍左右。可见，完成这项任务需要付出更大的努力。

需要指出的是，对于来华留学生的兼职就业问题，中国学者做过深入调研①。俄罗斯学者的这两次调查，都没有涉及俄罗斯留学生在华兼职打工的情况，而这种情况在现实生活中又比较常见，因此这算是需要研究者今后加以填补的一个空白。

（原文发表于《俄罗斯学刊》2017年第4期）

① 韩维春：《来华留学生兼职就业问题研究——基于对北京地区高校留学生的调查统计》，《国际商务》（对外经济贸易大学学报）2014年第5期。

俄罗斯的“大欧亚伙伴关系”

庞大鹏*

内容提要： 俄罗斯官方与智库互相配合，有计划有步骤地提出了“大欧亚伙伴关系”，智库在其中发挥了桥梁和引导的作用。“大欧亚伙伴关系”具有“二轨外交”的特点。从“大欧洲”到“大欧亚”的历史脉络表明，“大欧亚伙伴关系”实际上反映了俄罗斯在国际格局中战略定位的发展变化，本质上是俄罗斯欧亚战略思想的延续和现实表达，这既是对俄罗斯国际定位和身份认同的最新解读，也是俄罗斯对当前形势和面临挑战的积极应对，意在经济发展、国家安全、外交突围与摆脱危机。从中俄关系的大局着眼，以我为主，既要积极争取自身的经济利益，更要考虑中俄共同发展的整体利益和长远利益，全面客观地审视“大欧亚伙伴关系”对“丝绸之路经济带”的影响。

关键词： “大欧亚伙伴关系”　“丝绸之路经济带”　“大欧洲”　身份认同　中俄关系

苏联解体后，俄罗斯主导的区域一体化进程历经波折，形成了从自贸区、关税同盟、统一经济空间、欧亚经济联盟，到欧亚联盟的一体化发展路线图。

* 庞大鹏，中国社会科学院俄罗斯东欧中亚研究所副所长、研究员，博士生导师，黑龙江大学中俄全面战略协作省部共建协同创新中心首席专家。

1993 年独联体成员国签订《关于建立经济联盟的条约》，1995 年，俄罗斯、白俄罗斯、哈萨克斯坦达成《关税同盟协定》，1999 年俄白哈与吉尔吉斯斯坦签订《关税同盟和统一经济空间条约》，2000 年俄白哈塔吉五国签订《关于建立欧亚经济共同体条约》，2001 年 5 月，欧亚经济共同体成立。2007 年俄白哈三国签订新的关税同盟条约，2010 年俄白哈关税同盟正式启动。2011 年普京提出建立“欧亚经济联盟”。2012 年 1 月俄白哈统一经济空间投入运行。成员国致力于在统一经济空间框架内实现商品、资本和人员的自由流动。2014 年 5 月，俄白哈三国签订《欧亚经济联盟条约》，发展目标是在 2025 年前实现内部商品、服务、资本和劳动力的自由流动及推行协调一致的经济政策。2015 年 1 月 1 日，欧亚经济联盟成立。亚美尼亚和吉尔吉斯斯坦先后加入。欧亚经济联盟拥有 1.7 亿人口、4.5 万亿美元国内生产总值（GDP）的共同市场。根据《欧亚经济联盟条约》的规定，联盟为区域一体化国际组织，拥有国际法主体地位。联盟预算由各成员国承担，并以卢布形式结算。欧亚经济联盟将建立统一药品市场、共同电力市场、统一油气和石油产品市场，创立调节联盟金融市场的超国家机构。

2015 年 12 月，普京在国情咨文中提议在欧亚经济联盟、上合组织和东盟之间应该开展有关经贸合作问题的对话①。2016 年 5 月，在索契举行的俄罗斯—东盟峰会上与会各方讨论了有关欧亚经济联盟—上合组织—东盟经济合作的各种提议，包括欧亚经济联盟与东盟签署自贸区协议的前景。过了不到两周，在阿斯塔纳召开的欧亚经济委员会最高理事会会议讨论了同样的问题。2016 年 6 月 17 日，在圣彼得堡国际经济论坛上发表讲话时，普京提到了“大欧亚”框架内的经济一体化议题。他表示，欧亚经济联盟可以成为构建更广阔一体化格局的中心之一。这个格局指的是俄罗斯与中国、印度、巴基斯坦、伊朗、一系列未加入欧亚经济联盟的独联体国家、欧盟及其成员国等其他相关组织和国家发展伙伴关系的平台。普京公开表示：俄方计划在 2016 年 6 月与中方一起正式启动欧亚全面经贸合作伙伴关系的谈判，欧亚经济联盟的成员国和中国将参与其中，希望这是成为建立大欧亚合作伙伴关系的第

① Послание Президента Федеральному Собранию. URL：http：//www. kremlin. ru/events/president/news/50864（дата обращения：03. 12. 2015）.

一步①。2016年6月25日，俄罗斯总统普京访华期间，两国元首签署《中华人民共和国和俄罗斯联邦联合声明》。其中明确提出："中俄主张在开放、透明和考虑彼此利益的基础上建立欧亚全面伙伴关系，包括可能吸纳欧亚经济联盟、上海合作组织和东盟成员国加入。"② 中国从维护中俄全面战略协作伙伴关系的角度出发支持俄方的这一倡议。该项声明中的"欧亚全面伙伴关系"的提法与普京2016年6月关于"大欧亚伙伴关系"的公开声明有内在联系。那么，什么是"大欧亚伙伴关系"？笔者认为，"大欧亚伙伴关系"本质上依然是苏联解体以来俄罗斯精英阶层欧亚战略理念的延续和体现。

一　提出过程及概念内涵："二轨外交"的运筹

俄罗斯官方对于"大欧亚伙伴关系"几乎没有正式文献的解读。笔者观察到的现象是俄罗斯官方与智库互相配合，有计划有步骤地提出了"大欧亚伙伴关系"，智库在其中发挥了桥梁和引导的作用。"大欧亚伙伴关系"具有"二轨外交"的特点。因此本文主要从俄罗斯学者的论述分析其背景、内涵及影响。其中，智库精英主要以谢尔盖·卡拉加诺夫为主，他是"大欧亚伙伴关系"的提出者和阐释者。谢尔盖·卡拉加诺夫现任俄罗斯高等经济学院世界经济与政治系主任、外交与国防政策委员会荣誉主席、瓦尔代国际辩论俱乐部的主要负责人，曾任《全球政治中的俄罗斯》主编、卡内基莫斯科中心主任，是俄罗斯最著名的战略分析家之一，与克里姆林宫有千丝万缕的联系，实际是普京的核心智囊。

第一，以瓦尔代国际辩论俱乐部报告的形式，在重申"欧亚大陆中部地区"概念的基础上，建议打造"大欧亚"。

2015年5月，瓦尔代国际辩论俱乐部推出分析报告《走向大洋之三》，重申

---

① Пленарное заседание Петербургского международного экономического форума-Владимир Путин выступил на пленарном заседании Петербургского международного экономического форума. URL: http: //www. kremlin. ru/events/president/news/52178 （дата обращения: 17. 06. 2016）.

② 《中华人民共和国和俄罗斯联邦联合声明（全文）》，新华网，2016年6月26日，http: //www. xinhuanet. com/world/2016 -06/26/c_ 1119111908. htm。

“欧亚大陆中部地区”的概念[①]。该报告认为，重要的是避免“欧亚大陆中部地区”出现俄罗斯和西方在前苏联地区西部形成的关系模式，即一方企图占优势，结果导致零和博弈。在“欧亚大陆中部地区”应打造“大欧亚”合作、稳定发展与安全共同体。欧亚经济联盟为实现共同突破奠定了框架性法律基础，提供了防止和调解国家间争端的有效工具，可成为迈向建立大欧亚的初步基石。该报告特别提到，上海合作组织在得到大力发展的情况下，可能成为落实大欧亚共同体项目的核心机构；不要将欧亚经济联盟成员国和中国的协作与对话变为双边形式[②]。

第二，以接受俄罗斯政府机关报《俄罗斯报》采访的形式，配合官方对“大欧亚”概念做政策解读和理念宣示。

瓦尔代报告发表不久，2015 年 5 月 29 日，俄罗斯重要智库——国际事务委员会在莫斯科举办了题为“俄罗斯和中国：不断变化世界中的新型伙伴关系”研讨会[③]。会后的 2015 年 5 月 31 日，《俄罗斯报》就刊登了一篇对卡拉加诺夫的采访文章。卡拉加诺夫明确提出：中俄正在构建新型联合体——“大欧亚”，以此界定中俄之间的新型伙伴关系，并解读了大欧亚的内涵[④]。卡拉加诺夫表示，中俄新型伙伴关系的内涵表现在中国的“丝绸之路经济带”与以俄罗斯为主导的欧亚经济联盟进行一体化和对接。这个对接意味着在欧亚大陆的腹地，一个能令所有参与者受益的经济发展新区域正在形成当中，它可能成为新的“大欧亚联合体”的中心。卡拉加诺夫解读“大欧亚联合体”的重点内容如下。其一，俄罗斯应当摆脱经济停滞局面。需要坚定地改变经济政策，实现增长，尤其是在确实具备竞争力的领域，并将经济转向东方。其二，印度、伊朗以及其他地区大国，未来还会有越南或是其他国家加入“大欧亚”。中国将是大欧亚

---

① 2007 年 2 月，俄罗斯政治学学会主席亚历山大·尼基京在《“后苏联空间”的消逝：新独立国家不断改变的地缘政治方向》一文中已提出“欧亚大陆中部”这一概念。

② К Великому океану – 3. Экономический пояс Шёлкового пути и приоритеты совместного развития евразийских государств. URL：https：//ru. valdaiclub. com/a/reports/k – velikomu – okeanu – 3/（дата обращения：04. 06. 2015）.

③ Россия и Китай：новое партнерство в меняющемся мире. URL：http：//russiancouncil. ru/rucn2015（дата обращения：25. 05. 2015）.

④ Евгений Шестаков. Китайский ветер дует в наши паруса-Китай и Россия создают новое сообщество-Большую Евразию//Российская газета，31. 05. 2015. URL：https：//rg. ru/2015/05/31/evrazia – site. html.

联合体中的大国，但是中国不可能占据像美国在欧洲大西洋体系中那样的位置。其三，上合组织将成为大欧亚这一新共同体的中心力量之一。其四，在价值观上，俄罗斯依然坚持欧洲认同感，脱离欧洲无论从经济还是政治角度而言都没有好处。可以在更具建设性和更为宽泛的欧亚大背景下与欧洲展开对话。

2015 年 6 月 2 日，卡拉加诺夫进一步在《俄罗斯报》发表文章阐述他的国际政治观，实际上是在诠释“大欧亚”理念的国际背景①。该文从当代国际关系的特点谈起，认为其具有鲜明特点。其一，冷战结束以来，西方形成“后欧洲价值观”，而俄罗斯则回归传统的欧洲价值观：主权、强盛国家及基督教伦理价值。其二，冷战后曾经出现单极世界的国际格局，但随后非西方崛起的多极世界逐渐产生。但多极世界的概括也不准确，当今世界的特点是从全球通史的角度看，1500 年以来欧洲和美国长达 500 年的统治地位正在消失。西方全球霸权的缓慢终结和非西方的崛起是这一发展阶段最重要的特点。它既有西方各层面危机的表现，也有非西方发展起来的现实。其三，当今世界国际局势的变化都是建立在核威慑前提下的外交博弈。俄罗斯正是在苏联解体后保住了核实力才没有在 20 世纪 90 年代国力衰落的时候遭遇打击。

正是因为当代国际关系具有以上特点才使得建立“大欧亚共同体”具有现实必要性。其一，当前西方衰落和非西方崛起的后果是去全球化或另一种全球化的趋势日渐增强。世界贸易组织走进死胡同，建立地区经贸联盟的进程正在加强。其二，从全球政治的视角看西方对俄罗斯的经济制裁，固然给俄罗斯造成损失，但却使去全球化获得巨大动力，因为制裁表明学习西方建立治理体系反而易受控制。

在上述国际政治观的逻辑前提下，新兴国家开始建立自己的制度体系和经济联盟，大欧亚共同体就是其中之一。它将围绕扩员后的上海合作组织建立。当代“维也纳会议”正在形成，它将制定整个欧亚大陆的新规则和新制度。这个新的规则和制度可以不反对旧体制，比如欧洲国家可以继续留在北约，但同时需要建立符合 21 世纪当前国际政治新现实的新体制。这个努力可以取得成功，因为当前世界政治模式走向新的同化。俄罗斯拥有全球化思维的精英和特

① Сергей Караганов. Венский концерт XXI века//Российская газета, 03.06.2015. URL: https://rg.ru/2015/06/03/karaganov.html.

殊的地理位置，需要推动建设新制度和新规则基础上的新世界，实现自身和伙伴的双赢。

如前所述，这篇文章的重要意义不言而喻，它实际是“大欧亚伙伴关系”产生的理念基础。俄罗斯提出“大欧亚伙伴关系”的背景因素众多。从国际背景看，有区域一体化趋势持续高涨、俄罗斯需要改变独联体分散化状态、为俄罗斯主导的欧亚经济联盟注入强心剂、继续强化俄罗斯向东看政策等因素；从俄罗斯的国内背景看，有在经济增长放缓甚至衰退的形势下维持政治稳定的要求，也有借助中国经济和亚太区域合作的东风带动自身经济发展尤其是远东和西伯利亚快速发展的诉求。笔者认为，尽管有上述国内外形势的背景，“大欧亚伙伴关系”最重要的动因应是俄罗斯精英阶层的国际政治观以及在此基础上的身份认同变化。

第三，以俄罗斯外交与国防政策委员会报告的形式，进一步明确“大欧亚”的概念，为普京提出“大欧亚伙伴关系”做最终铺垫。

卡拉加诺夫借助俄罗斯外交与国防政策委员会成员的身份表示：2016 年是苏联解体、新俄罗斯诞生 25 周年，可以并需要做出总结并指明未来之路。俄罗斯外交与国防政策委员会推出了题为《21 世纪战略：21 世纪头十年末至 20 年代初的俄罗斯外交》的报告①。2016 年 5 月 26 日，在普京 2016 年 6 月正式提出“大欧亚伙伴关系”之前，卡拉加诺夫在《俄罗斯报》发表《俄罗斯外交政策：新阶段?》的文章②。他进一步解读了这份报告，实际上是对“大欧亚伙伴关系”内涵的全面解读。

一是“大欧亚伙伴关系”与俄罗斯外交目标之间的关系。金融危机以来俄罗斯外交政策总体上是成功的，与全球挑战相适应。俄罗斯的薄弱环节是经济停滞，外交政策暂时弥补了这一弱点。俄罗斯外交政策的首要任务应当是确保国家尽快摆脱发展危机，这场危机已威胁到俄罗斯在世界上的地位和主权。新

① Совет по внешней и оборонной политике представил тезисы «Стратегия для России: российская внешняя политика: конец 2010-х-начало 2020-х годов». URL: http://svop.ru/wp-content/uploads/2016/05/тезисы_ 23мая_ sm. pdf.

② Сергей Караганов. Российская внешняя политика: новый этап? //Российская газета, 25. 05. 2016. URL: https://rg.ru/2016/05/25/specialisty-predstavili-svoe-videnie-prioritetov-vneshnej-politiki-rf. html.

时期俄罗斯外交政策应以如下原则和目标为出发点：防止新的全球军事冲突，全力保障国家技术和经济发展，保持和增加人力资源。俄罗斯应恢复自己作为老牌大国的领导地位。俄罗斯在未来世界中追寻的地位是：成为国际和平与稳定的支柱，确保各国及各民族自由发展，防止外部势力向他们强加格格不入的秩序和价值观。未来俄罗斯理想的外交和经济地位是：成为经济得到发展的大西洋—太平洋大国，在大欧亚共同体以及欧亚经济、物流和军事政治一体化中发挥核心作用，是国际和平的保障以及欧亚地区军事政治稳定的输出国。

二是"大欧亚伙伴关系"与俄罗斯外交向东看之间的关系。由于中国向西走的趋势，俄罗斯应当用同时面向欧亚的政策代替失败的向欧洲一边倒的地缘政策，用"大欧亚"代替未能建立的"大欧洲"，未来甚至应打造从新加坡到里斯本的"大欧亚共同体"。俄罗斯同中国建立了友好深入的全面战略协作伙伴关系，通过对接"丝绸之路经济带"与欧亚经济联盟的协议，成功避免了双方在中亚的竞争，赢得了与东盟国家、日本、韩国深化合作的巨大机遇。因此，俄罗斯拥有对新一轮发展来说良好的地缘政治环境。俄罗斯不存在陷入所谓的"孤立主义"困境问题。俄罗斯与中国、印度、伊朗、东盟国家、韩国、欧亚经济联盟盟友等共同打造的大欧亚共同体，将对世界开放，旨在与欧盟国家合作。朝建立大欧亚共同体迈进将有助于平衡中国实力的增长，将中国纳入更广泛的多边框架内。

第四，配合"二轨外交"，引领"大欧亚伙伴关系"的国际舆论导向。

2016年10月25日至27日，俄罗斯瓦尔代国际辩论俱乐部第十三届年会举行。由于俄罗斯正式提出了"大欧亚伙伴关系"的战略理念，这次论坛的主题"进程中的未来：塑造明日世界"实际蕴含很强的指向意义①。在这次论坛召开的一前一后，俄罗斯安排了几场很精彩的"二轨外交"。

2016年10月25日，卡拉加诺夫在《俄罗斯报》发声，高调宣称俄罗斯应该以建立"大欧亚伙伴关系"为契机，力求成为欧亚大陆政治中心与经济纽带。在这篇题为《从东到西或者大欧亚》的文章中，他直截了当地表示俄罗斯要摆

① XIII ежегодное заседание Международного дискуссионного клуба «Валдай», «Будущее начинается сегодня: контуры завтрашнего мира». URL: http://ru.valdaiclub.com/events/own/xiii-ezhegodnoe-zasedanie-kluba-valday/.

脱“中心的边缘”这一历史宿命。俄罗斯通过“大欧亚伙伴关系”将获得新地位，不再是有着亚洲领土的欧洲边缘，而是成为未来大西洋和太平洋大国、正在崛起的大欧亚的中心之一，因此俄罗斯要推进“大欧亚”建设以便使俄罗斯的地缘政治和地缘经济地位达到整个欧亚大陆中心和纽带的高度。“大欧亚伙伴关系”或共同体的概念，涉及经济、物流、信息合作，从上海到里斯本、从新德里到摩尔曼斯克的和平与安全，但主要是俄罗斯要成为保障大陆安全的主导国家。“大欧亚伙伴关系”应当成为替代两极秩序和单极世界的建设性计划，成为新世界秩序的载体之一①。“二轨外交”的根本意义在于投石问路，寻求共识。显然卡拉加诺夫很好地完成了这一任务。10 月 27 日，普京参加瓦尔代论坛。普京认为，世界经济的地区化趋势将继续下去。新时期的游戏规则应当让新兴经济体有机会赶上发达经济体，平衡经济发展速度，带动落后国家和地区，以便让所有人都能享受经济增长和技术发展的成果。普京也直言不讳地表示：“俄罗斯希望建立广泛的经济伙伴关系，在未来成为构造欧亚广泛一体化框架的中心之一。”②

可见，俄罗斯官方与智库互相配合，有计划有步骤地提出了“大欧亚伙伴关系”，这既是对俄罗斯国际定位和身份认同的最新解读，也是俄对当前形势和面临挑战的积极应对，意在经济发展、国家安全、外交突围与摆脱危机。

二　历史脉络与时代背景：从“大欧洲”到“大欧亚”

俄罗斯在国际体系中处于什么样的地位，应该起到什么样的作用，始终是俄罗斯发展道路的核心问题。只有在自我国际定位明确的前提下，俄罗斯领导层才制定相应的大政方针。“大欧亚伙伴关系”实际上反映了俄罗斯在国际格局中战略定位的发展变化，本质上是俄罗斯欧亚战略思想的延续和现实表达，它

① Сергей Караганов. С Востока на Запад, или Большая Евразия//Российская газета, 24. 10. 2016. URL: https: //rg. ru/2016/10/24/politolog – karaganov – povorot – rossii – k – rynkam – azii – uzhe – sostoialsia. html.

② Заседание Международного дискуссионного клуба «Валдай»-Владимир Путин принял участие в итоговой пленарной сессии XIII ежегодного заседания Международного дискуссионного клуба « Валдай » . URL: http: //www. kremlin. ru/events/president/news/53151 (дата обращения: 27. 10. 2016).

除了体现前述俄罗斯精英阶层的时代观和国际政治观，还构成了当代俄罗斯国家身份认同的基础。

（一）历史文化因素

身份认同实际上是一国对自我与他者关系的认知。比如，在后苏联空间某些国家的眼里，俄罗斯是作为帝国形象被感觉和认知的。俄罗斯作为这些国家的他者，促成他们沿着去俄罗斯化的主线完成自身身份认同，通过在政治文化结构上认同西方而试图摆脱俄罗斯的控制。但是对于俄罗斯而言，其构建内外空间观却缺乏一个可以和其现代国家身份相匹配的认知上的他者。这与俄罗斯的地理空间、历史文化与现实政治等因素密切相关。

在俄国历史上，疆界一直是一个处于支配地位的主题。在西欧人向海外扩张到世界各地的同时，俄国人正在陆上进行横贯欧亚大陆的扩张。不断向前推进的疆界对国民性及制度产生持久影响。西欧是海外殖民取代内部拓殖，俄国则一直从陆路向外扩张。冻土带、森林带、大草原和沙漠区是俄国四大自然景观。俄国历史的一个重要主题是森林区的斯拉夫农民与大草原的亚洲游牧民之间的连续不断的冲突。基辅实际坐落于森林区和大草原的交界处，易受侵犯。1237 年蒙古人横扫罗斯，大获全胜。俄国人撤回森林深处，发展起坐落在远离危险的大草原的森林区深处的莫斯科公国，最终强大起来，不仅赢得独立，且扩张到欧亚平原以外的地方①。俄罗斯幅员辽阔，不止一次挫败了入侵者。但是管理巨大的版图，协调各种地方性活动和文化，始终是政权棘手的任务。启蒙时期一些思想家把一国的政府制度与其疆域大小直接相连，宣称专制主义是俄罗斯天然统治形式。草原边境的敞开刺激了俄罗斯社会的军事化，西部边界难以保护则强化了这一趋势②。可以说，俄罗斯不仅是欧洲，而且是亚洲面积最大的国家。在漫长的历史岁月中，俄罗斯曾面临来自各个方向的安全威胁，地理位置决定了俄罗斯的两难宿命：它究竟是欧洲国家还是亚洲国家？还是介于两者的桥梁？俄罗斯传统文化是否融合了两种文明的特点？鞑靼蒙古的统治让

① 〔美〕斯塔夫里阿诺斯：《全球通史：从史前史到 21 世纪》（上册），吴象婴等译，北京大学出版社，2006，第 443～445 页。

② 〔美〕尼古拉·梁赞诺夫斯基、马克·斯坦伯格：《俄罗斯史》，杨烨等译，上海人民出版社，2007，第 7 页。

这种不确定性更加突出。尽管整个基辅罗斯都处于欧洲的发展轨迹中，但在蒙古骑兵的铁蹄踏入后，俄罗斯脱离欧洲数百年，并错过了文艺复兴和思想启蒙。从19世纪初起，俄国与西方的关系就成为俄罗斯政治哲学的永恒问题。19世纪表现为斯拉夫派和西欧派之间的论战。苏联解体后则体现了大西洋主义和欧亚主义的交锋①。

（二）时代背景因素

俄罗斯与欧洲的关系不是一般外交范畴的双边关系，其重要性远远超过双边经贸关系、能源依赖乃至安全合作等一系列对外战略中的常规问题。对于俄罗斯而言，俄欧关系具有国家认同的战略意义，归根结底与俄罗斯的文明选择与自我国际定位密不可分。苏联解体后，俄罗斯是一个什么样的国家？俄罗斯的发展道路在哪？这是俄罗斯转型与发展的核心问题。而要回答这一问题，首先就要正确处理俄欧关系问题，这是历史上“俄国与西方”问题在当代的延续。在不同历史时期，俄罗斯对于国家认同及自我国际定位都有不同的观念理解与战略选择。

苏联解体以后，在叶利钦时代，俄罗斯坚持欧洲—大西洋主义，意识形态和社会政策全面倒向西方，俄欧关系的发展基本顺利。1994年6月俄罗斯与欧盟签署的《伙伴关系与合作协定》明确了俄罗斯与欧盟关系的性质，即俄罗斯在欧洲方面的主要利益与欧盟息息相关，欧盟是俄罗斯在欧洲建立合作关系的主要伙伴。1999年欧盟通过的与俄罗斯发展关系的总战略，以及俄罗斯提出的建立同欧盟关系的中期发展战略（2000年至2010年）则进一步奠定了这种合作关系的政策基础。普京上台后延续了俄欧关系发展的良好势头，明确提出与欧洲国家的关系是俄罗斯外交政策传统的优先方面，其中与欧盟的关系具有关键性意义。1999年12月，普京表示：当今世界在沿着一体化程度越来越高的道路上发展，欧盟是实现这种进程的范例，俄罗斯希望通过欧盟能够更紧密地加入欧洲大陆的经济合作以实现自身的快速发展。因此，普京执政之初对欧盟东扩表示理解，并且强调俄罗斯的战略目标就是建立俄罗斯和欧盟在新的更高水平上的协作关系。这种关系旨在同欧盟保持长期的战略接近。

---

① Понять Россию: самосознание и внешняя политика//Время новостей, 19 июня 2008.

然而，2003 年以后在格鲁吉亚、乌克兰、吉尔吉斯斯坦等独联体地区的一些国家相继发生“颜色革命”，导致这些国家出现政治危机与动荡，更在一定程度上鼓舞了俄罗斯国内反对派，对俄罗斯的政治稳定造成挑战。普京认为，“颜色革命”表明，西方出于政治上的考虑，绕开各种法律准则，在国际关系中用武力解决某些问题。这一国际政治观一以贯之，随后发展到 2005 年的主权民主思想，再到 2007 年慕尼黑讲话对单极世界的抨击。最集中的体现是在乌克兰危机后普京 2014 年 3 月 18 日关于克里米亚问题的演讲。

正是基于这种判断，俄罗斯认为，通过吸收新成员，逐渐扩大西方的势力范围，并在国际政治中保持敌我分界线的方针是“冷战胜利综合征”的表现。由此俄罗斯对欧盟东扩的看法出现变化。2007 年俄罗斯对外政策概论指出，俄罗斯与欧盟的战略伙伴关系的发展总体上是建设性的，但是 2004 年加入欧盟的国家试图利用成员资格的优越性来解决与俄相关的政治问题，把俄与欧盟的关系变为其自身狭隘的国家利益的筹码。俄罗斯认为，欧洲需要建立真正开放、民主的地区集体安全与合作体系，应该通过与欧盟的平等合作，来实现欧洲没有断层的真正统一。

就在俄欧关系踟蹰不前之时，2008 年的俄格战争进一步激化了双方业已存在的矛盾。2009 年，欧盟推出了“东方伙伴关系计划”。俄罗斯认为该计划的主旨是进一步蚕食和挤压自己的战略空间。此后，俄罗斯开始对国家身份的认同进行重新思考。2010 年 2 月，被认为属于亲俄的乌克兰领导人亚努科维奇开始执政。虽然亚努科维奇迅速向俄罗斯示好，同意俄罗斯延期租借塞瓦斯托波尔军港，并通过《内外政策原则法》明确宣布乌克兰不会加入北约，但是，俄乌之间围绕乌克兰是否加入关税同盟、俄乌是否成立天然气运输集团、乌克兰与欧盟一体化、乌克兰与北约军事合作等一系列重大战略问题上龃龉不断，而 2010 年 11 月的欧盟—乌克兰峰会，更在欧盟与乌克兰互免签证等问题上取得实际进展，欧盟联系国协定关于自由贸易区问题也正常推进。显然，俄罗斯与欧盟在乌克兰问题上引发的矛盾关涉双方的地缘经济与地缘政治利益，最终演变为冷战后国际格局基本矛盾激化的归结点。

在乌克兰危机爆发的同时，俄罗斯向东看加快转向。2010 年 7 月，在哈巴罗夫斯克召开的远东社会经济发展和巩固俄在亚太地区地位问题会议上，梅德韦杰夫宣布俄罗斯远东地区发展的三项指导方针，即加强与亚洲国家的经济关系，致力于高科技合作与加强俄罗斯在亚洲组织中发挥更大作用。尤其是第三点，俄罗斯要在包括亚太经合组织、上海合作组织、东盟等在内的亚太地区组织中发挥更大作用，为该地区打造一个多极的、非排他性的安全与合作架构①。

2011 年 10 月，在即将重返克里姆林宫之际，普京终于明确提出了欧亚联盟的构想：建立强大的超国家联合体模式，它能够成为当代世界多极中的一极，发挥欧洲与亚太地区有效纽带的作用。欧亚战略正式成为俄罗斯国家身份认同的核心理念，也是新时期俄罗斯对发展道路的选择。围绕这一战略定位，俄罗斯国内精英开始造势，最终提出“大欧亚伙伴关系”。

（三）精英理念因素

在 1999 年 12 月 19 日举行的第三届国家杜马选举中，成立不到三个月的“团结”竞选联盟获得 23.32% 的选票，加上单席位选区夺得的席位，共获得 72 席，成为国家杜马第二大议会党团。在新一届国家杜马的政治力量配置上，不仅左派力量失去了绝对多数地位，而且进入国家杜马的政治派别都不同程度地表现出对普京的认可。政权可依靠的政治力量第一次在国家杜马中占据了优势，立法机构与行政机构首次具有政治共生性的特点，使得困扰叶利钦时代政治稳定的府院之争问题基本得到解决。叶利钦执政时期，国家杜马与总统之间的关系很难协调，矛盾不时激化，成为阻碍俄罗斯外交政策顺利实施的一个主要因素。为了迫使国家杜马通过某个法案，叶利钦甚至不止一次以解散杜马、重新举行大选相威胁。而 1999 年国家杜马选举后，政府和议会矛盾大大缓解，这为普京在外交领域采取灵活多变的政策，以便维护国家利益提供了坚实的基础。

正是有了国内政治生态的上述变化，普京于 1999 年 12 月 27 日、12 月 30 日和 2000 年 2 月 25 日分别在俄新社、《独立报》和《消息报》发表《21 世纪前十年》、《千年之交的俄罗斯》和《致选民的公开信》，全面阐述他对俄罗斯发展道路和内政外交的观点。普京认为，苏联解体以来，国际社会本应形成新型国际关系体系以取代以两种相反的社会制度相互冲突为基础的旧体系，但是

---

① Стенографический отчёт о совещании по социально-экономическому развитию Дальнего Востока и сотрудничеству со странами Азиатско-Тихоокеанского региона. URL：http：//www. kremlin. ru/events/president/transcripts/8234（дата обращения：02. 07. 2010）.

这一进程举步维艰。造成这种情况的主要原因在于，西方从“胜利者”和“失败者”的范畴去看待所发生的变化，不断对俄罗斯推行实力立场政策，不把俄当作平等的伙伴，不承认俄罗斯的民族利益，不承认俄罗斯完全独立地解决内部问题的权利。当这种尝试遭到俄罗斯反击的时候，就重新开始把俄罗斯塑造成敌人。普京的这一看法与乌克兰危机之后的2014年3月18日的演讲、7月22日在安全会议上的讲话以及12月4日的国情咨文所表达的国际政治观基本吻合，即从历史看俄罗斯是冷战结束以后地缘政治博弈的受害者，从现实看俄罗斯一直面临由美国主导的直接或者间接的外部威胁。

可见，普京在涉及国际政治基本矛盾和国际格局总体判断的看法上，核心观点十多年来未有变化。另外，在涉及俄罗斯自我国际定位方面，很多看法则随着国内外形势的变化而加以改进，这方面最为明显的就是从“大欧洲”到“大欧亚”的变化。

执政之初，普京认为，俄罗斯希望未来十年世界能建立真正民主的新型国际关系，各国之间相互尊重，平等相待。正是从这一立场出发，俄罗斯希望更紧密地加入欧洲大陆的经济合作，主要对象就是欧盟，而且表示俄罗斯和欧盟之间在经济和政治结构方面不存在根本分歧。十年之后，2010年11月，普京在访问德国前夕发表《俄罗斯与欧洲：从反思危机教训到伙伴关系新日程》一文，实际并未改变与欧盟紧密合作的初衷，但是十年中形势的变化，尤其是2008年金融危机后的世界现实与俄罗斯面临的形势，让普京突破大欧洲的地理空间，首次提出建立从里斯本到符拉迪沃斯托克（海参崴，下同）的“和谐经济共同体”。普京认为，金融危机具有结构性特点，根源在于全球失衡，不同国家和社会阶层之间的福利分配极不均衡，这降低了世界经济的稳定性，导致国际社会就尖锐问题达成一致的能力下降。因此，普京建议建立从里斯本到符拉迪沃斯托克的和谐经济共同体，在此基础上，俄罗斯可以与欧盟共同建设统一繁荣的欧洲①。

普京这篇文章是笔者所能查到的官方表述中最早有“大欧亚”思想萌芽的文献。从该文献也可以看出，普京“大欧亚”思想的初心还是在于更好地

① Россия и Европа：от осмысления уроков кризиса – к новой повестке партнерства. URL：http：//archive. government. ru/docs/13088/（дата обращения：25. 11. 2010）.

建设“欧洲经济新体系”而不是新建“欧亚经济体系”。也就是说，借力打力，借东方经济给欧洲经济注入活力，眼看东方，心在西方。“大欧亚”思想正式出现的同时，前述2010年梅德韦杰夫在远东也正式宣告俄罗斯转向东方。后经历乌克兰危机，终于，2015年12月以后，普京在国情咨文、俄罗斯—东盟峰会，尤其是在圣彼得堡经济论坛上正式提出“大欧亚伙伴关系”构想。普京的政策宣示从执政之初的“大欧洲”转变为“大欧亚”，俄罗斯的国际身份认同也逐渐明确。

与2005年普京提出治国理念——主权民主思想相呼应，俄罗斯精英阶层也开始从“大欧洲”向“大欧亚”转变①。2006年是苏联解体15周年，根据现有文献来看，在此前后，俄国内精英已经开始反思俄罗斯的欧亚战略。2005年1月，俄罗斯政治评论家、保守主义思想的代表人物、欧亚社会政治运动的领导人杜金在《俄罗斯报》发表《俄罗斯对外政策的三种战略》一文，认为在以美国为主导的单极世界体系中，俄罗斯对外政策有西方化、苏联化和欧亚主义三种选择。西方化指俄罗斯加入美国主导的单极世界，用地缘政治主权方面的让步换取其他方面的优厚条件。但是，这条路实质上否认了俄罗斯的大国外交战略，将导致俄罗斯国际地位下降。苏联化指建立一个封闭体系，苏联式的对外政策卷土重来，这种立场在全球化的当今时代无异于自我倒退。因此，俄罗斯需要选择欧亚主义战略，这一战略着眼的是多极世界，是一种积极的战略②。2005年俄罗斯学者米赫耶夫发表题为《俄罗斯的东北亚政策》的文章，认为普京总统的第二任期加大了对东北亚的关注力度，这是因为普京认识到俄罗斯作为“欧亚大陆国家”的地位。卡内基莫斯科中心主任特列宁被普遍认为是一个西方派学者，但2005年他也把研究的视角转向东方。他认为，在俄罗斯历史上从来没有提出过东西并重的外交政策，而现在应该实施大战略，把俄罗斯的亚洲政策提升到与美国和欧洲关系相当的水平。如果想向西方靠拢，就向东方迈步。卡拉加诺夫最早在2012年发表的文章中特别强调，如果俄罗斯想把西伯利亚开发好，就必须最大限度地向亚洲开放，为了做到这一点，甚至应该在西伯

① Чубарьян А. Десятилетие внешней политики россии//Международная жизнь. —2001. —№ 6.

② Александр Дугин. Основные принципы евразийской политики. URL: http://evrazia.info/article/43（дата обращения：22. 06. 2019）.

利亚再建一个首都①。

2007年2月，俄罗斯政治学学会主席亚历山大·尼基京撰写了《“后苏联空间”的消逝：新独立国家不断改变的地缘政治方向》的文章。文章提出：苏联解体后，在原苏联加盟共和国基础上成立了15个新独立国家，这些国家作为一个整体俗称“后苏联空间”。到2006年，“后苏联空间”已经不复存在了。对新独立国家来说，它们都由苏联“分化而来”这一事实已经不再是一体化的主导因素了。新的政策方向产生了离心作用，将“后苏联空间”迅速打破为若干个新的地缘政治实体。新独立国家之间的政治关系要么是双边发展的，要么是通过欧亚经济共同体、古阿姆（格鲁吉亚、乌克兰、乌兹别克斯坦、阿塞拜疆和摩尔多瓦）以及经济合作组织等其他竞争性或补充性组织发展的。而经济合作组织的经济架构对于“更大中亚”或“欧亚大陆中部”这一较新的地缘政治概念来说是一种补充，西方分析性著述正在就这一概念展开讨论，俄罗斯战略家也开始对此公开评论②。这是现有文献中首次出现“欧亚大陆中部”这一概念，核心含义是对“后苏联空间”正在进行的地缘政治重组的补充分析。

2008年金融危机爆发后，俄罗斯精英阶层认为，金融危机加速了经济实力重新分配的进程，美国丧失了世界经济火车头的地位，这不可避免地反映在政治影响力上。21世纪的多极化世界需要能反映当前国际力量格局的、新的全球安全体系。该体系应当将全球化与地区化两大趋势结合起来。对与欧洲和亚洲休戚相关的俄罗斯而言，制定合理的欧亚战略具有特殊意义。这一战略理应扭转俄罗斯孤立于欧洲和东亚一体化进程之外的局面，让俄罗斯成为欧亚大陆的重要枢纽③。可见，欧亚战略反映的是俄罗斯社会如何看待外部世界，又如何处理自我与他者之间的关系。

俄罗斯另外一位重要的智囊代表、现任俄罗斯外交与国防政策委员会主席、《全球政治中的俄罗斯》主编费奥多尔·卢基扬诺夫也认为应不遗余力地推动俄

---

① 季志业：《俄罗斯的东北亚政策》，《东北亚论坛》2013年第1期。

② Alexander Nikitin, “The End of the ‘Post-Soviet Space’: The Changing Geopolitical Orientations of the Newly Independent States,” https://www.chathamhouse.org/sites/files/chathamhouse/public/Research/Russia%20and%20Eurasia/bpnis0207.pdf.

③ Сергей Рогов. Стратегия России в Евразии в XXI веке//Независимая газета, 26.02.2010. URL: http://www.ng.ru/style/2010-02-26/7_evrazia.html.

罗斯转向东方。2013 年卢基扬诺夫就呼吁俄罗斯利用大亚洲的发展来发展自身的亚洲部分，使欧亚联盟适应东方任务①。2014 年乌克兰危机后，卢基扬诺夫认为，20 世纪末之前，大国体系首先是在大西洋地区确定，如今它取决于太平洋、印度洋和北冰洋，即欧亚地区的力量对比。面对新形势，莫斯科必须加强巩固欧亚中部地区组织，即集体安全条约组织和上海合作组织的工作。因此，俄罗斯不能把过多精力投入到乌克兰问题上，而要加强推动欧亚一体化的努力②。

2014 年卡拉加诺夫总结了 2009 年以来俄罗斯转向东方的得失，认为俄罗斯具有可以利用亚洲的崛起实现自身发展的先天优势。通过太平洋战略，俄罗斯将成为强国，成为欧洲更具有吸引力的伙伴。通过发展西伯利亚和远东，在俄罗斯形成转向新亚洲的思维和战略，不仅出于军事政治或地缘政治利益，而且出于经济利益，争取利用国际合作的种种机遇③。乌克兰危机爆发后，卡拉加诺夫强调要构建新的亚洲外交，激活上合组织，使其与欧亚经济共同体、集安组织、中国的“新丝绸之路”构想和韩国的“欧亚共同体”构想实现一体化。这种转变对以欧洲为中心的俄罗斯精英来说并不容易。但与西方一体化的尝试至今仍未成功。放弃欧洲和在那里的根基对俄罗斯的平衡和发展有危险，但不利用东方已经形成的机会同样危险④。

总之，苏联解体导致俄罗斯失去了在东欧的势力范围，领土重回彼得一世扩张前的范围。在国际关系领域，俄罗斯失去了作为美国主要竞争对手的地位，在就巴尔干局势、北约扩大等直接关系到俄切身利益的重大问题做出决定时，俄罗斯的意见常常被忽略。俄罗斯陷入了帝国后遗症的怪圈中。这种反差让俄罗斯人感到屈辱。在普京上台执政的最初几年，俄罗斯致力于政治稳定，自我意识的重要性退居次要。随着经济实力的恢复，政治局势得到稳定，俄罗斯开始思考自身在国际关系中的地位。在这一时期，自我意识开始发挥更重要的作

---

① Мы и новая Азия：Что ищет и что найдет Россия，если повернется к Востоку//Коммерсантъ，11. 11. 2013. URL：http：//www. kommersant. ru/doc/2335761.

② Федор Лукьянов. Не потерять Евразию//Российская газета，23. 04. 2014. URL：https：//rg. ru/2014/04/23/mir. html.

③ Караганов С. Макаров И. Стратегия XXI：Поворот на Восток//Ведомости，28 января 2014.

④ Караганов С. Долгая конфронтация//Известия，3 сентября 2014. URL：http：//izvestia. ru/news/576165.

用。努力确立对独联体国家的控制权，构建俄罗斯的欧亚战略，逐渐成为俄罗斯社会的共识①。

三　对中俄关系的影响

研究“大欧亚伙伴关系”对中俄关系的影响，笔者认为应该跳出单一事件，从“欧亚时刻”的历史与现实、中俄关系的大局、中国外交自身的定力三个维度综合观察。

从历史上看，从古至今，欧亚大陆均呈现整体化但又在文化与制度上不一的特点。公元前1000年至公元500年的古典文明时代最明显的特点，就是欧亚大陆趋于整体化。早期帝国被限制在各自所在的大河流域。到公元1世纪，罗马帝国、安息帝国、贵霜帝国和汉帝国一起，连成了一条从苏格兰高地到中国海、横贯欧亚大陆的文明地带，从而使各帝国在一定程度上能相互影响。技术进步是整体化的根源。由于欧亚大陆趋于整体化，引发人们思考很多问题：如何对待各自的传统——抛弃还是使之适应过渡时期的需要，理想政府的道德基础，社会制度的作用，以及宇宙和生命的起源与目的等。不同文明的独特哲学观念和社会制度正是在这一时期发展起来的，并成为各自文明特征延续至今。欧亚大陆形成有机整体的标志是地区间的商业联结和文化联结。商业联结指地区间主要的物质性联结。古丝绸之路的历史意义就在于此，尽管贸易方向发生过各种转变，但古典时代与早先的古代时期大为不同，其贸易范围大为扩展，贸易额大幅增长。贸易范围不再局限于单个地区，而是随着货物经由海陆两路从欧亚大陆的一端运送到另一端，从而成为跨地区贸易②。

中国与欧亚大陆的联系源远流长。中国与中亚有记载的历史可以追溯到公元前126年，当时张骞从中亚返回中国，他是奉旨前去与大月氏结盟的使者。有几个时期，如汉朝（公元前206年至公元220年）和唐朝（618～907年），中国的实际军事控制区域扩展到了中亚，但到了元代（1206～1368年，蒙古人

---

① Понять Россию：самосознание и внешняя политика//Время новостей，19 июня 2008.

② 〔美〕斯塔夫里阿诺斯：《全球通史：从史前史到21世纪》（上册），吴象婴等译，北京大学出版社，2006，第83～90页。

统治时期)，潮流逆转，中亚的官员、商人、技师和手工业者在蒙古人的保护下蜂拥来到中央王国。1368 年，明王朝建立后，中亚官员随蒙古人离去①。而从中俄关系的历史来看，从 1715 年第一届俄国东正教驻北京传教士使团来华到十月革命爆发的两个世纪中，俄国在中国实际具有一种特殊地位，俄国驻北京宗教使团和语言学堂的成员能够从内部观察中国，使得俄国有机会直接研究中国社会，他们也许是唯一一批理解中国人心态的外国人。他们在回国后开始进行或许是欧洲最早的系统性汉学研究，早于其他任何西方国家好几十年②。

从现实看，欧亚地区关涉中国整体外交。在“丝绸之路经济带”提出之前，中国在欧亚地区缺少统领全局的战略。“丝绸之路经济带”是中国面向欧亚大陆的共同发展战略。当然还有扩大开放和经济“走出去”等重要意义。从“丝绸之路经济带”建设看，中亚是建设“丝绸之路经济带”的第一环，具有示范性效应，俄罗斯作为中国最大邻国，在“丝绸之路经济带”建设中起着基础性作用。正是这种基础性的效用，中国在中俄关系的发展中着眼大局，实施战略性和政治性的举措是必要的。2016 年中国从维护中俄全面战略协作伙伴关系的角度出发支持俄罗斯的倡议，提出在开放、透明和考虑彼此利益的基础上建立欧亚伙伴关系。尽管对欧亚伙伴关系的概念内涵双方并没有给出正式解读，但是世界及欧亚战略格局正在发生深刻变化，欧亚大陆发展的历史性机遇与挑战并存，中俄双方积极推动区域合作的努力具有重要意义。

欧亚地区国际战略环境也在继续发生深刻变化。地区内各国求稳定、求发展所面临的内外压力进一步加大。中国经济发展长期向好的基本面没有变，但也面临复杂的内外环境和较大的下行压力。俄罗斯经济增长速度大幅下降，对外政策积极主动，在国际重要热点地区和重大热点问题上频频出牌，赢得关注和重视。俄罗斯主导的后苏联空间一体化继续深化，并呈现出不断扩大趋势。新东欧国家在西向和东向之间徘徊，乌克兰危机由此爆发。中亚国家保持总体稳定，但安全与稳定仍是各国面临的挑战，经济增长与社会发展仍是亟待破解的难题。

---

① 〔美〕费正清编《中国的世界秩序：传统中国的对外关系》，杜继东译，中国社会科学出版社，2010，第 200 页。

② 〔美〕徐中约：《中国近代史：1600—2000 中国的奋斗》，计秋枫、朱庆葆译，世界图书出版公司，2013，第 85 页。

在经济全球化与区域经济合作日益密切的大背景下，欧亚地区很多国家都希望与中国的经济发展构建联系，或提出合作设想，或针对中国经济制定某种战略构想。我国周边已经出现或建成若干一体化设想或结构，不仅如此，各种自由贸易区倡议及谈判都显示区域合作不断升温。“丝绸之路经济带”倡议的提出宣示了中国与地区国家合作的愿望和理念，这种理念的核心是平等互利，包容互鉴，合作共赢，共同发展。

也正是这种基础性的效用，在“丝绸之路经济带”建设中，有些举措是政治性的。比如，“一带一路”与欧亚经济联盟的对接。“丝绸之路经济带”不是机制化的国际组织，不谋求建立超国家机构，其合作方式灵活多样，在具体问题上是双边促多边。欧亚经济联盟则是一个政治实体，规则对成员国有约束力。顺利对接其实有一定难度，但即使有这样的困难，至少从政治考量的层面看，对接合作也是必需的。2015 年 5 月 8 日，习近平主席和普京总统在莫斯科共同签署并发表《中华人民共和国与俄罗斯联邦关于丝绸之路经济带建设和欧亚经济联盟建设对接合作的联合声明》。俄方支持“丝绸之路经济带”建设，愿与中方密切合作，推动落实该倡议。中方支持俄方积极推进欧亚经济联盟框架内一体化进程，并将启动与欧亚经济联盟在经贸合作方面的协议谈判。双方将共同协商，努力将“丝绸之路经济带”建设和欧亚经济联盟建设相对接，确保地区经济持续稳定增长，加强区域经济一体化，维护地区和平与发展。双方将秉持透明、相互尊重、平等、各种一体化机制相互补充、向亚洲和欧洲各有关方开放等原则，通过双边和多边机制，特别是上海合作组织平台开展合作①。只有处理好与俄罗斯的关系，才能更好地推进“丝绸之路经济带”建设。

在“丝绸之路经济带”建设中俄罗斯因素非常重要，在当前形势下需要注意一些问题。当前欧亚地区形势的特点，一是俄罗斯经济衰退，且欧亚地区受俄罗斯经济衰退的影响处于比较困难的局面；二是乌克兰危机后俄罗斯与西方关系全面恶化并将长期处于软对抗的博弈状态。在这种形势下，很多学者提出，这种困难局面同时也为中俄关系的发展和“丝绸之路经济带”建设、为欧亚外交的布局提供了一个窗口期，主张利用好这个窗口期，否则中俄关系将不进则退。

① 《中华人民共和国与俄罗斯联邦关于丝绸之路经济带建设和欧亚经济联盟建设对接合作的联合声明》，《人民日报》2015 年 5 月 9 日。

现在，俄罗斯提出了“大欧亚伙伴关系”的战略构想，如何看待其与“丝绸之路经济带”建设之间的关系？

一是中俄长期友好合作的政治基础没有变化。双方认为不同国情的国家不会有相同道路，但都会选择独立自主道路。坚持互不干涉内政，尊重彼此发展道路选择，这是两国关系最重要的政治基础。在这个基础上，中俄双方不讳言双边关系中存在的问题，但都认为中俄关系不是普通的双边关系，而是两个相邻的同时又具有重要影响的大国之间的关系。即使存在一些问题，也要区分战略性问题和一般性问题。而且，中俄关系既然是不存在历史遗留问题的双边关系，在中俄双方快速发展中存在的问题，就只能靠发展来解决。因此，中俄关系就必须继续发展，而且要致力于共同发展。这些都是苏联解体后中俄关系发展的宝贵共识，体现了双方的志同道合，也是未来中俄关系发展的基础。

二是独立自主的大国外交是新时期中国外交的亮点。即使俄罗斯提出了“大欧亚伙伴关系”，中国外交也要坚持以我为主，独立运筹，并在这个基础上同时解决好稳定和改善中美关系与深化中俄战略协作之间的关系。在经济和社会方面，中美关系的发展水平超过中俄关系，因此中美关系虽然由于意识形态和制度体制等原因是一种竞争关系，但这是一种相互依存不断上升的竞争关系。在政治和国家安全方面，中俄关系的发展水平大大超过了中美关系。中俄关系是一种相互借重的合作关系。中俄合作牵制和抵制美国的霸权，在应对西方战略压力方面相互借重。2014 年乌克兰危机爆发以来，俄罗斯与西方进入长期软对抗状态，特朗普执政不会改变俄罗斯与西方业已形成的结构性矛盾，即俄罗斯的发展道路问题、俄美战略平衡问题、双方在俄罗斯周边地区的博弈问题还将长期存在。说到底，双方的结构性矛盾与全球化时代相互依赖的现实互为影响因素，造成了俄美之间既合作又斗争的关系。

三是俄罗斯已经进入经济发展的低速增长期，中俄实力差距不断拉大。这个变化值得密切关注。从历史上看，俄罗斯经济一直薄弱，却长期占据大国地位，因为该国往往更重视强大的军队和安全机构，维持强势政府，与此相对应的动员型发展模式一直缺乏效率，由此，俄罗斯始终处在兴起—强盛—停滞—衰败这样一个发展周期上。当前，俄罗斯在普京任内已经走上一条熟悉的发展道路。据预测，2030 年以前俄罗斯经济增长年均预期 2.5%。中俄双方经济总量差距不断拉大的同时，人均产值差距不断缩小。2005 年中国 GDP 达 2.2 万亿美元，俄罗斯7658亿美元，中国是俄罗斯的2.9倍。中国人均GDP为1352美元，俄罗斯是4750美元，俄罗斯是中国的3.5倍。十年后，2015年中国GDP已经超过10万亿美元，俄罗斯为1.3万亿美元，中国是俄罗斯的近8倍。俄罗斯人均国内生产总值四年来下降50%，2012年俄罗斯人均GDP为1.51万美元，2016年降至8800美元①。2016年中国人均GDP达53980元人民币②，约合8126美元，逐渐与俄罗斯持平。中俄经济实力差距拉大的同时，中美经济关系愈加密切。2012年俄美贸易额近400亿美元，乌克兰危机爆发以来，俄美经济联系更加暗淡。2015年俄美双边贸易额不到200亿美元，较2014年下降30%。中美是世界上两个最大的经济体，2015年，中美贸易额达5583.9亿美元，同比增长0.6%。中美在经济上相互依存，已经达到你中有我、我中有你的密切程度。

四是在与俄罗斯的交往中，既要积极争取自身的经济利益，更要考虑中俄共同发展的整体利益和长远利益。相互尊重发展差异是中俄两个世界级大国保持关系健康发展的基础。从自然禀赋、产业结构、市场规模、发展水平、生态环境、政治制度、民族性格、发展历史、意识形态，中俄双方均存在巨大差异。这种差异性必然会体现在对外交往中，体现在双边关系中。对俄罗斯人“利益最大化”的观念，需要以极强的战略定力，用好并拓展各领域、各层面的交流机制和方式进行沟通与合作③。

“丝绸之路经济带”倡议充分考虑了周边国家与中国的经济互补性和差异性，以及这种互补和差异产生的机遇。这种互补性是中国与地区国家长期务实合作的重要基础。“丝绸之路经济带”倡议正是基于这种现实提出的。“丝绸之路经济带”对于国内来说，是我们改革开放新时期的发展战略，而对于外部世界而言，则是一项互利共赢的合作倡议。随着“一带一路”倡议的提出和实施，我们将迎来区域经济合作的新阶段。在这个建设过程中，需要关注和协调俄罗斯因素的影响。可以说，发展与俄罗斯的关系是今后中国

---

① Анастасия Башкатова. Россия потеряла 20 позиций в глобальном рейтинге МВФ//Независимая газета，29. 11. 2016. URL：http：//www. ng. ru/economics/2016 - 11 - 29/4_ 6872_ mvf. html.

② 《中华人民共和国2016年国民经济和社会发展统计公报》，国家统计局官网，http：//www. stats. gov. cn/tjsj/zxfb. /201702/t20170228_ 1467424. html。

③ 季志业、冯玉军主编《俄罗斯发展前景与中俄关系走向》，时事出版社，2016，第398页。

国际战略运筹的一项重大任务。必须继续增强双方战略互信，实现共同安全、共同发展，以促进“丝绸之路经济带”建设，为实现中国梦提供坚强保障。

总之，俄罗斯既是大国，又是我们的邻国，而且是我们周边最强大的一个邻国。中苏对抗的20年就是中苏两国全面落后世界的20年。中俄关系可以也必须持续稳定地发展。“丝绸之路经济带”建设的顺利推进也需要俄罗斯方面的理解与支持。“中俄互为最主要、最重要的战略协作伙伴，深化中俄全面战略协作伙伴关系，在两国外交全局和对外关系中都占据优先的战略地位”，这一战略定位必须坚持，中俄关系应保持强劲的发展势头。

四　结语

综上所述，俄罗斯提出“大欧亚伙伴关系”主要着眼点是以建立“大欧亚伙伴关系”为契机，力求成为欧亚大陆政治中心与经济纽带，摆脱中心的边缘这一历史宿命；整合后苏联空间和加快区域经济一体化发展，同时稀释外部力量在独联体利益拓展可能造成的影响；摆脱当前危机，实现外交突围，在很大程度上对国家安全进行考量。其附带效应是为2016年的国家杜马选举乃至2018年总统大选奠定民意基础。

俄罗斯提出“大欧亚伙伴关系”，对于确保大欧亚安全有利，对于建设基础设施的安全环境有利。中俄都希望“大欧亚”局势稳定，从而保证经济快速增长，这是两国国家利益上的公约数。“大欧亚伙伴关系”客观上扩大了欧亚一体化格局，对于中国应对美国在亚太的地缘经济挑战有一定的积极意义。

俄罗斯转向东方是外交和经济的转向，不是文明文化的转向。转向东方的目标不是离开欧洲，而是在继续发展与欧洲关系的同时提高亚洲的地位。乌克兰危机对转向东方起了推动作用。转向东方为中俄合作提供了更多可能和动力，但转向东方并不意味着完全转向中国①。

总之，俄罗斯在对外战略上无论选择西方还是东方，都不是在改变其原有的自我认同意识。所以俄罗斯提出“大欧亚伙伴关系”，并不是要从根本上转向

---

① 赵华胜：《评俄罗斯转向东方》，《俄罗斯东欧中亚研究》2016年第4期。

东方，而是解决自己跟西方的问题。与此同时，也是为了更为文明地构建自己与迅速发展的亚太地区之间的关系①。

（原文发表于《俄罗斯学刊》2017 年第 2 期）

① Русская ДНК，Почему Россия никак не может сделать выбор между Западом и Востоком. URL：https：//lenta. ru/articles/2016/06/20/russian_ dna/（дата обращения：20. 06. 2016）.

中心和边缘：理解“大欧亚”

张昊琦*

内容提要： 在现代世界体系的框架中，俄罗斯一直是一个以欧洲“中心”为坐标，不断试图进入“中心”的“边缘”国家。苏联时期俄罗斯摆脱了世界体系，但是苏联解体后重新沦落到边缘位置，进入世界体系中心仍然是它的核心目标。“大欧洲”战略的失败推动了“大欧亚”战略的提出，深层次里反映了俄罗斯从“融入”到“重建”的转变。但是俄罗斯战略思想中“以空间换时间”的历史经验，以及“转向东方”的效果不彰，加重了俄罗斯的战略迟疑。从“大欧洲”到“大欧亚”的理念切换反映了俄罗斯面向亚太、在未来世界中获得新的基础的渴望，但是在世界新格局尚未定型、世界政治的发展仍处于不确定性的情况下，“大欧亚”与其说是一项面向未来的长远之策，不如说是一项临时脱困的权宜之计。

关键词： 俄罗斯战略　中心与边缘　“大欧洲”　“大欧亚”

在普京于2016年6月正式提出“欧亚伙伴关系”（“大欧亚”）之前，关于“转向东方”的讨论已经在俄罗斯学界广泛展开。俄罗斯外交与国防政策委员会

* 张昊琦，中国社会科学院俄罗斯东欧中亚研究所《俄罗斯东欧中亚研究》副主编、研究员。

名誉主席谢尔盖·卡拉加诺夫提出的“大欧亚”计划①，在呈交给普京总统后最终成为国家元首的倡议，显示了“转向东方”作为俄罗斯发展战略的一个重大方向基本确定。而在普京正式发布这项倡议前的2015年9月，哈萨克斯坦总统纳扎尔巴耶夫在第70届联合国大会上就提出了“大欧亚共同体”构想，纳扎尔巴耶夫希望这个共同体将欧亚经济联盟、丝绸之路经济带和欧盟全部纳入进来；次年他又提出了深化欧亚经济联盟与第三方国家和经济机构的经贸关系的主张。

虽然普京和纳扎尔巴耶夫倡议的“大欧亚”在内容上多有重合，但来自外界的反响并不一样。大国分量更重的俄罗斯，其倡议无疑受到外界的格外关注。在探讨俄罗斯“大欧亚”计划的性质、形成的背景和实施的前景时，一些基本问题构成了解读“大欧亚”的焦点。例如，“大欧亚”计划的提出是否意味着俄罗斯战略的转向？“大欧亚”是不是俄罗斯在“大欧洲”战略失利后的选择？由此而来的问题是，“大欧亚”是俄罗斯面向未来的长远之策还是临时脱困的权宜之计？从目前的内容来看，“大欧亚”无疑是一项地缘经济计划，但是从世界政治的角度来看，它是否具有更深层的地缘政治性质，从而影响到世界格局的重构？从其实施的角度来看，“大欧亚”计划的推行无疑面临着诸多困难，尚未明确的范围、欧亚地区复杂的形势以及既有的多种机制和倡议，既容易使“大欧亚”成为一个空泛而抽象的概念，也极有可能使其成为一个专注于具体项目的“计划”，因此它如何才能实践其真正的理念？

目前，国内和俄罗斯学界主要是从现实的地缘经济角度特别是从中俄合作

---

① 2015年5月，卡拉加诺夫发表了《欧洲危机的欧亚出路》报告，其后又撰写和主持撰写了一系列关于“大欧亚”的文章和报告。参见 Караганов С. Евроазиатский выход из европейского кризиса. URL：http：//globalaffairs. ru/；Караганов С. Обещание Евразии. //Российская газета. 26 Октября 2015；Караганов С. Российская внешняя политика：новый этап？//Российская газета. 25 Мая 2016；Караганов С. Евразийское решение для европейских кризисов//Project Syndicate. – 16 September 2015；Караганов С. С Востока на Запад，или Большая Евразия. //Российская газета. 24 Октября 2016；К великому океану – 4：Поворот на восток. Предварительные итоги и новые задачи. Доклад международного дискуссионного клуба «Валдай». Москва，май 2016. URL：http：//ru. valdaiclub. com。

方面对“大欧亚”进行阐释和论述①。如果将“大欧亚”置于现代世界体系的历史视野之下，我们也许更能理解俄罗斯提出“大欧亚”战略的内在缘由、“大欧亚”理念的实质及其未来前景。

一 中心与边缘

在“中心”和“边缘”概念不断泛化的情况下，俄罗斯学者似乎将其视为老生常谈②。但是在确立苏联解体后俄罗斯在现代世界中的位置，尤其是2008年世界金融危机后俄罗斯在国家发展道路面临重新选择的时候，沃勒斯坦在20世纪70年代所提出的以“中心—边缘”为框架的“现代世界体系”仍然是俄罗斯政治和知识精英思考的重要基础。苏联解体后俄罗斯领导人一直倡议建立的新国际秩序也与此紧密相关。

在沃勒斯坦的历史和世界视野中，现代以前存在过两种不同的世界体系，一种是世界帝国，即控制大片地域的单一政治体系；另一种则是世界经济体，其是极度不稳定的结构，不是转变为帝国就是解体了，但是发轫于欧洲中世纪末期的现代世界体系五百年来没有转变为世界帝国，而且一直存在至今③。现代世界体系是一个由经济、政治和文化三个基本维度构成而且经济作为决定性因素存在的复合体，它源自欧洲，在不断地扩张过程中逐渐把世界其他地区纳入其中，直至覆盖全球。现代世界体系的特点在于，它是一个“中心—半边缘—边缘”的结构，并且在其强制性的扩张过程中将这种不平等的结构固化。中心

---

① Дмитрий Тренин，От Большой Европы к Большой Азии? Китайско-российская Антанта. URL：http：//globalaffairs. ru/；Семушин Д. «Большая Европа» или «Большая Евразия»：пора менять не только риторику//EurAsia Daily. 22 Сентября 2015；Бордачёв Т. Новое евразийство//Россия в глобальной политике. —2015. —№ 5；Иванов И. Закат Большой Европы. Выступление на XX ежегодной конференции Балтийского форума «США，ЕС и Россия—новая реальность»，12 сентября 2015 г.，Юрмала，Латвия. URL：http：//russiancouncil. ru/inner/. 国内关于“大欧亚”的文章多为时评类文章，完整梳理和分析的论文不多，如李自国《大欧亚伙伴关系：重塑欧亚新秩序?》，《国际问题研究》2017年第1期。

② Крылов М. П. Некоторые методологические замечания по проблеме «центр - периферия»// Лабиринт. Журнал социально-гуманитарных исследований. —2012. —№ 3.

③ 〔美〕伊曼纽尔·沃勒斯坦：《现代世界体系》第1卷，罗荣渠等译，高等教育出版社，1998，第461～462页。

区域通过剥削边缘和半边缘地区榨取经济成果，从而维持自身的权力；而边缘和半边缘地区或通过自身的努力挤入半边缘和中心，或是继续沦落在边缘位置，处于依附于中心的境地。

“俄罗斯从来就不是一个孤立于世界的国家”①，但是在现代世界体系中，俄罗斯一直在中心和边缘之间挣扎，在开放和孤立之间选择，它试图从边缘进入中心，但又往往重返边缘。彼得一世之前的俄罗斯一直处于蒙昧状态的传统观点曾经十分盛行，与之不同，苏联历史学家证实，前现代世界的基辅罗斯曾经是欧洲的一个繁荣之地，无论在经济领域，还是在文化领域，甚至在国家建设领域，它并不落后于自己的欧洲邻居②，其商业历史之悠久也不仅仅局限于罗斯和拜占庭之间。除了位于“从瓦兰人到希腊人”那条久负盛名的南北商路上，它也是连接伊斯兰东方国家和北欧的通道的经过之处③。后来蒙古的入侵以及基辅罗斯的衰落虽然对俄罗斯的一些城镇造成了毁灭性的影响，但是几乎没有影响东欧地区的贸易路线④。从中国和中亚至金帐汗国首都萨莱再向西通过俄罗斯西南部和波兰到达西欧的商旅路线曾经一度贯通，里海和黑海地区的贸易地位不断上升。由于诺夫哥罗德没有受到蒙古入侵的破坏，波罗的海与西北俄罗斯之间存在另一个巨大的交通系统。

莫斯科公国也从来没有对欧洲经济世界完全封闭⑤，但是立窝尼亚战争的失败中止了俄国向欧洲的进一步开放，俄国进入半封闭状态，开始趋向于在欧洲之外单独组建一个拥有自己联络网的经济世界，16 世纪其贸易和经济取得平衡，主要得力于南方和东方⑥。俄罗斯西进的失败推迟了其进入欧洲经济体系的时

---

① Кагарлицкий Б. Периферийная империя：циклы русской истории. —М. ：Алгоритм，Эксмо，2009. —С. 34.

② Будовниц И. У. Общественно-политическая мысль Древней Руси（XI – XIV вв.）. —М. ：Изд-во АН СССР，1960. —С. 9.

③〔英〕M. M. 波斯坦、爱德华·米勒主编《剑桥欧洲经济史》第 2 卷，钟和等译，经济科学出版社，2004，第 402 ~ 407 页。

④〔英〕M. M. 波斯坦、爱德华·米勒主编《剑桥欧洲经济史》第 2 卷，钟和等译，经济科学出版社，2004，第 490 页。

⑤〔法〕费尔南·布罗代尔：《十五至十八世纪的物质文明、经济与资本主义》第 3 卷，施康强、顾良译，生活·读书·新知三联书店，1993，第 508 页。

⑥〔法〕费尔南·布罗代尔：《十五至十八世纪的物质文明、经济与资本主义》第 3 卷，施康强、顾良译，生活·读书·新知三联书店，1993，第 509 页。

间，避免了与欧洲资本主义的过早对抗。在这一段差不多是“自给自足”的状态中，俄罗斯进一步加强专制主义，使之服从于国家的根本目标。1649 年的全俄缙绅会议通过的《会典》最终使俄国农奴制法典化，农奴从此不可更改地被束缚在土地之上；《会典》规定了服役贵族对封地的所有权，服役官僚制也开始建立。彼得一世时期对统治阶级进行了更为彻底的改造，于 1722 年颁布将全部文武官员分成十四个等级的“官秩表”，建立了统一的官级体制，确立服役原则，从而把贵族和地主都束缚在统一的政治架构中。同时，沙皇将覆盖全国的商业贸易活动置于自己的掌控之下，促进了俄国经济的发展。所有这一切使俄国成为一个巨大的经济体，为俄国进入世界体系积蓄了实力。当欧洲经济势力侵袭俄国时，俄国已走上了工业化的道路，有力量保护其国内市场以及建于 17 世纪的手工作坊和制造厂；18 世纪时俄国工业发展与欧洲其他地区并驾齐驱，有时甚至居于领先地位①。到 18 世纪，独立的俄国世界经济体消失，俄国成为欧洲世界经济体系中充分加入的一员，而且由于它在“东方”的扩张主义角色，它是以半边缘地区的身份加入的②。

沃勒斯坦认为，伊凡四世统治时期是俄国历史上的一个关键时期，因为他在建立一个独立于欧洲世界经济体之外的俄罗斯自主国家时，加强国家的权威，使得俄国内部社会结构定型了③。国家主义以及绝对主义在俄罗斯的延续与其在世界体系中的边缘和半边缘地位有关，资本主义资源的缺乏只能依靠专制来进行弥补。正是国家主义和绝对主义使得俄罗斯的最高统治者将包括政治、经济和军事在内的所有资源集于手中，通过自上而下的现代化为国家积蓄了力量。而现代世界体系中地缘政治的消长，反复给予了俄罗斯在国际事务中发挥重要作用的机会，俄罗斯的现代化循环周期与资本主义核心的霸权周期几乎同步④。

尽管俄罗斯凭借其军事和政治实力一度在欧洲国际体系中获取了霸主地位，

---

① 〔法〕费尔南·布罗代尔：《十五至十八世纪的物质文明、经济与资本主义》第 3 卷，施康强、顾良译，生活·读书·新知三联书店，1993，第 536 页。

② 〔美〕伊曼纽尔·沃勒斯坦：《现代世界体系》第 3 卷，罗荣渠等译，高等教育出版社，1998，第 232 页、第 234 页。

③ 〔美〕伊曼纽尔·沃勒斯坦：《现代世界体系》第 1 卷，罗荣渠等译，高等教育出版社，1998，第 411 页。

④ 格奥吉·杰尔卢吉扬、伊曼纽尔·沃勒斯坦：《世界体系视角下的俄罗斯》，王娜娜：《史学集刊》2016 年第 3 期。

而且一直以强国的面目示现，但是在资本主义的世界体系中，它始终未能进入中心，总是在边缘和半边缘国家之间徘徊。19 世纪下半叶大改革所开启的现代化极大地推动了俄国工业的发展，但大改革之后的 20 年，俄国的工业经济在世界工业产值中所占的份额微不足道，只有粮食出口不断增长，到 1879 年，粮食出口占全俄出口总额的 56.2%①。为了推动粮食和原材料的出口，铁路运输业成为俄国工业化的支柱行业，大量外资涌入俄国的铁路建设。到 20 世纪初，俄国已经深陷外债的泥潭，丧失了偿付能力，实际上已经降为边缘国家。列宁曾经将中欧区、不列颠区和美洲区定为资本主义高度发达（交通、贸易和工业都十分发达）的区域，而俄国是不发达的区域②；相对于英、德、美三个主要的（完全独立的）国家而言，俄国始终居于“一等国，但是不是完全独立的”次要的国家行列③。

布尔什维克的革命针对的是这个不平等和不合理的资本主义世界体系。虽然它无力摧毁这个体系，但是“一国建成社会主义”的实践使得它几乎成功地摆脱了世界体系④。但是支持第三世界民族解放运动的高昂付出、国内官僚主义的盛行、劳动生产效率的低下、意识形态的僵化以及军备竞赛的拖累，严重窒息了社会的活力和创造力。因此，当戈尔巴乔夫的改革转到资本主义的轨道时，俄罗斯重新沦为边缘国家，而在奉行新自由主义理念的叶利钦时代，这种边缘化的状况更为加剧。普京时代也没有改变这种情况，依赖威权制度的运行和石油价格的上涨所实现的政治和经济稳定，只不过使经历了灾难和动荡的俄罗斯社会获得了某种程度上的“心理喘息”⑤。俄罗斯面对的，仍然是如何摆脱边缘、进入中心的问题。

---

① 〔俄〕米·波克罗夫斯基：《俄国对外贸易统计汇编》第 1 卷，转引自王云龙《现代化的特殊性道路——沙皇俄国最后 60 年社会转型历程解析》，商务印书馆，2004，第 176 页。

② 〔苏〕列宁：《帝国主义是资本主义的最高阶段》，载《列宁全集》第 27 卷，人民出版社，2017，第 408 页。

③ 〔苏〕列宁：《关于帝国主义问题》，载《列宁全集》第 54 卷，人民出版社，2017，第 202 页。

④ Кагарлицкий Б. Периферийная империя：циклы русской истории. —М.：Алгоритм，Эксмо，2009. —С. 573.

⑤ Кагарлицкий Б. Периферийная империя：циклы русской истории. —М.：Алгоритм，Эксмо，2009. —С. 573.

二　空间与时间

俄罗斯的内部发展也存在中心和边缘问题，巨大的地理空间使这个问题更为突出。以乌拉尔山和高加索山为界，西部和北部属于欧洲，东部和南部属于亚洲。与欧洲部分的中心相比较，从伏尔加河流域（鞑靼）经乌拉尔、西伯利亚一直延展到太平洋的空间构成了一个巨大的边缘，这也就是地缘政治学家亚历山大·杜金所说的“俄罗斯的东方”（русский восток）或者“内部的东方”（внутренний восток）①。在人口、社会经济和民族、文化等各方面，东方呈现出另一种面貌。但是，正如俄国哲学家伊万·伊里因所认为的，俄罗斯的领土不是一个“机械的总和”，而是一个“有机的统一”②。在历史上，东方为俄罗斯提供了空间的转圜余地，从而为俄罗斯的生存与发展赢得了时间。

1583年，持续了25年之久的立窝尼亚战争以俄国的失败告终，伊凡四世控制波罗的海贸易区，借此与西方建立稳固联系通道的努力宣告落空。立窝尼亚战争失败后，俄国“与其说处于正在形成的世界体系的边缘，不如说已经被驱逐出边缘之外”，“孤立与停滞成为边缘发展的唯一现实选择”③。但是在沃勒斯坦看来，立窝尼亚战争的失败对俄国来说是历史的运气，也可以说“这是一个巨大胜利”，因为“俄国没有被拉入欧洲的世界经济体，其资产阶级和君主至少暂时避免了邻国波兰的命运”④。沃勒斯坦将波兰以及西班牙和奥斯曼土耳其等国在近代竞逐失败的原因，归结为它们过早地直接融入了欧洲世界经济体。虽然这些国家的达官显贵通过经济作物出口参与世界贸易，获取了大量的奢侈品，但是从长远来看，这种依然具有传统自我扩张性质、不以资本积累为目的的短期获利行为带来了灾难性的影响。相反，俄罗斯避免了这样的后果，在西线的失败不仅留给了它独自经营“俄国经济体”的时间，而且它通过在东方的扩张

---

① Дугин А. Основы геополитики. Геополитическое будущее России. —М.，1999. —С. 328.

② Ильин И. А. Наши задачи. Собр. соч. Т. 2. Кн. 1. —М.，1993. —С. 297.

③ Кагарлицкий Б. Периферийная империя：циклы русской истории. —М.：Алгоритм，Эксмо，2009. —С. 170.

④〔美〕伊曼纽尔·沃勒斯坦：《现代世界体系》第1卷，罗荣渠等译，高等教育出版社，1998，第414页。

积累了自己的实力。俄国历史学家格·维尔纳茨基说："正是俄国人在西面被遏制和赶回时，他们开始向东面的西伯利亚推进。"①

1552年和1556年，伊凡四世分别征服喀山汗国和阿斯特拉罕汗国，一举到达乌拉尔山脉和里海，打开了通向亚洲腹地的道路。1581年叶尔马克率领哥萨克军队越过乌拉尔山，开始远征西伯利亚，次年即征服西伯利亚汗国；17世纪中叶俄国的势力已经到达太平洋岸边，18世纪中叶最后征服楚科奇半岛和堪察加半岛。这样，将近1000万平方千米的西伯利亚土地被俄国纳入版图。与东方的征服结果基本同步的是，俄国通过彼得一世的西化改革以及在波罗的海获得了面向西方的"窗户"后，开始进入西方。用自由主义史学家的话来说，18世纪俄国"开始与欧洲真正融合，与其他欧洲国家成为统一的文化、经济和信息共同体，并与其经历相同的社会变革"，只是"时间上晚了一步，强度也有差别"②；用沃勒斯坦的话来说，到这个时候，"独立的俄国世界经济体确实已经消失了，俄国已经成为欧洲世界经济体的又一个边缘地区"③。这个时候进入欧洲世界经济体，对俄罗斯来说是相对有利的。

16世纪末期至18世纪中期俄罗斯向东方的扩张，从某种意义上可以说是俄罗斯历史发展中的战略大腾挪，也是其"以空间换时间"的成功例子。进入近代之后，通过战争手段扩张领土的代价已经越来越昂贵，但是俄国向东的扩张却极其顺利，以至于俄国的征服被视为对"无主之地"的拓荒。东部地区为俄罗斯提供了巨大的资源，例如毛皮主要来自西伯利亚。据统计，16～17世纪俄国的外贸仅毛皮的收入就约占整个俄国外汇收入的1/3④；1680年从西伯利亚获取的毛皮收入占全俄预算的12%以上⑤。此外，俄国新兴的工业也开始向东部扩展。彼得一世在乌拉尔山脉和西伯利亚建立了大量的铁厂，如1697年在西伯

① 〔美〕伊曼纽尔·沃勒斯坦：《现代世界体系》第1卷，罗荣渠等译，高等教育出版社，1998，第401页。

② 〔俄〕鲍里斯·尼古拉耶维奇·米罗诺夫：《俄国社会史》（下册），张广翔等译，山东大学出版社，2006，第316页。

③ 〔美〕伊曼纽尔·沃勒斯坦：《现代世界体系》第1卷，罗荣渠等译，高等教育出版社，1998，第403页。

④ История Якутской АССР. Т. 2. Якутияот 1630-хгодовдо 1917 г. —Изд-во АН СССР. 1957. — С. 26－27.

⑤ 苏联科学院主编《世界通史》第5卷（上册），北京编译社译，生活·读书·新知三联书店，1963，第200页。

利亚的托博尔斯克，1699～1701年在涅维扬斯克和卡缅斯克建立的工厂。北方战争的开始加速了在东部建厂的进程，后来还利用部分瑞典俘虏充当劳动力，在伊尔库茨克建立了一座铁厂。1750年，俄罗斯铁的年均出口量突破了1.9万吨[①]，而到1860年，俄国生产的32.1万吨生铁中有76%产自乌拉尔地区[②]。

虽然俄罗斯东部地区尤其是西伯利亚和远东的发展相对于西方来说较为缓慢，严酷的自然地理条件、人口的稀少以及与中心地区的远隔是其不利因素，但是东部地区对整个俄罗斯帝国的意义是不言而喻的。且不说其丰富的自然资源是留给后世的宝贵财富，历来是俄罗斯国家发展的重要基础，单就这个巨大的空间来说，其地缘战略意义对于俄罗斯的历史发展是无比深远的。因此，18世纪的俄国科学家罗蒙诺索夫曾经预言，“俄国的强大有赖于西伯利亚”[③]。从历史上看，在与西方的竞争中，东部为俄罗斯的战略腾挪预留了大后方，在俄国的军事战略思想史中，“以空间换时间”不仅是一项战术原则，而且是一项战略原则。

“以空间换时间”是俄罗斯统帅库图佐夫在1812年卫国战争中打败拿破仑的经典范例。面对拿破仑大军的入侵，库图佐夫实施目的明确、有条不紊地战略撤退，甚至不惜暂时放弃莫斯科，将其让予拿破仑，从而以空间换取敌人的疲劳、消耗与战略困惑，以谋求最后的反攻机会。“以空间换时间”同样体现在1941～1945年苏联卫国战争中，战争初期，斯大林出于意识形态和民众士气的考虑，在前方军事严重失利的情况下转为积极防御，没有实施战略大撤退，而是固守莫斯科背水一战，使得乌拉尔以东的广大地区成了战时大后方。在经济转入战时轨道后，西部地区的1360个大型工业企业被迅速转移到东部[④]，在短短的时间里就投入生产。战前苏联还在内地新建了三大工业基地，包括乌拉尔的煤炭冶金基地和哈萨克的煤矿基地。这些战时企业和工业基地成为苏军武器

① 〔英〕E. E. 里奇、C. H. 威尔逊主编《剑桥欧洲经济史》第5卷，高德步等译，经济科学出版社，2002，第458页。

② 〔英〕H. J. 哈巴库克、M. M. 波斯坦主编《剑桥欧洲经济史》第6卷，王春法等译，经济科学出版社，2002，第736页。

③ Ломоносов М. В. Сочинения. Т. 7. —Л.，1937. —С. 375. Цит. по：Бороноев А. О.，Ломоносов М. В. о роли Сибири в развитии России. К вопросу о его геополитических взглядах. //Вестник Санкт-Петербургского университета. —2012. Сер. 12. —Вып. 2.

④ 王绳祖主编《国际关系史》第6卷，世界知识出版社，1995，第118页。

和装备的强大供应地，为苏联赢得第二次世界大战的胜利奠定了坚实的基础。

在俄罗斯的历史进程中，“以空间换时间”不仅在军事战略中具有典范性的意义。为俄国史家所称道的是，俄罗斯在西向的扩展中遭遇挫折时，往往能在东方有所收获，弥补在西方的损失。1855 年俄罗斯在克里米亚战争中的失败标志着它欧洲霸主地位的丧失，从欧洲国际政治体系的中心滑落到边缘。在奉行“韬光养晦”的对外政策中，俄罗斯在东方获得了巨大的外交和军事胜利。在远东，俄罗斯利用中国清王朝自鸦片战争以来的虚弱，以及英法联军所发动的第二次鸦片战争，先后于 1858 年和 1860 年迫使清廷与之签订《中俄瑷珲条约》和《中俄北京条约》，割占了中国一百余万平方千米的领土。在中亚，浩罕、布哈拉和希瓦三汗国以及土库曼被俄罗斯攻下，成为其藩属国。在当今俄罗斯的“东西之争”中，一些俄国历史学家认为，俄罗斯与东方本来罕有交集，自 18 世纪以来，俄罗斯帝国在欧亚地区发生的所有冲突，皆是对外来挑战做出的反应；俄国在 19 世纪下半叶兼并中亚，乃是不得已而为之，是对英国不断扩张的反制[①]。其实这正说明了俄罗斯“失之东隅，收之桑榆”的心态。

“领土容纳着和承载着历史，并且以一定的方式解释历史。”[②] 积极向外拓展空间是俄罗斯历史中最重要的一部分，在历史发展的过程中空间也塑造俄罗斯的政治经济生活，造就其文化特性，积淀其历史心理。这个规模巨大的空间一方面为俄罗斯国家的发展以及与外部世界的互动赋予了巨大的潜力和保障，另一方面也为国家的统合以及内部发展的协调造成了无尽的障碍。中心与边缘之间经济社会发展的严重落差，各地区之间文化的差异和多样性，一直困扰和撕裂着国家的同一性。从 19 世纪中期以来的“东西之争”到 20 世纪 90 年代大西洋主义和欧亚主义的切换以及近年来关于“转向东方”的辩论，无不显示了空间与时间之间的矛盾。俄罗斯的历史经验给人以一种直接的观感，即俄罗斯在向西发展受阻时，它就会适时地“转向东方”，从东方寻找机会；而在向西发展的机会和空间敞开时，它又会重新“面向西方”。一般认为，俄罗斯近年来“转向东方”的重要背景，固然是亚太地区经济的快速发展和世界重心的东移，

① Русская ДНК: Почему Россия никак не может сделать выбор между Западом и Востоком. URL: https://lenta.ru/articles/2016/06/20/russian_dna/.

② 〔法〕费尔南·布罗代尔：《法兰西的特性：空间和历史》，顾良、张泽乾译，商务印书馆，1994，第 15 页。

但更重要的是乌克兰危机造就了俄罗斯与西方关系的持续紧张，从而在西向发展中很难有所突破。这似乎是历史上“以空间换时间”战略的重现。虽然一些学者认为不能进行简单的历史类比，当前俄罗斯转向东方有着持续的内在动力支持，外部因素的变化不会有决定性的影响①，但是从帝俄到苏联，再到苏联解体之后的俄罗斯，西伯利亚与远东的开发和发展一直是俄罗斯国家发展战略的重要组成部分，并没有近年来如此高调的所谓“转向”问题，而且近年来“转向东方”的成效不彰，立即引起了俄罗斯国内对此项政策的质疑②。这其实显示了一个重要的问题，“转向东方”究竟是俄罗斯的临时脱困之计，还是它的一项长远之策？它是否构成俄罗斯的“根本目标”，或者说是从属于“根本目标”的一项手段？因为国家根本目标的素质特别是战略性素质，应该是合理、明确、集中、有限、内在平衡和充足的，而集中和内在平衡是关键③。

三 从“大欧洲”到“大欧亚”

从前面的论说中可以看出，俄罗斯需要面对和解决的现实问题不过是其历史问题的延续，即两个层面的“中心—边缘”问题。第一个层面是进入世界中心还是停留在边缘的问题，这是俄罗斯面向未来的根本问题，毫无疑义的是，苏联解体之后的俄罗斯仍然希望在预想的历史轨道中进入世界的中心；第二个层面是俄罗斯内部的中心和边缘的平衡甚至切换，即处理俄罗斯内部的中心和边缘问题，是政策性的平衡还是战略性的转向，这是从属性的问题。从“大欧洲”到“大欧亚”理念的转向，似乎将这两个层面合而为一，并在某种程度上进行了延展和超越。这种转向从深层次来说，意味着从“融入”到“重建”的转向。苏联解体后的俄罗斯一直致力于“融入”西方，试图借助西方的支持，通过现代化的“赶超战略”摆脱自己的边缘位置得以进入中心。但是融入目标在事实上的失败以及资本主义体系所遭遇的危机，使俄罗斯产生了至少在远景上进行“重建”或者是“取而代之”的构想，“大欧亚”就是这种理想的图景，

① 赵华胜：《评俄罗斯转向东方》，《俄罗斯东欧中亚研究》2016 年第 4 期。

② Александр Габуев, Поворот в никуда: итогиазиатской политики России в 2015 году. URL: http://carnegie.ru/commentary/? fa = 62369.

③ 时殷弘编《战略二十讲》，天津人民出版社，2008，编者序第 6 页。

而俄罗斯发展重心的东移则是实现这个远景的基础。

“回归欧洲”“共建欧洲大厦”是戈尔巴乔夫改革道路选择的一个转向，也是苏联解体后俄罗斯发展的核心目标。虽然俄罗斯在外交政策上有过从“大西洋主义”到“欧亚主义”的切换，但是建立俄罗斯与欧洲统一的经济、自由、安全和文化空间这个目标一直以来并没有实质性的改变。世界金融危机之后的2010年，时任总统梅德韦杰夫提出了覆盖“从里斯本到符拉迪沃斯托克（海参崴）”的新欧洲安全条约，普京也提出了在这一空间中建立欧洲经济新体系的构想。但是乌克兰危机发生后，俄罗斯与西方的关系发生了根本性的改变，“大欧洲”战略事实上宣告了失败，“转向东方”从而成为俄罗斯对外政策的一个重要议题。不过梅德韦杰夫的表态代表了大部分俄罗斯精英的真实想法：“不管在政治上、经济上还是心理上，俄罗斯都不会离开欧洲。”① 事实上，即使“大欧洲”战略失败，俄罗斯仍然残存着侥幸心理，寄望于美国特朗普总统执政后取消对俄罗斯的制裁，实现两国关系的缓和与正常化，从而为重启“大欧洲”奠定基础。从这个意义上可以说，“转向东方”是一种经济面向，即通过发展与亚太国家的经济联系，挖掘西伯利亚和远东的潜力，消除西方制裁所带来的负面影响，同时又能够以此作为与西方讨价还价的筹码。如果是这样，那么“转向东方”也可以说是历史上“以空间换时间”的重演。

这种解读在当前俄罗斯战略仍然处于不确定状态或者是过渡状态的情况下似乎更容易为人理解和接受，因为俄总是一个“不断寻找机会的国家”②。在目前被西方制裁和孤立的背景下，俄罗斯在国家发展道路上的选择仍然处于摇摆和争论之中，自由派和保守派各持己见。2016 年以来俄罗斯经济发展战略方案的制定一波三折，某种程度上显示了精英共识的缺乏。库德林领导的战略研究中心向政府呈递的方案受到了总统顾问格拉济耶夫的严厉批评③，普京委托斯托雷平俱乐部提出另外的中期发展方案，以形成“竞争”④。双方都在说服普京接

① Дмитрий Медведев，Новая реальность：Россия и глобальные вызовы. 23 сентября 2015. URL：http：//government. ru/news/19772.

② 〔美〕亨利·基辛格：《大外交》，顾淑馨、林添贵译，海南出版社，1998，第 8 页。

③ Восемь заблуждений Кудрина. Сергей Глазьев раскритиковал экономическую программу Алексея Кудрина. URL：https：//www. gazeta. ru/business/2016/08/15/10129241. shtml.

④ Путин поручил разработать альтернативу программе Кудрина. URL：http：//www. rbc. ru/politics/25/07/2016/579583ce9a7947fc9c3d2b72.

受自己的方案。库德林认为，引入外资是俄罗斯促进经济发展的一个必要条件，俄罗斯即使落后，也要以二等角色“融入”国际技术工艺链，为此他甚至要求普京降低地缘政治紧张度①。但是保守派对俄罗斯的未来发展相当悲观，格拉济耶夫描述了俄罗斯在全球经济发展中的七幅可能图景②，认为俄罗斯可能沦为美国和中国经济边缘地带的“飞地”，在没有自身战略的情况下，就会把开发俄罗斯经济空间的主动权拱手让给外国，再次成为“竞争中的世界强国的侵略对象”和“筹码”。他认为最为理想的图景是俄罗斯集中力量，通过加强建立新型工艺生产和新世界经济制度转向“超前发展战略”（стратегия опережающего развития），这幅图景就是实施普京所提出的“大欧亚伙伴关系”倡议的图景，其基础是欧亚经济联盟和上海合作组织成员国。为此，俄罗斯需要与中国协调一致，全力进入新的世界经济体系中心。

从格拉济耶夫的这个角度来看，“转向东方”以及“大欧亚”倡议显然是俄罗斯从“融入”到“重建”的战略转向，而不再局限于“以空间换时间”的传统战略思维。他认为中国经济的高速发展正在促进一个“新的世界经济体系”的形成，俄罗斯应当利用这个机遇，参与新体系的建立。在这一点上，他似乎超越了卡拉加诺夫的“大欧亚”理念和特列宁的“俄中协约国”理念。俄罗斯人即使在困境中也没有放弃过改变世界的使命意识，他们认为，虽然苏联摆脱世界体系的“无畏和英勇的尝试”以失败告终，但 21 世纪俄罗斯只有一个出路，那就是改变世界体系③。从这个愿景来看，“大欧亚”计划提供了一个建立国际新秩序的可行方案。在这个过程中，俄罗斯基于曾经的“世界性领袖”地位，将自己视为当仁不让的主导者④，而中国将发挥领先作用，但不是主导作用⑤。

---

① Кудрин предложил Путину снизить геополитическую напряженность. URL：https：//www. vedomosti. ru/economics/articles/2016/05/30/642871 – kudrin – putinu.

② Семь сценариев для России. Сергей Глазьев дает семь сценариев развития для России. URL：https：//www. gazeta. ru/business/2017/02/25/10543481. shtml#page5.

③ Кагарлицкий Б. Периферийная империя：циклы русской истории. —М.：Алгоритм，Эксмо，2009. —С. 573.

④ Сергей Глазьев：« Россия должна играть первую скрипку в большом евразийском объединении»（Интервью. Часть 2）. URL：http：//glazev. ru/econom_ polit/504/.

⑤ Караганов С. Евроазиатский выход из европейского кризиса. URL：http：//globalaffairs. ru/.

但是现实与愿景之间存在着很大的距离，“大欧亚”倡议经普京提出后至今还没有一个清晰的路径，其实施的进路也与中国的“一带一路”倡议形成了强烈的对比。虽然普京将“大欧亚”的框架做得很大，甚至延伸到欧盟并希望把它圈进来，但亚太地区显然是这个框架的重心。不过亚太地区本来就存在着多极、分散化的趋向：东盟国家自成一体，韩国和日本是美国的盟友，中俄和中亚国家已经被纳入上海合作组织，中俄印是金砖国家重要成员。而且亚洲国家之间关系复杂，还存在许多一时难以解决的矛盾。在这个地区同质性本来就不强的情况下，俄罗斯作为一个传统的欧洲国家，能否将其纳入“大欧亚”框架?因此更为适宜的看法是，“大欧亚”目前是一个范围更加广泛的一体化项目，可以被视为欧亚经济联盟的自然延伸。其首要任务是将该地区现有的国际组织或一些项目，如欧亚经济联盟、上海合作组织、“丝绸之路经济带”等整合起来。

对俄罗斯来说，更现实的问题是其经济状况还不足以支撑“大欧亚”战略的实施。乌克兰危机之后，西方国家对俄罗斯的全面制裁以及国际能源价格的下降，对俄罗斯经济产生了严重的负面影响，俄罗斯走出困境的前景也不明朗。在这种情况下，“大欧亚”能否得到真正的落实，还是一个未知数。

在俄罗斯的东向战略中，西伯利亚、远东的开发和发展意义重大，它是确立战略面向的基础。历史上，它是发展所需资源的供给者，服务于中心的大后方，战略腾挪的大空间。现在，也许只有在国内完成了中心和边缘的切换，实现了真正的战略东移，俄罗斯实施“大欧亚”战略的意志才能真正体现出来。战略面向的解决莫过于迁都，为此，俄罗斯的新欧亚主义者和“大欧亚”构想的设计者都提出过迁都方案。

新欧亚主义的代表人物亚历山大·杜金在20世纪90年代就提出了这个问题。他认为，“俄罗斯的东方”和北方一样，是未来地缘政治的战略基地，是欧亚的命运之地。随着整个俄罗斯东方的发展，以及太平洋作为“未来之洋”的重要性日益突出，莫斯科失去其“中心”意义、过于“西方化”的时刻将要到来，西伯利亚的新首都将是“空前辉煌的新千年的首都”，不仅具有全国性的意义，而且还有全大陆和全球的意义。在他看来，新西伯利亚是一个理想的选择，它不仅是西伯利亚最大的城市，而且是俄罗斯最重要的智力中心。自新西伯利亚的西部轴线延伸到乌拉尔的首府叶卡捷琳堡，再到莫斯科，向东辐射到伊尔库茨克、哈巴罗夫斯克和符拉迪沃斯托克。“莫斯科—新西伯利亚”轴线将成为俄罗斯内部地缘政治的最重要的轴线①。

在世界金融危机之后，“大欧亚”构想的倡导者也不约而同地提出了迁都西伯利亚和远东的问题。特列宁在《帝国之后：欧亚的历史》中建议，俄罗斯可以考虑将符拉迪沃斯托克作为“21 世纪的首都”。因为这是一个开放性的港口城市，与东亚的中心城市距离较近，可以与这个时代最有活力的人民直接联系，同时它接近中俄边境的位置也可以保证国家的领土完整和安全，不仅服务于远东，也推动全国、西伯利亚和北极的发展②。2012 年符拉迪沃斯托克亚太经合峰会召开前夕，卡拉加诺夫主持的瓦尔代国际辩论俱乐部报告认为，“为了参与亚太一体化进程和更好地实施‘西伯利亚工程’，俄罗斯需要把首都的部分功能转移到西伯利亚和远东地区的一个或几个城市（如符拉迪沃斯托克），通过在这一地区建立太平洋首都的方式，实现面向亚太政策的根本转向”③。2013 年，符拉迪沃斯托克市市长伊戈尔·普什卡廖夫也曾建议政府迁都符拉迪沃斯托克④。除此之外，还有许多其他迁都建议，如联邦委员会议员阿尔诺得·图洛霍诺夫建议迁都叶卡捷琳堡⑤，格拉济耶夫赞同将欧亚联盟的首都定在梁赞⑥，等等。

迁都是一个国家的重大问题，它牵涉国内和国际的诸多因素。俄罗斯的迁都建议者都看到了亚太地区发展的活力以及俄罗斯向东发展的潜力，他们首要考虑的是战略面向问题，而不单纯是经济面向的问题。对于俄罗斯这样长久摇摆于东西方的大国来说，战略面向是需要解决的根本性问题。特列宁说，如果彼得大帝在世，他仍会从莫斯科拔营而起，不过这次是面向日本海，而非波罗的海⑦。但是在任何时候，迁都对俄罗斯来说都是一场“革命”，在目前它只能

---

① Дугин А. Основы геополитики. Геополитическое будущее России. —М. , 1999. —С. 339 - 340.

② Дмитрий Тренин, Post-imperium: евразийская история. —М. : РОССПЭН, 2012. —С. 322.

③ Караганов С. А. , Барабанов О. Н. , Бордачев Т. В. К Великому океану, или новая глобализация России// Аналитический доклад Международного дискуссионного клуба «Валдай». июль 2012. URL: http: //vid - 1. rian. ru/ig/valdai/Toward_ great_ ocean_ rus. pdf.

④ Мэр Владивостока предложил перенести столицу России на восток. URL: http: //www. e1. ru/news/spool/news_ id - 394343. html.

⑤ Сенатор Совета Федерации предложил перенести столицу в Екатеринбург. URL: http: //www. e1. ru/news/spool/news_ id - 438176 - section_ id - 15. html.

⑥ Сергей Глазьев: « Россия должна играть первую скрипку в большом евразийском объединении» (Интервью. Часть 2) . URL: http: //glazev. ru/econom_ polit/504/.

⑦ Дмитрий Тренин, Post-imperium: евразийская история. —М. : РОССПЭН, 2012. —С. 322.

是一种“构想”，在可预见的将来也很难成为现实。历史上俄罗斯政治、经济和文化的重心一直在欧洲固然是重要原因，但是它对亚太地区能否承担世界格局重组的角色也持一种怀疑的态度。这种怀疑在俄罗斯自由派们身上更为深切。因此依托亚太地区建立世界新秩序只是一种远景，当前亚太地区的复杂性以及潜藏的风险构成了俄罗斯战略迟疑或观望的理由。在此情况下，俄罗斯“转向东方”以及实施“大欧亚”计划与历史上的经验似乎并无二致。

四 结语

俄罗斯是一个深具潜质的世界性大国，但是其实力与使命之间存在着永恒的矛盾。这种矛盾在“大欧亚”战略中也深刻地体现出来，宏大的战略框架与实施能力形成对比。在现代世界体系中，俄罗斯一直处于边缘和半边缘的位置，又不断地试图进入中心。这种努力贯穿了它的历史。尽管在苏联时期它以巨大的代价摆脱了世界体系的束缚，但是苏联解体后它仍然被置于边缘位置，当前俄罗斯所面对的仍然是其在历史上面对的问题。巨大的地理空间和历史的遗产使得它一直在东西之间徘徊，难以确定国家发展的大战略。俄罗斯具有战略韧性但缺乏战略耐性，它没有长期稳定的发展战略。“大欧亚”战略是“大欧洲”战略失败后提出来的，但是在明确的战略仍未确定以及战略定力不足的情况下，俄罗斯更被视为一个机会主义者，当前还没有定型的国际格局以及世界政治发展的不确定性加深了人们的这种观感。“大欧亚”战略在今后很长的一段时间中可能是一个虚多实少的架构，很可能被俄罗斯自己首先放弃；它也可能局限于具体的项目计划，从而失去其战略性。因此，与其说这是一项面向未来的长远之策，毋宁说是一项临时脱困的权宜之计。

（原文发表于《俄罗斯学刊》2017 年第 2 期）

2018年俄罗斯亚太外交

——兼论印太战略与大欧亚伙伴关系战略构想的关系

李勇慧*

内容提要： 2018 年俄罗斯继续积极推进开放和多元化的向东看政策，亚太外交平稳发展。对内，进一步明确远东地区面向亚太的外向型经济发展模式；对外，积极推进构建大欧亚伙伴关系，与亚太国家关系显著发展。除了与中国巩固和深入发展全面战略协作伙伴关系，俄日关系也趋于缓和，元首外交推动高层政治安全对话，有望打破领土问题僵局；与朝鲜半岛国家关系逐渐均衡发展，对韩朝的政治、经济、安全关系各有侧重，经济合作提上日程；与印度关系进一步巩固，互视优先，相互信任，战略项目合作稳定；与东盟关系从对话伙伴提升到战略伙伴，粮食供应、高科技联合项目是双方合作的新方向。俄罗斯采取一系列行动强化在亚太地区的影响力，将自身的发展与地区发展相结合，将自身的安全与地区安全相结合，维护地缘政治利益，保持在国际舞台上的地位。

关键词： 大欧亚伙伴关系　印太战略　俄日关系　俄印关系　俄罗斯与东盟关系

---

* 李勇慧，中国社会科学院俄罗斯东欧中亚研究所研究员、俄罗斯外交研究室副主任、研究员。

2018年，俄美关系继续呈现对抗态势，西方显著增强的制裁进一步对俄经济产生负面影响；北约与俄在俄西部边境紧张对峙，美国官方文件中正式出现了印太战略；美国退出中导条约，现行全球战略稳定和平衡的安全体系面临崩溃。俄罗斯历来极度重视战略安全，为了安全利益不惜牺牲经济发展。独联体地区是其战略红线，乌克兰如果投入西方怀抱，俄西部边界将直接暴露在北约的炮舰下。

一方面是俄美关系在可预见的未来都将处在对抗之中，尤其美国最终退出中导条约后，现行全球战略稳定和平衡的安全体系面临崩溃，欧亚地区的军备竞赛不可避免地要发生；另一方面，严厉的制裁使俄经济雪上加霜。为应对上述形势，俄外交政策确立了两个重要的目标：整合国家的政治实力、战略谋划能力和军事外交资源，巩固已取得的地缘政治利益，维护国家安全，保持在国际舞台上的地位；妥善应对威胁和挑战，在东方重新寻找技术和市场，为国内发展创造增长点。对内，进一步明确了远东地区面向亚太地区的外向型经济发展模式。对外，积极推进以构建大欧亚伙伴关系为核心的开放和多元的向东看政策，大力发展与亚太国家关系。除了与中国巩固和深入发展全面战略协作伙伴关系外，俄还巩固扩大与日本、朝鲜半岛国家、印度、东盟国家关系，尽可能做到与亚太地区各国关系的均衡与充实，强化在亚洲的政治经济影响力，加紧构建大欧亚伙伴关系战略构想①。

一　俄国内关于印太战略与大欧亚伙伴关系战略构想关系的思考

美国提出印太战略②，正是俄罗斯在亚太地区积极推进向东看政策、谋求欧

① 大欧亚伙伴关系战略构想是2016年普京总统在圣彼得堡国际经济论坛上正式提出的，可以认为是以整合独联体国家，以欧亚经济联盟为核心，地理范围外溢到欧亚地区，“从俄罗斯的符拉迪沃斯托克到欧洲的里斯本”，是应对中国“一带一路”的构想，同时也是谋划欧亚地区地缘政治经济重构的战略设想。参见庞大鹏《俄罗斯的“大欧亚伙伴关系”》，《俄罗斯学刊》2017年第2期；张昊琦《中心和边缘：理解“大欧亚”》，《俄罗斯学刊》2017年第2期；王晓泉《“欧亚全面伙伴关系”带来的历史性机遇与挑战》，《俄罗斯学刊》2017年第2期；李勇慧《大欧亚伙伴关系框架下俄罗斯与东盟关系：寻求区域一体化合作》，《俄罗斯学刊》2017年第2期。

② 2017年底特朗普政府公布了《美国国家安全战略报告》，正式提出“印太”（Indo-Pacific）概念，并针对“印太”地区（亚太、南亚、印度洋）制定了印太战略。2018年6月2日，在新加坡举行的香格里拉对话会上，美国国防部部长詹姆斯·马蒂斯系统阐述了美国“印太”战略。

亚经济一体化、进入亚洲市场，并且构建实现大欧亚伙伴关系战略的时候。那么印太概念对俄罗斯的亚太战略意味着什么？对向东看政策有何影响？有利因素、不利因素又是什么？过去一年，俄学界讨论的焦点落在印太战略与大欧亚伙伴关系战略构想的关系以及与中国加强“一带一盟”合作的未来上，综合起来有四点。

第一，俄罗斯处在印太战略地缘政治经济的边缘。俄罗斯学者指出，自2000年以来，印度太平洋地区的概念已在世界政治话语中得到讨论。这是因为在20世纪和21世纪交替之际，印度洋和西太平洋之间不仅存在地缘政治联系，而且呈现出地缘经济和安全领域合作的迫切需求。正是在这两个海洋盆地的交汇处，形成了世界大国之间对抗的新舞台。该地区包括中国、日本、朝鲜半岛国家，印度、东盟国家，澳大利亚、新西兰和大洋洲其他国家，美国、加拿大、墨西哥和拉丁美洲的太平洋国家，占世界人口的一半，占世界经济的三分之一以上。该地区的经济增长率高于世界平均水平，经济权重在增加，很快其份额将占全球国内生产总值（GDP）的一半。同时，地球潜在冲突的很大一部分集中在该地区，这与军事、领土、民族宗教、环境冲突以及复杂的历史问题有关①。

第二，印太战略与大欧亚伙伴关系战略构想中地缘政治要素有重合的部分。一是印度既是大欧亚伙伴关系中的战略支点国家，也是印太战略中的关键大国，作用举足轻重。俄罗斯在印太地区与印度的关系密切，建立了全面的战略互惠关系，如何协调与印度的关系是俄在该地区扩大影响力的关键。二是中印在该地区的竞争和合作态势值得关注，中印经济和军事关系影响重大，二者与东盟的关系也在发生变化。三是中俄印关系处在求同存异的调整中，印度愿意借助这个三角关系来与美国讨价还价，形成制衡。四是俄罗斯谋求与位于印太地区的东盟国家进一步合作，扩大在该地区的军事和能源市场份额②。而印太战略在东南亚的实施将迫使东南亚国家选边站队，会影响到俄罗斯大欧亚伙伴关系构

① Стрельцов Д. Индо-Тихоокеанский регион как новая реальность глобальной системы международных отношений // Международная жизнь, 9 номера 2018 года.

② Индо-Тихоокеанский фронт: зачем на геополитической карте появился новый регион и что это сулит России? URL: http://carnegie.ru/commentary/75706 (дата обращения: 22.03.2018).

想中欧亚经济联盟—东盟—上合组织的合作①。

第三，印太战略给大欧亚伙伴关系构想的实现带来战略机遇。一是美国在印太地区主要关注中国。俄不是印太地区以及南中国海的关键国家，这将带给俄罗斯在欧亚大陆的中央—中亚地区实行自己战略的机遇，维护传统势力范围，在中亚地区的大国竞争中占据优势。二是从两个构想的地缘政治重点看，俄罗斯的大欧亚伙伴关系战略重点是北部和欧亚大陆中部，而美国的重点是印度并向南延伸，对于东北亚格局的影响相对较小。三是印太战略为日本提供了更大的外交灵活性和战略空间，从长远看，为俄日之间的合作提供了新机遇。四是俄可以利用自己在印太地区的优势，发展陆上和海上的交通联通，不仅带动远东地区的发展，还要将远东的对外合作扩大到东南亚，并在印太地区谋划构建大欧亚伙伴关系的发展。在这个广大的地区俄罗斯要抓住一些重要的国家，如韩国、印度和东盟国家②。

第四，关于印太战略和大欧亚伙伴关系战略构想与中国的关系。俄专家指出："印太战略有针对遏制中国的意义。而中国为了应对印太战略的挤压，将采取加大影响周边的政策，进一步拉近与中亚及东南亚国家的关系，这样将会限制俄罗斯在该地区的影响力。"③ 而大欧亚伙伴关系战略构想中的中国更具有双重含义，一方面，俄罗斯在欧亚大陆的安全有赖于中俄在上合组织框架下的合作，而印太战略是排斥这一点的。"归根结底美国的印太战略是一箭双雕，对俄的大欧亚伙伴关系战略构想起到阻碍作用。"④ 另一方面，大欧亚伙伴关系战略

① Геополитическая ситуация в Индо-Тихоокеанском регионе. Интерес России в его становлении. URL：http：//csef. ru/ru/oborona – i – bezopasnost/340/geopoliticheskaya – situacziya – v – indo – tihookeanskom – regione – interes – rossii – v – ego – stanovlenii – 8723（дата обращения：16. 11. 2018）.

② Геополитическая ситуация в Индо-Тихоокеанском регионе. Интерес России в его становлении. URL：http：//csef. ru/ru/oborona – i – bezopasnost/340/geopoliticheskaya – situacziya – v – indo – tihookeanskom – regione – interes – rossii – v – ego – stanovlenii – 8723（дата обращения：16. 11. 2018）.

③ Индо-Тихоокеанский фронт：зачем на геополитической карте появился новый регион и что это сулит России？URL：http：//carnegie. ru/commentary/75706（дата обращения：22. 03. 2018）.

④ Индо-Тихоокеанский фронт：зачем на геополитической карте появился новый регион и что это сулит России？URL：http：//carnegie. ru/commentary/75706（дата обращения：22. 03. 2018）.

构想可协调域内大国关系①。

总体上看，印太战略与大欧亚伙伴关系战略构想具有浓厚的地缘政治色彩，都具有挑战旧秩序、构建新秩序的意义。世界的发展中心正在向亚太地区转移，美国与俄罗斯都希望在这个重塑世界体系和秩序的过程中发挥作用，影响世界格局，主动构建有利于自己的未来世界秩序。在美国实施印太战略大背景下，当前俄与欧盟和美国恶化的关系或成新常态，不易改善，因此未来俄向东看的政策仍会加强，其核心内容就是推动大欧亚伙伴关系的发展。而且俄也充分认识到“用大欧亚伙伴关系来充实向东看政策，不能仅靠运气和硬度，还要发展经济”②。

二 进一步提振俄远东地区经济，融入亚太经济一体化

2014 年底以来，俄罗斯相继出台相关法律，积极推进远东超前发展区和符拉迪沃斯托克（海参崴，下同）自由港（以下简称“一区一港”）建设开发。“一区一港”政策旨在通过完善基础设施、提供税收优惠、简化行政程序等措施，改善远东地区营商环境，提升其投资吸引力，扩大地区就业，从而带动整个地区和国家经济的崛起。“一区一港”是俄罗斯进行经济结构深层改革的有机组成部分，也是俄罗斯面向亚洲的一次开放改革。俄学者指出：“西伯利亚和远东在未来的作用是基于自然资源、高质量人力资本建立邻近亚洲市场的创新资源经济区。只有在保障先进工业、科技政策、对外部世界的开放以及给予其社会人口和空间发展最大的灵活性，远东、西伯利亚才能得到明显的发展和进步。”③

截至 2018 年 10 月，俄政府已正式批准在远东设立 18 个超前发展区，分别位于滨海边疆区（4 个）、哈巴罗夫斯克边疆区（3 个）、阿穆尔州（3 个）、犹太自治州（1 个）、萨哈林州（3 个）、萨哈（雅库特）共和国（2 个）、堪察加边疆区（1 个）、楚科奇自治区（1 个）。执行符拉迪沃斯托克自由港政策的区

① Караганов С. От поворота на Восток к Большой Евразии // Россия в глобальной политике, 30 мая 2017.

② Караганов С. Мир на вырост // Россия в глобальной политике, 24 декабря 2017.

③ Макаров И. Куда идет Дальний Восток? // Россия в глобальной политике, 13 сентября 2018.

域已有5个，22个市政机构，分别分布在楚科奇自治区、堪察加边疆区、哈巴罗夫斯克边疆区、滨海边疆区和萨哈林州。

截至2018年10月29日，符拉迪沃斯托克自由港已经入驻的企业为76家，正在落实注册的企业为963家，拟投资额为5560亿卢布，创造56101个工作岗位。

到2018年“一区一港”实施近四年，政府推动行政管理便利化，健全法律法规，但是企业入驻率仍然较低，外企占比低，平均仅为10%。超前发展区的入驻比例是57∶315（实际入驻企业与总容量之比），只有18.1%的入驻率。自由港的入驻比例是76∶963，入驻率是7.9%。另外外资企业占比低，平均仅为6%，超前发展区的比例是32∶315，只占10.2%，自由港的比例是44∶963，只占4.6%。

2018年12月13日普京发布命令，将远东联邦区首府从哈巴罗夫斯克迁移到符拉迪沃斯托克，进一步表明俄罗斯把远东地区作为通向亚太地区窗口的决心。“远东地区取得足够的发展才能说明俄罗斯是亚洲国家，如果远东地区不发展，俄罗斯就无法融入亚洲经济发展进程中。”①

三　以签订和约为目的，日本首相积极推动日俄关系

近几年俄日接近非常引人瞩目。安倍晋三自2012年再次担任日本首相后积极推动对俄外交，提出要用“新思维”来改善与俄罗斯的关系，2018年安倍迫切希望与俄签订和平条约，再谈领土问题。俄罗斯奉行积极的向东看政策，日本是俄向东看政策中的重要国家，其技术和投资对于俄远东地区开发和俄融入亚太经济一体化具有重大意义。双方克服障碍加强交流合作的愿望都很明显。2012年到2019年1月22日，安倍与普京共举行了25次会晤，创造了俄日关系史上最高领导人连续7年会晤的纪录。到2019年11月安倍将成为日本历史上执政时间最长的首相，安倍的政治抱负远大，要通过与俄罗斯解决领土问题、签订和平条约来体现日本战后成为“正常国家”的战略目标。2019年1月安倍给父亲安倍晋太郎扫墓，其父曾致力解决同苏俄关系及和平条约签订问题，在父

① Макаров И. Куда идет Дальний Восток? // Россия в глобальной политике，13 сентября 2018.

亲的墓碑前安倍发誓要完成父亲的事业，自己在任期间将领土问题画上句号①。在安倍的积极推动下俄日关系出现了缓和迹象。

（一）2018 年俄日关系的主要表现

首先，推动高层政治安全对话，元首外交作用突出。2018 年俄日两国元首进行了四次会晤，加强了相互了解，增进了信任。5 月 24～25 日安倍对俄罗斯进行了正式访问，并出席了圣彼得堡经济论坛之俄日商务对话辩论。正式访问期间签署了一揽子双边文件，普京和安倍还共同出席了俄日国家年的开幕式。9 月 10 日安倍率领庞大经济代表团再次出席了俄在符拉迪沃斯托克举办的东方经济论坛，双方讨论了经济、人文、军事合作问题，签署了许多合作协议，普京与安倍还一起参观了日本马自达汽车公司在远东的汽车发动机生产线。11 月两国元首又借在新加坡共同出席东亚峰会的机会举行了会晤，双方共同决定开启新的和平条约谈判机制，将努力推动和平条约的谈判，在 1956 年《苏日共同宣言》的基础上签署和约。11 月在阿根廷二十国集团峰会上普京与安倍再次会晤，进一步明确了签订和约的决心。2019 年 1 月 22 日日本首相安倍与普京在莫斯科举行工作会晤，两国领导人重申，将加强经济合作，深挖合作发展潜力。

随着两国领导人的推动，俄日在外交和安全领域的对话也得到了加强，2018 年 7 月举行了“2＋2”的外交＋安全对话。除了“2＋2”机制外，两国安全委员会与国防部门定期接触，交流信息；两国外交部部长定期会晤，3 月俄外长拉夫罗夫对日本进行了工作访问，推动以外交部工作人员为主要成员的领土问题定期谈判。

两国议会间的交流不断加强，推动党派间交往与经济合作。2018 年 4 月，日本议会代表团在自民党干事长二阶俊博率领下访问了莫斯科和圣彼得堡。负责日俄经济合作的日本经济产业大臣世耕弘成于 6 月访问了俄萨哈（雅库特）共和国，出席俄日议会间和地区间合作磋商委员会第三次会议。7 月，俄罗斯联邦委员会国际事务委员会主席科萨切夫率领议员代表团访问了日本。同月，日本议会顾问团主席率团访俄，俄联邦委员会主席马特维延科和国家杜马主席沃

① 《安倍给父亲扫墓 誓言签署日俄和平条约》，俄罗斯卫星通讯社，2019 年 1 月 7 日，https：//weibo.com/2181597154/HaR0i1TsV？type＝comment#_ rnd1633830364738。

洛金会见了代表团。2018 年日本众议院议长在俄罗斯联邦委员会全会上进行了演讲，这是俄日关系历史上第一次日本议长在俄议会演讲。

其次，俄迎合安倍希望尽快先签订和平条约后解决领土问题的想法。

一是安倍在领土问题上表现出妥协姿态，由此普京表态准备克服困难签署和平条约。2018 年 11 月 14 日普京与安倍在新加坡举行会晤时，双方商定在 1956 年《苏日共同宣言》基础上加快和平条约谈判进程。由于日本一贯坚持先确定北方四岛（俄称“南千岛群岛”）主权再签署和约，因此，外界认为安倍的打算是承认以 1956 年宣言为基础，即不再追究四岛的主权归属问题，要先签订和约，再讨论在什么条件下拿回齿舞和色丹两岛。2019 年 1 月 22 日安倍再次前往莫斯科与普京讨论了和平条约问题。会谈后安倍表示要努力推动和约尽快签署。2019 年 2 月 7 日是日本的“北方领土日”。当日安倍在出席归还“北方领土”全国大会上首次未使用俄罗斯“非法侵占”岛屿的说法，他同时表示，日本将继续就和平条约问题与俄罗斯进行谈判，以寻求双方都能接受的解决方案。他指出，将通过签署和平条约进一步加强两国人民的信任和友谊。日本媒体认为，安倍放弃日本一贯的说法是为了营造相对缓和的气氛，配合改善两国关系及密集进行的和平条约谈判。安倍已经改变了过去坚持四岛主权的立场，寻求双方都能接受的解决方案。可以认为，安倍发出了重大妥协信号，以期在其执政期间签署和约。从俄立场看，俄能够接受的方案是：承认四岛主权归属俄罗斯，只是在签订和平条约后出于善意，俄将转交给日本齿舞和色丹两个小岛。双方究竟如何弥合立场差异签署和约，我们将拭目以待。

二是俄日开启和平条约谈判。2018 年 11 月双方首次组成了以外交部副部长为团长的和约谈判队伍。2019 年 1 月日本外相河野太郎访俄，两国外长正式开启和平条约谈判，河野与俄外长拉夫罗夫举行第一轮会谈，从发布的新闻来看，双方在领土问题上存在显著分歧，“但两国领导人令俄日关系实现全面正常化的政治意志激励两国开展对话”①。2 月 16 日二人在慕尼黑举行第二轮会谈。为配合和约谈判，俄派出外交官和学者两个代表团赴日进行沟通，试图通

① 《俄外长：俄日在和平条约问题上还存有显著分歧》，俄罗斯卫星通讯社，2019 年 1 月 14 日，http：//sputniknews. cn/politics/201901141027354501/。

过官方和民间的二轨渠道，探讨在未解决领土问题条件下签署和平条约的可能性。

三是日本国内舆论发生变化。2019 年 1 月 28 日《日本经济新闻》报道称，大多数日本人认为在解决北方四岛问题之前有可能与俄罗斯签订和平条约。42% 的受访者支持在解决领土争端前与俄罗斯签订和平条约，还有 46% 的人持相反观点。10% 的受访者认为，日本根本不应向俄罗斯要求任何岛屿。

俄日经济合作取得一定进展。安倍首相连续四年参加俄东方经济论坛推动两国经济合作，未来的合作潜力很大。安倍提出的八项经济合作，包括能源、工业、卫生、农业、城市环境、中小型企业协作、高科技、人文交流，正好与普京总统五月法令中的任务吻合，比如首先在俄远东地区实现技术和投资突破，提高人民生活质量，发展基础设施①。双方在八个方向上已经开始了具体合作，新的药品生产和医疗中心建设正在启动，正在实施提高生产力和发展数字经济的智慧城市计划，以期提高城市生活质量②。

日本是俄罗斯第十大贸易伙伴，2017 年双方贸易额为 182 亿美元，日本出口 105 亿美元，进口 77 亿美元。2018 年两国贸易额持续增长，总额近 200 亿美元，增长 9.89%③。2019 年 1 月 22 日普京与安倍会晤时说，俄日贸易额能够增长 50%，达到 300 亿美元。

投资合作稳步推进。日本对俄远东地区的投资已经累积达到 140 亿美元。2018 年俄日启动了价值 2 亿美元的项目，在俄罗斯超前发展区和自由港 2018 年 10 月底入驻企业 10 家，包括高科技、医疗保健、天然气化学、生物燃料、基础设施和公用事业领域。2018 年 3 月，日本国际合作银行（JBIC）与远东吸引投资和支持出口署、远东和贝加尔地区发展基金共同创建了 10 亿美元投资基金，支持促进日本公司对远东超前发展区和自由港的投资，为参与生产、物流基础

---

① Кирилл Дмитриев. Россия и Япония：на пороге инвестиционного прорыва // Независимая газета，06 сентября 2018.

② Товарооборот между Россией и Японией превысит аналогичный показатель сотрудничества с США. URL： http：//economy. gov. ru/minec/about/structure/depasiapacific/201812096 （ дата обращения：12. 09. 2018）.

③ Владимир Путин и премьер-министр Японии Синдзо Абэ сделали заявления для прессы по итогам переговоров. URL：https：//www. putin – today. ru/archives/75684（дата обращения：22. 01. 2019）.

设施建设、服务等项目的日本公司提供咨询和其他服务①。

能源合作进一步扩展。日本是世界上最大的液化天然气进口国，在塑造市场和构建价格机制方面拥有丰富的经验，俄罗斯拥有丰富的自然资源，双方经济互补性很强。两国在传统的油气田开发领域，以及节能和可再生能源领域，包括风力发电以及福岛第一核电站的退役等领域的合作正在稳步推进。2018 年 2 月日本新能源和工业技术发展组织（NEDO）与俄远东萨哈（雅库特）共和国签署了建造风力柴油综合系统的试点项目，目前已经开工。俄日同时也很重视在北方海航线、北极电能上的开发与合作，2018 年日本政府拨款对俄罗斯北极进行技术探索。日本目前与俄罗斯进行合作想要达到的主要目的是让俄罗斯人民感受到日本科技的水平，与日本合作能够快速提高生活质量。

在有争议领土上的经济合作取得进展。日本积极推动五个项目在南千岛群岛上落地实施，主要包括养殖海产品、建设蔬菜大棚、开发旅游线路、开发风能以及减少垃圾量等。日本从 2017 年开始先后派出三个代表团访问南千岛群岛考察经济合作项目及可行性。2017 年 6 月 27 日至 7 月 1 日，第一个代表团上岛了解渔业、旅游、医疗和生态用地及相关基础设施情况；2017 年 10 月末第二个代表团考察具体落实五个项目的可行性，50 多位专家和商人与当地人一起考察了各种项目设施情况；第三个商务代表团于 2018 年 8 月考察了南千岛群岛的项目落实情况。当前日方在有争议领土上进行经济合作还受到法律的约束，因此，双方还需要研究两国的法律，以便在不违反法律的基础上进行合作。如果签订了和平条约将无法律障碍，两国在四岛上的合作将大规模进行。

最后，俄日人文交流进一步加深。2018 ~ 2019 年俄日互设国家年，这是俄日关系史上第一次举办这样的国家年活动。在国家年框架下将举办 400 多场文化、艺术、科学、体育、教育和青年人交流等丰富多彩的活动，推动两国人民相互了解。为了鼓励双方人员的交流，日本对俄商务人士发放五年内多次往返

① Тоёхиса Кодзуки: Взаимодействие между Японией и Россией в экономической сфере развивается беспрецедентными темпами // Восток России, 10. 09. 2018. URL: https: // www. eastrussia. ru/material/toyekhisa – kodzuki – vzaimodeystvie – mezhdu – yaponiey – i – rossiey – v – ekonomicheskoy – sfere – razvivaetsya – bespr/.

签证，2017 年赴日人数比 2016 年增加了 40.8%，2018 年比 2017 年增加了 25%①。过去只有客船到达南千岛群岛，2017 年日本开通了一条包机航线飞往南千岛群岛，乘客有曾经住在岛上的居民、生态学者、博物馆工作人员、医务工作者等。

（二）展望

俄日关系充满了复杂性和矛盾。一方面是双方希望用“新思维”扩大经济合作，另一方面合作又受到领土问题的钳制。安倍缓和与俄的关系有遏制中国的考虑，除了经济合作，还要与俄罗斯谈安全问题，提出实施印太战略的构想，是要形成更大的包围圈。此外，解决俄日领土问题，除了历史因素外，主要障碍还有美国因素，日美安全合作对俄罗斯构成极大的威胁。俄罗斯发展对日关系也是为弥补同欧洲关系恶化带来的损失，还可以防止产生对中国单向的经济依赖②。值得关注的是，俄日在未来两年有可能先签订和平条约，在有争议的岛屿上展开经济合作，最后考虑移交齿舞岛和色丹岛，最终彻底解决领土问题。

四　俄罗斯与朝鲜半岛国家关系逐渐均衡发展

2018 年随着朝鲜半岛局势逐渐缓和，俄韩政治经济联系加强，韩国希望与俄罗斯合作的热情超过了历史上任何时期。俄朝之间一直保持高层联系，朝鲜对俄韩朝在天然气、铁路等领域合作表现出极大的热情。俄罗斯与朝鲜半岛国家的经济合作也逐渐提上日程。

（一）俄罗斯与朝鲜半岛国家关系的主要表现

1. 俄韩关系是俄罗斯亚太外交中的优先伙伴关系之一

2018 年 6 月 21 ~23 日韩国总统文在寅正式访问了俄罗斯。双方讨论了务实

---

① Тоёхиса Кодзуки：Взаимодействие между Японией и Россией в экономической сфере развивается беспрецедентными темпами // Восток России，10.09.2018. URL：https：//www.eastrussia.ru/material/toyekhisa－kodzuki－vzaimodeystvie－mezhdu－yaponiey－i－rossiey－v－ekonomicheskoy－sfere－razvivaetsya－bespr/.

② Парамонов О. Россия и Япония：новая повестка дня // Международная жизнь，18 октября 2018.

合作和解决国际问题的方式问题，签署了一揽子各部门间合作协议，双方随后发表了共同声明。9 月韩国总理李洛渊出席了俄罗斯东方经济论坛，向俄朝表达了加强合作的意愿。2018 年俄韩经贸关系发展速度较快。2017 年两国的贸易额为 190 亿美元，2018 年是 248 亿美元，同比增长 30.53%①。这个成绩的取得与韩国总统文在寅有重要关系，6 月文在寅总统访问俄罗斯期间，韩国与欧亚经济联盟签订了设立自贸区共同声明，这在一定程度上激活了俄韩贸易。更早之前，2017 年文在寅提出九桥计划：首先南北合作，再联合俄罗斯以及中国和日本开展合作。上述项目预期给两国经济合作带来动力。可以预见，一旦半岛局势得到真正缓和，该计划会得到东北亚国家的积极响应。

2. 俄朝高访不断，经济合作受制裁影响严重，计划好的金正恩访俄未能实现

首先，围绕俄朝建交 70 周年、纪念朝鲜建国 70 周年以及协调半岛无核化，双方高层交往密切。2018 年 5 月 31 日，俄罗斯外交部部长谢尔盖·拉夫罗夫访问朝鲜，与朝鲜外相李勇浩进行了会晤。两国外长围绕 2018 年两国建交 70 周年讨论了如何发展和加强俄朝经济与人文合作，探讨了双方元首会晤的可能性，双方签署了三所大学间合作协议。7 月俄副外长莫尔古洛夫访朝，与负责包括无核化在内议题的朝鲜副外相崔善姬女士举行会晤，并受到朝鲜外相李勇浩的接见。9 月 7 日俄罗斯联邦委员会主席马特维延科访问朝鲜，参加朝鲜建国 70 周年的庆祝活动，并与朝鲜领导人金正恩会谈。会谈期间，马特维延科表示，俄联邦委员会将与朝鲜议员成立友好小组，将在推动政治解决朝鲜半岛问题中发挥作用。马特维延科向金正恩递交了普京的信函，信中邀请金正恩正式访问俄罗斯。金正恩当场确认访俄。10 月朝鲜外务省副相申洪哲访问俄罗斯，为金正恩访俄进行进一步沟通。

10 月朝鲜执政党劳动党代表团在莫斯科与“统一俄罗斯党”领导层讨论了巩固两党之间关系的问题。2018 年 10 月是俄朝两国建交 70 周年，朝鲜领导人金正恩与俄罗斯总统普京通过信函相互庆祝建交 70 周年。金正恩在发给俄总统的信函中表示，希望在相互尊重、睦邻友好且互利原则的基础上发展俄罗斯与

---

① Товарооборот России с Республикой Корея（Южной Кореей）. URL：http：//russian－trade. com/reports－and－reviews/2019－02/torgovlya－mezhdu－rossiey－i－respublikoy－koreya－yuzhnoy－koreey－v－2018－g/（дата обращения：09. 02. 2019）.

朝鲜的关系。希望国家间的关系将继续根据“新时代的要求和两国人民的利益”坚定且具有建设性地发展。普京表示，“过去数十年，俄罗斯与朝鲜在各领域积累了大量的建设性合作经验，相信俄罗斯与朝鲜将继续加强联系，包括在韩国的参与下开展三方合作项目，进一步推进互利合作。这将巩固半岛和东北亚的安全与稳定”①。

其次，经济合作受制裁影响严重。2018 年第一季度俄朝经贸额为 525 万美元，同比下降了 84%。2018 年 3 月 22 日俄罗斯远东发展部部长访问朝鲜，双方举行了经贸和科技合作政府间委员会会议，其间俄朝签署合作协议，包括交通、科学教育、农业、保护环境等方面。4 月 9 ~ 11 日朝鲜外相李勇浩对俄罗斯进行了工作访问，就联合国安理会 2397 号决议进行讨论。该决议规定俄罗斯必须将在其境内的朝鲜劳工遣返回国，到 2020 年朝鲜民工必须全部离境。之前每年进入俄罗斯境内的朝鲜民工达到 1.2 万 ~ 1.3 万人，目前在俄朝鲜民工约 3.7 万人，他们主要集中在渔业加工、建筑和农业领域②。由于俄远东劳动力短缺，朝鲜劳工吃苦耐劳，以集体形式受雇于俄远东，受到俄欢迎。而朝鲜劳工的收入也为朝鲜创造了大量外汇。根据联合国决议撤出朝鲜劳工俄朝均有经济损失，俄十分不甘心。

俄罗斯与朝鲜半岛的经济合作目前仍然受制于美国对朝鲜的制裁。一旦制裁解除，俄罗斯与朝鲜的合作将在多领域展开。朝鲜过去由苏联帮助建设的电网中有 70% 都需要现代化，2018 年俄罗斯专家前往朝鲜实地考察，认为当前新建可能比改造更划算。朝鲜表示，在铁路、天然气管道、电网联通等方面希望三方能够合作，甚至更希望日本和中国的加入。俄朝军事技术合作也因制裁陷入停滞。苏联以及独立后的俄罗斯一直是朝鲜军事技术装备供应者，许多俄式装备早已过了保险期，需要售后维修等服务，但因为制裁无法进行这方面的工作。唯有哈桑到罗津的这条铁路合作项目是排除在制裁之外的，2018 年俄朝韩就该项目进行了深入的研究。

---

① Константин Худолей. Корейский полуостров：шаги от пропасти // Россия в глобальной политике，22 ноября 2018.

② Россия начала высылку северокорейских рабочих из-за санкций против КНДР // РБК，07. 02. 2018. URL：https：//www. rbc. ru/politics/07/02/2018/5a7a8b999a794719a3decaf2.

（二）展望

俄罗斯虽然在朝鲜半岛奉行均衡政策，但在实践中与韩国的经济、人文关系更受重视，与朝鲜的则为政治、安全关系。未来随着半岛局势的变化，俄必将奉行多元的政策，以与复杂的形势要求相符。俄在无核化进程中发挥着积极协调作用。朝鲜提出无核化的条件是美国保证放弃对朝鲜的敌对态度，其中的含义很广泛，不能仅理解为确保朝鲜的安全。因为朝鲜已经拥核，能够发挥核遏制能力，因此，“最需要的安全保证是美国放弃对朝鲜政权的敌意”①。很显然，俄罗斯无法单独做到确保朝鲜安全的承诺，必须联合中国一起与美国谈判。中俄在朝鲜半岛无核化进程中的努力仍将是非常重要和必要的，保持密切协调和配合非常关键。取消对朝鲜制裁是实现俄朝韩三方的经济合作以及东北亚地区合作的前提条件。

五　进一步巩固的俄印关系

2018 年俄印关系稳定发展，两国在 20 年前建立的全面特惠战略伙伴关系不仅表现出互视优先、重视地缘政治的特点，而且还体现出相互信任的特点。双方战略项目的合作一直很稳定，包括能源、国防、宇宙空间与核能，此外，本币结算、俄远东地区开发、南北交通走廊等方面的合作也在不断推进。印度在俄罗斯的大欧亚伙伴关系中占据重要位置。

（一）俄印关系的主要表现

第一，政治关系进一步巩固。双边关系处于非常高的战略水平，互信加深。2018 年 5 月印度总理莫迪对俄罗斯进行了工作访问，特别就在美国制裁下如何与俄罗斯进行武器交易进行探讨。普京表示很欣赏莫迪表现出来的外交独立性。10 月普京对印度进行了国事访问，俄罗斯总统和印度总理在会谈后发表了《俄罗斯—印度：在不断变化的世界中的可靠合作伙伴》联合声明，进一步表达了

---

① Георгий Толорая. Кластер сотрудничества между Россией, Северной и Южной Кореей. URL: http://ru.valdaiclub.com/a/highlights/klaster-sotrudnichestva/ (дата обращения: 12.09.2018).

深化两国关系的意愿。会晤后双方签署约20份文件，其中最受关注的是俄向印度供应五套S-400防空导弹系统的协议，合同总值近60亿美元。

俄印议会和军事部门之间的联系也得到加强，助力两国政治互信。2018年12月印度议会相关领导出席了在莫斯科举行的议会会议，同时庆祝俄联邦委员会成立25周年。同月，俄国家杜马主席沃洛金访问印度。2018年11月18~28日印度在北方邦举行了"因陀罗—2018"演习，来自俄罗斯和印度武装力量的500名军事人员参加了演习。12月中旬俄国防部部长绍伊古访问印度，出席了两国政府间军事技术合作委员会会议，双方共同讨论了联合军演、共同组装生产卡拉什尼科夫冲锋枪、歼击机米格-29的现代化等问题。12月，俄罗斯联邦安全会议秘书帕特鲁舍夫访印时，双方就反恐问题、阿富汗局势等地区问题进行了深入探讨。

第二，经贸关系不断升温。2017年俄印之间的贸易额比上年增长21%，达到94亿美元，2018年1~7月贸易额为60.4亿美元，同比增长20%。印度是俄罗斯提出的大欧亚伙伴关系中重要的伙伴，起到连接欧亚大陆的支点作用。作为大欧亚伙伴关系最重要的组成部分，欧亚经济联盟与印度在2018年秋季开始就建设自由贸易区举行谈判。俄对与印度的能源合作寄予希望，印是萨哈林2号、远东煤炭项目的主要投资者，2018年3月俄第一批液化天然气供应到印度。印度对俄罗斯的北极开发、北方海上航线等大项目很感兴趣。在俄罗斯开发远东的优惠政策框架下，印度21个优先投资项目已经启动，包括石化、基础设施建设和药品生产。俄罗斯希望到2025年与印度的贸易额达到300亿美元，投资额达500亿美元。

俄印正在筹划中的南北交通走廊是两国具有战略意义的合作项目。该线路将跨越阿塞拜疆、伊朗，连接东南亚和北欧，长度为7200千米，计划初期每年运货量是500万吨，以后增长到1000万吨或者更多。这条线路最主要的优点是节省一半的运输时间。

第三，俄印人文合作具有传承性，有较好的基础。2018年是俄印旅游年，近几年俄罗斯赴印度旅游的人数不断上升，2016年为23万人，2017年达到38万人，2018年增加了21%，达到46万人①。2018年9~12月在印度举办了俄罗

① На 30% увеличился перекрёстный турпоток России и Индии в 2018 году. URL: https://tvbrics.com/news/na-30-uvelichilsya-perekryestnyy-turpotok-/ (дата обращения: 28.01.2019).

商、工业、采矿、交通、粮食保障、农林业、信息技术安全、旅游、金融、科学技术和创新等领域开展合作。双方在发展贸易投资磋商机制下制定了贸易投资合作路线图。2017 年俄罗斯与东盟的贸易额增长 35%，2018 年上半年双方贸易额同比增长 8%，全年贸易额为 98 亿美元。俄罗斯在东盟的最大贸易伙伴是越南。东盟与俄罗斯相互累计投资超过 250 亿美元，有 60 个工业和高科技项目正在实施中。

普京在访问新加坡时呼吁东盟国家利用好圣彼得堡经济论坛和东方经济论坛等各类经济合作和投资平台，加大企业界人士的交流，要求组织俄罗斯商人赴东盟国家招商引资，宣介各种优惠政策。双方支持在多边组织中的合作，在俄罗斯与东盟第三届峰会上俄罗斯作为欧亚经济联盟的代表，新加坡作为东盟的代表签订了两个地区一体化组织的相互谅解备忘录。能源领域的合作按照俄罗斯与东盟 2016 ~ 2020 年工作计划执行。双方按照 2016 ~ 2025 年科技创新行动计划扩大科技创新的合作。推动发展各类交通运输的合作也是双方合作的重点，在大欧亚伙伴关系构想中要充分发挥东盟连接陆地海上的重要地理优势。

农业合作方面双方互补性较强。按照 2016 ~ 2020 年农业和粮食安全计划扩大农产品市场和加强农业合作的管理。在气候条件的影响下，东南亚耕地面积越来越少，谷物作物产量减少，洪水、地震、海啸以及其他自然灾害也都在侵蚀耕地的面积。此外，东盟的人口增长也很快，2018 年已经超过 6.5 亿，随着人们饮食结构的调整，需要更多的农副产品，近六年粮食进口从 2012 年的 872 亿美元增长到 2017 年的 1435 亿美元。俄罗斯的远东有着双方合作的广阔空间，俄远东超前发展区将加大基础设施的建设，提高生产能力，正在积极推动超前发展区农产品向东盟的出口。从俄远东出口到东盟的粮食 2015 年约合 4970 万美元，2017 年增至 5.271 亿美元，2018 年 1 ~ 8 月出口到东盟的粮食约合 8.5 亿美元①。

第三，共同加强与恐怖主义势力做斗争是俄罗斯与东盟关系的主要内容。近年来东盟国家面临的安全威胁不断升级，东盟对俄罗斯的武器、信息情报保障、经验和专家的交流都有需要。根据 2018 年全球恐怖主义指数看，东南亚发

① Россия - АСЕАН. URL：https：//roscongress.org/sessions/eef – 2018 – rossiya – asean/discussion/（дата обращения：11.09.2018）.

生的恐怖活动占全世界的三分之一。在11月的东亚峰会上双方就反恐问题发表声明，共同对抗极端组织“伊斯兰国”。

第四，人文交流不断深入，双方非常重视对年轻人的培养。一是加强年轻人的科技和学术交流。2018年11月双方宣布共同打造智慧城市，共同建立研究中心，致力于长期战略合作。俄罗斯的信息通信公司、软件设计公司、技术平台都已经加入该合作项目。二是加强教育合作，比如高校之间的交流，培养专业技术人才，鼓励相互留学，加强语言学习。三是在医疗、卫生、环保、应急反应等领域里深入合作，充分发挥双边关系中的二轨交流机制。四是加强旅游合作，推动新旅游项目的研发和建设，提高旅游安全和服务水平。

（二）展望

俄罗斯与东盟合作前景广阔，加快提升双方合作潜力，扩大合作领域是未来一段时期的主要工作。粮食供应、高科技联合项目等是俄罗斯与东盟合作新方向。东盟将会与“一带一路”、欧亚经济联盟密切合作，这也将促进大欧亚伙伴关系的构建。

俄罗斯开展积极的亚太外交，核心内容是从对内、对外两个方向推动大欧亚伙伴关系的构建，其主要目标是将寻求自身的发展与地区的发展相结合，将维护自身的安全与地区的安全相结合，希望以发展促安全，并在这个过程中谋划欧亚地区地缘政治经济格局的重构。世界体系和秩序正在发生重大变化，俄罗斯要在这个重塑的过程中谋求发挥作用，影响世界格局，保持俄在欧亚地区的影响力和国际地位。如果俄能够发挥资源优势，与亚太国家进一步分享自己的资源、进行道路联通，欧亚经济联盟与“一带一路”倡议、上合组织以及东盟等国际组织实现充分对接，就能进一步推动大欧亚伙伴关系战略构想的实现。中国应该在欧亚地区运筹好已经有明显成效的“一带一路”倡议，对与大欧亚伙伴关系的经济合作尽早做出制度安排。

（原文发表于《俄罗斯学刊》2019年第2期）

俄印关系的历史嬗变及发展特性研究

——兼论中俄印三角关系*

卫　灵**

内容提要： 纵观俄印关系的历史嬗变，经历了从冷战时期的苏印友好，到今天互为“享有特权战略伙伴”的变化过程。普京入主克里姆林宫后，多次南下印度，不断推进两国政治、经济、能源、反恐、文化等各领域的合作，而军事领域的合作更是两国深化关系的重要纽带。俄印在一系列国际问题和地区问题上拥有诸多类似的主张和立场，在大国博弈中相互借力，互为依托。从地缘政治角度看，俄罗斯与印度无论在历史上还是现实中互不构成威胁，也不存在大国间的结构性矛盾以及国家根本利益的冲突。今后俄印合作前景广阔，动能与基础稳定。中国在加强与俄印合作的同时，应继续坚持不结盟方针，不构建所谓战略三角。中国应以自己的外交智慧，推进中俄印三方合作，减少或避免中国和平发展中不必要的阻力和障碍，实践中国周边外交、大国外交新思路。

关键词： 俄印关系　历史嬗变　中俄印三角关系

---

* 本文系国家社科基金重点项目“习近平总书记全球治理与国际法思想研究”（项目编号：18AKS024）阶段性成果。

** 卫灵，中国政法大学马克思主义学院教授、博士生导师，中国政法大学中国和平发展研究中心主任。

一 从“盟友”到“享有特权的战略伙伴关系”的历史嬗变

从苏联时期到俄罗斯时代，苏印、俄印关系经历了从战略“盟友”到战略伙伴关系的演变。

苏联时期，印度与苏联结为战略“盟友”。印度独立后与苏联建交，起初两国关系一般。随着国际格局的变化，两国关系也发生变化。在美苏对峙态势下，苏联出于战略上的需要，利用和拉拢印度；中苏关系破裂后，印度背靠苏联，获取对外战略上的支持，对中国形成南北两面的压力。印度虽然奉行“不结盟”的对外政策，但在中印爆发边界冲突的情况下，与苏联结为“盟友”，得到苏联在物质上，尤其是军事装备上的大力援助，并且以苏印关系作为抗衡中国的重要砝码。苏联在中印矛盾日益激化之时，不断加大对印度的援助和贷款。1961～1964年，苏联对印军事援助达1.3亿美元①。印度依靠苏式武器装备，在南亚以一个军事强国的姿态保持优势地位。20世纪70年代初，在美苏、中苏关系紧张的情况下，中美两个意识形态长期对立的国家，开始通过巴基斯坦进行秘密接触。与此同时，苏联和印度于1971年8月签署了《苏维埃社会主义共和国联盟和印度共和国和平友好合作条约》（*Treaty of Peace, Friendship and Cooperation between the Union of Soviet Socialist Republics and the Republic of India*，简称《苏印和平友好合作条约》）这一具有军事性质的条约，两国事实上的盟友关系以法律条文的形式确立下来，印度的“不结盟”政策成为空谈。在苏联的支持下，印度的军事装备迅速加强，70年代初期，印度空军已拥有百余架米格－21战斗机和150架苏－7B战斗轰炸机。

苏印关系的拉近也使得中印、中苏关系变得更加复杂，对抗中国成为苏联和印度两国外交的最大共同点。印度时事评论员莫亨·拉姆曾说过，中印争端不过是更为复杂的中苏争端的一部分，在中苏关系得到缓和前，想使印中关系正常化是徒劳的②。

---

① 林承节：《印度史》，人民出版社，2004，第446页。

② 〔印〕卡·古普塔：《中印边界秘史》，王宏纬、王至亭译，中国藏学出版社，1990，第82页。

戈尔巴乔夫担任苏共中央总书记以后，苏联对印关系进行了较大调整。戈尔巴乔夫在外交上提出“新思维”，缓和苏美关系，推进苏中关系正常化，调整对第三世界国家的政策。为了集中财力物力进行国内经济改革与建设，苏联设法减少对第三世界国家经济和军事的巨额援助。1986 年 11 月戈尔巴乔夫访印期间有意透露，今后中印如果发生武装冲突，苏联将不再承担援助义务。这意味着印度政府将不可能像过去那样获得来自苏联方面的有力支持。苏联对印关系开始降温。

独立初期，俄罗斯奉行向西方“一边倒”的外交政策，在南亚地区继续苏联时期与美国的战略争夺已失去意义，加之忙于治理国内棘手的政治、经济等问题，放弃了冷战时期保持的具有军事同盟性质的苏印特殊关系，对印关系一度冷淡。当俄罗斯对西方援助的期望转为失望后，其开始调整外交政策，从维护国家利益的立场出发，实施“双头鹰”外交，开始注重恢复与亚洲国家的关系。此间俄罗斯南亚政策的重点在于重新恢复与印度的传统国家关系，并使冷战时期的战略盟友关系向务实合作的双边关系转变。1993 年初叶利钦访问印度，两国关系修复，双方签署了《俄罗斯印度友好条约》《印俄防务合作协定》等文件，取消了过去《苏印和平友好合作条约》中有关军事同盟性质的条款，两国“不再为了对抗第三国而向对方国家提供军事支持。叶利钦称‘我们反对轴心、三角、多边以及集团关系’，俄罗斯寻求与印度形成‘互利’关系”①。此后，俄印高层互访不断，两国就加强双边政治、经济、军事、科技合作等问题签署了一系列协定。1998 年，印度连续进行核试验，遭到国际社会的强烈谴责。即便如此，俄罗斯仍然与印度达成协议，向印度提供价值 26 亿美元的核反应堆。俄政府时任总理普里马科夫于 1998 年底访问印度，双方就建立战略伙伴关系达成协议，签署了 21 世纪前十年的军事技术合作协议。普里马科夫呼吁，俄罗斯、印度、中国组成战略三角，以确保地区和平与稳定。普里马科夫成为最早提出俄中印战略合作构想的政治家。

普京执政后，俄罗斯与印度正式建立了战略伙伴关系。2000 年 10 月，随着俄罗斯总统普京访问印度，俄印关系提升至新的阶段。普京再次重申支持印度

① Anita Inder Singh, “India's Relations with Russia and Central Asia”, *International Affairs*, 71 (1), 1995: 70.

成为联合国安理会常任理事国的立场，两国签署了《俄印战略伙伴关系宣言》。印度总理瓦杰帕伊把普京此次访印称作“印俄关系发展的里程碑”。印度在俄罗斯外交中的战略地位得到明显提升。此后，普京多次出访印度①，俄印在政治、经济、能源、军事、安全、反恐、文化等各领域的合作进一步加强，在共同关心的国际与地区重大问题上达成诸多共识，两国在对方大国战略中的分量不断加重。普京在2005年曾致函印度总理，高度赞扬印度是俄罗斯在亚洲和全球事务中最重要的伙伴，此话意味深长。尤其是2007年普京的出访更显俄印关系之密切，印方让普京作为唯一被邀请的主宾出席1月26日的印度国庆日阅兵式，普京则带去了数百人组成的庞大代表团，签订了包括《俄印和平利用核能协议》在内的多项协定，该核能协议是两国间第一个正式核能协议。根据协议，俄罗斯将帮助印度建四座新的核反应堆。

乌克兰危机后，俄罗斯面临西方制裁、国际油价下跌、资本外流、卢布大幅贬值的困境。2014年3月18日普京在与克里米亚领导人签署克里米亚入俄条约时，曾高调赞赏印度在此问题上的客观态度②。同年12月普京再赴新德里，以维系和强化俄印两国“特殊的战略伙伴关系”。此次出行，俄罗斯代表团中出现了克里米亚领导人。印度总理莫迪对俄方的访问高度重视，他表示：“俄罗斯是印度的首选战略合作伙伴，同时也是印度最亲密的朋友。”普京对这一定位深表赞同，称这是对“俄印两国关系最精准的描述”③。俄印签署了一系列协议，重点是油气开发与供应等能源合作、军工生产与武器出口等军事合作以及核电站建设等。印度在美国打压俄罗斯的情况下，又一次在政治立场方面做出表态。

俄印两国夯实战略互信，开展密切合作。2017年是俄印建交70周年，普京在《印度时报》发表名为《俄印两国：70年同行》的署名文章，俄罗斯与印度官方相互定位为“享有特殊权利的战略伙伴”，两国在军事技术、核能、石油贸易等领域开展大力度合作，推动俄印关系再上台阶。2017年6月，在俄罗斯的积极主张下，上海合作组织完成所有程序，印度正式成为上合组织成员国。对

① 截至2014年底，普京出访印度时间为2000年10月、2002年12月、2004年12月、2007年1月、2010年3月、2012年12月、2014年12月。

② 《普京“感谢中国人民”引外媒关注 美或加强对华接触》，中国网，2014年3月20日，http：//www.china.com.cn/news/world/2014-03/20/content_31845286.htm。

③ 汪嘉波：《俄印成为“互为首选战略伙伴”》，《光明日报》2014年12月14日。

此，莫迪向普京表达感谢之意："在国际舞台所有问题上，印俄总是站在一起。再次感谢您的积极支持，让印度成为上合组织正式成员国。"①

总之，冷战后俄印两国根据国际形势的变化，从苏印时期的盟友关系发展到享有特权的战略伙伴关系，在大国博弈中相互借重，不但彻底修复了两国传统的政治外交关系，在经济、国防领域的合作也得到加强。俄印两国均认为这符合两国的现实发展需要和国家长远利益。

二 俄（苏）与印度关系的独特性

无论是冷战时期的苏联，还是今天的俄罗斯，在地缘政治和国家对外战略等因素的作用下，与印度外交都表现出两国关系的独特性。

第一，俄印两国具有共同的战略追求，在诸多全球性和地区性问题上的主张契合。俄罗斯与印度虽然国情不同，地缘政治条件不同，但是两国都追求世界大国地位，主张构建多极世界，谋求与西方建立平等关系，加强亚太地区合作等。苏联解体后，俄罗斯的经济实力和国际政治地位下降，无法与当年的苏联同日而语，同时还受到以美国为首的北约组织在战略空间上由西向东的挤压。普京执政后，在外交上积极推进世界多极化，主张联合国在国际事务中发挥主导作用，提出俄罗斯作为一个大国必须成为世界上有影响的一极，重振大国雄风。从尼赫鲁时期开始，印度的外交战略就深深地打上了追求世界大国地位的烙印。冷战后，鉴于自身不断增长的国际地位，印度主张世界多极化，反对霸权主义，主张联合国的改革，客观上也"对普京的多极全球结构的主张给予积极回应，反对美国主导下的单极世界秩序"②，"两国在诸如打击国际及跨境恐怖主义、毒品贩卖、伊斯兰极端主义、武器走私以及在处理与邻国关系等许多棘手问题上，相互理解和默契程度令人难以置信"③。

① 曲颂、柳玉鹏：《印度总理莫迪：感谢普京支持印度加入上合组织》，《环球时报》2017 年 6 月 2 日。

② B. M. Jain, "India and Russia: Reassessing the Time-Tested Ties," *Pacific Affairs*, 76 (3), 2003: 387.

③ P. L. Dash, "Indo-Russian Relations: Putin's Visit in Perspective," *Economic and Political Weekly*, 38 (3), 2003: 192.

俄印两国在亚太地区相互支持，成为亚太事务中有重要影响力的国家。俄罗斯的政治经济中心虽然在欧洲，但亚太地区一直是俄对外战略的重点。印度对亚太地区也颇为重视。尼赫鲁曾经表示，“在将来，太平洋将要代替大西洋而成为全世界的神经中枢。印度虽然并非一个直接的太平洋的国家，却不可避免地将在那里发挥重要的影响。在印度洋地区，在东南亚一直到中亚细亚，印度也将要发展成为经济和政治活动的中心”①。尼赫鲁的思想至今仍然对印度对外政策有着深刻的影响。

共同的主张和立场，使得俄印在重要的国际事务中往往发出相似的声音，或者彼此默契，相互借力。一旦出现某种分歧，也会尽快加以弥合与修正。正如莫迪所说，“印俄相互信任的基础深厚”，“在国际问题上，印俄一直是站在一起的”。

第二，俄印在政治上的相互支持与合作，远大于双边经济合作。苏联时期，苏印关系主要体现在政治军事层面，而不是经济关系上。苏印建交初期，两国关系并不亲密。随着苏联与美国在世界上争夺的加剧、中苏关系破裂，也鉴于美、中两国在南亚地区与巴基斯坦的密切关系，苏联对印度的支持力度不断加大。而得到苏联大力援助和庇护的印度，不仅在同中国的边界争端中有了强大支撑，还能够在印巴战争中获取大国的支持，实现其肢解巴基斯坦的政治目的。号称“不结盟”的印度在冷战时期倒向苏方阵营，成为苏联在第三世界扩大影响，推行其南下战略，对抗美、中的盟友。对此，苏联领导人盛赞苏印关系是两个不同社会制度国家之间关系的典范。当时苏联对印度也进行了一定的经济援助，但基本是为军事政治外交战略服务的。

普京上台后，强调国家利益至上的全方位外交，重视在亚太扩大影响。对于经济发展迅速、已经成为有核国家的印度，普京的定位是：印度是俄罗斯在亚洲和世界事务中的“最重要伙伴”，表示加强同印度在国际问题与双边问题上的合作是俄罗斯战略的优先方向。俄罗斯希望在受到西方战略挤压的情况下，能够借重印度平衡大国力量。两国在对方关切的重大政治问题上加强协调。印度曾坚定地支持普京在车臣问题上采取的军事行动，俄罗斯也多次表示支持印度加入联合国安理会常任理事国的要求，并力挺印度成为上海合作组织成员国。

① 〔印〕贾瓦哈拉尔·尼赫鲁：《印度的发现》（下），齐文译，世界知识出版社，2017，第712页。

俄印经贸关系虽在不断提升，但明显落后于政治关系。两国的经贸往来更多地体现在军火贸易领域，而非民用经济方面，双边贸易额相对有限。据俄罗斯海关统计，2008 年俄罗斯对外贸易总额为 7350 亿美元，其十大对外贸易伙伴依次是：德国、荷兰、中国、意大利、乌克兰、白俄罗斯、土耳其、日本、美国、波兰①。位于第十位的波兰 2008 年与俄罗斯的贸易额为 272 亿美元，而到了 2013 年俄印双边贸易额也只有 100 亿美元。2015 年俄印贸易更跌至 78 亿美元。俄罗斯工业和贸易部部长曼图罗夫曾经表示，俄印两国领导人达成共识，力争在 2025 年前将双边贸易额提升至 300 亿美元②。印度政策研究中心战略研究教授布拉马·切拉尼（Brahma Chellaney）表示，俄罗斯和印度关系的“瓶颈”在于双方的经贸关系，两国每年的贸易额与它们的“战略关系”很不相称。由于俄印经贸关系的发展滞后于双边政治关系的发展，两国战略伙伴关系具有更多的政治色彩。

第三，俄印军事领域合作是两国深化关系的重要纽带。两极格局对立时期，苏联是第三世界国家军火输出大国。20 世纪 50 年代末期，苏联开始向印度出售军火，1962 年印度购买的苏式武器装备大大增加，用来弥补与中国交战受到的损失。60 年代后期，印度成为苏联军火最大的买家，1965 ~ 1969 年，印度购买了 4 亿多美元苏联军火，占印度武器装备进口总额的 75% 左右。印度长期与苏联保持军火贸易，20 世纪 60 ~ 80 年代，印度也是第三世界国家中唯一被准许与苏联合作生产武器的国家，包括米格 - 21、米格 - 25 战斗机和 T - 72 型坦克等③。

20 世纪 90 年代以来，印度开始走军事强国之路，其最大的军火供应源依然是俄罗斯。随着俄印战略合作的恢复和加强，军事合作成为俄印深化战略合作关系的核心内容。据俄罗斯智库评估数据，2006 ~ 2013 年，印度从国外进口武

---

① 商务部资料显示，2008 年对俄双边贸易额居前十位的国家依次为：德国（673 亿美元）、荷兰（618 亿美元）、中国（559 亿美元）、意大利（529 亿美元）、乌克兰（398 亿美元）、白俄罗斯（342 亿美元）、土耳其（338 亿美元）、日本（290 亿美元）、美国（273 亿美元）、波兰（272 亿美元）。具体信息参见 http：//www. crc. mofcom. gov. cn/article/daoetouzi/fuexuzhi/200904/42665_ 1. html。

② 《俄印拟于 2025 年前将双边贸易额提升至 300 亿美元》，中华人民共和国商务部网站，2014 年 12 月 15 日，http：//www. mofcom. gov. cn/article/i/jyjl/e/201412/20141200833264. shtml。

③ 罗宾·莱尔德、孟源：《苏联与非共产主义第三世界的军火贸易》，《国际经济评论》1985 年第 10 期。

器和军事装备总额为346.82亿美元，其中，俄罗斯对印武器出口额为197.68亿美元，占印度军火市场份额的57%左右，居第一①。美国居第二位，为47.83亿美元。从普京历次访问印度来看，两国间签订军售协议已成为不可缺少的重要内容及成果。两国的军售项目从战斗机、坦克到航母，双边的军事合作也从简单的军火贸易关系，发展为两国联合研制、开发、生产先进武器等多方位合作。2015年俄罗斯媒体报道，两国制定的军事技术合作项目达200个，其中包括按照许可证生产多用途战斗机苏-30MKI、T-90S坦克、米格-29战斗机的发动机等。俄罗斯为印度量身打造的苏-30MKI战机可谓亚洲最先进的重型战斗机之一。俄罗斯官方表示，俄印两国还将共同建造多用途运输机和第五代战斗机。俄罗斯对印度军事装备的输出占俄对外军售的20%以上，印度已成为俄制武器的第一大输入国。

普京对于俄印军事领域的合作给予高度肯定，他在2014年12月访印期间表示，俄罗斯和印度在生产军事装备和军事技术方面，特别是生产战斗机和多用途运输机方面，已达到“紧密合作水平”。印度总理莫迪说：“即使在印度有更多选择的情况下，俄罗斯仍将是我们在防务领域最重要的合作伙伴。”② 2015年12月访问俄罗斯时，莫迪带去约70亿美元的军购项目，进一步加强了两国军事技术合作。俄印军贸合作的开展，既为俄罗斯军售创汇拓宽了市场，也大大加快了印度迈向现代化军事大国的步伐。

第四，两国关系承袭传统的历史基础，是谓“天然伙伴”，在大国博弈中相互借重。在印度独立后的历史中，无论当时的国际舆论如何，俄罗斯（苏联）都从未损害过印度的国家利益③。“俄罗斯和印度既没有领土野心上的冲突，也没有政治和战略利益上的碰撞，相互给予对方良好形象。”④ 俄印这对“天然伙伴”在冷战时期没有产生过国家间的对抗与冲突，在冷战后国家对外发展中也不存在根本性矛盾，在未来两国的战略目标追求上，也看不到相互争夺与对抗

① 《俄媒称印度今后多年仍将是俄武器最大进口国》，环球网，2015年1月22日，http://mil.huanqiu.com/world/2015-01/5473315.html。

② 汪嘉波：《俄印成为“互为首选战略伙伴”》，《光明日报》2014年12月14日。

③ 阿贾伊·卡马拉卡兰：《美欲拉拢印度孤立俄 印选择与俄合作实为上策》，透视俄罗斯，2014年8月15日，http://big5.tsrus.cn/pinglun/2014/08/15/36321.html。

④ B. M. Jain, “India and Russia: Reassessing the Time-Tested Ties,” *Pacific Affairs*, 76 (3), 2003: 397.

的一面。相反，这两个看似民族、宗教、历史、文化等各不相同的国家，长期以来，在风云变幻的国际事务中相互支持，配合默契；在大国博弈中协调立场，加强共识。“9·11”事件后，俄印两国分别面临车臣地区和印控克什米尔地区恐怖活动猖獗、打击伊斯兰宗教激进主义势力等问题，俄印在反恐问题上合作进一步加强。2002年12月普京第二次出访印度，两国领导人发表了《关于进一步加强两国战略伙伴关系的德里宣言》，表示在打击恐怖主义、分裂主义和极端主义势力中加强合作。强调要谴责一切形式的恐怖主义，打击恐怖主义不能搞双重标准，实际上是对美国在反恐问题上搞双重标准，对别国打击恐怖主义不支持，甚至刁难的做法发出共同声音。在2011年第66届联合国大会第三委员会就英法德提交的“叙利亚人权状况”决议草案进行表决时，俄罗斯、印度行动一致，均投了弃权票①。2012年7月6日，当联合国人权理事会会议又一次就美国、土耳其等国递交的“叙利亚人权状况”决议草案表决时，在绝大多数国家赞成的情况下，俄罗斯表示反对，印度弃权②。印度政府多次在叙利亚问题上表示不赞成军事解决冲突，包括反对外国采取军事干预手段。在克里米亚问题上，印度更没有站在俄罗斯的对立面，在公开场合对俄罗斯行动保持沉默。2014年3月27日联合国大会就乌克兰牵头的“乌克兰领土完整”决议草案投票时，印度弃权③。长期在重大国际事务中的默契配合与支持，验证了俄印两国相互支持的伙伴关系。印度总理莫迪曾把两国关系总结为：“两国曾患难与共、相互支持，时代变了，但两国的关系未变。”④“俄罗斯是印度永远的朋友，两国的友谊牢不可破。”

三　关于俄印关系未来走势的判析

俄罗斯与印度两国关系未来将不断加强，双方关系不会因其他大国因素的介入而发生实质性的改变。

---

① 会议决议表决结果：美、英、法、德、日、沙特等122个国家赞成；古巴、朝鲜、缅甸、委内瑞拉、越南等13国反对；中国、俄罗斯、印度、南非、新加坡等41国弃权。

② 俄罗斯、中国、古巴3国投反对票，印度、乌干达、菲律宾3国投弃权票。

③ 美、英、法、德等100个国家投赞成票，俄罗斯、古巴、朝鲜、委内瑞拉等11国投反对票，印度、巴西、南非、中国等58国弃权。

④ 吕鹏飞：《印俄加强能源与安全合作》，《人民日报》2014年12月12日。

第一，从地缘政治上看，俄印友好关系的发展建立在互不构成威胁的基础上。地缘政治因素往往是历史上引发冲突甚至战争的重要原因之一。无论是俄罗斯还是印度，国家的对外战略都带有浓厚的地缘政治色彩，而从地缘政治的角度看，俄罗斯和印度互不构成现实威胁。在近现代历史上，俄罗斯曾实施北上南下争夺出海口和海峡控制权的对外战略，具有较强的扩张性。二战后，苏联在以东西欧划线的两极格局背景下，与西方争夺所谓权力真空地带，争取第三世界国家，在南亚地区扶持、偏袒印度。俄罗斯独立后，苏联主导下的地缘政治格局被打破，俄罗斯的国土疆界已大幅度地后撤到哈萨克斯坦以北地带。俄罗斯的地缘战略空间不断受到来自西方的挤压。俄罗斯的外交侧重点首先为推动独联体一体化进程，其次注重俄欧关系的建设，再次开展亚太外交，地缘政治层次格局十分清晰。基于南亚地缘政治结构，印度最关注的是南亚次大陆和印度洋的安全问题。因此，印度一方面扩充军备，保持在南亚次大陆的绝对军事力量优势，另一方面警惕相邻大国势力渗入南亚，积极扩展海洋力量。与此同时，实施“东向政策”乃至“东向行动”也成为印度的外交重点。俄罗斯和印度都是雄心勃勃谋求地区主导作用及世界大国地位的国家，但两国互不接壤，在地缘政治上所主张或所认定的主导范围不存在对对方安全构成威胁的问题。俄罗斯时事评论员德米特里·巴彼什曾经指出，“俄印从来没有任何地缘政治上的冲突，事实上，俄印在中亚、在阿富汗都有共同关切的利益”。“印度是俄罗斯理想的盟友”①，这是俄印两个大国在对外发展中互为依托、能够走到一起的一个重要前提。

第二，俄印关系不存在大国间的结构性矛盾以及国家根本利益的冲突。人们在评述中美关系时常常会指出，中美之间存在结构性矛盾。中美两国一个是迅速崛起的新兴大国，一个是长期主导国际体系的霸权国家。按照国际政治的宿命论，新崛起的大国一定会挑战守成大国，而守成大国为维护其霸权也必然会遏制前者的力量上升，这种结构性矛盾的不可调和性，最终会使新兴大国和守成国家走向对抗，陷入安全困境。这里且不评论这一所谓“修昔底德陷阱”能否被超越，仅就俄印关系而言，便不存在这种新旧力量对抗的结构性矛盾，

---

① 《普京访印 军售大单超70亿美元》，新浪网，2012年12月25日，http：//news. sina. com. cn/w/2012 - 12 - 25/000025886146. shtml。

不存在挑战与被挑战的关系。在经济发展水平上，俄印都属于新兴国家，发展基本同步。据国际货币基金组织公布的世界各国 2014 年国内生产总值（GDP）排名，俄印分别排在第 10 位和第 9 位，前者 18574.61 亿美元，后者 20495.01 亿美元，两国的总体发展水平相近。2015 年由于俄罗斯的经济困境，其 GDP 下滑至 13247.34 亿美元，2017 年进一步下滑。在军事上，差距十分明显，印度的现代化军事技术和武器装备水平远远落后于俄罗斯，对俄罗斯先进的军事技术甚为依赖，两国军事交流与合作的力度较大。而不是以警惕和防范对方为主。在文化上，俄印之间的交流很多。在莫斯科建有甘地广场，矗立着圣雄甘地的塑像和英迪拉·甘地的塑像，这从一个侧面反映了俄国人对印度的认可度较高。印度从自身发展需要出发，多方位改善和提升与美国、日本、东盟各国和南亚邻邦等国家的关系，但印度方面的这些举措不会对印俄关系产生重大影响。正如莫迪所说，“俄罗斯是印度永远的朋友，两国的友谊牢不可破”①。

第三，俄印在军事、经贸等领域的合作前景广阔，合作动能与基础稳定。两国在军火买卖、经贸合作领域互有所求，彼此具有较强的合作愿望，发展前景看好。印度问题专家 B. M. 贾因教授断言：“印度和俄罗斯没有直接的利害冲突，相较于印苏友好时期，印俄双边关系有望实现更大的发展，尤其是在国防战略领域。它们的军事关系并非局限于单纯的买卖关系，更重要的是扩大和深化先进武器的合作生产，向竞争激烈的国际军火市场出口。此外，两国在重大问题上完全一致的观点和处理方法，诸如世界多极化、反对恐怖主义、进行核技术合作等，将进一步巩固两国关系。”② 普京在新德里与莫迪举行首脑会晤时，双方在核能、石油和防务等诸多领域签署协议。近年来，俄罗斯与印度的防务合作方面正面临着来自美国方面的激烈竞争。2017 年莫迪访问美国时，特朗普总统确认印度为美国重大防务合作伙伴，并承诺对印销售先进海上无人机、阿帕奇武装直升机等。美国对印度不断示好，尽力扩大其在南亚的影响，同时挤占俄罗斯的传统军火市场，这使得俄罗斯不敢掉以轻心。俄印两国在能源产品方面互补性较强，俄罗斯的石油正是印度这个迅速发展的能源消费大国所急需的，

① 李思默：《印度总理突访俄罗斯 送上 70 亿美元军购大单作为圣诞大礼》，手机央广网，2015 年 12 月 24 日，http：//m. cnr. cn/news/20151224/t20151224_ 520909605. html。

② B. M. Jain，“India and Russia：Reassessing the Time-Tested Ties,” *Pacific Affairs*，76（3），2003：396.

而对于遭受西方制裁出现经济衰退的俄罗斯来讲，更需要加大对外能源合作力度。俄印能源合作主要体现为双方同意共同开发俄罗斯境内的石油。近年，俄罗斯对印度石油出口增长较快。西方对俄罗斯的打击在一定程度上起到了助推俄印贸易的作用，迫使俄罗斯更积极主动地扩大与印度的合作。印度也意识到“现在是吸引俄罗斯来印度投资的最佳时机，印度应适机向俄罗斯企业提供优惠税收和特惠条件。这也将是两国取得共赢的模式”①。

印度亦力求扩大对俄出口，在双边传统贸易产品方面注重扬己之长，双方贸易商品结构已经发生很大变化。印度茶叶、咖啡、纺织品等传统商品的输出大大下降，面临着来自斯里兰卡、中国和巴西等国的竞争。目前印度对俄罗斯出口的主要产品为医药产品、精细化学制品等②。

四　从中国外交角度，理性透视中俄印三角关系

第一，在中俄印三角关系中，俄印关系的发展具有历史基础和稳定性，在半个多世纪的国际事务中一直携手合作，两国具有较强的政治互信基础，彼此信任度较高，在外交战略上视对方为可以信赖的友邦。这构成了俄印双边关系稳定发展的基础。政治互信与战略合作将是今后俄印双边外交的主要方向，俄印两国均具大国心态，或追逐重振大国雄风之目标，或怀揣世界性大国之梦想。从地缘因素考虑，俄罗斯和印度外交战略走向，对中国未来的发展都会产生一定影响。

中俄双方通过签署《中俄睦邻友好合作条约》，将两国友好的理念以法律形式确立下来。两国解决了历史遗留的边界问题，在能源、核能、航空、航天、跨境基础设施建设等领域的双边项目合作稳步推进，在国际事务和地区事务中，中俄也不断加强协商与协作。

中印双方的矛盾与分歧尚在可控范围内。在双边领土问题未解决时，中印两大新兴经济体仍有广泛的合作空间。李克强总理 2013 年第一次出访就选择了印度，反映了我国新一届政府的外交布局，表明中国是从战略的高度看待中印

① 阿贾伊·卡马拉卡兰：《美欲拉拢印度孤立俄 印选择与俄合作实为上策》，透视俄罗斯，2014 年 8 月 15 日，http：//big5. tsrus. cn/pinglun/2014/08/15/36321. html。

② R. G. Gidadhubli，“Indo-Russian Economic Ties：Advantage Russia，” *Economic and Political Weekly*，44（3），2009：22.

关系的。印度总理莫迪应邀访问中国时，两国政府发表联合声明，表示早日解决边界问题符合两国的根本利益，是两国的战略目标。求同存异，管控分歧，避免边界争端再起，对两国的发展都是有益的。

第二，妥善借助俄印特殊关系，有利于拓展中国外交空间，推进中印关系。莫迪政府的大国外交积极主动，善于利用印度不断扩大的市场、优越的地缘政治经济环境，多边获益。莫迪执政后多次访美，曾使得一些媒体认为，印美打得火热，印度倒向了美国。其实，印度只是在大国间左右逢源而已。对俄关系亦为印度外交重点，这对于莫迪政府发展经济、强化军事力量是十分必要的。印度重视印俄两国传统关系不仅有利于维护和提高印度在亚洲的地位，也有利于在与中国打交道时，增加对话的筹码。

对于俄印关系，中国可以友好看待，灵活利用。从美国“亚太再平衡战略”到美、日、印、澳的“印太战略”，其明显具有针对和防范中国的意图。美国的战略学家布热津斯基早在阐述地缘战略理论时，就强调印度在亚洲的重要性，认为印度是“一个能加强力量平衡的大国。特别是在中国的地缘政治地位越来越突出时”①。美国在亚太战略中拉拢印度是必然的。而中国需要审慎地判断印度自身外交走向，在俄美关系阴云密布、俄印关系向好的情况下，抓住和运用有利时机，一方面为中国改善中印关系、加强双边沟通提供机遇和平台，另一方面，也可拓展中国与美国的回旋空间。中国可以借助中俄印三方会晤机制、金砖国家合作机制、上合组织交流平台等，实践中国的和平外交理念，努力破解周边外交困局，拉近而非疏远印度，维系并推进中印双边关系，实现互利共赢。2016 年，就在所谓南海仲裁案搞得沸沸扬扬之时，中俄印外长在莫斯科会晤，俄外长拉夫罗夫明确表示，反对南海问题国际化，认为当事国应当通过谈判协商解决争议。印外长斯瓦拉吉也与俄外长表达了一致的立场，维护以国际法准则为基础的海洋法律秩序，支持中国南海立场。而印度也通过中俄印外长会晤机制，得到了中俄两国的承诺：“重视印度在国际事务中的地位，支持印度在联合国发挥更大作用的愿望。”② 借助俄印友好关系，开展中俄印三方合作，

① 〔美〕兹比格纽·布热津斯基：《大棋局：美国的首要地位及其地缘战略》，中国国际问题研究所译，上海人民出版社，2007，第 166 ~ 167 页。

② 岳菲菲：《俄印外长支持中国南海立场》，《北京青年报》2016 年 4 月 20 日。

多边搭台、双边唱戏，对中国外交方针政策的实施具有重要意义。2018 年上海合作组织青岛峰会期间，中方借助多边场合举行双边会谈，习近平主席对印度总理莫迪首次作为上合组织正式成员出席峰会表示欢迎，并在会谈后签署了中印双边合作文件。习近平在大会上建议，构建上海合作组织命运共同体，在安全、经贸、人文合作机制的构建与运行中，加强上合组织新老成员的协调、互信和团结。

第三，在加强中俄印三方合作的同时，坚持不结盟方针，不构建战略三角。继续秉承“不结盟、不针对第三国”的总体外交方针。中俄印三国合作不可能采取直接针对美国的行动，既不会联手抵制美国的亚太战略，也不会为了替俄罗斯出头采取对抗西方国家的行动。在当前的大国外交格局中，中俄印之间显然存在着某种战略需求关系，三国加强合作能够更好地发挥地缘政治和地缘经济战略合作的效益，在对外关系上体现外交伙伴的作用。与此同时，中俄印都面临反恐和国内经济改革的任务。俄罗斯对中国实施“丝绸之路经济带”倡议至关重要，印度则是对“21 世纪海上丝绸之路”倡议有重要影响的国家，中国需要以自己的外交智慧，推进三方合作，为“一带一路”倡议的顺利实施减少阻力，实践新时代中国周边外交、大国外交新思路。

第四，在加强中俄印三方合作的同时，需要多方位考虑中国对外关系。其一，中国既需要与俄罗斯在国际事务中、在联合国讨论中、在两国关系上加强合作，也需要考虑与西方国家关系的处理之道，避免由于西方国家与俄罗斯的较量和叫板，间接地影响到我国正常的对外交往，不能引起西方国家和周边国家对中俄战略协作伙伴关系的误解，甚至战略性误判，把中国视为当今国际秩序的挑战者和所谓的安全威胁。其二，与印度打交道的同时，也要顾及巴基斯坦的感受，进一步巩固和加强与巴基斯坦的友好关系。上合组织扩员，巴基斯坦与印度同时加入，就是很好的做法。巴基斯坦是我国南亚战略的支点，对我国开展南亚外交、推进“一带一路”建设意义重大。加强与巴基斯坦以及其他南亚中小国家的经济政治外交合作，对于平衡南亚地区的大国力量、促进印度进一步改善对华关系也不无益处。

（原文发表于《俄罗斯学刊》2018 年第 5 期）

俄罗斯的“欧洲梦”断与“重返欧洲”

——乌克兰危机以来俄欧关系浅析

吕　萍*

内容提要： 乌克兰危机发生后俄欧关系“归零”。克里米亚并入俄罗斯导致俄欧开始制裁与反制裁的交锋，至今双方均付出了沉重的经济代价。俄罗斯通过介入中东战事突破了西方的政治孤立，欧盟开始就重大国际问题与俄罗斯协商，经济上双方贸易触底反弹。虽然在欧盟层面制裁仍在继续，但在成员国国家层面，出于经济利益考量，欧盟成员国多数与俄罗斯保持着密切的经济往来。右翼民粹主义在欧洲的抬头和壮大也加速了俄罗斯与部分欧盟国家双边关系的改善。虽然欧盟与俄罗斯在政治、经济上都进行着合作，但出于“政治正确”和美国的压力，欧盟仍坚持以明斯克协议未能得到执行为由延长了制裁。乌克兰危机是俄欧关系及俄罗斯对欧政策的分水岭，自此，俄罗斯决定通过“大欧亚”构想，借助与亚洲国家的合作“重返欧洲”。

关键词： 俄欧关系　欧盟　乌克兰危机　制裁与反制裁　“大欧亚”

2019 年 6 月欧盟以明斯克协议未能得到良好执行为由再度将对俄罗斯的制

* 吕萍，中国社会科学院俄罗斯东欧中亚研究所俄罗斯外交研究室助理研究员。

裁延长至2020年，普京随即宣布将对欧盟的制裁延长一年作为回应。俄罗斯与欧盟因乌克兰危机的“较劲”已经持续了五年有余，制裁的“双刃剑”令俄欧双方经济都遭受沉重打击，双方关系也最终“归零”。

欧洲是俄罗斯一直试图融入的精神家园，而乌克兰危机最终唤醒了这场做了400年的“欧洲梦”。乌克兰危机以来的俄欧关系状况在俄罗斯重新引发了对已经争论了几百年的俄罗斯自身定位、俄罗斯与欧盟关系的本质等问题的深度思考，继而改变了俄罗斯对欧盟的政策方向，让“大欧亚”构想在承载俄罗斯大国梦的同时也成为其重返欧洲的最新“路线图”。

一　欧盟与俄罗斯的制裁与反制裁

（一）欧盟对俄罗斯的制裁

2013年底，亲俄的时任乌克兰总统亚努科维奇拒绝与欧盟签署自由贸易协定，从而引发乌克兰危机，次年危机进一步升级，克里米亚并入俄罗斯，乌东部顿涅茨克和卢甘斯克爆发军事冲突。欧盟对俄罗斯的制裁自此一步步全面展开。

2014年3月6日，欧盟因俄军进驻乌克兰，决定对俄罗斯施压，并宣布将对其分三阶段实施制裁。当天欧盟即开始实施第一阶段制裁，取消了将于6月举行的俄欧峰会，并中止了与俄罗斯关于免签证和新基本合作协议的谈判。八国集团也临时召开特别会议，决定拒绝参加索契峰会并将俄罗斯“开除”。克里米亚并入俄罗斯后，欧盟启动了第二阶段制裁——对被认为是导致克里米亚局势升级的个人实施制裁。此后欧盟数度以导致乌克兰局势激化和破坏乌克兰领土完整和主权为由扩大被制裁人员名单，不断有俄罗斯、乌克兰和克里米亚高级官员受到制裁。受制裁人员半年内被禁止入境欧盟，其设在欧盟国家的账户也被冻结。

随着乌克兰局势的进一步恶化以及马航MH17航班被击落，欧盟启动了第三阶段制裁，将针对个人的制裁转向俄罗斯的金融机构和能源、军工企业等重要经济部门。2014年7月31日，欧盟宣布从8月1日起对俄罗斯联邦储蓄银行、俄罗斯外贸银行、俄罗斯天然气工业银行、俄罗斯发展及对外经济事务银行和俄罗斯农业银行实施制裁，禁止欧盟投资者购买这五大银行发行的期限超过 90 天以上的债券和股票，禁止欧盟国家的公司向俄罗斯石油公司提供设备和服务，同时禁止欧盟国家从俄罗斯进出口武器。

9 月 12 日，欧盟加大制裁力度，出台了新的制裁名单，对俄罗斯石油公司、俄罗斯石油运输公司、俄罗斯天然气工业石油公司实施制裁，禁止欧洲企业向这些公司在深水石油和北极石油以及页岩油开发项目上提供勘探和生产服务，禁止向包括俄罗斯联合飞机制造公司、乌拉尔车辆制造厂、卡拉什尼科夫等九家俄罗斯国防工业公司、军工企业出售军民两用商品。同时再次提高俄罗斯国有银行在欧洲的贷款准入门槛，贷款期限也被缩短。

2015 年 2 月，明斯克协议签署，欧盟开始将协议的执行情况作为取消或延长对俄制裁的评定标准，一直将明斯克协议的执行情况与对俄制裁挂钩。

（二）俄罗斯的反制裁

俄罗斯国家杜马副主席谢尔盖·涅韦罗夫认为西方对俄制裁实际上等于宣布“冷战”。在西方实施制裁之初，俄外交部就表明了自己的立场：“用制裁语言跟俄罗斯讲话不合适，而且适得其反。……毫无疑问，我们将对每一次充满敌意的攻击做出应有的回应。”① 在欧盟出台对俄经济制裁措施后，普京随即于 2014 年 8 月 6 日签署《关于采取特定经济措施以确保俄联邦安全的命令》，对参与对俄制裁的国家实行农产品禁运。次日，梅德韦杰夫宣布，由于局势已非常复杂，俄罗斯不得不采取反击措施，将全面禁止从美国、欧盟国家、澳大利亚、加拿大、挪威进口肉类、水果和蔬菜、牛奶和奶制品、粮食等农副产品，期限为一年，并强调只有当西方取消制裁俄罗斯才会撤销反制裁。随后俄政府又宣布限制政府对外国轻工业产品的采购。俄罗斯的反制裁措施与欧盟的制裁挂钩，欧盟延长制裁，俄罗斯也相应地延长反制裁。

（三）制裁与反制裁，一场两败俱伤的双输游戏

俄欧实施制裁与反制裁五年来，双方均付出了沉重的经济代价。然而充满戏剧性的“奇特的现象”是，制裁发起方欧盟所遭受的损失竟然远超俄罗斯。

---

① МИД：разговаривать с Россией языком санкций контрпродуктивно. URL：https：//www. gazeta. ru/politics/news/2014/03/20/n_ 6027049. shtml.

普京在2019年6月20日的电视连线节目中谈到俄欧经济制裁结果时表示，俄罗斯在被制裁期间损失了500亿美元，而欧盟却损失了2400亿美元，制裁使欧盟国家失去了俄罗斯的市场和大量就业岗位。分析欧盟与俄罗斯之间的经贸关系可以看出，俄欧的制裁与反制裁出现这一结果并不奇怪。

1. 欧盟对俄制裁的“回旋镖效应”

英国《政要》杂志总编辑马克斯·帕帕多普洛斯（Marcus Steven Papadopoulos）曾预言，欧盟对俄制裁会持续产生“回旋镖效应”。欧盟对俄制裁五年来所蒙受的巨大损失证明了这一点。

乌克兰危机发生前，俄罗斯是欧盟的第三大贸易伙伴国，欧盟则是俄罗斯最大的贸易伙伴，双方每年的贸易额几乎都接近俄罗斯全年贸易额的一半。相互制裁之后俄欧贸易额锐减，俄罗斯降为欧盟第四大贸易伙伴国，但即便如此，欧盟依然保持着俄罗斯最大贸易伙伴的地位。2014年俄欧开始相互制裁后，当年双方之间的贸易额同比减少了10.7%，2015年更进一步锐减37.6%。德国既是俄罗斯在欧盟的最大贸易伙伴国，同时也是其仅次于中国的第二大贸易伙伴国。2014年德国与俄罗斯的贸易额减少了6.5%，2015年减少了34.7%，2016年仍呈下降趋势，但德国也依然是俄罗斯在欧盟的第一大贸易伙伴国①。

在俄欧经贸联系如此紧密、经济依赖度如此之高的情况下，经济制裁无异于一把双刃剑。早在欧盟制裁俄罗斯之初，俄罗斯工业企业家联盟主席亚历山大·绍欣就曾说过，“（制裁）这是一把双刃剑。……欧洲和美国的一些大公司，包括西门子、美国铝业公司、宝洁公司、大型石油开采集团，在俄罗斯投入了几十亿美元，不单单是对俄罗斯，制裁对它们来说也将是一种惩罚。……欧美生产商将失去重要的销售市场”②。俄总统新闻秘书佩斯科夫也曾指出：“制裁是一把双刃剑，无疑将给俄罗斯带来不适，但也会损害那些参与制裁游戏的国家的企业家和经济。”③ 在制裁俄罗斯的同时，欧盟自己的经济也遭到了制裁的

① Итоги внешней торговли с основными странами（Январь - декабрь 2014 – 2015）. URL：http：//customs. ru/folder/511？page = 6#document – 6715.

② Шохин рассказал，как санкции против России навредят бизнесу США и ЕС. URL：https：//ria. ru/20140321/1000528830. html.

③ Песков：санкции не повлияют на проведение Россией своей политики. URL：https：//tass. ru/politika/1807929.

反噬。根据奥地利经济研究所的报告，仅在 2015 年除克罗地亚外（因缺少数据）的 27 个欧盟国家就损失了 176 亿欧元和 40 万个工作岗位，其中德国损失最大，损失 60 亿欧元和 9.7 万个工作岗位，法国和波兰分别损失 16 亿和 13 亿欧元，奥地利的经济损失约为 5.5 亿欧元，并减少了 7000 个工作岗位①。

俄罗斯是欧盟最重要的农产品出口市场，欧盟的农业第一时间受到俄罗斯农产品禁运的沉重打击。欧盟各国农民损失惨重，不少农庄濒临破产。德国因为是俄罗斯在欧盟的最大贸易伙伴国遭受的损失最重，承担了因与俄罗斯经贸关系恶化导致的整个西方损失总额的 40%。德国经济东部委员会专家在 2017 年 6 月发表的报告中指出，实施制裁以来，德国公司在俄罗斯的代表处从 6000 个减少为 5300 个，减少了 6 万个工作岗位。从 2015 年 1 月到 2016 年 12 月德国对俄商品出口减少了 41%②。

2. 俄罗斯多方应对，全力止损

西方的制裁带给俄罗斯的损失既有经济上的，也有政治上的。

政治上，俄罗斯在国际上被西方孤立。乌克兰危机发生后，欧盟宣布取消俄欧峰会，欧洲理事会剥夺了俄罗斯在欧洲议会大会的投票权以及参加大会多项工作的权利，八国集团将俄罗斯“开除”，并通过实施个人签证制裁和经济制裁将俄罗斯排除在重要国际事务和世界经济体系之外。如 2015 年 7 月，芬兰拒绝赴赫尔辛基参加欧安组织议会大会的俄国家杜马主席纳雷什金以及另外五名成员入境，原因即是此六人被列入了欧盟个人制裁的黑名单。

对俄罗斯的个人制裁具有一定的象征意义，经济制裁实实在在让俄罗斯经济遭遇寒冬。欧盟的经济制裁直指俄罗斯的经济命脉——金融、能源和军工企业，收到了立竿见影的效果。欧盟对俄罗斯金融机构的制裁导致一些俄罗斯银行无法进入欧洲资本市场融资并获得欧洲廉价贷款、信贷利率提高、通胀率上升、卢布贬值，欧盟多数国家还被禁止向俄罗斯公司投资并购买其股份。制裁还刺激了外资外流、税收提高，推动了退休年龄延长的趋势。世界石油价格的下跌令俄罗斯经济雪上加霜。此外，欧盟禁止向俄罗斯出口高科技产品、机械

① Санкции против России стоили ЕС 17，6 млрд евро и 400 тыс. рабочих мест. URL：https：//www. interfax. ru/business/544179.

② Германия больше других пострадала от санкций против России. URL：https：//www. kommersant. ru/doc/3495903.

制造产品、药品和食品等，而俄罗斯经济对此类产品的进口依赖性极高，国民经济的发展因此受到严重制约。俄罗斯经济因欧盟制裁瞬间跌入低谷：2014 年国内生产总值（GDP）增长率为 0.6%，而消费价格指数却增长了 11.4%①。2015 年 GDP 为负增长 3.7%，消费价格指数增长了 12.9%②。直到 2016 年各项经济指数才开始有所改善，GDP 虽仍为负增长，但出现缓慢回升迹象，为 -0.2%，消费价格指数也略有下降，为 5.4%③。

俄罗斯之所以在与欧盟的相互制裁中损失少于欧盟，源自其精准的止损措施。

第一，通过“向东转”，加强与亚洲国家的合作。“向东转”战略为俄罗斯在东方打开了另一片政治、经济发展的天地，尤其是在经济领域。与亚洲国家，尤其是与中国的合作极大地改善了俄罗斯国内因制裁每况愈下的经济形势，能源和农产品出口都得到了大幅增长，对外贸易结构得到有效改善。以与中国之间的贸易为例，乌克兰危机发生后，中俄两国元首数度互访，签署多项能源和经贸合作协议。2013 年俄罗斯与中国之间的贸易额占其对外贸易总额的 10.5%，2014 年增长到 11.3%，2015 年为 12.1%，2016 年为 14.1%，2017 年和 2018 年分别达到 14.9% 和 15.7%。2018 年两国的贸易额较 2017 年增长了 24.5%，俄罗斯的对华出口和进口均大幅增长，增速分别达到 44.1% 和 8.7%④。俄罗斯也加强了与中国在金融领域中的合作，因制裁而无法进入欧盟金融市场的多家俄罗斯大型银行与中国进出口银行签署了融资协议。俄罗斯与南亚、东南亚国家的贸易联系也在乌克兰危机后得到加强。

第二，向所有愿意与俄罗斯合作的国家开放市场。为缓解国内市场物资紧缺和物价上涨的压力，俄罗斯向愿意与俄合作的国家开放了市场。普京指出：“（反制裁）不仅是应对措施，而且是支持本国生产商，并向那些愿意与俄罗斯合作且做好合作准备的国家的生产商开放我们的市场。”在俄罗斯向西方国家发

① Об итогах социально-экономического развития Российской Федерации в 2014 году. URL: http://economy.gov.ru/minec/activity/sections/macro/monitoring/monitoring2014.

② Об итогах социально-экономического развития Российской Федерации в 2016 году. URL: http://economy.gov.ru/minec/activity/sections/macro/2017070204.

③ Об итогах социально-экономического развития Российской Федерации в 2015 году. URL: http://economy.gov.ru/minec/about/structure/depMacro/2016090201.

④ Итоги внешней торговли с основными странами (Январь - декабрь 2014 – 2018).

出禁运令后的第二天，白俄罗斯农业与食品部第一副部长列昂尼德·马里尼奇就立即表示白俄罗斯准备取代对俄实施制裁的西方国家向俄罗斯供应奶酪、肉类、全脂奶、蔬菜和水果等食品，并将俄罗斯比作“淘金地”[①]。俄罗斯还加强了与拉美国家如厄瓜多尔、巴西、智利和阿根廷等国家的合作，扩大其向俄罗斯市场的食品供应，巴勒斯坦替代了欧盟向俄罗斯出口水果。

第三，西方制裁令俄罗斯经济陷入困顿，迫不得已，俄实行进口替代战略，也确实部分化解了危机。在欧盟正式宣布对俄罗斯实行经济制裁之前，俄总理梅德韦杰夫就在政府工作会议上指出，迫于西方制裁，俄罗斯将重建经济发展模式，实行进口替代战略。俄罗斯为替代计划专门拨款6670亿卢布，先后颁布了《关于保障经济可持续发展和社会稳定的优先措施》《2016年俄罗斯联邦政府保障社会经济稳定发展计划》，明确指出将对进口替代给予国家支持。进口替代战略取得了明显效果，尤其是在农业领域。俄罗斯对西方的农产品禁运为本国农业夺回长年被欧盟农产品占据的市场创造了极佳的契机。俄联邦公众院农工综合问题和农业区域发展委员会主席叶夫根尼娅·乌瓦里娜认为，由于欧盟对农业实施补贴，农产品具有很大的价格优势，俄罗斯农产品根本无力与其竞争，因此普京的反制裁措施“令人尊敬”，“对于我们农业生产者来说这是一个令人疯狂的优势，这是我们展示自己的机会”[②]。如猪肉、面粉等农产品，在制裁前尚需进口，到了2016年不仅能够满足本国需要，而且开始出口。到2018年，俄经济发展部部长在瓦尔代国际辩论俱乐部表示进口替代已是老话题，俄罗斯当前要考虑的是出口和打入外部市场的问题。进口替代在工业领域同样取得了明显成效。普京在比较制裁与反制裁的得失时指出：“我们也得到了某些东西。……我们有一个所谓的进口替代计划——6670亿卢布。这甚至迫使我们发展了以前我们没有能力发展的方向。”他举了海洋发动机的例子：俄罗斯从来没有本国的海洋发动机，都是从国外购买，但在这几年中俄罗斯拥有了自己的发动机，不仅不逊色，甚至在某些方面还优于西方同类产品。可以说，西方的制裁在某种程度上倒逼俄罗斯改变过于依赖进口的经济发展模式，有益于改进不

① Белоруссия готова заменить Европу в экспорте продуктов в Россию. URL：https：//ria. ru/20140807/1019101308. html？in = t.

② Аналитики：ограничения импорта откроют новые возможности АПК РФ. URL：https：//ria. ru/20140806/1019066008. html？in = t.

合理的经济和贸易结构。以上事实说明俄罗斯与欧盟在制裁与反制裁的较量中没有赢家。当欧盟不顾自身损失仍坚持延长对俄制裁时，俄外交部发言人扎哈罗娃评论称，欧盟新一轮对俄制裁就是一场“老生常谈”的“闹剧”，因为“欧洲非常清楚针对俄罗斯采取此类措施是没用的。……欧洲的政治家们早就公开承认过这一事实”①。俄总理梅德韦杰夫之前也直接称欧盟的对俄制裁“教育结果”是零。

二　制裁与反制裁背景下的俄欧关系

乌克兰危机引发的俄欧相互制裁持续时间之长、对双方影响之深、范围之广，在俄欧关系史上没有先例。但是观察五年来双方的互动情况可以看出，俄欧关系并非因此而全面停滞，相反，这种非正常的关系反而凸显出双方在解决国际重大政治问题和经济合作上的彼此不可或缺性，俄欧关系因此而呈现出边制裁边合作的奇特现象。

（一）政治上的孤立与反孤立：俄罗斯重回“游戏”中

2015 年 5 月 9 日，俄罗斯举行纪念卫国战争胜利 70 周年阅兵式，包括德、英、法在内的绝大多数欧盟国家元首以明斯克协议未能得到有效执行为由拒绝了普京的邀请。政治上的孤立和经济上的惨淡令俄罗斯常驻欧盟代表奇若夫将 2015 年称为俄欧关系 26 年中最艰难的一年，俄罗斯外交事务委员会主席、外交部前部长伊万诺夫也于 2015 年宣布“大欧洲”构想彻底失败。

乌克兰危机发生后的几年既是俄欧关系在低谷徘徊的几年，也是世界进入“百年未有之大变局”的几年，尤其是欧洲，宁静祥和的“老欧洲”渐行渐远，人们迎来了陌生的“新欧洲”。2015 年夏欧洲爆发难民危机，随着难民潮涌向欧洲的还有动摇欧洲安全根基的恐怖袭击、叙利亚危机、美国退出伊核协议和《中导条约》带来的未来危机。2015 年 11 月 13 日，巴黎发生连环恐怖袭击，造成 132 人死亡。此后，比利时布鲁塞尔、法国尼斯、德国柏林、英国曼彻斯

① Захарова прокомментировала возможное продление санкций ЕС. URL：https：//pronedra. ru/zaxarova – prokommentirovala – vozmozhnoe – prodlenie – sankcij – es – 408824. html.

特和西班牙巴塞罗那，在短短一年多时间里连续遭到恐怖袭击，人员伤亡惨重。困扰欧洲的难民危机和恐怖袭击，溯其根源与动荡的中东局势，尤其是叙利亚局势密不可分。作为叙利亚的重要盟友，俄罗斯于2015年9月底应叙利亚政府请求出兵叙利亚，通过强势介入中东局势实现了对西方孤立政策的逆袭，重回国际政治舞台中心。德国学者赫尔弗里德·明克勒评价普京的决策时说："普京在叙利亚的'完美策略'让他走出了孤立。……普京'回到了游戏中'。从那时起人们就从另一个角度看待欧盟的对俄制裁。如果俄罗斯成为战略对手，欧洲就无法解决自己东南部和南部的问题。"① 出兵叙利亚成为俄欧关系的重要拐点，欧盟从此不得不与重新"回到游戏中"的普京坐下来讨论迫切的国际问题。

2016年3月14日，欧盟召开外长例行会议，在乌克兰危机发生之后首次就俄欧关系而非对俄制裁进行讨论，通过了欧盟对俄关系的五大指导原则：全面落实俄欧关系中的关键因素——明斯克协议；加强与东部伙伴关系计划中伙伴国的关系；确保欧盟的稳定，尤其是在能源安全领域；在一些欧盟极为关注的具体国际问题上推动与俄罗斯的合作；支持与俄罗斯的公民、社会加强联系。此次欧盟外长会确定了以后将与俄罗斯就包括伊朗、叙利亚、中东问题以及移民、反恐、气候变化等涉及欧盟利益的问题进行合作。4月20日，乌克兰危机发生后便中断的北约—俄罗斯理事会也重新启动。

在欧盟对俄欧关系立场发生重大改变的情况下，尽管俄罗斯与欧盟在叙利亚阿勒颇战事问题上存在严重分歧，并导致欧盟的对俄制裁又一轮延长，但双方在重大国际问题上的合作已经重启。2016年10月19日，普京在2013年后首访德国，参加在柏林举行的诺曼底四方会谈。2017年4月24日，莫盖里尼作为欧盟外交和安全政策高级代表首次访问莫斯科，表示欧盟愿意与俄罗斯返回以前的战略合作水平，打击恐怖主义为欧盟与俄罗斯的共同任务，双方将在叙利亚和利比亚局势、伊核协议等尖锐问题上合作。5月29日普京对法国进行国事访问，与马克龙就叙利亚局势、乌克兰问题等国际事务议题交换意见，并呼吁加强在叙利亚的反恐合作。此次访问适逢彼得大帝访问法国300周年，马克龙

① Немецкий политолог：Путин совершил в Сирии «гениальный маневр». URL：https：//ria. ru/20151227/1349899294. html.

对媒体表示：“我尊敬俄罗斯，所以我邀请普京来访，这象征着两国300年外交关系。”① 2017年俄罗斯与欧盟的关系有了飞跃式的改善。

2018年6月，俄罗斯成功举办了第21届世界杯足球赛。较之2015年俄罗斯举行纪念卫国战争胜利70周年阅兵式上欧盟国家领导人的普遍缺席，此次盛会情况大有改观，比利时国王夫妇、法国总统马克龙、克罗地亚总统科琳达、西班牙国王费利佩六世、葡萄牙总统德索萨、法国前总统奥朗德和萨科齐等都亲赴莫斯科观看本国球队的比赛。赛后的统计数据也显示，通过电视收看此次世界杯决赛的人数创下历史新高，被国际足联主席因凡蒂诺誉为最成功的一届世界杯。通过举办世界杯，俄罗斯在西方民众中的口碑和形象得到了实质性的改善。

（二）经济上俄欧逆制裁合作：贸易额触底反弹

俄欧相互制裁令双方在经济上两败俱伤，欧盟各国从政治界到经济界停止制裁的呼声越来越高。在欧盟仍坚持继续对俄制裁的情况下，欧盟很多企业逆势而上，顶着制裁保持与俄罗斯的合作关系。如意大利总理亲自率团参加2016年圣彼得堡国际经济论坛，其间意大利企业家与俄罗斯签署了总价值超过13亿欧元的合同，俄罗斯还收获了在俄意联合企业生产直升机、与意大利造船集团Fincantieri联合造船的协议。受俄欧制裁影响最大的德国企业无法对俄出口，便开始在俄罗斯建厂。据德国央行统计，在制裁刚开始时撤离俄罗斯的德国资本于2015年重新对俄投资，投资额增至创纪录的17.8亿欧元，且仍在继续增长。克里米亚也受到欧盟经济制裁，但欧盟企业仍想方设法与其保持经贸合作，一些企业在商船上悬挂不受制裁的国家国旗，或是选用第三方国家服务，有的则在抵达克里米亚港口时直接关闭定位系统。

能源合作是俄罗斯与欧盟经济合作的重要组成部分。欧盟为俄罗斯实现能源出口多样化提供了绝佳的市场，反之欧盟在2006年俄乌“斗气”之后的十来年时间里并未能实现能源进口多样化的目标，相比其他各种方案，俄罗斯天然气依然是便捷、价廉的无法替代的能源来源。“与液化天然气和其他气源相比，

---

① 《彼得大帝访法300周年马克龙邀普京来访：我们有300年外交关系》，观察者网，2017年5月30日，http://www.guancha.cn/europe/2017_05_30_410750.shtml。

俄罗斯天然气依旧更具吸引力。……而欧洲的液化天然气基础设施仍未得到充分利用，过去几年欧洲液化天然气接收站的平均使用率还不到三分之一。……俄欧能源相互依赖是无法回避的现实，任何对立、冲突与相互制裁都只能使双方的利益受损。"① 在这种情况下，即使俄欧能源对话没有恢复，俄能源部部长与欧盟委员会能源委员仍保持着定期联络。法国道达尔公司依然与俄罗斯进行能源合作，持有俄罗斯"亚马尔"项目20%的股份；俄总理梅德韦杰夫和德国总理默克尔在2018年亚欧会议期间专门会晤商谈"北溪-2"天然气管道项目问题，虽有美国的强大压力，但该项目不仅没中断反而得到推进。

在这种逆制裁合作趋势下，俄罗斯与欧盟之间的贸易额从2016年开始止跌回升，并持续上涨，到2018年，德国、荷兰、意大利进入了当年俄罗斯的五大贸易伙伴国之列（第一位是中国、第四位是白俄罗斯）。

（三）俄欧关系沦为欧盟"政治正确"的"人质"

在欧盟成员国中，除了英国和波罗的海国家对俄制裁的态度比较坚决，意大利、奥地利、希腊、匈牙利、塞浦路斯、斯洛伐克等国家从制裁一开始时便持反对态度，欧盟火车头德法因与俄罗斯经济联系紧密，国内的反对呼声也很高。

欧盟在各成员国层面绝大多数都希望为了本国经济发展解除制裁，但作为一个政治经济整合体其则坚持在明斯克协议未能完全执行情况下对俄制裁在政治上的正确性。制裁前夕，欧盟驻俄罗斯大使乌沙茨卡斯表示，对欧盟而言，在经济上、政治上没有比俄罗斯更自然的天然伙伴，欧盟仍希望与俄罗斯全面合作，但是"俄罗斯和欧盟都成了乌克兰危机的人质"②。因此在欧盟对俄关系问题上，一面是对取消对俄制裁的强烈呼吁，另一面是欧盟当局既不断肯定俄罗斯在打击恐怖主义、叙利亚和利比亚冲突以及伊核协议、维护欧洲安全等重大问题上的重要作用，同时又不断延长制裁。

欧盟的火车头德法在这方面的表现最为明显。2015年1月，时任法国总统奥朗德曾表示俄罗斯出现危机对欧洲未必是好事，如果乌克兰情况好转就应当

---

① 陈小沁：《欧洲能源联盟建设及对未来俄欧能源关系的影响》，《俄罗斯学刊》2019年第2期。

② Посол ЕС в РФ: Москва и Брюссель стали заложниками кризиса на Украине. URL: https://ria.ru/20140725/1017458994.html.

取消制裁，但是如果没有进展，则制裁继续。德国总理默克尔的态度亦是如此。尽管遭受的损失最大，国内普遍反对制裁，也非常认可俄罗斯在解决国际问题上的重要作用，但其对是否取消制裁则充满了纠结。默克尔多次表示欧盟看到了制裁涉及一些西方公司，因此她也希望能取消对俄制裁，保持与俄罗斯的良好关系，但是前提必须是明斯克协议得到执行。默克尔曾表示，“由于国际法遭到了严重破坏且局势至今不稳，很遗憾，我们还不能考虑这个问题”，但同时又表示“希望与俄罗斯能有伙伴关系，我们有那么多的国际问题。……莫斯科尤其能在叙利亚冲突调解问题上发挥重要作用”①。在另一场合默克尔说：“我第一个想取消对俄罗斯的制裁。可遗憾的是，我们目前还看不到明斯克协议得到执行。我们尽一切努力力求回到与俄罗斯之间不需要制裁的关系上。”② 明斯克协议必须得到完全执行已经成为欧盟与俄罗斯关系在政治上的“正确”标准，决定着双方关系能否实现正常化。在这种“政治正确”的思想指导下，默克尔在处理与俄罗斯关系上表现得十分“拧巴”：拒绝普京对其参加2015年5月9日纪念卫国战争胜利70周年阅兵式的邀请，以此表明自己对明斯克协议未能执行的姿态，但却于次日访问莫斯科与普京会谈，并与普京一起向无名烈士墓敬献花圈，以此表明欧盟对双方关系的重视。

尽管欧俄关系不论是在欧盟整体层面还是成员国双边层面都较乌克兰危机发生之初有了极大改善，但基于“政治正确”，2019年6月欧盟再次延长了对俄制裁。对欧盟的这一选择，俄总理梅德韦杰夫无奈地说：“我们的欧洲伙伴继续对我国实行这种非建设性的路线，政治再一次战胜了经济，总之是按照严格的标准战胜了清醒的理智。”③

（四）被美国“绑架”的俄欧关系

由于美国与欧盟的传统盟友关系，美国对俄欧关系有着不可忽视的决定性影响。美国与俄罗斯的利益关系无论是在地缘政治上还是在经济上都与欧盟有

① Меркель：ЕС не может отменить санкции，но хочет партнерства с Россией. URL：https：//ria. ru/20150828/1212283880. html.

② Меркель заявила，что стремится вернуть досанкционные отношения с Россией. URL：https：//ria. ru/20160818/1474724199. html.

③ Правительство обозначает перспективу. URL：https：//www. kommersant. ru/doc/3338416.

着很大不同。特朗普就任总统后，美国的外交风格突变，各个领域都奉行“美国优先”，导致欧美在乌克兰危机后在如何制裁俄罗斯以及如何发展与俄罗斯关系的立场上产生重大分歧，由此也将欧盟一步步从美国推向了俄罗斯。

首先，在美国压力下欧盟无法在对俄制裁问题上实现外交自主。美国与欧盟在对俄制裁上有着不同主张。美国主张对俄罗斯的经济部门实施全面制裁，而欧盟因在经济上与俄罗斯相互依赖度较高持反对态度，只主张制裁部分经济部门。美国与欧盟联合制裁俄罗斯的第一年——2014 年，欧盟与俄罗斯之间的贸易额锐减 10%，但令欧盟受损企业家感到震惊和愤怒的是，美国和俄罗斯之间的贸易额不仅没有下跌，反而增长了 5.6%。美国无视欧盟企业的利益，坚持要扩大对俄制裁，威胁将根据法案对美国市场参与“北溪 - 2”天然气项目或是对该项目投资、提供服务的欧盟国家公司罚款。美国因与俄罗斯之间贸易往来规模较小，对俄制裁所面临的风险比欧盟要小得多，几乎可以忽略不计，最终欧盟却承担了对俄制裁的巨大损失。但由于害怕美国的惩罚，欧盟除了抗议别无他法。俄外长拉夫罗夫曾指出，许多欧洲国家在对俄制裁上表现得比较克制，就是因美国迫使欧盟服从其遏制俄罗斯的要求。俄外交部也称欧盟违背自身利益对俄制裁是屈服于美国政府的讹诈。

其次，与美国在政治上的分歧推动欧盟寻求俄罗斯的支持。在“美国优先”的政策指引下，特朗普的美国无差别对待一切“占美国便宜”的国家，包括传统盟友欧盟。在经济上，特朗普对欧盟加征钢铝关税，称欧盟在贸易上利用了美国，是比俄罗斯还坏的“敌人”，尤其是德国，“很坏很坏”，对美国有着巨大的贸易顺差，还与俄罗斯保持着能源合作，已经成为俄罗斯的“俘虏”；军事上，要求北约的欧盟国家增加军费；政治上，美国退出《巴黎气候协定》、将美国驻以色列使馆迁往耶路撒冷、退出伊核协议并威胁制裁与伊朗有业务往来的公司等，均与欧盟的利益和政治立场相左。欧盟指责美国退出《中导条约》以牺牲欧盟安全来制裁俄罗斯，使欧盟成为俄美关系的“人质”。对于传统盟友美国的突然变脸，欧洲理事会主席图斯克无奈地说：“有这样的朋友，还需要敌人吗?”①

① 《“有这样的朋友 还需要敌人吗”欧洲理事会主席痛批特朗普》，央视网，2018 年 5 月 18 日，http：//news. cctv. com/2018/05/18/ARTIHijiQUbfyq3XkMH3iSTT180518. shtml? ad = 1。

美欧在一些问题上分道扬镳，而俄罗斯的立场却与欧盟完全一致，尤其是在伊核协议上。早在特朗普还在竞选美国总统并有望赢得大选时，欧盟已经根据其竞选言论断定美欧将在政治和经济的方方面面出现分裂。特朗普胜出后，欧盟外交与安全政策高级代表莫盖里尼表示欧盟将与俄罗斯接触，并将在伊核协议、中东和平进程和利比亚局势、反恐等问题上与俄合作。当马克龙和默克尔亲赴美国劝说特朗普放弃退出《巴黎气候协定》和伊核协议无果后，二人转头即赴莫斯科与普京会谈寻求支持与合作。马克龙访俄前接受采访时甚至表示“愿意与普京进行一次战略性和历史性的对话，将俄罗斯带回欧洲，不让它与外界隔绝，并创造条件，使俄罗斯成为欧洲的一部分”①。普京在索契手持鲜花迎接到访的默克尔，马克龙在访美劝说特朗普后与普京互通电话通报结果，欧盟的双火车头因美国而与俄罗斯在政治合作上登上了新台阶。

俄罗斯对美国在俄欧关系中的作用了然于心。因此，尽管北约年年在临近俄罗斯东部边境地区军演，北约成员国也几乎全覆盖了欧盟国家，但俄罗斯国内普遍认为，俄罗斯与北约关系的实质是俄美关系。

（五）俄欧双边关系回暖升温

虽然俄罗斯与欧盟一直处于相互制裁之下，但与欧盟层面的关系冻结并未影响俄罗斯与欧盟成员国之间的双边关系。其中的主要原因是欧盟的实用主义和右翼民粹主义在欧盟的抬头和壮大。

1. 实用主义思想推动欧盟与俄罗斯的双边合作

“政治正确”束缚了欧盟与俄罗斯关系的正常化，但在解决重大国际问题上欧盟又无法离开俄罗斯，同时各国也无法放弃与俄罗斯经济合作产生的利益，欧盟从实用主义出发，通过双边关系实现了二者兼顾。莫盖里尼在访问莫斯科时表示，虽然在欧盟层面对俄罗斯实施制裁，但与俄罗斯的双边关系没有冻结，她的访问很好地说明了这一点。欧盟成员国通过各自与俄罗斯的双边关系绕过欧盟层面的“政治正确”，保持与俄在政治和经济上的合作。如法国，马克龙不仅接受普京的圣彼得堡国际经济论坛的邀请，还在访俄期间与俄罗斯国家原子

---

① Макрон «состыкует Россию с Европой». URL：https：//www. gazeta. ru/politics/2018/05/06_ a_ 11741791. shtml.

能集团公司签署了和平利用核能领域伙伴关系战略文件，道达尔公司也与诺瓦泰克公司签署了继“亚马尔液化天然气”项目后的第二个生产项目。度过俄欧关系史上最糟糕的2015年，俄罗斯与欧盟各国的双边关系逐渐开始正常化，虽然仍然缓慢，但却稳定升温。

2018年初，俄罗斯与欧盟关系的良好发展势头被前特工克里斯帕尔中毒事件中断，俄罗斯与西方国家之间互逐外交人员；10月，美国、英国、荷兰、澳大利亚和加拿大指责俄罗斯在全球发动网络攻击，逮捕和驱逐了部分俄罗斯公民；11月发生刻赤海峡事件，美国反应激烈，欧盟成员国在刻赤海峡事件上几乎全部反对追加对俄制裁，在时任乌克兰总统波罗申科的要求下欧盟才象征性地决定对8名俄自然人实施制裁；欧盟国家代表参加了2019年4月的雅尔塔国际经济论坛，并与俄罗斯和克里米亚公司签署了多个经济合作协议。此类事例不胜枚举。对于欧盟各国来说，在对俄关系上国家利益选择了实用主义。

2. 右翼民粹主义壮大助推与俄罗斯双边关系的升温

近年来在欧洲抬头并逐渐壮大的右翼民粹主义有力推动了俄罗斯与欧盟国家双边关系的发展。在金融危机、欧元危机、难民危机等种种因素的冲击下，右翼民粹主义在欧洲兴起，并随着社会矛盾的进一步加深而日渐壮大，在一些国家已经发展为不可忽视的政治力量和派别，甚至进入或组建了政府。右翼民粹主义反欧洲一体化、反建制、反移民，厌倦欧盟的“政治正确”，而普京在乌克兰危机和克里米亚入俄事件中对西方的强硬态度以及在西方制裁下拒不妥协的作风深得右翼民粹主义的推崇。右翼势力参与执政的欧盟国家反对欧盟对俄制裁的声音更为强烈，主张与俄罗斯保持友好合作关系。如意大利反对党“北方联盟”领导人马泰奥·萨尔维尼曾在2015年接受采访时表示，自双方实施制裁以来欧盟每天损失1.5亿欧元，仅意大利就损失了50亿欧元，因此将欧盟对俄罗斯的制裁比作“自杀”，“只有白痴才会继续施行这一自杀式的政策……”再如匈牙利，在美国国务卿蓬佩奥要求匈牙利远离俄罗斯时，匈牙利外长西亚尔托当面指责美国“虚伪”，并直接说：“当提到俄罗斯时，总是有太多的虚伪和政治正确。西方国家在表面上对俄罗斯有许多批评，但在背后，欧洲与俄罗斯之间有着数十亿欧元的贸易合作。与俄罗斯一起建设‘北溪-2’天然气管道项目的不是匈牙利（而是法、德等）。俄罗斯圣彼得堡国际经济论坛上的重要客人不是匈牙利总理，而是法国总统。坐在普京旁边的不是匈牙利能源公司的负责人，而是西方最大公司的负责人。……这么说吧，我们受够了。”① 在俄欧对峙最激烈的2014年和2015年，欧尔班和普京多次互访并签署巨额能源合作协议。“俄罗斯在西方的最后朋友”奥地利在英国间谍中毒案后拒绝像其他西方国家一样驱逐俄罗斯外交官，总理库尔茨在欧盟对俄制裁之下数度与普京会晤，普京在访问德国途中还顺道在奥地利停留以参加奥外长卡琳·克奈斯尔的婚礼并与其共舞。奥地利副总理甚至评价普京的此次短暂访问是奥地利的“莫大荣幸”。

综上所述，在五年多的相互制裁期间，尽管制裁初期关系骤冷，但最终欧盟认识到俄欧的共同利益大于分歧，合作重于对立，克服了各种负面事件影响，在美国的压力之下保持着与俄合作。

三　重回欧洲——俄罗斯对未来俄欧关系的规划

乌克兰危机对俄欧关系的打击可以说是毁灭性的。对俄罗斯人来说，融入欧洲“大家庭”几乎是一种与生俱来的信念。而这一信念被欧盟近乎决绝的制裁彻底击得粉碎。“俄欧关系从来没有平稳过，总是跌宕起伏，充满希望和期待的时期总是被充满失望的时期取而代之。”② 俄罗斯认为，西方向俄罗斯保证欧盟和北约东扩有利于促进与俄罗斯合作，缓解一些小国对俄罗斯的恐惧，而现实却恰恰相反；俄罗斯很长时间力求将欧盟从北约和美国的“团块”中分离出来，将欧盟看作西方军政联盟的一个合理替代，可是围绕乌克兰发生的一系列事件却证明俄罗斯的这些看法都是错误的。普京说：“我们在与西方关系中最主要的错误就是——我们过于信任你们，而你们的错误在于你们把这一信任看作软弱并滥用了这一信任。”③ 面对已然“归零”的俄欧关系，俄罗斯人不禁痛苦自问：“俄罗斯还要重回欧洲吗?”

---

① 《匈牙利外长当面怼蓬佩奥“远离中俄”言论，华春莹：赞赏》，环球网，2019年2月12日，https：//world. huanqiu. com/article/9CaKrnKhY1L。

② Отношения между Россией и ЕС：вчера，сегодня，завтра. URL：http：//www. alleuropa. mgimo. ru/otnosheniya – mezhdu – rossiey – i – es – vchera – segodnya – zavtra.

③ Путин рассказал о взаимных ошибках России и Запада. URL：https：//russian. rt. com/world/news/441289 – putin – oshibki – rossiya – zapad.

（一）俄罗斯会重回欧洲吗?

回答是肯定的，俄罗斯终将重回欧洲。

首先，俄罗斯坚定地认为，不论是作为一个国家的地理属性还是作为一个民族的民族属性，俄罗斯都是欧洲国家。俄罗斯在地理划分上属于欧洲，但对于俄罗斯人来说，欧洲更是心理上的归属，精神上的家园。“地理上俄罗斯以前从来都是，现在是，看来将来也仍是欧洲国家。……俄罗斯是欧洲文明的一部分。所以谈及俄罗斯的‘欧洲选择’总的来说是没有意义的。这不是选择，这是命运，众所周知，命运是无法选择的。”① 从彼得大帝开始，俄罗斯就走上了融入欧洲之路，俄罗斯人不会放弃心心念念了几百年的欧洲。

其次，欧盟是俄罗斯最大的贸易伙伴，即便是在双方史无前例的制裁与反制裁下，欧盟依然保持着俄罗斯最大贸易伙伴地位。俄罗斯过去是，现在是，在可预见的未来仍将是欧盟最大且最可靠的能源供应方，而欧盟也是俄罗斯实现能源出口多元化不可或缺的巨大市场。因此，俄罗斯虽然“转向东方”，但同时也反对有关“向东转”战略是其将战略重心转向亚洲的说法。俄总理梅德韦杰夫就曾特意强调，“向东转”只是其在地理位置和地缘政治条件许可下的合作方向之一，不应将俄罗斯与东方的积极合作诠释为俄方意图“重新定向”，“不管从经济上、政治上还是精神上，俄罗斯都不会脱离欧洲大陆。关系未来可能会变，但战略方向无可改变”②。俄总统新闻秘书佩斯科夫认为“向东转”的说法是不明智的，重要的是要全方位发展，并且直接否定了俄罗斯“向东转”。“我完全不支持有关俄罗斯正在向东进行某种飘移，向东转的说法，这绝对是不明智的。只有在不同方向上才能得到发展，只向一个方向进行某种转向将减少我们的机会。”③ 拉夫罗夫在 2017 年莫盖里尼访问莫斯科时就明确表示，俄罗斯人民与欧盟人民在历史、文化和价值观领域有很多共同之处，欧盟也是俄罗斯重要的贸易伙伴，虽然与西方关系处于艰难时期，但俄罗斯的目标依然是恢复

① Россия в формирующей Большой Европы. — Москва，2019，— С. 63 – 64.

② Дмитрий Медведев заявил, что Россия не покинет Европу ни экономически, ни политически. URL：https：//russian. rt. com/article/118520.

③ Песков：РФ не делает “поворота на Восток”, западные инвесторы тоже важны для страны. URL：https：//tass. ru/ekonomika/5790341.

与欧盟的合作。

最后，俄欧关系“归零”是让俄欧关系“翻开新的一页”、重建新型俄欧关系的契机。在俄罗斯看来，在俄欧关系的历史中双方从来没有平等过，欧盟一直都是带着冷战胜利者的喜悦将自己的观念和标准强加给俄罗斯，教导俄罗斯什么该做什么不该做，没有尊重过俄罗斯的利益和关切。俄欧关系倒退回“零”，俄罗斯正好可以借此机会认真盘点自己的利益，重新开始，以俄罗斯的立场为基础构建新型俄欧关系。“不能在布鲁塞尔的指令和‘欧洲中心’模式的背景下探讨俄欧关系。我们认为让俄罗斯的行动紧跟在欧盟后面的时间太久了。今天出现了转向平等模式的机会。”① 即使是在俄欧关系最糟糕的2015年，俄罗斯依然在以非正式对话方式与欧沟通，耐心等待欧盟回心转意。正如俄罗斯驻欧盟大使奇若夫所说：“我们从未放弃对话，一旦欧盟了解冻结合作不正确，其就知道在哪儿能找到我们。”②

（二）俄罗斯如何重回欧洲？

在走向欧洲的近400年时间里，甚至在苏联解体后俄罗斯与欧盟关系的“蜜月期”里俄罗斯都没能成功融入欧洲，如今俄欧关系之间横亘着制裁铁幕，俄罗斯又该如何重回欧洲？俄罗斯的做法是改变思维：重新自我定位，重新认识当下的欧洲，重新审视400年来追寻的“欧洲梦”。乌克兰危机后欧盟的制裁让俄罗斯彻底放弃了之前对欧洲不切实际的幻想，立足现实重新规划了通往欧洲的“路线图”——“大欧亚”，即通过从里斯本到雅加达的统一欧亚经济空间建设，借力亚洲国家经济的蓬勃发展和欧亚地区合作重返欧洲。“大欧亚”构想是俄罗斯“大欧洲”构想失败后提出的又一个雄心勃勃的战略构想，承载了俄罗斯不甘被边缘化、重塑国际政治经济秩序、重回国际舞台中心的大国梦想。在俄欧关系倒退回“零”的时候，“大欧亚”同时寄托了俄罗斯迂回重返欧洲、重塑俄欧关系的希望。

俄罗斯对重回欧洲“路线图”的规划基于其对当前俄欧关系的现实、自身

---

① Россия и Европейский союз：три вопроса о новых принципах отношений. — Москва，2016.

② Интервью В. А. Чижова газете “Коммерсант”，26 июня 2015 года. URL：https：//russiaeu. ru/node.

实力以及欧盟和国际形势的理性分析。

1. “欧洲梦”的褪色和亚洲的崛起

近年来的欧洲命运多舛，金融危机、欧元危机、乌克兰危机、难民危机、英国脱欧、恐怖袭击潮先后席卷欧洲。此起彼伏的危机导致经济下滑、民众生活水平下降、种族对立、安全形势恶化，这些问题进而又引发了右翼民粹主义的抬头和崛起。诸多因素致使欧盟的向心力下降，离心力渐涨，欧洲在危机面前表现得迷惘、惊恐、失去战略方向。欧盟能否走出或何时走出这些危机目前尚不确定，俄罗斯向往的自信、乐观的“老欧洲”已经一去不返。“如果今天欧洲自己都不相信自己，如何能让其他人相信欧洲？……欧洲在当前的状况下没有令人信服的理由让莫斯科重回世纪之初的关系模式。粗暴地说，布鲁塞尔没有什么可提供给莫斯科的，除了返回20年前，即便如此也得是莫斯科放弃自己近年来所有或现实或想象的外交成就。”① “作为一种思想，‘欧洲梦’已经失去了它的吸引力。”② 俄罗斯对整个西方的态度亦是如此，当有西方声音呼吁应让俄罗斯重返八国集团时，普京只是淡淡地说八国集团已经不存在了，而俄罗斯将在上合组织、金砖国家等框架内参与国际合作。当欧洲陷于各种危机时，亚洲国家的经济却在发展，尤其是中国和印度。亚洲与欧洲同处欧亚大陆，加强合作将是趋势。俄罗斯认为应当借鉴澳大利亚和新西兰融入亚太区域经济的经验，加大“向东转”力度，在“大欧亚”框架内与亚洲国家一起同欧洲进行对话、合作，从亚洲助跑，再度回归欧洲，实现“回家”。

2. 俄罗斯国力不足

即使是在关系的最好时期俄罗斯都未能成功融入欧洲。乌克兰危机后由于西方制裁，俄罗斯经济形势恶化，在国力不足的情况下，俄罗斯没有能力改变现状，让欧盟与俄罗斯平等对话。而且从目前形势看，在明斯克协议未能得到完全执行的情况下，欧盟不可能恢复与俄罗斯的正常关系，俄罗斯也无力让欧盟取消制裁。

---

① Россия в формирующей Большой Европы. — Мосва，2019，— С. 63 – 64.

② Петр Толстой：Итоги выборов в Молдавии и Болгарии стали свидетельством потери привлекательности идеи «европейской мечты». URL：http：//www. duma – er. ru/news/petr – tolstoy – schitaet – chto – evropeyskaya – mechta – degradirovala/.

3. 欧盟未能实现自主外交

迫于与美国的盟友关系以及与美国实力悬殊，欧盟在外交政策上多年来一直未能实现独立自主。在特朗普“美国优先”的外交理念主导下，欧盟的外交政策和经济都被美国绑架，受制于美国。如在美国的威胁下，欧盟公司为了免受制裁不得不中断与俄罗斯和伊朗的业务往来。在俄欧关系中，美国不乐见欧盟与俄罗斯保持良好关系，也必会阻挠俄欧关系的重建。

（三）回不去的俄欧关系

即使通过“大欧亚”建设重返欧洲，俄欧关系也回不到从前，将与以往有质的不同。

第一，区分欧盟与欧洲。

欧洲是俄罗斯人400年来的理想，欧盟则承载着俄罗斯对欧洲的全部想象。戈尔巴乔夫访问法国时曾说，苏联和欧洲国家就像共同生活在一个大家庭里，住在不同单元的同一座楼房里。而乌克兰危机后欧盟对俄罗斯的排斥和冷漠沉重打击了俄罗斯人对欧洲的心理认同。俄罗斯《国际生活》杂志总编阿尔缅·奥加涅相为此感叹道：“我们正遭遇着某种悖论：俄罗斯是欧洲的一部分，但却并未成为其一部分。……‘俄罗斯是欧洲的一部分’，我们在发出如此声音时，犹如身处彼岸。”① 俄总统顾问苏尔科夫撰文写道：“俄罗斯通往欧洲的史诗般的旅行结束了，成为西方文明的一部分、与欧洲人民‘好人家’结亲的多次无果尝试停止了。”② 感叹之余俄罗斯开始以理性态度看待欧洲，将俄欧关系纳入“大欧亚”范畴，重新定位。在“大欧亚”框架内，俄罗斯和欧盟不再是一家人，而是邻居。俄罗斯地理上位于欧洲，但其地缘政治位置却不在欧洲大陆东部边陲，而是在广袤的欧亚大陆的中心和北部。欧盟是俄罗斯的西方邻居，中国、日本、韩国等国家是俄罗斯的东方邻居。俄罗斯与欧盟国家的关系是亲近但又保持一定距离的邻居，俄罗斯和欧盟就是两个独立的“城市”，两个独立的

---

① Россия - часть Европы, которая так и не стала ее частью. URL: https://interaffairs.ru/jauthor/material/1951.

② Одиночество полукровки (14 +): 9. апреля 2018. URL: https://globalaffairs.ru/global-processes/odinochestvo-polukrovki-14-19477.

国际主体①。

第二，“不是在一起（вместе），而是并行（рядом）”②。

乌克兰危机后的俄欧关系再也回不到从前。欧盟多次表示与俄罗斯的关系无意“一切照旧”。容克虽然表示没有俄罗斯无法建设欧洲，但也强调这不是在欧盟的概念上，而是在欧洲大陆的概念上。莫盖里尼曾表示，在俄罗斯尊重自己的国际义务和国际法之前，欧盟不会与俄罗斯重回到以前“一切照旧”（business as usual）的关系。俄罗斯对此也是心照不宣。拉夫罗夫在制裁第一年就曾说过“欧盟是我们最大的集体伙伴。任何人都不打算搬起石头砸自己的脚放弃同欧盟合作，尽管大家都明白，一切照旧已不可能”③。在采访中谈到默克尔访俄时，他说：“会谈很有建设性，非常实际，谁都没有试图教训对方。……我们期待欧洲能明白，‘师生’关系早已成为过去。”经过与欧盟在制裁上的对峙和较量，俄罗斯已经不愿意在俄欧关系中充当被教训的“学生”角色，而是追求与欧盟的平起平坐，按照自己的利益去构建新的俄欧关系，即“未来俄罗斯与欧盟不是在一起（вместе），而是并行（рядом）”。④

（四）“大欧亚”框架内俄欧关系发展前景

俄罗斯与欧盟目前仍处于制裁和反制裁当中，尽管经济合作在双边层面发展态势良好，但政治关系实际上是停滞的。俄罗斯制定的通过构建“大欧亚”，以亚洲为跳板重返欧洲的“路线图”是俄罗斯理性思考的结果。“不论是多么难以置信，俄罗斯通过亚洲‘重回’欧洲是今天唯一现实的道路。”⑤ 这条俄罗斯唯一的“回家路”行走起来并不容易，其难度更甚于已经失败的“大欧洲”构想。

---

① Россия и Европа：к чему стремиться и что делать. URL：http：//carnegie. ru/publications/75938.

② Россия и Европейский союз：три вопроса о новых принципах отношений. — Москва，2016.

③ Лавров：прежних отношений между Россией и ЕС уже не будет. URL：https：//www. gazeta. ru/politics/news/2014/11/22/n_ 6674137. shtml.

④ Россия и Европейский союз：три вопроса о новых принципах отношений. — Москва，2016.

⑤ Кортунов А. В. «Вернется ли Россия в Европу»，«Россия в формирующиейся Большой Евразии». — Москва，2019. —С. 65.

一是俄罗斯的经济实力和发展速度与亚洲主要国家有较大差距。亚洲的崛起依靠的主要是中国和印度的经济腾飞，俄罗斯的经济发展速度距中印有很大差距，如果不大力发展经济，当现有的优势消耗殆尽，俄罗斯再没有什么可提供给亚洲的，那么俄罗斯将无法跟上亚洲的发展步伐。

二是俄罗斯与中国贸易往来紧密，在俄罗斯被欧盟制裁下双方贸易额增长更快。但总体而言，俄罗斯不论是经济还是政治在亚洲的存在感都较弱，要与亚洲共同发展打开欧洲大门，俄罗斯任重而道远。

三是在乌克兰危机发生前俄罗斯的外交政策重点一直是欧洲方向，对亚洲并不重视，乌克兰危机发生之后俄罗斯才开始切实落实“向东转”战略，对亚洲国家和人民的传统、风俗、历史、心理等缺乏深入了解，一定程度上将影响俄罗斯与亚洲国家的沟通与融合，而做不到这一点俄罗斯很可能也会成为“大欧亚”的局外人。

四是与亚洲国家共同推进“大欧亚”建设，俄罗斯需要放弃大国心态以及带有欧洲特色的优越感，以符合亚洲人的谦逊心态与亚洲国家合作。

除了“大欧亚”构想实施起来的难度会影响俄罗斯借道亚洲重返欧洲外，欧盟各国在对俄制裁上的不同主张也是影响俄欧关系的重要因素。包括德、法在内的大多数欧盟国家主张撤销制裁，但波罗的海沿岸国家和波兰则认为俄罗斯是威胁而反对撤销制裁。同时俄罗斯与欧盟各自的未来发展也对俄欧关系有重要影响。普京的总统任期结束后，俄罗斯将迎来怎样的政治现实？那时的欧盟是走出了危机，还是在右翼民粹主义势力高涨之下分崩离析？还有棘手的乌克兰局势，是否会随着泽连斯基的上台而有所改善？所有这些不确定性都让俄欧关系在可预见的未来前景内也充满不确定性。但正如普京所说：“俄罗斯太大了，无法被孤立。”① 在双方关系未实现正常化的情况下，欧盟国家依然会从实用主义立场出发，立足各自国家利益与俄罗斯保持双边合作，欧盟层面也会在“政治正确”下寻求各种可以说服自己的理由在利益攸关问题上与俄罗斯合作。

路漫漫其修远兮，“大欧亚”的建设不可能一蹴而就，俄罗斯只有把握

---

① Путин объяснил, почему провалились попытки изоляции России. URL: https://ria.ru/20180717/1524737371.html.

亚洲发展脉搏，加紧国内经济建设，才能更好地与亚洲国家共同推进“大欧亚”，重返欧洲。否则，如俄罗斯学者所说，“在‘中国的车队’里进入欧洲将一无所获”①。俄罗斯的“回家路”注定任重而道远。

（原文发表于《俄罗斯学刊》2019 年第 6 期）

① Кортунов А. В. «Вернется ли Россия в Европу», «Россия в формирующиейся Большой Евразии». . — Москва, 2019. —С. 65.

欧洲能源联盟建设及对未来俄欧能源关系的影响*

陈小沁**

内容提要： 俄罗斯和欧盟互为重要的能源合作伙伴，双方在地缘战略方面存在竞争与合作，既相互依存又相互矛盾。21世纪以来，俄欧能源关系几经波折，近期因乌克兰危机陷入困境。俄欧能源摩擦反映的是两个政治经济行为体之间的利益冲突，能源市场运作方式难以摆脱地缘政治因素的影响。欧盟在表示尊重市场自由化竞争原则的同时，也常常通过条约或指令的方式对市场进行干预。为防范地缘政治变动导致的能源供应短缺风险，欧盟于2015年2月宣布成立能源联盟，奉行市场与地缘政治相结合的“弹性能源政策”。欧洲能源联盟建设的推进不仅需要成员国间共同的政治意愿，在对外政策上也需要协调与中东欧国家和俄罗斯的地缘政治关系。未来的俄欧能源关系不是单纯的市场力量所能主导的，必然会受到欧盟内部成员国间不同的利益诉求、俄欧间复杂的地缘政治经济关系与安全战略矛盾的制约。

关键词： 能源联盟　欧盟能源政策　俄欧能源关系

---

* 本文系中国人民大学国际关系学院“建设世界一流学科（政治学）”科研项目阶段性成果。

** 陈小沁，法学博士，中国人民大学国际关系学院教授、博士生导师，中国人民大学—圣彼得堡国立大学俄罗斯研究中心研究员。

欧盟与俄罗斯互为重要的能源合作伙伴，俄罗斯的能源主要供应欧盟国家，至少到2040年前都将保持这一趋势①；欧盟自俄罗斯进口的天然气占其进口总量的37.5%，石油占30.4%，固体燃料约占29%②。俄罗斯与欧盟之间高度的能源依存性在天然气领域表现得尤为突出。近年，欧盟天然气开采量一直呈下降趋势，在经过连续6年的下降后，2017年欧盟天然气开采量仅有1178亿立方米，为1970年以来的最低值，预计到2040年欧盟天然气进口依存度将从目前的72%上升到89%③，欧盟对俄罗斯的天然气依赖度亦将进一步增强。

2014年乌克兰危机进一步加剧了本已日趋紧张的俄欧关系，使得双方以更审慎的态度对待彼此间的能源合作。欧盟担心俄罗斯政府会频繁运用“能源武器”作为向欧施加政治压力的手段，因此极力寻求能源来源和进口渠道多元化，通过发展可再生能源和提高能源效率逐步降低对化石能源的依赖；而俄罗斯方面也意识到，单纯依赖欧洲市场会使本国陷入被动，欧盟政策上的任何变化均会对俄能源市场造成冲击，因而近年来俄罗斯拓展亚太、拉美等新兴能源市场的步伐有所加快，意在构筑多元化的能源出口格局。

一　俄欧能源关系与欧盟能源政策的调整

市场—地缘政治二分法被广泛运用在当代能源政策的研究领域，学者通常使用地缘战略/市场管理④、地缘政治/多边治理⑤、地缘政治（新现实主义）/市场力量（新自由主义）⑥ 等术语。英国学者E. 斯托达德形象地指出：“地缘

① Прогноз развития энергетики мира и России 2016. — М.: ИНЭИ РАН, Аналитический центр при Правительстве РФ, 2016, — С. 166.

② European Commission, *EU Energy and Transport in Figures: Statistical Pocketbook 2016* (Luxembourg: Publications Office of the European Union, 2016): 26.

③ “BP Statistical Review of World Energy 2018,” https://www.bp.com/en/global/corporate/news-and-insights/speeches/bp-statistical-review-of-world-energy-2018.html.

④ R. Youngs, “Europe's External Energy Policy: Between Geopolitics and the Market,” *CEPS Working Documents* No. 278, 2009.

⑤ K. Westphal, “Energy Policy Between Multilateral Governance and Geopolitics: Whither Europe?”, *Internationale Politik und Gesellschaft*, 4 (4), 2006: 45-46.

⑥ D. Finon and C. Locatelli, “Russian and European Gas Interdependence: Could Contractual Trade Channel Geopolitics?”, *Energy Policy*, 36 (1), 2008: 423-425.

政治和市场经济前景对国际能源关系的影响……再现了悲观现实主义者与理性自由主义者之间在国际关系领域的古老辩论。"[①] 传统地缘政治学着重阐述国家对特定地理位置的控制及其对国际体系权力结构产生的决定性影响，并认为能源属于战略性资源，在基础设施管理、供应、交易等方面需要国家的积极介入[②]。而基于新自由主义理论的市场观点则积极地看待国家与地区间的相互依赖[③]。从市场的角度出发，认为能源资源只是商品，市场是为了保证相互利益对它们进行调节的正确手段[④]。来自国家层面的干预应限制在制定透明的、对所有参与方都适用的普遍规则上[⑤]。同时，国家与一体化组织之间应该开展长期合作，而不是相互竞争。

实践中通常认为，俄罗斯主要从地缘政治角度审视本国的能源安全政策，欧盟则是基于市场规律，但这种判断有时过于简单和表象化。实际上，无论是俄罗斯还是欧盟，在制定能源安全政策时，均同时考虑市场与地缘政治的双重作用，只不过侧重点有所不同。20 世纪 90 年代，为建立开放的能源市场，促进能源贸易，欧盟大力倡导能源市场化，其重要表现是 1998 年 4 月 16 日启动的《能源宪章条约》。欧盟认为，俄欧能源关系的指导原则应以《能源宪章条约》为基础，以市场自由化原则为宗旨，实现能源领域投资、运输和管网建设自由化。转型以来，俄罗斯推进市场经济改革，对与欧盟的能源合作持积极态度。1994 年 6 月，俄欧签署为期十年的《伙伴关系与合作协定》，该协定于 1997 年 12 月 1 日正式生效。《伙伴关系与合作协定》是俄罗斯与欧盟关系的指导性文件，为双方在能源等方面的长期合作奠定了法律基础，双方在该协定框架下积

---

① E. Stoddard, "Reconsidering the Ontological Foundations of International Energy Affairs: Realist Geopolitics, Market Liberalism and a Politico-Economic Alternative," *European Security*, 22 (4), 2013: 446.

② M. Klare, *Rising Powers, Shrinking Planet: The New Geopolitics of Energy* (New York: Metropolitan Books, 2008).

③ A. Correljé and C. van der Linde, "Energy Supply Security and Geopolitics: A European Perspective," *Energy Policy*, 34 (5), 2005: 532 - 533.

④ A. Goldthau and J. Witte, "From Energy Security to Global Governance," *Journal of Energy Security*, http: //www. ensec. org/index. php? option = com_ content&view = article&id = 234: from - energy - security - to - global - energygovernance&catid = 103: energysecurity%20issuecontent&Itemid = 358.

⑤ A. Goldthau and N. Sitter, "A Liberal Actor in a Realist World? The Commission and the External Dimension of the Single Market for Energy," *Journal of European Public Policy*, 21 (10), 2014: 1452 - 1453.

极推进“统一经济空间”计划并开展了富有成效的能源对话。

21 世纪以来，俄罗斯与欧盟能源合作有所减弱。欧盟方面认为，俄罗斯没有在应有的程度上开放本国能源市场，《能源宪章条约》也没能在俄罗斯杜马审议过程中获得通过，此外，俄罗斯还周期性地限制对欧盟国家的能源供应。2004 年“橙色革命”以及 2006 年俄乌“断气”风波给欧洲能源安全带来警示。为此，欧盟多次指责俄方利用欧洲在能源供应方面的脆弱性，运用“能源武器”向欧盟施加政治压力。2008 年 5 月，俄罗斯颁布了《俄联邦外资进入对保障国防和国家安全具有战略意义商业组织程序法》，限制外资进入俄罗斯战略性行业。该法规定私人和外国投资者对相关行业企业的控股不能超过 50%，以国家身份出现的外国投资者控股比例不能超过 25%。另外，根据俄罗斯最新修订的《矿产资源法》，储量超过 7000 万吨的油田、超过 500 亿立方米的天然气田和 50 吨以上的金矿都将被视为战略领域，外国投资者不得参与开发[①]。对此，欧盟主张根据互惠原则，按照第三次能源一揽子文件（Third Energy Package）的规定，要求在欧盟市场上经营的外国能源集团，包括俄罗斯天然气工业股份公司（以下简称“俄气”公司）、俄罗斯石油公司及其他能源巨头对所有权进行拆分，即能源公司的管输业务必须与其生产、销售业务分离。欧盟监管机构曾以此为依据对“俄气”公司提起反垄断指控。欧盟此项措施的主要目的在于削弱“俄气”公司在欧洲市场的影响力，以能源市场自由化的名义建立起对全欧天然气供应的控制[②]。在这一阶段，欧盟内部“恐俄”情绪亦有所加剧，由于历史原因，新入盟的波罗的海国家和波兰对俄罗斯的做法往往持激烈的反对态度[③]。

欧盟担心俄罗斯借用能源手段实现其对外政治诉求，为此采取措施增加天然气供应渠道，如加快南部天然气走廊建设，建立连接欧洲中部、东部以及地中海地区的液化天然气中心。欧盟与“俄气”公司在天然气供应方面积怨已久，为了打破“俄气”公司对欧洲市场的垄断，早在 2011 年欧盟就对其进行过反垄

① См.: «Федеральный закон о порядке осуществления иностранных инвестиции в хозяйственные общества, имеющие стратегическое значение для обеспечения обороны страны и безопасности государства»; «Закон Российской Федерации “О недрах”».

② Романова Т. А. Проблема взаимности в отношениях России и Европейского союза//Вестник Санкт - Петербурского университета. Сер. 6. — 2013. — Вып. 3. — С. 135 - 136.

③ Романова Т. А. Энергетический союз ЕС и его последствия для России//Энергетическая политика. — 2016. — № 6. — С. 30.

断突击审查，并于2012年正式开始调查这一问题。欧盟当时给出的理由是，俄罗斯采取与油价挂钩的天然气定价机制已经不再适合变化的局势，因为随着北美页岩气产量大增，天然气现货交易占据越来越重要的地位，“俄气”公司利用市场地位抬高价格的行为给欧盟天然气市场带来了严重影响①，促使欧盟能源政策显现出地缘政治化色彩。然而，真正促使欧盟能源政策转向地缘政治范式的催化剂则是2014年乌克兰危机以及俄罗斯的强势介入。

愈演愈烈的俄乌政治分歧使欧盟意识到，对俄罗斯过度的“能源依赖”只会使欧盟陷入更加被动的局面。2014年5月28日，欧委会推出新的《欧洲能源安全战略》，指出欧盟天然气稳定供应受到乌克兰危机的影响，呼吁欧盟国家减少对俄罗斯能源的依赖。《欧洲能源安全战略》提出应加强共同应对危机的机制化建设、降低能源需求、建立欧盟内部能源市场、提高自身的油气产量、研发新技术、完善能源基础设施和实现供应来源多元化等多项举措，同时强调协调各国能源政策的重要性，以便在与俄罗斯等外部供应方进行谈判时形成统一的立场②。可以看出，欧盟能源战略的主要目标就是要采取一切可能的措施减少或摆脱对俄罗斯的能源依赖，必要时牺牲某些经济利益以满足政治上的需要。

俄罗斯的对内及对外政策是促使欧盟能源政策导向在市场规律和地缘政治考量之间摇摆不定的主要原因。普京第一任总统期间，在国际能源价格上涨的有利环境下，俄罗斯经济实力增强，国际影响力上升，其大国心态日益突出。在吸取最初几年改革的教训后，俄罗斯逐渐探索出一条与西方国家不同的发展道路，俄罗斯与欧盟在社会形态、价值观“异质”等方面的差异越来越突出。俄欧对科索沃要求独立的不同立场、欧盟对车臣问题和俄政治民主问题的关注、俄罗斯对部分东欧和独联体国家的西靠持反对态度的背后实质上都隐含着俄欧的地缘政治争夺，也反映了欧洲冷战思维式的对俄遏制与不信任。此外，世界能源市场价格是另一个重要的影响因素，即能源问题的地缘政治化倾向往往会

① European Commission, “Upstream Gas Supplies in Central and Eastern Europe,” http://ec.europa.eu/competition/elojade/isef/case_ details.cfm? proc_ code = 1_ 39816.

② European Commission, *Communication from the Commission to the European Parliament and the Council*, *European Energy Security Strategy* (Brussels: Publications Office of the European Union, 2014).

随着能源价格的攀升而有所加剧，高企的价格还会令某些地缘政治手段更具商业吸引力，如修建新的能源基础设施和开辟新的能源运输通道。

市场和地缘政治因素的相互交错同时表明，欧盟各成员国对能源供应安全问题的观点并不统一，既有支持通过市场进行调节的，也有主张运用地缘政治手段加以维护的。其中，老成员国多为市场力量的拥护者，而波罗的海国家和波兰则常常热衷于能源问题政治化①。后者的立场是由其对俄罗斯能源的高度依赖性以及相互交往的历史经验决定的，多元化管线的缺失使得它们在市场环境下无法有效解决能源的稳定供应问题。

从职责划分的角度看，欧盟主要负责其内部能源市场的自由化及运作，修建连接所有成员国的基础设施，发展可再生能源，提高能源利用效率和减少温室气体排放量；各成员国则有权确定自己的能源平衡结构，保障自身能源安全和决定本国自然资源开发的程度。由此可见，市场范式在欧盟层面（主要指代表欧盟整体利益的欧委会）有较大影响，而地缘政治考量则更多地体现在国家层面。欧盟的能源安全问题以国家间协调为基础，欧盟成员国拥有否决权，而与第三国的对话，包括有关能源安全问题的对话现在主要由欧盟对外行动署②（European External Action Service）领导，该机构倾向于采取将能源与政治相结合的地缘政治范式。

在任何一种范式当中，公司和企业最感兴趣的都应该是对商业利益的追求。在市场机制下，资金将被投向那些在商业上有利可图的项目。而如果是基于地缘政治目的，对项目的资助则只能依靠欧盟的预算拨款或者要求消费者为修建新的基础设施支付额外的费用（比如提高消费税率），企业将不会独自承担并实施那些不合算的项目规划。

综上，欧盟新老成员国面临着不同的地缘政治经济环境，新加入的东欧国家对改善对俄关系缺乏动力，它们与俄罗斯关系的僵持状态必然对欧盟对俄能源政策产生一定的消极影响。欧盟东扩后内部形势变化，围绕能源政策的制定形成了两股势力：欧委会、老成员国和企业界支持市场进程，而新入盟国家和

① O. G. Austvik, “The Energy Union and Security-of-Gas Supply,” *Energy Policy*, 96, 2016: 382.

② 欧盟对外行动署的职能是协助欧盟外交与安全政策高级代表开展《里斯本条约》赋予其在共同外交和安全政策、共同安全和防务政策以及相关对外关系政策领域的协调工作。参见欧盟对外行动署网站，https://eeas.europa.eu/headquarters/headquarters-homepage_en。

部分欧盟对外行动署的成员①则坚持地缘政治诉求，也正是这两种范式之间的竞争构成了能源联盟建立的大背景。迄今为止，欧盟层面上虽已颁布了一系列能源法规，然而在实际运作中，欧盟成员国具有各自独立的能源监管规制体系。随着波兰、爱沙尼亚等国家的加入，欧盟层面统一的能源法规与成员国层面上各自为政的能源监管体系之间相互矛盾和不匹配的问题日益突出，严重影响了欧盟能源法规的落实与执行效果。鉴于目前欧盟与其成员国的职责分配以及成员国之间分歧还比较明显的情况，欧委会的协调工作将有助于实现欧盟内部的利益平衡，从而在能源问题上促进内部合作。

二 欧洲能源联盟建设

欧盟早在20世纪90年代就提出建立欧洲统一能源市场的设想，2009年俄乌“斗气”和2014年乌克兰危机所引发的欧亚地缘政治动荡成为“能源联盟”（Energy Union）成立的直接推动力量，其背后有着强烈的政治意愿。

2014年4月21日，时任波兰总理唐纳德·图斯克在《金融时报》上撰文指出，“欧洲必须建立能源联盟以应对俄罗斯天然气的垄断地位，该联盟应作为欧盟的单一代表为其成员国购买天然气……同时还应遵循以下原则：团结一致；为成员国修建交通基础设施和储气库；使用包括煤炭在内的所有类型的能源；实现能源供应来源多元化；加强能源共同体建设（涵盖欧盟及其周边国家）”②。图斯克的文章以2014年3月克里米亚“脱乌入俄”事件为依据，强调应以地缘政治为出发点审视欧洲能源安全问题。最终，在老成员国的一再坚持下，决定由代表市场力量的欧委会负责能源联盟的筹建工作。

2015年2月初，欧盟宣布正式启动能源联盟的建设进程，2月25日，欧委会公布了能源联盟的战略框架，指出，“欧洲联盟旨在为欧盟消费者——家庭和企业提供安全、稳定的能源供应和有竞争力的能源价格……同时降低对化石燃

---

① 本文为便于论述，对新、老成员国立场的划分是相对的，如捷克虽然是新入盟国家，但由于其已基本形成了多元化的能源供应格局，因此倾向于市场观点；而法国传统上主张在与能源供应国的对话方面应实施国家干预。

② D. Tusk, “A United Europe can End Russia's Energy Stranglehold,” *Financial Times*, https://www.ft.com/content/91508464-c661-11e3-ba0e-00144feabdc0.

料的依赖，减少温室气体排放量"①。可见，消费群体和气候变化政策是欧洲能源联盟关注的焦点，表明联盟的定位将主要基于市场原则，而地缘政治范式则受到一定局限。

为实现上述目标，欧盟将重点关注以下五个方面：保障能源供应安全、加强内部能源市场互联互通、提高能源利用效率、发展低碳经济、加强能源领域科技的研究与创新。能源联盟战略强调，欧委会将全面落实现行法律，实行新的市场规则，严格执行欧盟第三次能源改革方案，将欧洲导向一个可持续的、低碳和环境友好型的经济发展模式②。作为对新入盟国家在地缘政治方面关切的回应，能源联盟将能源安全列为首个重点施力方向，切实奉行欧盟关于能源来源和进口渠道多元化的战略方针。

欧洲能源联盟战略的设想主要包括以下几个方面。第一，建立一体化的内部能源市场是欧盟能源安全的保障，允许能源在国界间自由流动，能源供应过剩的某个国家可以与供应不足的国家维持相对平衡。在整合多种可再生资源和确保能源供应方面，各成员国之间的电力互联对实现跨国输电、更加灵活地满足能源需求至关重要。第二，能源效率被视为欧洲能源安全的基石，欧委会将重点整改建筑和交通两大耗能部门，通过降低能耗水平减少能源进口。第三，发展低碳经济，确保包括可再生能源在内的能源系统可持续、安全高效发展。在极具竞争力的可再生能源技术与创新方面，欧盟将保持世界领先地位③。由此，在承认新成员国关切的同时，老成员国继续把遵循市场规律作为实现能源安全的主要手段。这种将市场与地缘政治相结合的方式被命名为"弹性"（resilient）特征，它有助于欧盟在能源政策的制定方面形成共同立场。尽管各成员国保障自身能源安全的路径不同，但都应朝着共同的目标迈进。

在能源联盟推进的过程中，市场与地缘政治相结合的政策取向均有所体现。

① "A Framework Strategy for a Resilient Energy Union with a Forward-Looking Climate Change Policy," http://www.indiaenvironmentportal.org.in/node/6325/.

② "A Framework Strategy for a Resilient Energy Union with a Forward-Looking Climate Change Policy," http://www.indiaenvironmentportal.org.in/node/6325/.

③ "A Framework Strategy for a Resilient Energy Union with a Forward-Looking Climate Change Policy," http://www.indiaenvironmentportal.org.in/node/6325/.

2015 年 8 月，欧委会提出落实能源联盟战略的一揽子计划。该计划首先聚焦的是市场方面所关注的保障能源消费者权利、“能源效率第一”原则和应对气候变化减少温室气体排放等问题，同时指出能源外交作为地缘政治手段也应当得到加强，具体指为实现内部能源市场的互联互通，欧委会将着力解决能源基础设施建设的融资问题。可以看出，欧委会正努力在市场与地缘政治之间寻求某种平衡。

欧委会于 2014 年发布的《2030 年气候与能源政策框架》明确要求欧盟到 2030 年将温室气体排放量较 1990 年的水平降低至少 40%，这对构建欧洲能源联盟具有指导意义，是能源联盟计划不可或缺的一部分，也有利于欧盟向低碳经济转型。为此，能源联盟战略将“能源效率第一”作为首要原则，因为它是减少碳排放的有效途径，可以为消费者节省能源支出，并降低欧盟对进口化石燃料的依赖。为了实现前瞻性的气候变化政策，欧委会计划通过升级能效标识和调整欧盟碳排放交易系统来重塑欧盟内部能源市场，特别是重新设计欧洲的电力市场，以促进可再生能源和低碳发电领域的投资。

能源安全是能源联盟战略的基石之一，2016 年 3 月，欧委会提出能源安全可持续一揽子计划，该计划侧重能源供给安全，通过促进能源来源多样化，有效降低能源需求以及更好地管理外部能源供应，从而增强欧盟能源市场的稳定性。该计划从地缘政治角度提出了维护能源安全的三项措施①。第一，在保证天然气安全供应方面，提议制订一个区域性的协同行动计划，加强应对天然气危机的防范措施，确保在天然气供给中断的紧急状态下，欧盟国家之间有良好的相互支持与配合机制。第二，在能源供应多样化方面，将提高开发和利用液化天然气的潜力，包括研究液化天然气储存技术，建立液化天然气中心，连接欧洲中部、东部及地中海沿岸众多的液化天然气终端设施。第三，在能效方面，针对供热和制冷等主要耗能环节，推进节能行动计划，降低能源需求以减少污染和对进口能源的依赖。

2016 年底，欧委会就重塑欧洲能源结构问题推出一揽子计划，该计划从市场规划的角度展示了其立法方面的建议，重点包括两方面内容。一是在可再生

---

① “Commission Proposes New Rules for Consumer Centred Clean Energy Transition,” European Commission, https://ec.europa.eu/energy/en/news/commission-proposes-new-rules-consumer-centred-clean-energy-transition.

能源领域通过协调各成员国的气候和能源计划以更好地协同国家层面的能源政策，即能源联盟治理监管。二是设计全新的欧洲电力市场，即在区域层面实现装机容量的协调发展，研发储能技术，更加灵活地解决能源需求问题，使用户能够更好地参与到市场中来。在加强电力市场整合方面，各成员国之间的电力互联对实现跨国输电至关重要，为此需要在国家层面降低对电力市场的干预，并采取适当措施鼓励可再生能源生产者融入更广阔的电力市场①。

欧委会实际上正在有条不紊地淡化能源联盟的地缘政治色彩，使其向有利于发展市场范式转变。欧委会立场的商业依据在于：与液化天然气和其他气源相比，俄罗斯天然气依旧更具吸引力。欧洲的天然气管道系统较为发达和成熟，俄罗斯和挪威可以通过管道供应大量天然气，而欧洲的液化天然气基础设施仍未得到充分利用，过去几年，西欧地区液化天然气接收站的平均使用率还不到三分之一。

由欧盟倡导且得到美国积极支持的“南部天然气走廊”项目不仅气源不足，而且存在线路复杂、造价高昂等诸多不确定因素，前景难料。该项目的主体部分包括跨安纳托利亚天然气管道（TANAP）和跨亚得里亚海天然气管道（TAP），由阿塞拜疆国家石油公司（SOCAR）、英国石油公司（BP）和土耳其国有管道公司（BOTAS）共同建设。就目前的气源地选择、相关管道和路线规划来看，土耳其是最关键的过境国，扼住了欧洲天然气进口的“南大门”。2016年7月土耳其发生未遂政变后，土耳其与欧盟在库尔德问题、人权问题等方面的分歧加深，土欧关系渐行渐远。从气源地来看，近中期有能力确保为该项目稳定供气的只有阿塞拜疆和卡塔尔。前者已拥有通往欧洲的输气管道，但供应能力有限；后者以出口液化天然气为主，尚未表达出通过跨境管道向欧洲出口天然气的意愿。再者，“南部天然气走廊”计划包含多条管道，预计项目总投资将达到450亿~470亿美元②，这在欧洲经济衰退、资金捉襟见肘的当下，欧委会自然要优先寻求市场参与者的支持。

① “Commission Proposes New Rules for Consumer Centred Clean Energy Transition,” European Commission, https://ec.europa.eu/energy/en/news/commission-proposes-new-rules-consumer-centred-clean-energy-transition.

② 《阿国际石油基金2016年巨资建“南部天然气走廊”》，国际燃气网，2015年12月31日，http://gas.in-en.com/html/gas-2374426.shtml。

然而，欧盟当中的新成员国并不打算就此妥协。它们认为，欧委会关于扩大“俄气”公司对波罗的海管道连接线（OPAL）使用权限的决定违背了欧盟关于天然气供应多样化的原则，或将给中东欧地区的天然气供应安全带来隐患。2016 年 12 月，波兰政府已将该问题诉诸欧洲法院，寻求撤销欧委会的此项决定。即便如此，可以预期的是，市场范式居主导地位的能源联盟未来将继续奉行灵活的“弹性”方针，其中地缘政治因素的强化与弱化将主要取决于俄罗斯的对外政策行为。出于历史原因，波兰和波罗的海三国在天然气和电力领域长期依赖俄罗斯的单一供应，它们对实现多元化供给以保证能源供应安全的诉求更为强烈，同时也表明欧盟成员国在能源基础设施和能源网络互联水平方面存在较大的差异性。在乌克兰危机背景下，欧洲仍然面临高地缘政治风险的冲击，尽管欧盟为所期待的能源进口多元化和打造一体化的内部能源市场已经努力了很长时间。由于各成员国对建设能源联盟的主观意愿和迫切性不尽相同，坚持自由市场原则的大部分西欧国家与主张地缘政治优先的中东欧成员国之间能否达成真正共识对能源联盟建设的“向心力”将是一种严峻考验。

总之，欧洲能源联盟的成立为欧洲搭建了一个新的能源治理框架。在这一框架下，欧盟将能源、对外能源政策和气候变化政策融合在一起，以能源安全、可再生能源、能效、内部市场以及研发五个领域为支柱，还将陆续出台多项具体政策倡议和行动计划，促成各成员国之间达成妥协并且融洽合作。

三　欧洲能源联盟对俄欧能源关系的影响

虽经过多年努力，但欧盟推行的能源来源地区多元化与能源进口品种多样化在经济性和可行性方面仍存在较大疑问。欧盟近期采取的一系列措施，例如与“俄气”公司就反垄断调查达成和解，并扩大其管输能力的权限，表明在没有更多选择之前，欧盟无疑会继续向现实妥协。据最新统计，2017 年欧盟管道天然气进口总量的 45% 依然来自俄罗斯，而俄罗斯将近 88% 的天然气出口面向欧洲①。欧盟市场以其颇具竞争力的价格、较强的偿付能力和良好的基础设施成

① “BP Statistical Review of World Energy 2018，” https：//www. bp. com/en/global/corporate/news – and – insights/speeches/bp – statistical – review – of – world – energy – 2018. html.

为俄罗斯的最佳选择，欧洲继续主宰着俄罗斯的天然气海外销售。可见，俄欧能源相互依赖是无法回避的现实，任何对立、冲突与相互制裁都只能使双方的利益受损。

当前，俄欧能源关系面临的主要障碍来自乌克兰危机之后美欧联手在信贷融资、技术设备出口等方面对俄罗斯实施的严厉制裁。美欧制裁意在直接打击俄罗斯具有战略性、前沿性的油气勘探开发项目，使俄油气工业的中长期发展失去后备储量支持。此外，为配合美国对俄制裁，欧盟还单方面冻结了“南溪”天然气管道项目，随后，该项目的欧盟参与国相继停止了“南溪”管道的建设，而俄罗斯则报复性地将输欧天然气转往土耳其以抗衡欧盟支持的“南部天然气走廊”输气网计划，这更加剧了俄欧在欧洲南部的地缘战略竞争。

由于不利的政治气候，近年来俄欧能源对话机制存在形式化和空转的现象，俄罗斯意图绕过对话框架通过与欧盟主要成员国推进双边或多边能源合作来打破僵局。2018 年 3 月底，德国为“北溪 2 号”天然气管道项目颁发了建设许可。“北溪 2 号”管道建设计划由俄罗斯于 2015 年 6 月提出，旨在铺设一条从俄罗斯经波罗的海海底直通德国海岸的天然气管线，建成后每年可向德国输气 550 亿立方米，满足欧洲约 10% 的天然气需求，预计于 2019 年底投产。依靠“北溪”项目的两条天然气管线，德国将有能力取代乌克兰成为俄欧能源通道的关键枢纽国，绕开经乌克兰、东欧再到西欧的传统路线，而俄罗斯则在实现能源出口多元化以维持自身在欧洲市场的地位方面新增重大战略选择。由于担心可能失去每年数十亿欧元的过境费用和能源中转这一地缘政治工具，波兰、拉脱维亚、爱沙尼亚、立陶宛等九国已经联合宣布反对“北溪 2 号”项目的建设，认为此举会进一步加深欧盟对俄天然气的依赖，损害欧盟整体利益，要求欧委会就该项目是否符合欧盟法律进行审查。针对该项目，欧盟内部新、老成员国之间再次出现了严重分裂。

围绕天然气进口问题，根据能源联盟战略，欧委会将进一步评估在能源危机爆发时，成员国依靠单一供应商所导致的能源需求聚集而自愿集体采购天然气的可行性并加大监管力度①，这意味着欧委会将超出国家管辖的范畴对成员国

① 《欧盟如何构建欧洲能源联盟》，国际能源网，2015 年 9 月 13 日，http：//www. in – en. com/article/html/energy – 2238015. shtml。

的天然气供应实行统一调配。未来能源联盟建设面临的另一大挑战是要全力解决能源“孤岛”问题，为此，需要加快实现欧盟内部横贯东西、连接南北的电网和天然气管道建设目标，加快共同利益项目[①]的开发与落实，逐步消除欧盟能源市场一体化过程中的制度壁垒，有序推动能源联盟建设。

欧委会宣布成立“能源联盟”是希望实施天然气供应来源多元化战略，促使欧盟成员国间的天然气互通以建立一体化的能源市场，同时将天然气基础设施的所有权分离，从而实现能源联盟的主要目标，即构建一个安全、弹性和有竞争的天然气供应体系。实际上，能源联盟关于提升透明度和形成多元化供应格局的举措确实或多或少地抑制了“俄气”公司的价格垄断行为，俄罗斯出口欧洲的天然气价格必定会有所调整，这只是时间早晚的问题。按照能源联盟发展基础设施的规划，泛欧能源网络建设将有助于减少俄罗斯把天然气供应当作对外政策工具使用的机会。与此同时，俄罗斯供应商作为欧洲“能源安全担保人”的形象不仅会因此有所改善，而且也使主要针对俄罗斯的反垄断竞争法、自由化法规及某些施压手段显得多余，也就是说，“能源联盟实际上是以一种难以置信的方式为俄罗斯提供了新的机遇”[②]。

总体来看，能源联盟奉行的“弹性政策”有利于俄罗斯。第一，自能源联盟成立以来，市场成分暂时居主导地位；第二，能源联盟的建立将欧洲导向一个可持续的、低碳和环境友好型的经济发展模式，能源绿色化目标增强了天然气作为清洁能源来源的吸引力；第三，能源联盟采取的某些地缘政治手段对俄罗斯来说也是有利的，如完善基础设施使俄罗斯对欧盟的天然气供应更加便利，提高政府间天然气供给协议的透明度将有助于消除政治投机行为；第四，液化天然气终端建设使欧盟新成员国趋于冷静和理性，比如立陶宛于2014年10月建成了本国第一个液化天然气终端，虽然该国依然从俄罗斯购买天然气，但在价格上赢得了优势。也就是说，在获得地缘政治保障之后，市场逻辑开始发挥作用。

---

① “共同利益”项目是欧盟宣布启动的195个关键能源基础设施项目的统称，这些项目作为能源联盟建设的基础工程，其完成将有助于尽快结束欧盟部分成员国的能源隔绝状态，提高可再生能源在电网中的输送比例，实现能源供给的多元化。

② Романова Т. А. Энергетический союз ЕС и его последствия для России//Энергетическая политика. — 2016. — № 6. — С. 34.

俄罗斯与欧盟有着共同的地缘边界以及传统的地缘政治经济关系，双方在地缘战略方面存在竞争与合作，既相互依存又相互矛盾。欧盟主张以自由市场竞争原则为宗旨来发展俄欧关系，其基本目标是希望俄罗斯加入一个建立在市场自由化原则基础上的合作平台。但是，欧盟内部政策的推行不仅需要成员国间共同的政治意愿，在对外政策上也需要协调与其他中东欧国家和俄罗斯的地缘政治关系。由于历史原因，部分中东欧国家始终对俄罗斯抱有某种不信任感与反对情绪，欧盟东扩又把原属于俄罗斯势力范围的中东欧国家纳入其中，并利用“东部伙伴关系计划”① 对俄周边国家施加影响。面对西方遏制和挤压俄战略空间的意图，俄罗斯以能源为武器，在乌克兰和中亚等地展开能源战略布局或采取“断气”手段抗衡西方的做法就显得不足为奇了。从本质上看，俄欧能源摩擦的背后所反映的是两个政治经济行为体之间的利益冲突，能源市场运作方式终究难以摆脱地缘政治因素的影响。

欧洲能源联盟建设为欧盟打造安全、可持续的、一体化的能源市场奠定基础，其成立的初衷是降低欧盟对外部能源的高度依赖性，防范地缘政治局势突变带来的能源供应短缺风险。作为确保能源安全的手段，欧盟秉持自由化原则，将竞争性政策引入能源领域以保障公平的市场环境。但由于欧盟成员国所处的地缘条件与获取能源的路径不同，往往在能源问题上持完全相异的立场，因此欧盟通过统一市场规范将所有国家捆绑起来的企图很难收到预期效果。由此可见，现实中的俄欧能源关系并不是单纯的市场力量所能主导的，它将不可避免地受到欧盟内部成员国间不同的利益诉求、俄欧间复杂的地缘政治经济关系与安全战略矛盾的制约，欧洲能源联盟要真正取得所有成员共识还有很长的路要走，市场规则与地缘政治之间的较量仍将持续。

（原文发表于《俄罗斯学刊》2019 年第 2 期）

---

① “东部伙伴关系计划”是欧盟于 2009 年 5 月启动的为东部六国——白俄罗斯、乌克兰、摩尔多瓦、格鲁吉亚、亚美尼亚和阿塞拜疆的安全与稳定而出台的一项加强版的欧洲邻居政策。“东部伙伴关系计划”的肇始明显是针对俄罗斯的，与美国冷战以来“遏制、弱化和挤压俄罗斯战略空间”的政策一脉相承，力图使俄周边重要六国变成受欧美影响和控制的区域，其目的是摆脱对俄罗斯能源的依赖，并进一步挤压俄罗斯的战略空间。这一做法最终造成俄罗斯采取强烈的抵制态度并提出一系列对冲政策，从而引发俄欧更深层次的矛盾。

中亚安全形势及上合组织的重要作用

孙壮志*

内容提要： 目前中亚地区安全形势出现了一些新的特点：各国维护安全的能力有所提升，内部冲突得到较为有效的管控，外部安全环境更加复杂多变，其稳定和安全的最直接挑战来自相邻的“热点”地区。贫富的两极分化和地区发展的巨大差异造成了整个社会的结构性失衡，如果加上极端主义泛滥和贪污腐败横行等一些更深层次的社会经济问题，可以断定，未来中亚国家面临的安全危机主要来自非传统安全领域。扩员后的上合组织不会改变以中亚为多边合作重点区域的基本定位，在安全领域仍将坚持原有的合作理念、原则和具体方式。中亚地缘安全形势的复杂变化，既有内部不稳定因素的作用，也有外部环境带来的压力。要维护中亚的稳定，上合组织的作用不可替代。上合组织不应该成为地缘政治博弈的工具，而应该成为践行新型安全观的重要平台，成为代表区域合作方向的新型机制。应通过上合组织成员国在维护地区安全稳定方面的务实合作，切实打造地区命运共同体和利益共同体。

关键词： 中亚地区　安全形势　上合组织　多边合作

* 孙壮志，中国社会科学院俄罗斯东欧中亚研究所所长、研究员、博士生导师。

中亚国家独立27年来，安全上遇到了来自多方面的挑战，但整个地区没有出现大规模的动荡，保持了总体上的和平与稳定，这种趋势还将持续相当长的时间。应该说，准确评估中亚地区的安全形势走向是非常困难的，因为能够影响中亚稳定的因素很多，各国内部累积的矛盾也在不断变化当中，越是长期稳定的国家，越容易积聚巨大的安全风险，一些突发事件可能改变政局走向。

一　对现阶段中亚地区安全形势的基本判断

与20世纪90年代相比，中亚地区安全形势出现了一些新的特点，比如各国维护安全的能力有所提升和内部冲突得到较为有效的管控，外部安全环境更加复杂多变，其稳定和安全的最直接挑战来自相邻的“热点”地区。中亚多数国家虽然找到了适合自身国情的国家治理模式，但还不是特别成熟。比如垂直的国家行政管理体系使权力过分集中于总统个人，造成体制的核心比较脆弱。经济转型在中亚国家是不成功的，未能有效解决普遍存在的贫困和失业问题，成为新的不安定因素。贫富两极分化和地区发展的巨大差异造成了整个社会的结构性失衡。如果加上极端主义的泛滥和贪污腐败的横行，可以断定，未来引发中亚国家安全危机的，主要来自非传统安全领域，来自更深层次的社会经济问题。

（一）安全领域的积极因素

中亚国家在国家治理和推进改革的过程中，都提出了“稳定优先”的原则，避免采取激进的措施，能注意到照顾弱势群体利益问题的重要性，同时不断强化自身的执法能力和军事安全体制，提高对社会领域的控制能力。政权的稳定和经济的增长也保证了中亚国家能够及时回应内部的各种安全威胁，吉尔吉斯斯坦、塔吉克斯坦等小国也逐步走出了以往的困境。

第一，加强军队和强力部门建设，作为维护安全的中坚力量。独立伊始，中亚国家就成立国防部和自己的武装力量，设立地位特殊的国家安全委员会。同时保留了苏联时期的内务部和内卫部队，作为维护社会治安、保卫重要目标、应对突发事件的重要力量，与军队、警察密切配合，共同完成维护国家安全的重任。

第二，奉行和平的对外政策与安全战略，争取大国援助，营造较好的外部环境。在如何维护国家安全的问题上，中亚五国强调以下基本原则：1. 利用政治和经济手段，通过卓有成效的外交活动来保障国家安全、领土完整和边界稳定；2. 坚持足够防御原则，使武装力量和装备水平与实际存在的军事威胁相适应；3. 按照国际法准则和法治国家的要求维护国家安全；4. 通过平衡各大国的力量来保护自身安全，土库曼斯坦则通过永久积极中立政策来达到上述目标。从出台的国家安全构想和国防政策来看，中亚国家均强调以多种手段维护国家主权和领土完整。

第三，中亚五国制定的国家安全战略比较适应地区形势发展的需要，对保持整个地区的稳定与和平发挥了积极的作用：主张通过和平方式解决国家间的矛盾和冲突，都把维护地区的和平与稳定置于重要位置，反对用战争或以武力相威胁以达到政治、经济和其他目的；表示不拥有、不生产、不扩散核武器、化学武器、细菌武器和其他类型的大规模杀伤性武器；强调支持在军事领域加强彼此信任、裁减军队和军备的各种措施和努力；认为内部的政治和睦及经济发展是国家安全的可靠基础，强调合理利用自然资源和人力资源，保护生态环境。

第四，打击各种形式的极端主义和恐怖主义，努力切断境外势力向内部渗透的渠道。中亚是极端主义和恐怖主义的重灾区，伊斯兰极端思想在费尔干纳等人口稠密地区蔓延迅速。中亚国家较早认识到极端主义的危害，制定严格的法律，并采取一系列较为有效的措施，限制极端主义组织在国内活动的空间。

中亚国家普遍重视与其他国家的军事安全合作，加大对外安全政策的协调力度，积极争取物资和装备援助，提升自身的防御水平和能力。同时也广泛参与多边安全合作机制，以求获得更多的安全保障。中亚国家还倡议成立“中亚无核区”，并得到联合国大会的认可。2006 年 9 月中亚五国缔结《中亚无核武器区条约》，2009 年正式生效，是北半球建立的第一个无核区。

（二）面临的主要安全挑战

在传统安全领域，中亚国家当前没有外部军事入侵的现实威胁，未来一定时期也不会出现大规模的动荡，更不会出现类似于西亚北非多个国家先后局势失控的连锁反应，总体安全形势是可控的。地区内部可能出现破坏国家稳定的问题包括以下几个方面。一是政治动乱，政治斗争升级。不同利益集团、地域集团、部族（家族）势力争权夺利导致的危机或动乱。二是社会冲突（包括民族、宗教矛盾）。一些社会群体不满情绪爆发，极端主义泛滥，针对政权或其他社会群体的暴力活动升级。三是边界争端。与边界划分、边境管控有关的安全问题，可能导致中亚国家间关系的恶化，目前问题主要存在于乌兹别克斯坦、吉尔吉斯斯坦、塔吉克斯坦三国交界的费尔干纳地区。

非传统安全领域情况非常复杂，既有暴恐问题、毒品犯罪，也有粮食短缺、生态恶化、传染病流行等问题。中亚国家经济发展与资源分布极端不平衡，各自面临不同的难题，而且很多非传统安全威胁都有内外勾连的特点，难以从根本上解决，只能依靠加强国际合作，强化内部防范。地区情况的差异，往往又使一些问题在某个特定区域集中爆发，从而使看似简单的事件酿成严重的后果。

在社会政治领域，随着中亚国家新一轮权力交接，不同政治集团和政治势力的斗争有可能趋于白热化，在无法保持旧有平衡的情况下，为掌控政权可能爆发激烈冲突。而有的国家如塔吉克斯坦、土库曼斯坦的总统试图终身执政，并且开始为权力世袭做准备，也引起其他精英的强烈不满，存在爆发“颜色革命”的现实风险。

必须注意的是，即使是能够控制在一定范围内的动乱或冲突，其发生的时间节点和趋势走向也是很难把握及预测的，这是由中亚地区特殊的地缘状况和国情决定的。由于自身国防力量有限，并不是每个中亚国家都能自主决定本国的命运，有时外部力量能够发挥重要作用。这种特点在当前表现得更为明显，外部环境持续恶化使中亚国家面临的安全压力不断增大。

中亚国家的专家认为，中亚目前主要面临五种威胁：一是伊斯兰宗教激进主义信徒增多，可能出现伊斯兰政治化并成为强大的政治力量；二是联军撤离阿富汗后，中亚南部边界将成为中亚国家安全威胁的策源地；三是毒品走私威胁加剧，西方国家将毒品用作反对其他一些国家的武器；四是中亚国家经济转向依赖资源出口；五是贫穷加剧社会内部矛盾。据此，中亚地区可能出现四种发展走势：保守式渐进，地区分裂，欧亚联盟，伊斯兰哈里发政权。据预测，尽管中亚当前局势稳定，但未来中期发生重大地缘政治及社会转折的可能性非常大①。

（三）严重的非传统安全威胁

具体来说，有几个主要的非传统安全威胁短期内将很难完全消除，甚至有进一步扩大的可能。

一是极端主义和恐怖主义的问题。中亚穆斯林人口众多，有浓厚的宗教传统和较多的伊斯兰教派，其中不乏一些具有极端思想的宗教组织。中亚与西亚等伊斯兰极端主义根深蒂固的地区有密切的人文联系，这给境外极端组织的渗透提供了可乘之机。曾有数千名来自中亚的极端分子辗转到西亚参加极端组织“伊斯兰国”的所谓“圣战”。另外，农村地区经济落后，世俗教育处于萎缩状态，大量贫困人口以及失业、失学问题的普遍存在，为极端主义的扩散提供了合适的土壤。

二是毒品走私及跨国犯罪问题。阿富汗是世界上最大的毒品生产和输出国，目前阿国内战乱仍未平息，难以有效抑制制毒贩毒活动。中亚又是阿富汗毒品运往欧洲的主要通道之一，加上中亚南部山区也有毒品种植，打击毒品走私的任务非常艰巨。与阿富汗接壤的塔吉克斯坦等国相对薄弱的边境守卫和普遍存在的贪污受贿问题，为跨国毒品走私提供了可乘之机。

三是生态安全与核污染的问题。中亚地区的生态环境比较脆弱，咸海的消失给地区造成严重的生态灾难，不仅影响了当地的气候和渔业生产，而且给周边数千万居民的健康造成直接伤害。苏联时期哈萨克斯坦里海岸边曾经是核试验场，遗弃和掩埋了大量核废料，长时间疏于管理和自然的侵蚀，让放射性物质污染了水源和空气，同样给居民的生命带来威胁。中亚地区的大规模资源开发又带来新的环境问题，而这方面的治理还没有真正提上日程。

四是由资源争夺引发的安全问题。中亚国家自然条件复杂，水资源分布很不平衡，粮食种植对灌溉的要求很高。苏联时期修建的水利设施和用水的补偿

---

① Угрозы безопасности Центральной Азии и основные сценарии развития региона. URL：http：//ceasia. ru/forum/ugrozi – bezopasnosti – tsentralnoy – azii – i – osnovnie – stsenarii – razvitiya – regiona. html.

机制都难以满足现实的需要。上游国家缺少能源，有开发水力资源的冲动和需求；下游国家则担心上游过度截水带来本国农业歉收甚至环保问题，因此坚决反对上游建设大型电站。例如乌兹别克斯坦和塔吉克斯坦围绕罗贡水电站的修建问题互不相让，影响了国家关系和地区局势的稳定。

五是经济安全问题日益凸显。2008 年的全球金融危机，虽然对中亚金融体制相对开放的哈萨克斯坦等国造成的打击是灾难性的，但相对而言，俄罗斯的经济危机对中亚国家的冲击更大。乌克兰危机后由于西方的多番制裁，俄罗斯的重要经济领域受到重创，能源、金融、军工部门尤甚。在经济上对俄罗斯存在较强依赖性的中亚国家已经感受到了经济变冷的阵阵寒意。随着卢布的大幅贬值，多数中亚国家的货币汇率也被迫做出调整，外汇储备捉襟见肘。

二　中亚地缘安全格局的变化及其特征

中亚地区是欧亚大陆的交通枢纽，是不同文化“交融碰撞”的“交叉口”，是全球大国和地区强国力量博弈的“角斗场”。冷战以后，中亚的国际格局日益多元化，日趋不稳定，各种多边机制、跨国合作在不同大国的主导下激烈竞争，相互针对，甚至演变为军事领域的竞争，给中亚国家制造了一个又一个“旋涡”和“陷阱”。

（一）地缘政治格局中的对抗色彩愈益浓厚

进入 21 世纪，全球性和地区性大国在中亚的竞争已经由以经济领域为主扩大到军事政治领域，对地区的稳定更加不利；地缘政治竞争，反过来又促使这些大国出台更加明确的政策，除继续注重经济利益，对本国的军事安全利益，包括意识形态渗透也越来越重视。

俄罗斯在中亚的政策转为积极主动进攻，把哈萨克斯坦、吉尔吉斯斯坦拉进欧亚经济联盟，与塔吉克斯坦、吉尔吉斯斯坦就继续使用两国军事基地问题达成协议，利用乌兹别克斯坦领导人的新老交替提高对乌的政治影响力。作为俄罗斯的老对手，美国也无意“退出”中亚，虽然关闭了在乌兹别克斯坦和吉尔吉斯斯坦的军事基地，但表示要把从阿富汗撤出的部分军事装备“赠送”给中亚国家，还拨款 1.7 亿美元帮助中亚国家保障边界安全，打击毒品、恐怖主义。美国于2016年8月邀请中亚五国外长访问华盛顿，正式启动美国与中亚国家的“C5+1”外长级会晤机制。美国新总统特朗普不会改变利用中亚牵制中国、俄罗斯、伊朗的意图和地区战略目标。

欧盟2007年就出台了“中亚新伙伴关系战略”，细化与每个中亚国家的合作，涵盖安全领域的合作；印度也积极向中亚推进，谋求在中亚的经济乃至军事存在；土耳其借文化和地缘优势谋求扩大传统影响，借助双边和多边渠道加强与中亚国家的联系；日本建立与中亚的外长级会晤机制，甚至试图“说服”中亚国家反对中国。中亚的地缘政治形势出现了美俄竞争延续，同时更趋多元的复杂格局。

（二）伊斯兰极端势力的发展呈现不平衡的特征

近几年，中亚国家更加关注伊斯兰极端主义的威胁，采取了一系列措施。由于政府加强了管控，极端势力与境外的联系大都被切断，出现本土化、分散化的新趋势。不过通过互联网获取信息和对外交流的便利，增加了解决国际化的恐怖主义问题的难度。中亚甚至成为国际恐怖主义链条中的重要一环，2017年发生在圣彼得堡、斯德哥尔摩、纽约等地的恐怖袭击事件都与来自中亚的移民有关①。宗教极端组织对中亚政局的影响，从外部来说是直接的安全威胁，从内部来说由于其还不是强大的政治力量，影响有限。

1. 传统恐怖势力的分化

曾经令中亚国家头疼的“乌兹别克斯坦伊斯兰运动”（以下简称“乌伊运”）已经不是统一的力量，有消息说2015年8月“乌伊运”宣布解散并加入极端组织“伊斯兰国”②。事实上“乌伊运”从来也不是一个完全的乌兹别克人组织。虽然其创始人来自费尔干纳谷地，但该组织成立于阿富汗，更多是在阿富汗、巴基斯坦等地活动。在“乌伊运”的宣传网站上可以看到，他们甚至提出真正的穆斯林应该离开乌兹别克斯坦，在阿富汗、巴基斯坦地区构建一个“真正的、纯洁的乌兹别克斯坦”，再将其扩大到整个中亚乃至整个伊斯兰世界。

---

① История ислама в Узбекистане может многое объяснить в деле нью-йоркского террориста. URL：http：//inosmi. ru/social/20171102/240677367. html.

② США：Вербовщик Исламского движения Узбекистана признался в финансировании террористов. URL：http：//www. fergananews. com/news/25340.

还有一个说法是“乌伊运”已更名为“突厥斯坦伊斯兰运动”，2011 年和 2012 年在塔吉克斯坦巴达赫尚山区与政府军作战的武装就是由该组织及其盟友领导的，但这种说法未被印证。可以肯定的是，“乌伊运”的资金来源和成员来源都在减少，2012 年北约联军在阿富汗实施了 30 次针对“乌伊运”的军事打击行动，范围涉及巴达赫尚、巴格兰等阿富汗的 8 个省份，抓获多名“乌伊运”领导人①。

中亚各国抓获的恐怖分子和极端分子，以“伊斯兰解放党”的成员最多。伊斯兰解放党在吉尔吉斯斯坦非常活跃，活动范围不限于南部，还在向北部扩张。伊斯兰解放党的政治意图日益明显，常常对外阐明和宣传自己的政治纲领，其高层成员甚至能对执政当局施加某些影响。在 2013 年 5 月库姆托尔金矿抗议事件中，伊斯兰解放党就参与其中，煽动群众②。

2. 极端组织受境外鼓动呈现“内生”的趋势

2010～2011 年在比什凯克制造一系列袭击事件的“公正统治军”就是当地的恐怖组织。封闭的土库曼斯坦也出现了宗教极端主义活动。本土极端组织的出现，往往与境外的极端思想宣传有直接关系，加上民众对当局的不满情绪日益增长，致使地区内部极端主义思潮涌动、社会矛盾激化。过去平静的哈萨克斯坦近年也连续发生恐怖事件，来自境外的恐怖组织“哈里发战士”发展迅速，据说在哈国拥有 5000 多名追随者。其领导人之一卡尔萨拉乌伊是瑞士籍的突尼斯人，曾任基地组织在巴基斯坦北瓦济里斯坦的领导人③。2011～2012 年，哈萨克斯坦情报机关摧毁了 42 个极端主义团伙，多数是本土组织。

3. “萨拉菲”派的发展值得关注

在萨拉菲思想基础上衍生出的极端组织和恐怖组织除了在中东，还在与中亚相邻的巴基斯坦和阿富汗活动。这些组织以破坏国家安全统一、挑起宗派仇

---

① В Афганистане захвачен еще один лидер Исламского движения Узбекистана. 03. 10. 2012. URL：http：//www. fergananews. com/news. php？ id = 19555&mode = snews.

② Кыргызстан：В селах Тамга и Барскоон начались массовые беспорядки，милиция открыла огонь. 31. 05. 2013. URL：http：//www. fergananews. com/news. php？ id = 19555&mode = snews http：//www. fergananews. com/news/20718.

③ В Пакистане убит лидер террористической группировки «Солдаты Халифата». 18. 10. 2012. URL：http：//www. fergananews. com/news. php？ id = 19555&mode = snews http：//www. fergananews. com/news/19647.

恨为主要目标和手段，影响恶劣。如果它们与中亚的宗教极端势力合作，将给地区安全带来新的挑战。此外，萨拉菲分子在哈萨克斯坦西部、南部的大中城市很活跃，并吸收了一些知识分子和政治精英；在吉尔吉斯斯坦和塔吉克斯坦有很多支持者，塔国内接受萨拉菲主义的教职人员正在大量增长。

4. 极端组织“伊斯兰国”的影响

中亚有数千极端分子受“迁徙圣战”的蛊惑，到叙利亚、伊拉克等地参加极端组织“伊斯兰国”的军事活动。据说其中乌兹别克籍的人员有2000人左右，分散在从阿拉伯半岛到巴基斯坦部落地区的广大区域①。据塔吉克斯坦当局数据，近年来超过1100名塔国公民前往叙利亚和伊拉克参战，已知其中约300人被打死②。随着极端组织“伊斯兰国”遭到重创，这些武装分子如果“回流”到中亚，将给当地带来威胁。有资料称，约4200名来自中亚的极端分子参加极端组织“伊斯兰国”在叙利亚、伊拉克的战事，约200人返回塔吉克斯坦和吉尔吉斯斯坦③。

（三）中亚国家之间的关系日趋复杂化

由于历史积怨、资源分配和贸易纠纷等原因，在外部经济环境复杂的背景下，中亚国家之间的关系趋于复杂，彼此更加难以合作。水资源、非法务工和债务等问题动摇了中亚国家间曾经密切的政治经济关系。塔吉克斯坦、吉尔吉斯斯坦为了解决能源紧张问题，准备在上游建设新的水电站，而处在下游的乌兹别克斯坦则担心灌溉受到影响，曾经坚决反对。新总统米尔济约耶夫执政后调整政策，与邻国改善关系，与塔、吉恢复高层接触，但对涉及核心利益的问题很难让步。2017年因为大选问题，吉尔吉斯斯坦总统阿坦巴耶夫指责哈萨克斯坦干涉吉国内政，导致一向友好的两国关系急剧恶化，说明中亚国家间的合作基础非常脆弱。中亚国家间的边境，特别是吉塔、乌塔、乌吉的边境冲突事

---

① Узбекские боевики：от Афганистана до Сирии. 15 июля 2016. URL：http：//rus. azattyq. org/a/boeviki – iz – uzbekistana – syria – ig/27859628. html.

② В Таджикистан с 2015 года экстрадировано более 150 членов террористических организаций. 20. 09. 2016. Фергана. URL：http：//www. fergananews. com/news/25354.

③ На войну в Сирию и Ирак отправились 4，2 тысячи джихадистов из Центральной Азии. 26. 10. 2017. Фергана. URL：http：//www. fergananews. com/news/27116.

件较多：居民间由于争夺水源和农业用地、居民与边防军之间因越境走私引发的冲突，两国边防士兵之间的摩擦，贩毒集团与边防士兵交火等。如 2012 年 4 月，乌兹别克斯坦在未征得吉尔吉斯斯坦同意的情况下在边境建筑 600 公里长的防护网，令边境局势陡然紧张①。2013 年初，在费尔干纳谷地南部的两国交界处发生了索赫飞地冲突事件。由于国家间的矛盾难以弥合，它们在区域合作的问题上不易形成必要的共识，缺乏应有的配合，极端主义、恐怖主义和跨国犯罪问题在新形势下更难以解决，给地区安全造成的破坏增大。

（四）“阿富汗综合征”增大中亚安全压力

随着美国和北约 2014 年宣布从阿富汗逐步撤出作战部队，加上 2014 年阿总统大选出现很多波折，阿富汗形势的未来走向出现不确定性，安全形势进一步恶化。20 世纪 90 年代后期阿富汗内战的升级和塔利班的崛起曾给中亚的稳定带来直接冲击。中亚国家担心美国及其北约盟友撤军后，阿富汗会再现军阀混战的一幕，美国清剿 10 年的塔利班武装再度在阿富汗建立伊斯兰极端主义政权。不少专家认为，中亚受阿富汗的影响将会出现极端主义和恐怖主义的回潮。事实也是如此，塔利班拒绝与政府和谈，与“伊斯兰国”向阿富汗的渗透有很大关系，阿富汗和平重建遥遥无期。2015 年 9 月和 2016 年 10 月塔利班武装两度围攻北方重镇昆都士，已经逼近中亚边境。特朗普执政后，决定重新向阿富汗增兵，但也仅仅能够稳住喀布尔的现政权，却无力扭转当地的局势。

阿富汗的毒品问题是中亚国家安全又一个“痼疾”。2016 年阿富汗鸦片种植面积达 20.1 万公顷，比上年增长 10%；生产鸦片 4800 吨，比上年增加 1500 吨，增长 45%②。阿富汗是世界上最大的毒品产地，中亚是阿富汗毒品运往俄罗斯、欧洲的必经之路，为保证中亚毒品“运输走廊”的畅通，国际贩毒集团及被其收买的代理人会尽可能制造混乱，削弱中亚国家当局打击毒品走私的力度和决心。

---

① Узбекистан возводит ограждение на границе с Кыргызстаном - без согласования с Бишкеком. 20. 04. 2012. URL：http：//www. fergananews. com/news. php? id = 18551&mode = snews.

② Таджикские пограничники за 9 месяцев предотвратили транзит свыше 1300 кг наркотиков 14. 11. 2017. Фергана. URL：http：//www. fergananews. com/news/27244.

（五）俄罗斯巩固在中亚安全格局中的主导地位

俄罗斯在中亚地区具有特殊影响，尽管经济投入在减少，但对中亚国家政治进程的影响仍然是其他国家无法比拟的，在安全领域更是占据主导地位，这是由以下因素决定的。第一，俄罗斯是唯一在中亚有现实军事存在的大国。美国从吉尔吉斯斯坦玛纳斯基地撤走后，大国中只有俄罗斯在中亚拥有军事基地和驻军，而且签有长期协议。第二，俄罗斯主导的集体安全条约组织是军事集团，具有军事互助性质，多数中亚国家是成员国，大家一起守护“外部边界”。第三，俄罗斯对中亚国家国防和安全体制的建设有直接影响，中亚国家的军队都脱胎于苏联的武装力量，安全架构也基本一致。第四，俄罗斯与中亚国家有统一的空防系统。第五，俄罗斯与中亚国家有最多、最完备的安全合作文件，它们之间的合作具有最坚实的法律基础。第六，俄罗斯与中亚国家技术标准相同，中亚国家依靠俄罗斯按优惠价格提供的军事装备。

但是，中亚国家也不愿意与俄罗斯保持过度密切的军事合作关系，这主要考虑到与西方和北约的关系。在中亚五国中，乌兹别克斯坦退出了俄罗斯主导的集体安全条约组织，土库曼斯坦奉行“永久中立”的政策，哈萨克斯坦等国明确反对俄罗斯主导的军事政治一体化，强调欧亚经济联盟只是在经济领域加强成员国的传统联系，不向军事政治领域延伸。乌克兰危机以后，中亚国家担心西方对俄罗斯的制裁波及自己，也刻意在安全领域与俄保持距离，以便继续寻求西方的支持。

三　上合组织在维护中亚安全方面的重要作用

由中国、俄罗斯和哈萨克斯坦、乌兹别克斯坦、吉尔吉斯斯坦、塔吉克斯坦四个中亚国家成立的上海合作组织，2017 年完成了首次扩员，接纳了南亚大国印度和巴基斯坦，扩大了合作的地理空间，面临的安全议题增多，协调与合作的难度增大。虽然扩员后的上合组织涵盖了南亚地区，但安全合作的重点区域还是在中亚，一方面是短时间内无法推动南亚区域合作，印度、巴基斯坦相互对抗的历史和在反恐问题上的相互指责，导致上合组织只能继续保持原来的合作方向；另一方面，中亚国家仍占成员国的一半，许多已启动的合作规划与该地区相关，中亚的安全问题对其他成员国的战略利益影响较大，因此，扩员后的上合组织在安全领域仍将坚持原有的理念、原则和具体方式。

（一）上合组织在中亚推进合作面临的新问题

上合组织一直把打击“三股势力”和毒品走私等跨国犯罪作为合作的重点，已经签署的多边合作文件也大都与此相关。上合组织框架内军事安全领域的会晤机制启动较早，2004 年秘书处挂牌以后又成立了设在塔什干的地区反恐怖机构，作为上合组织的常设机构。无论是加强成员国军事互信，扩大执法领域的交流，还是进行情报信息互换，开展联合反恐演习和警察的培训，上合组织已经体现了特殊的价值和作用。但上合组织成员国安全利益、执法体制，以及面临现实威胁的不同，也造成不少情况下行动能力不足，无法在遇到严峻挑战时采取政治协调之外的实际举措。

面对新的安全形势，中亚的力量分化越来越突出，各国安全利益的差异越来越明显，与安全相关的区域机制遇到了前所未有的困难与挑战，包括成立 17 年的上海合作组织。与此同时，大国在中亚的战略布局进入新的调整阶段，俄罗斯在乌克兰危机后继续保持在利益攸关地区的强势政策，在叙利亚问题上与西方尖锐对立，“整合”中亚的决心更大；特朗普执政后美国对地区政策进行了调整，但显然不会放弃中亚地区。阿富汗与中亚的稳定和发展关系密切，某些大国从自身利益出发围绕阿富汗未来走向积极布局，不惜损害他国和整个地区的利益，也会给中亚的稳定带来新的变数。

上合组织虽然对阿富汗等地区热点一直非常关注，因为阿富汗的六个邻国都是上合组织的成员国或观察员国，但实际上其对阿富汗内部政治经济进程的参与更多还是通过双边层面进行。对邻近的伊朗核问题、叙利亚危机、极端组织“伊斯兰国”威胁都仅限于表达原则性立场。印度、巴基斯坦在克什米尔长期争端，双方对恐怖组织的认知相互对立，将使原来在反恐问题上较为顺畅的上合组织多边安全合作遇到难以预料的新障碍①。在这种情况下，进一步加强在中亚

---

① Об отношениях Индии и Центральной Азии – – дипломат Пхунчок Стобдан. Август 1, 2017. URL：http：//caa – network. org/archives/9771.

地区的安全合作，可能成为扩员后上合组织绕过地缘政治和利益矛盾的阻滞继续前进的合理途径。

（二）积极应对中亚地区安全领域的现实挑战

对上合组织来说，需要进一步调整合作的重点方向，主要解决中亚国家面临的安全威胁，借此提升地区影响力和内部的凝聚力。中亚各国的国情差异很大，形势变化莫测，无论是俄罗斯主导的具有军事同盟性质的集体安全条约组织，还是徒具框架的欧洲安全和合作组织以及有明确地缘政治目标的北约，都难以在保障中亚稳定、促进区域安全合作方面真正有所作为。上合组织虽然有自己的优势，但也要有针对性地确定多边合作的重点任务。

如前所述，中亚面临的安全威胁是综合性的，经济安全（粮食、金融、能源等）问题，生态安全问题，网络信息安全问题同样突出。因此，上合组织的安全合作也应该是多领域、多层次的，除防卫和执法合作以外，应辅之以政治、经济、人文等综合手段，倡导新的合作理念与方式。

（三）上合组织安全合作的路径选择和特殊作用

扩员后的上海合作组织，在功能定位上不可避免地要做出调整，会强化地缘政治色彩，中、俄、印三个大国的互动会成为关注的焦点。实际上，以往上合组织取得的具体成果基本上与中亚有关，未来的安全合作还是应该照顾到中亚国家的利益诉求。印度、巴基斯坦也都非常重视与中亚国家的多边和双边合作，20 世纪 90 年代巴基斯坦与伊朗、阿富汗等国就成立了中西亚经济合作组织，印度与中亚国家建立了多边会晤机制，美国在中亚推进的多边合作计划，都把印、巴两国纳入进来，未来上合组织应该发挥“整合”作用，而不是“取代”其他多边机制，最大限度地消除中亚地区的地缘政治危机。

首先是坚持新的安全合作理念。中国在上合组织框架内提出和实践新型安全观，以“上海精神”为灵魂，主张相互安全，强调以合作促安全，以对话解决争端。上合组织要继续坚持反对冷战思维和强权政治，秉持不对抗、不结盟、不针对第三方的合作原则，推动成员国发展长期睦邻友好和全面战略伙伴关系。

其次是继续夯实多边合作的法律基础。上合组织在安全领域签署的多边文件中，涉及安全合作的大都是法律公约或政府间协议，有一定的约束力，比如

《打击恐怖主义、分裂主义和极端主义上海公约》《上海合作组织反恐怖主义公约》《上海合作组织成员国关于合作打击非法贩运麻醉药品、精神药物及其前体的协议》《上海合作组织成员国边防合作协定》等。2017 年 6 月各国在阿斯塔纳峰会签署的《上海合作组织反极端主义公约》是又一项具有指导意义的基础性文件，对多边安全合作具有特殊价值。

再次是坚持开放透明的合作原则。中亚地区大国的利益非常集中，彼此的竞争也比较激烈，不少大国主导的地区合作规划都有明确的地缘政治目的。美国的“大中亚战略”和“新丝绸之路”计划绕开了中国、俄罗斯，印度在中亚寻求经济乃至军事存在，日本与中亚国家建立外长级磋商机制，都有防范甚至削弱中国影响的目的。俄罗斯在中亚主导的一体化机制，也不希望中国成为其中的一员。因此目前中亚的安全格局是多元的、相互制约的，上合组织只有继续奉行开放、透明的原则，才能减少成员国之间的猜忌，穿越原有的地缘政治对抗，赢得更大的发展空间。

最后是与经济合作相互促进。2013 年 9 月，中国国家主席习近平在哈萨克斯坦提出的“丝绸之路经济带”重大倡议，受到中亚国家的欢迎。中国希望推动区域经济合作，但上合组织框架内的多边经济合作项目一直难以落实，“丝绸之路经济带”以基础设施的互联互通为先导，很容易受到恐怖袭击或动乱的影响。上合组织的安全合作在跨国项目安保方面可以发挥重要作用，实际上，关注民生问题也可以缓解当地的社会矛盾，有助于维持地区的长期稳定。

中亚地区安全形势的复杂变化，既有内部不稳定因素的作用，也有外部环境带来的压力。要维护中亚的稳定，上合组织的作用无可替代。上合组织积极落实已签署的有关打击“三股势力”的文件，发挥塔什干地区反恐怖机构的作用，增强多边反恐演习的针对性，能有效提升中亚国家的国防实力和整个地区的安全合作水平。

大国的“地缘政治游戏”不仅妨碍地区发展战略的实施，恶化中亚国家发展的政治环境、营商环境和周边环境，而且可能会引发新的军事对抗和安全危机，激化地区国家间的矛盾冲突。上合组织不应该成为地缘政治博弈的工具，而应该成为践行新型安全观的重要平台，以平等、互利、共赢、开放的理念争取在地区事务中的主导权和话语权，成为代表区域合作方向的新型机制。

上合组织可以通过形式多样的安全合作，通过联合演习以及各种培训、交流，提升中亚国家的边防与执法人员的能力，同时建立情报交换机制。虽然出现外敌入侵的可能性极小，但中亚国家周边的热点都具有安全威胁的“溢出”效应，中亚国家边界管控的压力会越来越大，上合组织应提高合作的效率，建立危机应对的快速反应机制和越境打击恐怖组织的能力。

要更加重视应对非传统安全的威胁。毒品、生态安全、网络安全、传染病防治等问题是上合组织成员国，特别是中亚国家共同面临的挑战，应重视政府间的合作，提高磋商的等级和水平，重视中亚国家的利益诉求，树立长期的眼光，将应对非传统安全威胁纳入“丝绸之路经济带”总体规划，作为成员国战略对接的内容之一，通过成员国在维护地区安全稳定方面的务实合作，切实打造地区命运共同体和利益共同体。

（原文发表于《俄罗斯学刊》2018 年第 2 期）

建设“丝绸之路经济带”促进地区各国共同发展

王海运*

内容提要： 2013年9月习近平主席提出建设“丝绸之路经济带”的构想，其覆盖范围，大体为上海合作组织及其毗邻地区，亦即大中亚地区、中国西部大周边地区。实现这一构想对于我国的和平崛起及地区各国的发展稳定均具有重大战略价值。“丝绸之路经济带”的内涵主要应当包括弘扬“古丝绸之路”精神、打造“现代丝绸之路”、形成“利益共同体”和“命运共同体”三方面。从其宗旨及现实条件考虑，建设“丝绸之路经济带”应当以上合组织作为基本依托，以构建睦邻友好带和战略稳定带作为主要支撑，以双边及大小多边合作项目为基本载体，以打造“现代丝绸之路”、实现互联互通为基本内容，以我国西部大发展作为重点着力方向，大力推动开发投资、商品贸易、能源合作、人文交流，“以点带面、从线到片，逐步形成区域大合作”。

关键词： “丝绸之路经济带”　上合组织　西部大发展　区域大合作　共同发展

* 王海运，中国社会科学院中俄战略协作高端合作智库、中信基金会中俄战略协作中心高级顾问。

中华人民共和国国家主席习近平2013年9月访问中亚国家时提出建设“丝绸之路经济带”的构想，得到了到访国家的普遍响应，并且在上海合作组织比什凯克元首峰会上达成了广泛共识。这一构想既是我国对西部大周边地区“区域大合作”构想的深化，也是我国新时期西部大周边外交的布局。因此，有必要深入探讨其基本内涵、战略价值、实施路径，以确保这一构想得到国内各界及国际社会的正确理解，尽快落到实处，既服务于我国的和平发展，又有力地促进地区国家的共同发展。

一 “丝绸之路经济带”的基本内涵

习主席在哈萨克斯坦演讲中提及“丝绸之路经济带”时指出，这是一种“创新合作模式”，要从加强“五通”（政策沟通、道路联通、贸易畅通、货币流通、民心相通）做起，“以点带面、从线到片，逐步形成区域大合作”。从所透露的情况看，其覆盖范围，大体为上合组织及其毗邻地区，亦即大中亚地区、中国西部大周边地区。

目前这一倡议尚处于构想、框架阶段，具体内涵还有待进一步充实、阐释。作为亚欧问题学者，笔者认为，“丝绸之路经济带”的内涵主要应当包括以下几个方面。

第一，弘扬“古丝绸之路”精神。古代丝绸之路是连接亚欧大陆东西南北的商贸道路网络，是不同国家、不同民族、不同宗教之间的和平交往之路、商贸互通之路、文明交融之路、和谐相处之路，而不是西方殖民主义者通过血与火的战争所开辟的掠夺、欺压、奴役之路，更不是当今某些大国以建立势力范围、挤压他国战略空间、制造文明冲突、攫取地区资源为取向的“地缘战略博弈”。“古丝绸之路”所体现的这种“和平、合作、和谐”精神，完全符合“国际关系民主化、世界文明多样性”及“共同发展、共同安全”的时代要求，与二十字“上海精神”在理念上完全相通，在当今世界仍然充满活力，甚至可以被视为西部大周边国家的“普世价值”。

第二，打造“现代丝绸之路”。即构建西部大周边多方向、多路径、多形式的互联互通网络。用习主席的话来说，就是实现“交通便利化”，“打通从太平洋到波罗的海的运输大通道”，“逐步形成连接东亚、西亚、南亚的交通运输网络”。“现代丝绸之路”不同于以骆驼、骡、马为主要运载工具的“古丝绸之路”，不同于古代沙漠丝路、草原丝路、高山丝路，而是对古丝绸之路的复兴与发展，是利用高速铁路、高速公路、油气管道以及航空、互联网、特高压和智能电网等现代科学技术建设的多维多向的道路、信息、能源互联互通网络。

第三，形成“利益共同体”和“命运共同体”。通过推动“五通”，“全面加强务实合作，将政治关系优势、地缘毗邻优势、经济互补优势转化为务实合作优势、持续增长优势，打造互利共赢的利益共同体”①，促使地区各国成为“共同发展、共同繁荣的好伙伴”，进而连接成为新型地缘经济板块，为新兴国家的崛起和世界经济的发展提供强有力的支撑。通过加强“五通”，促进地区国家的友好往来、相互了解，弘扬“世代友好、永不为敌”的《上海合作组织成员国长期睦邻友好合作条约》精神，促使地区各国成为“相互支持、真诚互信的好邻居、好朋友”，将该地区建设成为“和谐地区”，进而集结起一支新兴地缘政治力量，推动更加公正合理的新型国际秩序的构建。这与霸权国家所力推的以控制他国经济命脉、改变他国政治制度为深层目的的“新丝绸之路计划”有着本质的不同。

二　建设“丝绸之路经济带”的战略价值

建设“丝绸之路经济带”是我国新一届政府对新时期大周边外交的重要战略布局。实现这一构想对于我国的和平崛起及地区各国的发展稳定均具有重大战略价值。

建设“丝绸之路经济带”可促进中国东西部经济社会的平衡发展。改革开放三十多年，中国实施“沿海开放”政策，实现了东部地区的快速发展，在带动整个国家和平崛起的同时，也造成了东西部发展不平衡的突出矛盾。这种不平衡，不利于经济社会的可持续发展，不利于西部地区的安全稳定。因此，必须推动沿海与西部两大经济增长引擎的共同成长，促进东西部经济社会的平衡发展，对冲过于依赖“沿海开放”带来的安全风险。建设“丝绸之路经济带”，以睦邻友好、资源丰富、市场广阔、具有巨大陆上物流潜力

① 《习近平谈治国理政》，外文出版社，2014，第289页。

的大中亚地区国家作为“向西开放”的直接外部依托，是适应这一需要的战略选择。

建设“丝绸之路经济带”可促进区域经济一体化的大幅深化。经济全球化和区域经济一体化是21世纪的时代大潮，世界各国要实现经济社会的快速发展，必须融入其中。建设“丝绸之路经济带”，目的就是推动地区各国“以更宽的胸襟、更广的视野拓展区域合作，共创新的辉煌”。中国作为“负责任大国”，应当为区域经济一体化做出更多的大国贡献，成为区域经济一体化的“领头羊”，在扩大本国经济发展空间的同时，实现与地区国家包括区内其他大国经济发展的战略对接，进而打造一个幅员辽阔的亚欧经济合作带，推动世界经济版图的重构，为营造21世纪的新型世界经济秩序提供重要支撑。

建设“丝绸之路经济带”可促进地区国家的共同能源安全。大中亚地区集中有俄罗斯、环里海及西亚国家等多个重要能源资源国，同时也集中有中国、印度等重要能源消费国。通过建设“现代能源丝绸之路”，可以发挥地区国家资源、市场、资金、技术的互补优势，推动资源国能源出口多元化和消费国能源进口多元化，推动资源国大型能源项目的建设、能源产业的现代化发展，推动环里海资源国通往东亚市场的能源出海通道及中国规避海上运输风险的陆上能源运输通道建设，推动由资源国、消费国、过境国共同组成的新型能源合作机制的形成及国际能源秩序的改造，推动地区各国的能源安全、经济发展、社会稳定。

建设“丝绸之路经济带”可促进大中亚“和谐地区”的建设。将大中亚地区建设成为共同发展、共同安全的“和谐地区”是中国西部大周边外交的核心理念，也是地区国家的强烈愿望。因为只有和平稳定、和谐相处，才能实现国家安全、经济发展；只有经济快速发展，才能为“和谐地区”建设提供基础和支撑。“丝绸之路经济带”建设的重要着眼点在于协助地区国家实现经济发展、政局稳定、关系和顺。对于中国来说，这不仅有利于本国西部地区的发展与稳定，而且有利于为经略海洋、建设海洋强国建立陆上地缘战略纵深，有利于在建立新型世界秩序中更好地扮演“负责任大国”的角色。

建设“丝绸之路经济带”可促进新兴国家的战略协作。“丝绸之路经济带”是区域经济大合作的构想，主要集中于经济领域。经济是政治的基础，经济关系的深化、经济依存度的强化，必将带来政治互信的增强、政治关系的和谐。

从更深层次讲，大中亚地区国家都是发展中国家，并且集中有多个新兴大国，有条件成为建立新型国际秩序的基础性力量；以上合组织为基础打造新兴国家集合体和新兴大国战略协作平台，对于改变严重失衡的国际战略格局意义重大。对于中国来说，还有利于应对美国“亚太再平衡”对中国“沿海开放”造成的干扰，破解美日的战略围堵。

三　建设“丝绸之路经济带”的基本路径

从建设“丝绸之路经济带”的宗旨及现实条件考虑，其基本路径似可为：以上合组织作为基本依托，以构建睦邻友好带和战略稳定带作为主要支撑，以双边及大小多边合作项目为基本载体，以打造“现代丝绸之路”、实现互联互通为基本内容，以我国西部大发展作为重点着力方向，大力推动开发投资、商品贸易、能源合作、人文交流，“以点带面、从线到片，逐步形成区域大合作”。

（一）以上合组织作为基本依托

建设“丝绸之路经济带”不能抛开上合组织另起炉灶，而要以上合组织作为基本依托。上合组织是我国参与创建并且拥有重要影响力的新型区域合作组织。上合组织有“上海精神”作为指引，签订有《上海合作组织成员国长期睦邻友好合作条约》，集中体现了我国的新型国际关系理念，包括新型发展观、新型安全观、新型文明观、新型国家关系准则、新型区域合作模式。上合组织已经发展成为具有一定影响力的国际组织，以上合组织作为基本依托建设西部大周边“丝绸之路经济带”大有希望。

以上合组织作为建设“丝绸之路经济带”的基本依托意味着，多数项目可通过上合组织有关机制提出倡议，进行沟通，谋划落实。但是，不等于所有项目都放到上合组织中去运筹。不应将各领域合作局限在上合组织范围内，不应为上合组织协商一致的原则所束缚。

要以上合组织作为建设“丝绸之路经济带”的基本依托，必须践行“上海精神”。以“互信、互利、平等、协商，尊重多样文明、谋求共同发展”为核心理念的“上海精神”，是上合组织建设取得巨大成功的根本保证。“丝绸之路经济带”建设也必须高举“上海精神”的旗帜，突出“合作谋安全”“合作求发展”

等新型国际关系理念和新型区域合作理念，彻底摒弃冷战思维、对抗思维、零和思维。

要以上合组织作为建设“丝绸之路经济带”的基本依托，必须下大力强化上合组织建设。特别要处理好以下问题。第一，中俄在上合组织的战略协作问题。要加强对俄战略沟通，照顾俄方的利益关切，强化两国对在上合组织建设上战略利益广泛一致性的认知，在上合组织框架内开展更富成效的战略协作；同时抑制任何一方的主导权追求和势力范围思维。第二，上合组织与欧亚联盟关系问题。努力化解“中国+中亚国家一体化”与“俄罗斯+中亚国家一体化”的矛盾，争取两机制合作谋发展，而不是相互排斥。第三，维护中亚成员国的政权安全和发展道路选择问题。这是这些国家最为关切的问题，而且对上合组织的生存与发展影响重大，有必要以上合组织的集体力量做出更大努力。第四，调解成员国之间矛盾问题。主要是中亚国家间的边界、部族、水资源争端。在此问题上，上合组织应有更大作为。第五，谨防外部势力干扰破坏问题。特别要防范外部势力对上合组织的渗透和分化，约束成员国以“大国平衡”为名参与冷战性军事集团的活动，共同防范“三股势力”及其他外部势力在本地区制造动乱。

要以上合组织作为建设“丝绸之路经济带”的基本依托，中国必须“发挥负责任大国作用”。“发挥负责任大国作用”是党的十八大对我国外交战略的重大调整，是我国崛起为世界强国必须大力强化的战略思维。在“丝绸之路经济带”建设中，从战略目标的设定到重大战略举措的推出，我国都必须以拥有更多“大国作为”作为重要考量。

基于加强上合组织建设的需要，在扩员问题上需要有新的思维、新的举措。不论从强化潜在成员国的新兴国家意识、促进新兴大国的战略协作，平衡国际战略格局、营造新型国际秩序，还是从扩大上合组织的国际影响、避免因扩员分歧影响成员国关系以及推动上合组织突破前苏联地区的局限看，上合组织扩员都势在必行。但是，在扩员步骤上必须做到既积极又稳妥：坚持以认同“上海精神”、接受上合组织核心理念作为加入上合组织的基本标准，以签署上合组织基本文件，特别是组织章程和睦邻友好合作条约、严肃承诺履行条约规定的各项义务作为基本条件；制定扩员机制，严格扩员程序，可借鉴世界贸易组织规则和欧盟经验，实行现有成员与申请者进行一对一的协商谈判；还可考虑设置一定时间的过渡期。

（二）以打造西部“睦邻友好带”和“战略稳定带”作为主要支撑

构建西部大周边“睦邻友好带”，既是建设“丝绸之路经济带”的必要条件，也是我国对建立新型国家关系和新型国际秩序的重要贡献。没有“睦邻友好带”作为支撑，“丝绸之路经济带”的构想将成为空中楼阁。

“睦邻友好带”的基本内涵可为：遵循“上海精神”，加强政治沟通和战略互信，营造超越传统国际关系模式、文明属性、制度差异、发展差距的新型国家关系，成为共同发展、共同安全的“好邻居、好伙伴、好朋友”。

要打造“睦邻友好带”，必须坚持大小国家一律平等；必须尊重各成员国的不同文明、不同社会制度、不同发展模式选择，必须践行“团结互信、平等互利、包容互鉴、合作共赢”原则。这也是“古丝绸之路”给予我们的重要启示。

“睦邻友好带”不同于势力范围，不具有控制性、排他性，不存在控制中小国家、排斥其他大国的问题。习近平提出中国不搞“三不”，“愿同俄罗斯和中亚各国加强沟通和协调，共同为建设和谐地区作出不懈努力”①，充分体现了中国与上合组织各成员国共同构建“睦邻友好带”的真诚愿望。中国不搞“零和博弈”，不排除与美欧大国在“丝绸之路经济带”框架内开展合作的可能性。

建设“丝绸之路经济带”更是离不开地区国家的安全稳定。有必要旗帜鲜明地提出打造“战略稳定带”的概念，进而将我国西部大周边连接成为一个相对稳定的地缘战略板块。“战略稳定带”不同于“战略缓冲带”，不是将大国间的对抗推向这一地带上的中小国家，而是与这些国家实现共同安全，因而有望受到有关国家的欢迎，且较小可能引起其他大国的反弹。

打造西部大周边“战略稳定带”的任务十分艰巨：西亚北非“民主动乱”持续发酵，某些西方大国企图“祸水东引”；北约联军即将从阿富汗撤离，留下一个战乱不已的烂摊子，存在“三股势力”重趋活跃及向周边国家扩散的现实危险；中亚国家内部及相互间存在多种矛盾，处理不好也可能引发地区局势失稳。

要建设“战略稳定带”，必须强化“共同安全、合作安全、同等安全”的理念，“在涉及国家主权、领土完整、安全稳定等重大核心利益问题上坚定相互

---

① 《习近平谈治国理政》，外文出版社，2014，第288页。

支持”①；必须抵制新干涉主义的肆虐，不允许任何大国借口“扩展民主”在该地区策动“颜色革命”“民主动乱”；必须“合力打击‘三股势力’、贩毒、跨国有组织犯罪，为地区经济发展和人民安居乐业创造良好环境”②；必须协助阿富汗走向稳定，防止其重新成为伊斯兰极端势力扩张的策源地；必须积极调解中亚国家间的矛盾，防止其影响上合组织的凝聚力和行为能力。

（三）以双边及大小多边经济合作项目为基本载体

“经济带”不是“经济区”，不是“紧密型一体化合作组织”，更多的是一种经济合作理念，一种务实灵活的经济合作安排。不在大中亚地区搞“紧密型一体化合作组织”，既是因为缺少现实可行性，也是为了避免与有关地区合作组织发生不必要的碰撞。

“丝绸之路经济带”建设必须贯彻务实灵活的合作方针，多种合作形式并举，“以点带面、从线到片”，积极稳妥、循序渐进。宜双边者则双边，宜多边者则多边，以双边促进多边，以多边带动双边。多边合作亦应贯彻“自愿参与”原则，多数合作项目宜从小多边逐步发展为大多边，逐步形成“区域大合作”。

中国应当采取更多的主动行动，提供更多的公共产品，重义轻利，多予少取。中国作为世界第二大经济体，拥有资金、技术等方面的优势，应在各领域合作中发挥“领头雁”的作用。关于“上合组织自贸区”概念，尽管愿望良好，但是一段时间内不宜再提，以避免与欧亚联盟计划构成不必要的竞争，避免引起俄罗斯及中亚国家对所谓中国“人口扩张”“经济扩张”的误解。建议商务部更多地关注建设“丝绸之路经济带”所必需的贸易和投资便利化、互联互通、能源合作以及贸易秩序整顿等问题，而不要陷入“只有搞自贸区才能实现经济一体化”的思维定式。

（四）以打造“现代丝绸之路”、实现互联互通为基本内容

之所以强调以打造“现代丝绸之路”、实现互联互通作为建设“丝绸之路经济带”的基本内容，主要因为这是建设“丝绸之路经济带”、实现地区国家共同

① 《习近平谈治国理政》，外文出版社，2014，第288页。

② 《习近平谈治国理政》，外文出版社，2014，第289页。

发展的基础性工程。

“要想富，先修路”，是中国经济快速发展的重要经验。“丝绸之路经济带”的一个关键词就是“路”。由于充分利用现代科学技术，“现代丝绸之路”较之古丝绸之路，更加稳定，更有效率，更具“共同发展”的内涵。

大中亚地区多个发展中国家经济发展滞后，很大程度上与交通基础设施不发达、缺少出海口有关。通过打造“现代丝绸之路”，帮助这些国家实现物流畅通，带动沿途产业布局，是促进其经济快速发展的有效途径，也是这些国家的迫切愿望。同时，通过互联互通基础设施建设合作，可以将地区国家经济融为一体，“形成区域大合作”，并且为地区安全稳定提供支撑。中国拥有资金、技术优势，可以为这些国家提供强有力的支持。中国还可以发掘过境潜力，为地处亚欧大陆腹地的国家提供通往太平洋的出海口，帮助其搭乘亚太经济快车，利用亚太经济发展机遇。

（五）以我国西部大发展作为重点着力方向

我国新疆等西部省区拥有作为“丝绸之路经济带”建设基地的区位优势、经济优势、人文优势。实现西部地区经济与亚欧大陆多国经济的整合，将其打造成为具有强大辐射能力的亚欧大陆中部地区商贸和金融中心、交通和物流中心、教育和人文交流中心，既应是建设“丝绸之路经济带”的重要目的，也应是这一战略构想成功实施的必要条件。因此，在“丝绸之路经济带”各项战略谋划中，应将促进新疆等西部省区的稳定与发展置于优先位置，予以重点推进。当然，以西部大发展作为重点着力方向不等于矮化其他省区在“丝绸之路经济带”建设中的作用，其他省区既应作为西部省区的强大后盾，也应发挥各自优势，以适合对象国需要的合作项目积极参与“丝绸之路经济带”的建设。

（六）带动开发投资、商品贸易、能源合作、人文交流

“丝绸之路经济带”不是简单的互联互通概念。既然是“经济带”，就应当涵盖经济多领域的合作，其中最为重要的是开发投资、商品贸易、能源合作。

“丝绸之路经济带”沿途各国基本上都是发展中国家，部分还是转轨国家，经济发展尚处起步阶段，资金、技术普遍匮乏。而中国在此方面恰恰拥有独特优势，而且秉承互利共赢原则，不干涉合作伙伴国内政，因而有条件与有关国

家结成“开发投资战略合作伙伴”。中国制造业发达，多数工业制成品适合地区国家的消费水平和市场需求，大力扩展商品贸易、协助有关国家发展利于其扩大就业的制造业，完全符合“互利共赢”要求。在能源领域，中国与地区多数资源国更是具有能源出口多元化与能源进口多元化对接、资源与市场互补、投资与需求互动的巨大优势，充分发挥这种优势对于实现共同能源安全具有重大战略价值。

人文交流与商贸交流并进，是古丝绸之路给予我们的重要启示。加强人文交流，可为各领域经济合作夯实民意基础，提供民意支持。因此，应将人文交流作为“丝绸之路经济带”建设的一项重要内容，予以积极推动。人文交流不单单指文化艺术活动，更重要的是不同文明间的对话、互鉴，是战略思维、战略理念的相互沟通，是对共同战略利益认知的强化。因此，加强公共外交、推动地区国家间智库和媒体的交流合作，尤其重要。

“丝绸之路经济带”构想秉承“古丝绸之路”精神，贯彻“互利共赢”“共同发展”理念，因而具有巨大的感召力与可行性。推进“丝绸之路经济带”建设的有利条件众多，同时必然遇到这样那样的障碍。方向既已明确，当务之急是丰富其内涵，充实其内容，明确其路径，规划其布局，避免对这一构想的误读、误解，形成更加广泛的共识。只要我们拿出“负责任大国”的魄力，扎扎实实地走好每一步，“丝绸之路经济带”就一定能够建成，一定能够实现与地区国家的共同发展，共同繁荣，一定能够为我国的和平崛起提供新的战略支撑。

（原文发表于《俄罗斯学刊》2014 年第 1 期）

丝绸之路经济带、欧亚经济联盟与中俄合作

李建民*

内容提要：中国提出丝绸之路经济带倡议是国家全方位深化对外开放格局的战略举措。丝绸之路经济带提倡不同发展水平、不同文化传统、不同资源禀赋、不同社会制度国家间开展平等合作，共享发展成果，关键是要创新合作模式，通过合作与交流，把地缘优势转化为务实合作的成果。建设丝绸之路经济带的重点、障碍和关键环节在国外，中亚是丝绸之路经济带的重点区域。中国要处理好与俄罗斯主导的欧亚经济联盟的关系，共同推进地区合作。从现有基础看，丝绸之路经济带与欧亚经济联盟可将互联互通、电力、农业、金融等领域的合作作为重点方向。

关键词：中国　丝绸之路经济带　欧亚经济联盟　俄罗斯　合作

2013年9月，中国国家主席习近平在哈萨克斯坦纳扎尔巴耶夫大学发表演讲，首次提出共同建设丝绸之路经济带的战略倡议。中共十八届三中全会通过的《中共中央关于全面深化改革若干重大问题的决定》进一步明确提出，要“加快沿边开放步伐，加快同周边国家和区域基础设施互联互通建设，推进丝绸

---

* 李建民，中国社会科学院俄罗斯东欧中亚研究所研究员、博士生导师。

之路经济带、海上丝绸之路建设，形成全方位开放新格局”。2014 年 2 月 6 日，习近平主席出席索契冬奥会开幕式，俄方首次公开回应，表示积极响应中方建设丝绸之路经济带和海上丝绸之路的倡议，愿将俄方跨欧亚铁路与“一带一路”对接，创造出更大效益①。2014 年 5 月 20～21 日，普京总统对中国进行国事访问并出席亚信上海峰会，其间两国元首签署了《中华人民共和国与俄罗斯联邦关于全面战略协作伙伴关系新阶段的联合声明》，提出双方将寻找丝绸之路经济带项目和将建立的欧亚经济联盟之间可行的契合点。②

面向未来，丝绸之路经济带是一个需要通过沿线各国、各地区人民长期共同努力逐步实施的构想，而不是一个短期内就能够轻易获得成功的选项。对于中俄两国而言，需要审时度势，通过这样一个广大空间的共同建设和默契合作，深化两国人民之间的相互认知，提升和巩固两国合作水平。同时中俄两国也非常有可能通过在这样一个广大地区的开发和建设，来提升自己在全球事务中的地位。

一 建设丝绸之路经济带的初衷、范围及路径

（一）初衷

丝绸之路始于汉代，唐代达到鼎盛，此后千年渐趋沉寂，至今已有 2000 多年的历史。丝绸之路连接欧洲文明、东亚文明和伊斯兰文明，架起了东西方文化与经济交流的桥梁。在几千年人类文明史上，欧亚大陆充满了血与火的历史，但只有古丝绸之路是合作之路、友好之路。古丝绸之路的价值和理念在于各种文明相互学习，相互借鉴。

中国提出丝绸之路经济带倡议是国家全方位深化对外开放格局的战略举措，充分兼顾了国际、国内两方面的战略需求，也将服务于国内国际两个大局。从国内视角看，首先是基于中国自身发展的需要。在过去的 30 多年，中国对外开

---

① 《习近平会见俄罗斯总统普京》，新华网，2014 年 2 月 7 日，http：//www. xinhuanet. com/world/2014－02/07/c_ 119220650. htm。

② 《中俄关于全面战略协作伙伴关系新阶段的联合声明》，新华网，2014 年 5 月 20 日，http：//www. xinhuanet. com/world/2014－05/20/c_ 1110779577. htm。

放总体呈现东快西慢、海强陆弱格局。由于自然、历史和社会等原因，西部开发十数年来成果并不尽善，东西部发展差距过大依然是困扰中国现代化全局的最大短板之一。2008 年国际金融危机的爆发使中国经济发展的外部环境发生巨大变化：人民币升值导致以劳动力密集型产品出口为主要特征的中国发展模式面临前所未有的挑战；发达国家市场，尤其是欧洲市场的萎缩以及美国重返亚太战略引起的连锁反应给中国在国际政治经济方面带来了前所未有的压力。在新形势下，要改变以往过于依赖美、日、韩及东盟市场的被动局面，中国急需完善沿海开放、沿边开放与向西开放相适应，“引进来”与“走出去”相结合的对外开放新格局，促进东西部经济社会的平衡发展。随着丝绸之路经济带建设的推进，将会有大量的资源从东部转移到中西部，在丝绸之路上将培育出新的经济增长极，引进产业，聚集人口，从而加快中西部的跨越式发展。

构建丝绸之路经济带并不是单纯的国内政策，也是为了促进中国与亚欧大陆各国开放合作的总体战略布局。从国际视角看，丝绸之路经济带被认为是世界上最长、最具有发展潜力的经济大走廊。丝绸之路两端是当今国际经济最活跃的两个主引擎：欧洲联盟与环太平洋经济带。丝绸之路沿线大部分国家处在两个引擎之间的“塌陷地带”，经济发展水平与两端的经济圈落差巨大，交通基础设施供给严重不足。然而此地有横跨亚欧和与中国接壤的地理优势，有丰富的矿产资源、能源资源、土地资源和人力资源。发展经济与追求美好生活是该地区国家与民众的普遍诉求。丝绸之路经济带的推进将在空间上形成串联中外的轴线，成为促进中国与周边国家和地区互惠互利、交流合作的纽带。

简而言之，中国之所以提出建设丝绸之路经济带，首先是希望发掘古丝绸之路特有的价值和理念，并为其注入新的时代内涵。在全球化的今天，把古丝绸之路的价值理念发扬光大，实现地区各国的共同发展、共同繁荣是中国提出丝绸之路经济带倡议的初衷。

（二）范围

丝绸之路经济带是在古代丝绸之路概念基础上形成的当代跨区域经贸合作的宏大构想。建设丝绸之路经济带首先需要对范围进行界定，在空间布局上还应该有轻重之分，否则将很难推进落实，更重要的是，丝绸之路经济带的概念、内涵和理论需要进一步构建，还要与相关国家协调对表，形成共识。

古丝绸之路是历史上自然形成的，在海上贸易兴起之前，古丝绸之路一度是连接欧亚大陆的重要通道，是国际贸易的最主要的渠道之一。由于起点和节点不同，古丝绸之路包括绿洲、草原、高原三个分支。今天的丝绸之路经济带则不同，它是在古丝绸之路基础上，主要经由人为安排而通过现代公路、铁路和航空网络等连接起来的一片区域，在范围上要大得多。从地理上看，丝绸之路经济带东起中国，通过北、中、南三线穿过中亚、西亚、南亚等地区后，途经里海、黑海、地中海沿岸和阿拉伯半岛，西至欧洲和北非，绵延 7000 公里，横跨整个欧亚大陆。从内涵上看，古丝绸之路主要是商旅文化之路，呈线状发展，而丝绸之路经济带并不局限于单一线路的延伸，它是由横跨欧亚大陆的铁路、公路、航空、海上运输、油气管道、输电线路和通信网组成的综合性立体网络，并在互联互通的基础上，通过产业转移实现产业集聚、结构优化升级和创造就业，促进沿线各国经济互通互融，形成新的经济发展带。从发展前景看，丝绸之路经济带倡议的提出对于加强欧亚各国的经贸联系、推进区域经济一体化具有非常重要的意义。丝绸之路经济带涵盖 30 多个国家，覆盖人口约 30 亿，无论从经济总量、人口总量还是资源储量等方面考察，丝绸之路经济带在世界版图中均占重要地位，市场潜力巨大，未来丝绸之路经济带可能会辐射到更广的地区，发展前景值得期待。目前，丝绸之路经济带还处于设计、建设和发展当中，应该从动态的角度来界定其范围。

（三）丝绸之路计划的国际比较

丝绸之路最早由德国地理学家李希霍芬（F. von Richthofen）于 1877 年命名。丝绸之路蕴含的巨大精神价值和发展潜力引起了域内域外国家的兴趣，从 20 世纪 90 年代开始，以“丝绸之路”冠名的各种规划构想不断提出。其中影响较大的有联合国的“丝绸之路复兴”计划、美国的“新丝绸之路”计划、日本的“丝绸之路外交”、俄罗斯的“新丝绸之路”等。

1. 联合国的“丝绸之路复兴”计划

联合国是最早提出并推动实施“丝绸之路复兴”计划的国际组织。1994 年，联合国大会通过了一份由欧盟提出的文件，名为《没有出海口的中亚新独立的发展中国家及其邻国的过境运输体系：现状和未来行动方案》，该文件旨在帮助中亚和南高加索新独立国家获得除过境俄罗斯领土之外的更多的出海口，以便其更快地融入国际社会。这份文件就是欧洲—高加索—亚洲交通走廊（Transport Corridor Europe-Caucasus-Asia，TRACECA）项目的最初蓝本①。2008年，联合国开发计划署发起“丝绸之路复兴”计划。该计划由230个项目组成，执行期限为2008～2014年，投资总额430亿美元，目的是改善古丝绸之路等欧亚大陆通道的公路、铁路、港口、通关等软硬件条件，使2000年前的丝绸之路重现辉煌。俄罗斯、伊朗、土耳其、中国在内的19国参加，拟建立6条运输走廊。包括中国至欧洲、俄罗斯至南亚以及中东地区铁路和公路的建设体系等。

2. 日本的“丝绸之路外交”

日本本不属于丝路沿线国，但从自身能源需要出发，在1997年时任日本首相桥本龙太郎提出以“丝绸之路外交”冠名的中亚外交战略。2004年日本重提“丝绸之路外交”战略，将中亚五国及外高加索三国定为“丝绸之路地区”，并把该地区摆在日本新外交战略的重要地位。根据“丝绸之路外交”的构想，日本将从地缘政治角度着眼，谋求在中亚和外高加索这个世界战略要地站住脚跟；同时从经济利益考虑出发，抢占这一储量不亚于中东的能源宝库，通过加强政治影响和经济渗透来争取该地区能源开发及贸易的主导权。

3. 美国的“新丝绸之路”计划

2011年，美国提出了“新丝绸之路”计划，设想以阿富汗为中心，在美国等国军队从阿富汗撤出后，由美国主导阿富汗战后重建工作，希望阿富汗邻国投资、出力来维护美国继续在欧亚大陆腹地发展过程中的主导地位。实际是以美国为推手，以阿富汗为中心，连接中亚、南亚，建立一个区域性地缘政治、经济结构，最重要的是这些国家里边，要有美国的军事基地，用来围堵遏制中、俄和伊朗。

4. 俄罗斯的“新丝绸之路”

针对美国将俄排除在外的“新丝绸之路”计划，俄罗斯曾多次将正在建设中

---

① TRACECA项目的主要内容包括：改造和修建中国—哈萨克斯坦—吉尔吉斯斯坦—乌兹别克斯坦—土库曼斯坦—阿塞拜疆—格鲁吉亚—黑海—欧洲的铁路和公路；改造里海的阿克套、巴库、土库曼巴什和黑海的波季、巴统等港口；修建支线道路基础设施；培训高水平的国际运输业人才；制定统一的关税和税率规则，促使项目参与国加入有关国际公约和协定。该项目主要由欧盟资助实施，其余赞助商包括欧洲复兴开发银行、世界银行、亚洲开发银行和伊斯兰开发银行等。

的、由中国经过中亚和俄罗斯直抵德国杜伊斯堡，并连通欧洲铁路网和港口的“中欧运输走廊”称为“新丝绸之路”，表示俄罗斯将在“新丝绸之路”上发挥决定性作用。与此同时，俄大力推动欧亚经济一体化进程，打造内部互联互通网络。

5. 伊朗的“铁路丝绸之路”

伊朗在历史上曾经长期统治中亚地区，至今仍在中亚国家的文化、宗教等领域拥有一定的影响力，苏联解体后伊朗积极建设本国的交通运输网络，谋求成为中亚国家与世界市场之间的交通纽带。2011 年，伊朗称开始启动将伊朗铁路线通过阿富汗、塔吉克斯坦和吉尔吉斯斯坦三国同中国铁路线连通的计划。这条铁路线被外界称为“钢铁丝绸之路”或“丝绸铁路”。

6. 哈萨克斯坦的“新丝绸之路”项目

2012 年，哈萨克斯坦总统纳扎尔巴耶夫在外国投资者理事会第 25 次全体会议上宣布开始实施“新丝绸之路”项目。提出哈萨克斯坦应恢复自己的历史地位，成为中亚地区最大的过境中心，欧洲和亚洲间独特的桥梁，在哈萨克斯坦主要的运输走廊上建立起统一的具有世界水平的贸易物流、金融商务、工艺创新和旅游中心。

可以看到，这些计划的突出特点是，制定者本着自身利益最大化的思路构架蓝图，在很大程度上强调自己的“连”和“通”，而对其他竞争者，却在某种程度上希望“隔”和“断”，目的是一方面实现自身利益最大化，另一方面让竞争者边缘化。由于多种原因，这些计划或已停滞，或困难重重。对于丝绸之路经济带而言，从上述计划中得出的最重要借鉴是，有关各方应努力协调，找到彼此间利益共同点，只有兼顾地区各国的现实和长远利益，立足于共同发展，才能真正实现丝绸之路的全面复兴。

(四) 丝绸之路经济带需要创新区域合作模式

目前丝绸之路经济带沿线各国政治制度不同，发展水平差距很大，一些国家对开展合作顾虑很多，落实多边项目受到资金的制约，需要探索一个各方都能受益的合作方式。与欧盟的“竞争导向的一体化”安排不同，丝绸之路经济带应更注重依靠区域主体自身的文明特点、发展特征、资源禀赋与制度的优势来形成发展合力，实践一种“合作导向的一体化”，而不仅仅是通过一套无差异或标准化的市场准入、税制、劳动力与货币规则来挖掘各自的竞争力。丝绸之路经济带提倡不同发展水平、不同文化传统、不同资源禀赋、不同社会制度国家间开展平等合作，共享发展成果，关键是要创新合作模式，通过合作与交流，把地缘优势转化为务实合作的成果。丝绸之路经济带应具备充足的制度包容性，表现在倡议提出者希望用丝绸之路的理念和精神把该地区正在进行的各种各样的合作整合起来，使它们相互连接，相互促进，加快各自发展。中国作为“负责任大国”，应当为区域经济一体化做出更多的贡献，成为区域经济一体化的“领头羊”，在扩大本国经济发展空间的同时，实现与地区国家经济发展的战略协调，进而打造一个范围广阔的亚欧经济合作带。

中国明确表示在经济带中不谋求大国地位，其他国家也不应谋求。丝绸之路经济带各国都是平等的参与者，是平等互利、合作共赢的“利益共同体”和“命运共同体”。在建设丝绸之路经济带过程中，中国提倡新的义利观，多予少取，中国要像中心城市发挥溢出效应一样，让周边地区得益，使各国实现互利共赢。这与某些国家所力推的以控制他国经济命脉、改变他国政治制度为深层目的的“新丝绸之路”计划有着本质的不同。中国必须向周边国家以及其他国家充分阐释这一观点，争取周边国家的更多信任和支持，避免“新殖民论”或者“势力范围论”的反弹。同时，丝绸之路经济带是开放型合作带，欢迎区域外国家参与，也不排除与美欧大国在丝绸之路经济带框架内开展合作的可能性。

（五）中亚是丝绸之路经济带的重点区域

建设丝绸之路经济带的重点、障碍和关键环节在国外，按照由近及远、由易到难的思路，中亚地区是现阶段中国在推进丝绸之路经济带建设中力所能及的切入点和突破口。100多年前，英国地缘政治专家麦金德曾预言，包括中亚在内的欧亚大陆的腹地是全球战略竞争的决胜点。作为连接欧亚大陆和中东的枢纽，中亚是大国势力东进西出、南下北上的必经之地，大国地缘政治利益在这里高度碰撞，地缘战略重要性突出。欧亚大陆桥开通后，中亚还发挥着连通东亚和西欧、沟通外高加索和南亚、衔接西亚和非洲大陆的“交通走廊”的作用。中亚五国总人口不到7000万，但其面积却相当于欧盟的82%，该地区还蕴藏着丰富的油气和矿产资源。独特的地理位置和丰富的资源使其成为大国力量和各种政治势力争夺的地区。无论从地缘和安全，还是从资源和文化角度考察，中亚地区对中国都有极其重要的战略意义。中亚地区已成为中国的核心利益区，是我国西北边疆的安全屏障和经贸、能源战略合作伙伴。当前，国际和地区形势深刻复杂变化，该地区国家既具备利用经济互补优势实现共同发展的机遇，也面临着外部势力渗透干涉以及“三股势力”（恐怖主义、分裂主义和极端主义）等共同挑战，唯有加强合作，才能营造和平、稳定、安全的环境。进入2000年后，中国与该地区的合作实现了跨越式发展。目前，中国与中亚国家3300多千米的边界已全部划定，中国和中亚国家之间不存在任何难以解决的政治问题。2013年，中国与中亚国家关系全面提升至战略协作伙伴关系，经贸合作规模较中亚国家独立之初增长上百倍。中国已成为哈萨克斯坦、土库曼斯坦的最大贸易伙伴，乌兹别克斯坦、吉尔吉斯斯坦的第二大贸易伙伴，塔吉克斯坦的第三大贸易伙伴。能源是中国与中亚合作的重点领域。截至2014年5月，中亚国家已累计向中国供气800亿立方米，日均输气量达8516万标方。尽管丝绸之路经济带范围广阔，包括众多国家和地区，但由于中亚是中国向西开放的第一站，对于建设丝绸之路经济带具有基础性和示范效应，理应成为丝绸之路经济带的重要板块和核心地带。

（六）丝绸之路经济带的推动手段

丝绸之路经济带属于跨国经济带，其规模超出了一般意义上的经济带，远景目标是构建区域合作新模式。丝绸之路经济带与传统的区域合作模式的区别在于，传统的区域合作是通过建立互惠的贸易和投资安排，确立统一的关税政策，然后建立超国家的机构来实现深入的合作。而丝绸之路经济带不是“紧密型一体化合作组织”，不会打破现有的区域制度安排。其实现途径是以战略协调、政策沟通为主的高度灵活、富有弹性的方式，所依靠的是政策沟通、道路连通、贸易畅通、货币流通、民心相通五大支柱。

政策沟通指的是无论是国内西部地区各省区市之间，还是丝绸之路沿线国家和地区之间，都需要重视和加强政策协调，就经济发展战略和对策进行充分交流，协商制定推进区域合作的规划和措施，形成合力。道路连通意味着需要更加注重丝绸之路经济带沿线各国以及各国之间的基础设施建设，以互联互通为先导，逐步形成连接东亚、西亚、南亚的交通运输网络。这是促进和帮助区域内国家实现经济快速发展的有效途径，也是未来实现大区域合作的前提和基础。贸易畅通是国家之间深化经济联系的重要方式，经济一体化的标志是贸易联系的紧密化、扩大化和便利化。贸易畅通需要增进中国与丝绸之路经济带沿线各国的贸易往来，各国就贸易和投资便利化问题进行探讨并做出适当安排，在互通有无、取长补短中不断扩大贸易规模和优化贸易结构，在减少贸易摩擦和降低贸易壁垒中实现互利共赢。货币流通是对外贸易以外经济联系深化的又一具体表现。建设丝绸之路经济带将为中国与沿线各国的投资往来提供广阔空间。各国要加强金融领域的合作，促进各国在经常项目下和资本项目下实现本币兑换和结算，降低流通成本，增强抵御金融风险能力。民心相通是开展区域合作的民意基础和社会基础。与相关国家共建丝绸之路经济带更需要从软环境入手增进交流互信，重要的是人员的交流、文化的交融、价值观的理解和渗透，推动丝绸之路经济带沿线不同地区、不同民族在对话沟通中加强对政治制度、宗教信仰、风俗习惯等方面的广泛认同与包容。

丝绸之路经济带建设必须贯彻务实灵活的合作方针，多种合作形式并举，“以点带面、从线到片”，积极稳妥，循序渐进，不能急于求成，合作深入是水到渠成的过程。在丝绸之路经济带建设中还要处理好政府和市场的关系。在顶层设计、战略动员推动阶段，政府应发挥重要作用，但在资源配置中市场应起决定性作用。

二　欧亚经济联盟：发展进程、性质、制度安排及影响

（一）发展进程

苏联解体后第一个 10 年，俄罗斯虽在力推独联体一体化，但由于最初的“甩包袱”政策和自身经济实力的大幅下降，一体化缺少明确目标和动力，并未取得实质性进展，1994 年独联体 12 国通过的初级一体化文件——独联体自贸区协定早已名存实亡。21 世纪初，在外部大国渗透加强、独联体离心倾向加剧的背景下，俄罗斯认识到，后苏联空间的深度一体化是其重振大国地位的重要依托，开始调整对独联体的政策，明确提出独联体是其对外政策和地区发展的优先方向，重启一体化进程。

2000 年，俄罗斯、白俄罗斯、哈萨克斯坦、吉尔吉斯斯坦和塔吉克斯坦在 1995 年关税同盟基础上成立了欧亚经济共同体，其目标是在成员国间建立关税联盟和形成共同经济空间，加深经济和人文一体化。2006 年，乌兹别克斯坦加入欧亚经济共同体，2008 年退出。除 5 个成员国外，欧亚经济共同体还包括乌克兰、亚美尼亚和摩尔多瓦三个观察员国。

由于不同发展水平国家的经济一体化收效甚微，2007 年，俄罗斯决定在独联体框架内推进多速度、多水平一体化。2007 年 10 月，在欧亚经济共同体框架下成立了俄白哈关税同盟，并建立了关税同盟委员会作为唯一的常设协调机构。2009 年 11 月，俄白哈三国元首签署了包括《关税同盟海关法典》在内的 9 个基础性文件。2010 年 1 月 1 日，关税同盟正式运行，三国建立了共同的对外关税，其中包括针对第三国的共同贸易政策，取消同盟内的关税和非关税壁垒，进而实现同盟内商品的自由流动。

关税同盟运行 1 年后，2011 年 1 月 1 日，开始在关税同盟区内形成统一经济空间。统一经济空间以欧盟的《申根协定》为蓝本，在诸多领域实行协调的政策和行动，其与关税同盟的主要区别在于，除货物自由流动外，成员国还将实现资本、劳动力、技术和服务等的自由流动。统一经济空间不只是贸易一体化，而且要实现生产一体化，还将构建包括交通和通信等统一的基础设施，协调宏观经济政策等。

2014 年 5 月 29 日，俄白哈三国元首在哈萨克斯坦首都阿斯塔纳签署了《欧亚经济联盟条约》，条约将于 2015 年 1 月 1 日正式生效。根据条约界定，欧亚经济联盟是区域一体化国际组织，拥有国际法主体地位。欧亚经济联盟与独联体并不矛盾，而是相互补充。欧亚经济联盟是开放的，欢迎其他伙伴参与，优先欢迎独联体内的国家参加。俄白哈三国承诺将在 2025 年前实现商品、服务、资本和劳动力的自由流动，力争协同以能源、加工业、农业和交通运输业为代表的主要经济行业的政策，终极目标是建立类似于欧盟的经济联盟，形成一个覆盖 2000 万平方千米、拥有 1.7 亿人口、国内生产总值（GDP）总量近 3 万亿美元的统一大市场。目前，正在酝酿加入欧亚经济联盟的原苏联加盟共和国有亚美尼亚、吉尔吉斯斯坦、塔吉克斯坦等。在原苏联地区之外，印度、越南、土耳其也表示了加入欧亚经济联盟的兴趣。此外，欧亚经济联盟还积极与域外组织和国家（越南、新西兰、以色列、叙利亚、欧洲自由贸易协会中未加入欧盟的四国——冰岛、列支敦士登、挪威和瑞典等）进行自贸区协定谈判。

（二）性质

欧亚经济联盟的成立将是普京主政俄罗斯后在后苏联空间推进一体化的主要成果，是俄罗斯希望通过发展区域合作，发掘原苏联加盟共和国共同经济基础的潜能、提升相互间的贸易和投资水平，并努力实现经济多样化发展长期目标的一项战略安排。可以看到，从2010年俄白哈关税同盟正式运行，到2014年5月签署《欧亚经济联盟条约》，欧亚经济一体化在短短4年半时间内完成了从关税同盟、统一经济空间、欧亚经济联盟到欧亚联盟四步走战略的前三步。俄罗斯主导的欧亚一体化，特别是欧亚联盟从开始就受到西方诟病，通常的指责是，它表明俄罗斯试图以新的形式重建帝国权力，只不过伪装成欧盟式的超国家主义（supranationalism）而已①。欧亚经济联盟的战略意图是与美国、欧盟和亚洲分庭抗礼，展开“新冷战”。欧亚经济一体化植根于深刻的意识形态体系，本质上是与西方相对抗的②。即使在中国学者眼中，欧亚联盟的目的也不仅是促进区域经济一体化，从长远来看，更具有建立政治和安全战略联盟的意义③。俄罗斯学者也明确指出，欧亚不是纯粹的地理概念，而是地缘政治概念。即使不是反西方的，也是独立于西方的④。

从现实看，欧亚经济联盟的概念和内容还存在一定的模糊空间，俄、白、哈三个创始国对欧亚经济联盟的理解也不尽相同。俄罗斯强调应将政治与经济联合起来考虑。哈萨克斯坦多次强调联盟的经济属性，坚决反对将该联盟政治化。白俄罗斯也从最初谋求欧亚联盟在政治、经济、军事上一致转向维护自身在其中的利益。为打消外界对于俄罗斯将重回苏联时代的担忧，2011年10月3日，普京在俄《消息报》发表署名文章强调，成立欧亚经济联盟“不是要以

---

① 理查德·萨克瓦、丁端：《欧亚一体化的挑战》，《俄罗斯研究》2014年第2期。

② 理查德·萨克瓦、丁端：《欧亚一体化的挑战》，《俄罗斯研究》2014年第2期。

③ 欧阳向英：《欧亚联盟——后苏联空间俄罗斯发展前景》，《俄罗斯中亚东欧研究》2012年第4期。

④ Винокуров Е.，Либман А.：“Евразийская континентальная интеграция” //Международный научно-аналитический журнал. Санкт-Петпрбург — 2013 – 13.

某种形式重建苏联，企图恢复或者复制过去的任何东西都是幼稚的、不成熟的”。新联盟将建立在完全不同的价值观和政治经济原则之上，“我们提出的是强大的超国家联盟模式，它能够成为当今世界的一极，并在欧洲和亚太地区之间发挥有效的‘纽带’作用”。它将是一个类似欧盟的超国家实体，其作用主要是“协调成员国的经济和货币政策”。普京还认为，欧亚经济联盟可与欧洲联盟、北美自由贸易区、中国、亚太经合组织（APEC）、东盟等鼎足而立①。这些表态表明，短期内欧亚经济联盟不会转变为政治同盟。从《欧亚经济联盟条约》起草过程看，在经历多轮博弈，再加上哈萨克斯坦的坚定立场，该条约已去除了共同国籍、对外政策、议会合作、签证、共同边境安全、出口管制等内容。哈萨克斯坦外交部副部长奥尔达巴耶夫称，欧亚经济联盟将“去政治化”，成为“纯粹”的经济联盟。考虑到前不久欧盟已与摩尔多瓦、乌克兰、格鲁吉亚签署联系国协定，普京所谓恢复苏联的计划更难以实现。基于此，还原欧亚经济联盟最初的设计和议事安排，了解欧亚经济一体化演进、制度设计安排及影响，将有助于找到其与丝绸之路经济带项目合作的契合点。

（三）制度安排

区域经济一体化包含功能性一体化和制度性一体化两层含义。欧亚经济联盟是紧密的制度性一体化，其内容是成员国之间通过签订条约或协议，逐步统一经济政策和措施，甚至建立超国家的统一组织机构，并由该机构制定和实施统一的经济政策和措施。从世界区域一体化的实践来看，制度性一体化具有更重要的现实意义。

从俄白哈关税同盟看，从 2006 年 8 月决定成立到 2010 年 1 月 1 日正式运行历经 3 年。其间，2007 年三国正式批准了成立关税同盟的行动计划，2009 年制定批准了统一的海关法典。同时还对关税同盟组织机构和争端解决机制做了安排，规定“关税同盟委员会”是同盟唯一常设协调机构，拥有处理有关同盟运作一切事务的权力。如制定外贸商品目录、进出口税率、税率优惠和配额政策，

---

① Владимир Путин: “Новый интеграционный проект для Евразии — будущее, которое рождается сегодня” //Известия. — 03. 10. 2011.

研究和实施非关税调节措施等。“关税同盟委员会”做出的决定具有超主权性质，委员会决议效力大于成员国国内法律。如有异议，可提交同盟最高机构——跨国委员会解决。对包括汽车、服装、药品等在内的“敏感商品”进口税率进行调整时，采用2/3多数投票原则。三国所占表决权重为：俄56%，白、哈各22%。俄占主导地位。此外，关税同盟内对进口关税、增值税、消费税征缴机制，三税收入的利益分配机制，对成员国内部和第三国的征缴机制均有明确规定。

作为比关税同盟更高一级的经济一体化形式，统一经济空间的制度安排更为严密，其组织机构由最高欧亚经济理事会、欧亚经济共同体法院、欧亚经济委员会组成。欧亚经济委员会是超国家机构，其框架内包括委员会理事会（每国各出一名副总理级官员组成）、委员会办公会议（коллегия，由每个国家各出三名部长级官员组成，每人负责一个具体领域）、委员会各司局（具体办公机构），在办公会议下另外还设有分领域的咨询机构。统一经济空间共通过17个基础法律，用以协调宏观经济政策、竞争规则、技术规范、农业补贴、交通、自然垄断行业的税率以及统一签证和移民政策等。2012年1月1日统一经济空间运行后，计划在5年内移交175项国家权力，但这并不意味着丧失主权。为排除由某个国家主导的方式，在最高理事会框架下采取协商共识的议事程序。2011年12月成立的欧亚经济委员会被认为是由关税同盟和欧亚经济共同体向欧亚联盟转型的关键步骤之一。

即将成立的欧亚经济联盟包括最高欧亚经济理事会、欧亚政府间委员会、欧亚经济委员会、欧亚经济联盟法院四大机构。根据条约，联盟为区域一体化国际组织，拥有国际法主体地位。俄白哈三国承诺将在2025年前实现商品、服务、资本和劳动力的自由流动，力争协同以能源、加工业、农业和交通运输业为代表的主要经济行业的政策，终极目标是建立类似于欧盟的经济联盟，形成统一市场。在欧亚经济联盟框架下，欧亚经济委员会权限大大扩大，将负责关税和非关税调节、动植物检验、关税收入、针对第三国的贸易制度、对外贸易和内部贸易统计等20个领域的政策。欧亚经济联盟框架下还将成立8个超国家机构（包括经济委员会、原材料资源委员会、经济和科技合作事务基金会、跨国金融工业集团和合资企业委员会、欧亚经济联盟国际投资银行、欧亚经济联盟国际仲裁法院、结算货币单位委员会、生态委员会)。

欧亚一体化进程的快速推进与主导国俄罗斯的大力推动直接关联，但一体化议程难免有历史“倒退”之嫌①。需要关注的是，这种强制性的、快速的制度变迁是否能带来预期的效果。

（四）欧亚经济一体化影响及原因

经济一体化影响探讨的主要是在一体化过程中产生的经济效应问题，涉及贸易创造与转移效应、投资效应、经济增长效应、产业聚集效应等。其中贸易创造是指关税同盟成员国之间相互取消关税和非关税壁垒所带来的贸易规模的扩大；贸易转移是指结盟后的成员国之间的相互贸易代替了成员国与非成员国之间的贸易，从而造成贸易方向的转移。

纵观关税同盟运行4年来的情况，并没有产生明显的贸易创造和转移效应。俄白哈启动关税同盟后，当年成员国内部贸易同比快速增长37%，但这一态势未能保持下去。2012~2014年上半年，关税同盟成员国内部贸易额呈现下降趋势。从更长阶段的贸易紧密度指数和贸易互补性指数衡量，1998~2012年，俄白哈贸易紧密度指数整体呈下降趋势。2012年，俄白贸易紧密度指数从1998~2003年的40左右下降至16.25，俄哈贸易紧密度指数从1998年的35.57降至11.80；同期内，白俄贸易紧密度指数从57.58降至19.36，白哈贸易紧密度指数从8.88降至7.26；哈俄贸易紧密度指数从26.79降至4.04，哈白贸易紧密度指数从2.75降至0.39（见表1）。在商品贸易互补性方面，1998~2012年，俄白哈的贸易互补性指数均小于1（见表2）。贸易紧密度指数的下降说明成员国间贸易互补性较小，贸易发展潜力有限。与此同时，俄白哈外部贸易的扩张速度远高于成员内部贸易，域外国家特别是欧盟和中国是关税同盟成员国的主要贸易伙伴。长期以来，俄罗斯与欧盟的贸易额一直占其外贸总额的50%以上，从2010年起，中国成为俄罗斯的第一大贸易伙伴，中俄贸易额占俄罗斯外贸总额的12%。2012年统一经济空间运行后，中国反而取代俄罗斯成为哈萨克斯坦第一大贸易伙伴。这些数据表明，关税同盟和统一经济空间内部的贸易互补性和经济联系并未随着欧亚经济一体化紧密的制度安排而提高。

① 理查德·萨克瓦、丁端：《欧亚一体化的挑战》，《俄罗斯研究》2014年第2期。

表1　1998~2012年俄白哈三国贸易紧密度指数

年份	俄罗斯		白俄罗斯		哈萨克斯坦	
	白俄罗斯	哈萨克斯坦	俄罗斯	哈萨克斯坦	俄罗斯	白俄罗斯
1998	41.18	35.57	57.58	8.88	26.79	2.75
1999	45.38	26.96	73.47	7.69	26.31	1.78
2000	41.61	28.79	68.37	3.53	26.66	1.44
2001	40.68	27.67	63.43	3.81	24.36	0.47
2002	40.68	22.79	54.19	4.94	16.98	0.90
2003	38.29	22.71	50.18	6.33	15.58	0.66
2004	35.51	19.05	45.74	6.54	13.75	0.52
2005	27.03	16.81	30.73	7.13	9.03	0.61
2006	23.99	15.55	26.10	6.90	7.34	1.03
2007	24.20	14.24	23.29	6.47	6.21	1.34
2008	21.17	12.35	18.28	4.87	4.94	1.00
2009	24.60	13.54	20.86	6.57	5.43	0.56
2010	20.12	13.34	24.41	9.11	3.26	0.32
2011	19.40	13.62	19.77	8.02	4.85	0.47
2012	16.25	11.80	19.36	7.26	4.04	0.39

资料来源：根据联合国贸易和发展会议数据库（UNCTAD Database）相关数据计算得出。

表2　1998~2012年俄白哈三国商品贸易互补性指数

年份	俄罗斯		白俄罗斯		哈萨克斯坦	
	白俄罗斯	哈萨克斯坦	俄罗斯	哈萨克斯坦	俄罗斯	白俄罗斯
1998	0.51	0.13	0.26	0.45	0.46	0.33
1999	0.46	0.14	0.27	0.45	0.41	0.26
2000	0.46	0.15	0.35	0.54	0.47	0.29
2001	0.45	0.13	0.31	0.52	0.47	0.31
2002	0.45	0.11	0.31	0.52	0.43	0.30
2003	0.45	0.10	0.32	0.51	0.45	0.27
2004	0.41	0.10	0.35	0.52	0.44	0.27
2005	0.37	0.09	0.38	0.56	0.42	0.24
2006	0.36	0.09	0.38	0.54	0.41	0.25
2007	0.37	0.09	0.38	0.55	0.42	0.24
2008	0.36	0.09	0.38	0.53	0.39	0.26
2009	0.35	0.08	0.38	0.57	0.37	0.23
2010	0.38	0.07	0.31	0.52	0.36	0.25
2011	0.35	0.09	0.34	0.58	0.39	0.24
2012	0.35	0.08	0.32	0.55	0.39	0.20

资料来源：联合国贸易和发展会议数据库（UNCTAD Database）。

关税同盟统一经济空间内部联系松散化由多种因素造成。1. 欧亚国家间的异质性是一体化的主要障碍。成员国均为转型国家，各国在经济规模、政治体制等方面存在较大差异。如从经济规模看，按照国际货币基金组织的数据，2012 年，俄罗斯 GDP 是白俄罗斯的 30 倍，是哈萨克斯坦的 10 倍，关税同盟发展难免不平衡，也很难想象这一联盟会是“平等”的。2. 成员国产业结构同质化严重，俄罗斯和哈萨克斯坦的出口结构中，资源和能源类产品一直为大项，进口结构中多以机电产品为主，这表明，在关税同盟内部，成员国之间实际相互无法提供所需要的产品和市场。3. 俄罗斯在推进一体化时操之过急，欧亚经济联盟从 2010 年的关税同盟起步到 2015 年 1 月正式运行，总共用 5 年时间走完了欧洲联盟用 36 年形成统一市场的历程，难免形式与内容不符。4. 作为主导国，俄罗斯经济实力不足，能够提供的经济投入有限。由于市场化改革滞后，俄罗斯经济缺乏更多具有吸引力的特质。统一经济空间以及即将运行的欧亚经济联盟沿用的法律、规章、制度均以俄罗斯为蓝本。俄罗斯虽然转型，但在多个领域的市场规范并未真正确立起来。5. 虽然欧亚经济委员会是超国家机构，但其制定的关于某些行业的条文并没有得到实施，比较明显的是在能源领域。跟欧盟委员会一样，它缺少实质性的跨国政治权力。

欧亚一体化进程本身面临着诸多的竞争和挑战，内部经济联系的松散化将会成为未来欧亚经济联盟发展面临的一大障碍。在西方因乌克兰危机加大对俄罗斯制裁力度的背景下，欧亚经济联盟经济潜力的发挥也将受到影响。

三　丝绸之路经济带建设中的中俄合作

（一）丝绸之路经济带与欧亚经济联盟的关系

在丝绸之路经济带建设中，中国要处理好与已有的一体化组织和域内大国的关系。目前丝绸之路经济带沿线已有欧亚经济共同体、上海合作组织、俄白哈关税同盟和统一经济空间（即将升级为欧亚经济联盟）、南亚地区合作协会、海湾阿拉伯国家合作委员会、阿拉伯国家联盟、黑海经济合作组织等多个区域性合作组织，存在多种区域经济合作方案。这些地区性组织的一体化机制功能相近，却不能互相代替。建设丝绸之路经济带应利用这些机制共同发挥作用。俄罗斯、印度都是本地区具有影响力的大国，没有这些国家的共同推动，丝绸之路经济带的建设将十分困难。中国要找好自己的角色定位，最现实的问题是，如何处理好与俄罗斯主导的欧亚经济联盟的关系，共同推进地区合作。

梳理俄罗斯媒体近期报道可以看到，俄罗斯对丝绸之路经济带和欧亚经济联盟的关系还有诸多疑虑。俄罗斯有学者认为，“中国可能成为俄罗斯主导的欧亚一体化的强有力竞争者。中国急于利用丝绸之路经济带项目将俄罗斯从中亚和俄罗斯的统一经济空间中排挤出去”。“俄罗斯与中亚国家的统一空间和经济联系是在150年间形成的，这在苏联时期尤为明显。如果这些经济和政治联系被中断，不仅对俄罗斯、对原苏联的这些加盟共和国也将是不可弥补的损失。俄罗斯不能允许这一情况发生。”① 俄罗斯铁路公司也反对丝绸之路经济带项目，认为它是跨西伯利亚大铁路有力的竞争者。随着丝绸之路经济带交通基础设施建成并投入运营，跨西伯利亚大铁路的作用就会逐渐被削弱。俄罗斯还有不少人认为，丝绸之路经济带项目还可能对俄罗斯的“北方海上之路”项目形成竞争②。

丝绸之路经济带由中国倡议，欧亚经济联盟由俄罗斯主导，客观上会形成竞争之势。俄罗斯对丝绸之路经济带构想所持的态度，势必影响到欧亚经济联盟成员国的参与意愿。从实质看，丝绸之路经济带与欧亚经济联盟对接是中俄关系在地区合作层面的延伸，只要中俄两国能够合作，丝绸之路经济带项目和欧亚经济联盟就能够找到契合点。从丝绸之路经济带建设的初衷看，其与欧亚经济联盟不是竞争和替代关系。中国高度重视欧亚经济联盟的地位和作用以及与其在多领域的合作，认为欧亚一体化合作进程对保障地区经济发展、加强地区安全稳定、促进地区建立共同无分界线的经济和人文空间发挥着重要作用，2014年5月20日的中俄联合声明已对此认识做了充分肯定③。

① Александр Вильф：“Китай：сдержанное одобрение процесса создания Евразийского экономического союза”. РИА Новости.— 12. 05. 2014. URL：http：//eurasiancenter. ru/expert/20140512/1003427525. html.

② 王海运等：《“丝绸之路经济带”构想的背景、潜在挑战和未来走势》，《欧亚经济》2014年第4期。

③《中俄关于全面战略协作伙伴关系新阶段的联合声明》，新华网，2014年5月20日，http：//www. xinhuanet. com/world/2014 -05/20/c_ 1110779577. htm。

从机制化水平看，欧亚经济联盟是一个一体化程度较高的地区合作组织，其机制和制度建设都较完善，而丝绸之路经济带远未达到机制和制度建设的层面，还处于概念建设的阶段。一个低层次、没有具体机制、松散的经济合作形态难以对一个高层次、制度化的经济联盟构成真正挑战，更不可能融合它①。从中国国家利益角度考虑，欧亚经济联盟的存在与发展对中国的发展和安全保障是有利的，中国乐见其成。首先，欧亚经济联盟一旦实现预期目标，提升了自己的经济发展和市场化水平，从长远看，这意味着中国将会有更多的机会与其进行合作。在市场准入方面，未来欧亚经济联盟内部市场的统一可以让中国企业进入任意一个成员国市场投资生产就等于进入其他两国市场。其次，欧亚一体化进程的推进对于中亚地区稳定和安全有重要意义。历史的联系决定了俄罗斯在该地区具有其他大国所不具备的影响力，中亚是俄罗斯的利益攸关区和"战略利益范围"，事关俄罗斯的国家安全和大国振兴。中亚同样也是中国重要的周边关切地区，中亚地区的和平、稳定与发展事关中国的核心利益，在中国国家发展战略、国家安全战略和周边外交战略中占据重要位置。当前，在中东动荡负面效应外溢、美国将从阿富汗撤军、"三股势力"在中亚地区反弹背景下，中亚的稳定对维护中国西部安全尤为重要，而俄罗斯在保障中亚地区安全方面起着无可替代的重要作用。中国支持俄罗斯实现欧亚一体化的抱负，也是为自身发展和战略实现打下基础和创造条件。在处理丝绸之路经济带和欧亚经济联盟的关系时，中俄均需要摒弃传统思维，俄罗斯需打消对中国欲拓展在中亚影响力的误解和顾虑，中国应尊重俄罗斯在中亚的传统利益和主权关切，双方的构想和规划应相互交叉、融合和支撑，用新的理念和新的制度规则，创造最宽松的创新环境和经济发展环境。用全球视野定位，欧亚大陆应该成为中俄两国的合作之地，中俄应该是本地区安全的"稳定器"和经济发展的"引擎"。

（二）丝绸之路经济带与欧亚经济联盟之间可行的契合点

目前丝绸之路经济带倡议的落实规划仍处于顶层设计阶段，由于缺乏正式和权威的解读，外界对该倡议还存有疑问或误读。中国政府需尽快出台相关文

---

① 赵华胜：《欧亚联盟和丝绸之路非二选一 中俄应采取新思维》，《环球时报》2014年4月26日。

件（或以政府白皮书形式，或以权威机构名义），向外界宣示建设丝绸之路经济带的初衷、目标、具体内容和实施路径等，以消除误解，营造有利的舆论环境。

2015年1月欧亚经济联盟正式成立后，理论上会对域外国家产生投资替代效应、关税溢价效应、隐性投资壁垒效应等不利影响。尤其是在市场准入方面，关税同盟和统一经济空间已批准多个技术规则和标准并将陆续生效，有可能成为域外商品市场准入的壁垒。为深化合作，丝绸之路经济带和欧亚经济联盟之间首先需要进行制度和政策的沟通。在推动丝绸之路经济带和欧亚经济联盟合作对接中，除了打造物理意义上的互联互通，创造合作的硬件条件外，更要注重软环境和制度建设。

实现丝绸之路经济带项目与欧亚经济联盟的对接需要借助已有的机制和合作平台，上合组织应是理想的选择。目前中俄之间已有多个对话机制和合作平台，定位区域合作的只有上合组织一个。上合组织和欧亚经济联盟之间存在着成员国大部分重叠、所处地域大面积交叉以及经济功能重合三大特点。上合组织成立10多年来，完成了区域经济合作的法制化和机制化建设，形成了比较完善的组织架构，签署了海关、交通运输、金融、电子商务、农业等领域多项合作协议，在成员国能够共同受益的网络型建设项目，如能源网、交通运输网、通信网络建设等，以及成员国具有投资优势的合作领域，如能源资源开发，包括石油天然气开采与运输，农业合作、金融合作等方面取得了较大进展，积累了区域合作的经验。普京在定位上合组织和欧亚经济联盟两大区域性组织关系时曾明确表示，“建立上合组织与欧亚经济共同体以及未来与欧亚经济联盟的合作是一个全新的且非常具有发展前景的工作方向。我相信，这些组织的活动能够相互补充，相得益彰”①。上合组织的特殊地位使其有可能成为对接丝绸之路经济带和欧亚经济联盟的重要平台。

从现有的基础看，丝绸之路经济带与欧亚经济联盟可将以下领域作为重点方向，开展项目优先合作。

1. 互联互通领域

2010～2011年，在欧亚开发银行支持下，欧亚经济共同体制订了公路、铁

① 〔俄〕普京：《俄罗斯与中国：合作新天地》，《人民日报》2012年6月5日。

路基础设施发展综合计划，计划到2020年前实施142个项目，其中51个为完善公路、42个为发展铁路、45个为建设物流中心（其中10个为跨国物流中心）。在互联互通领域，无论是国内项目和运输发展战略，还是国际项目和规划都面临内部融资不足的问题，仅23个特大项目总价就达680亿美元，单靠欧亚经济联盟自身不能完成，需要吸引国际金融机构和开发机构参加。

在更大范围内，由铁路运输组织1996年提出的亚欧铁路通道规划也在按计划推进。该规划包括13条亚欧铁路通道，主要有中国—哈萨克斯坦—俄罗斯—欧洲、中国—蒙古国—俄罗斯—欧洲、俄罗斯远东—欧洲、欧洲—俄罗斯—高加索地区等方向。这些通道都需利用既有基础设施，通过统一技术标准，实现基础设施的一体化。在亚欧铁路通道上，近年来欧洲和独联体国家多条铁路正在改造。2014年7月8日，俄罗斯西伯利亚铁路贝加尔—阿穆尔（贝阿铁路）支线的现代化改造工程已经启动。未来以亚洲铁路网、独联体铁路网和欧洲铁路网为主体结构，通过西伯利亚大铁路、新亚欧大陆桥等亚欧铁路通道连接，亚欧大陆一体化铁路网有望形成，这与丝绸之路经济带建设中的道路连通思想不谋而合。近年来，中国铁路在快速发展过程中，大力推进原始创新、集成创新和引进消化吸收再创新，相关企业在设计、施工、装备制造、运营管理等方面已经具备强大的实力，积累了丰富的经验。再加上中国在资金方面的优势，丝绸之路经济带项目与欧亚经济联盟在铁路建设连通领域可以开展双边和多边等多个层面的合作。

2. 电力合作领域

欧亚经济联盟决定将于2019年建立欧亚经济联盟统一电力市场。目前，各国和各大区间电网的互联是全球电力系统的总趋势。互联同步电网的发展带来巨大效益：一是保障大容量机组、大水电、核电、可再生能源开发和利用，提高能效，降低运行成本；二是减少系统备用容量，推动多种电源互补调剂，节省装机数量；三是实现能源资源的大范围优化配置，有利于竞争性能源电力市场拓展；四是提高电网整体效率和安全可靠性。目前，中国国家电网在总体规模、电压等级、特高压技术、大范围资源配置能力、智能电网建设等方面处于世界领先地位。2014年5月20日，中国国家电网公司与俄罗斯电网公司签署了战略合作协议，双方计划在特高压交直流、智能电网的技术研究和应用，输配电建设和改造以及建设欧亚电力桥的可行性等方面开展长期技术交流与互利合作。未来中国如能参与欧亚经济联盟统一电力市场建设，通过跨国联网，既可以向中国送电，也可以向丝绸之路经济带邻近的缺电国家阿富汗、伊朗送电，有利于推进区域经济协调发展，合作前景光明。

3. 农业领域合作

根据《欧亚经济联盟条约》规定，联盟成立后，将推行共同农业政策，保障农产品和粮食生产与市场平衡发展，在共同农业市场准入等方面提供公平竞争条件，统一农产品与粮食流通条件，保护成员国生产者在国内外市场的利益。此外欧亚经济联盟还将制定共同粮食政策，对农作物产品种植、粮食市场干预、粮食储备库、价格制定、国家对农业扶持、出口支持等政策进行协调。俄白哈三国国内农业发展条件优越，最近10年来农业实现跨越式发展，2007～2011年，统一经济空间俄白哈三国和乌克兰在全球粮食市场上的占比为：大麦36.3%、小麦21.5%、玉米7.7%。目前俄罗斯是世界第三大小麦出口国，哈萨克斯坦是世界面粉主要出口国，白俄罗斯农业生产率较高，三国都将农业作为新的经济增长点。中国是世界粮食生产和消费大国，正处在加速推进工业化、城镇化过程中，耕地、水等农业生产基本资源短缺矛盾突出，农业环境污染问题加重。中国农业“走出去”，积极参与国际分工与合作，不断拓展自身的生存与发展空间是顺应当今世界经济发展趋势的战略选择。农业将是中国推进丝绸之路经济带建设中与欧亚经济联盟对接的重要领域。中国与欧亚经济联盟除在农产品贸易领域扩大合作外，在农业的产业化开发、发展有机农业、农业机械贸易、粮食运输等领域具有广阔的合作空间和潜力。当前，西方和俄罗斯因乌克兰危机展开制裁反制裁，为中国果蔬产品和猪肉扩大对俄出口提供了契机，相比短期的机会，更重要的是要为长期合作创造条件奠定基础。

4. 金融领域合作

中国与欧亚经济联盟成员国的金融合作已经具有良好的基础，2009年和2011年，中国分别与白俄罗斯和哈萨克斯坦签署货币互换协议，2014年8月，中俄就货币互换协议达成一致，目前已进入正式审批程序。货币互换并非严格意义上的货币国际化步骤，却是推进人民币国际化的突破口。货币互换必将大幅降低两国货币的融资和兑换成本，为两国贸易企业带来实实在在的便利。之前，中俄已在贸易本币结算、通过中国银联卡系统支付结算等方面取得重要进展。目前有75%的中俄跨境贸易结算使用美元支付，由于俄美已因乌克兰事态而陷入准冷战状态，俄罗斯退出美元机制的决心极为坚定。中俄在2014年“5·20联合声明”中已明确表示将推进财金领域紧密协作，包括在中俄贸易、投资和借贷中扩大中俄本币直接结算规模，以保护两国免受世界主要货币汇率波动的影响。俄罗斯外贸银行与中国银行签署协议，计划在多个领域发展伙伴关系，包括在卢布和人民币清算、投资银行、银行间贷款、贸易融资和资本市场交易方面展开合作。未来丝绸之路经济带在与欧亚经济联盟对接中，金融领域将发挥助推器作用。可在以下方面进一步深化合作：一是积极推动双边本币结算，条件具备时推动建立中国与欧亚经济联盟的多边结算体系；二是逐步扩大与欧亚经济联盟成员国货币互换规模；三是积极探索共同出资、共同受益的资本运作新模式；四是促进金融市场稳步开放，搭建跨境金融服务网络，务实加强国际金融治理及金融监管合作，增进金融政策协调。

丝绸之路经济带建设是谋求沿线各国共同发展、互利共赢的大战略、大布局和大手笔，要真正建成，时间周期不是五年、十年，可能是三十年乃至更长。中国与欧亚经济联盟的合作非常重要，对整个亚欧地区的合作将起到示范引领效应，二者的合作不能仅停留在务虚阶段，更需要脚踏实地的落实。

（原文发表于《俄罗斯学刊》2014年第5期）

“一带一路”与上合组织关系探究*

李自国**

内容提要：“一带一路”与上海合作组织都有中国的“基因”，但二者又各有特点和优劣势。上合组织机制完备，内容广泛，可弥补“一带一路”在安全领域的不足，在经济、人文领域也做了很多积极探索，“一带一路”从中受益良多。“一带一路”更“专注”经济，资金更足，效率更高，速度更快，可弥补上合组织在资金和效率方面的不足。上合组织是“一带一路”建设的保护神，“一带一路”可反哺地区安全；上合组织为“一带一路”建设铺路搭桥，“一带一路”助上合组织经济合作走深走实；上合组织提供制度性安排更丰富，“一带一路”更注重精耕项目；上合组织为人文交流提供平台，“一带一路”拓展人文合作宽度和深度。两机制存在互补的同时亦有“竞争”。在区域经济合作机制蓬勃发展的背景下，若上合组织经济合作止步不前，其经济功能会被“一带一路”、欧亚经济联盟等地区合作机制“覆盖”。

关键词：“一带一路”　上合组织　命运共同体　竞合

“一带一路”倡议与上海合作组织都是中方发起的，都嵌入了中国的精神理

* 本文得到中国与东印度洋地区合作发展协同创新中心资助。

** 李自国，中国国际问题研究院欧亚研究所所长。

念、合作原则，有明显的中国元素。二者互为机遇，相辅相成。同时也存在良性竞争关系，“一带一路”等新区域经济合作平台不断发展，有望倒逼上合组织在经济合作方面做出调整。

一 “一带一路”与上合组织的共性

“一带一路”与上海合作组织之间存在的最显而易见的共性是内容有重叠，均把经济与人文合作视为重要内容；更实质的共性在合作理念与价值观层面。“一带一路”的合作理念与“上海精神”异曲同工，而中方的命运共同体理念又被“植入”上合组织，成为后者的精神新内涵。

（一）非常相近的合作理念

上海合作组织的前身是“上海五国”，目的是解决中国与4个原苏联加盟共和国之间边境互信和划界问题，是协调中国与后苏联空间关系的平台。因此，在上合组织成立过程中，中国虽是其中的一方，但很多情况下影响远大于其他国家。组织以中国地名命名也可以看出中国在组织成立过程中的特殊地位。“一带一路”倡议是中国提出的，中国的“戏份”更大，到目前为止，中国是主要的推动力量与合作路线设计者。二者都是中国睦邻外交和扩大对外开放的产物，是中国外交从被动应付向主动谋划转变的体现。

“一带一路”与上合组织都明显体现着中国的治理主张、发展理念和相处之道。代表两机制的核心价值观分别是“丝路精神”和“上海精神”，二者异曲同工，都顺应了和平与发展两大主题，即共谋和平，共同发展。

上合组织成立之初就确立了“互信、互利、平等、协商，尊重多样文明，谋求共同发展”的“上海精神”。从历史看，这一精神体现了中国的“和合”理念，即“和衷共济，四海一家”。事实也表明，构建“上合组织大家庭”已成为各国的共同目标。从近期看，它包含了“和平共处五项原则”的核心内容，即互相尊重主权和领土完整、互不侵犯、互不干涉内政、平等互利、和平共处。核心要义是致力于持久和平与共同发展。苏联解体后，俄哈等中国的邻居们百废待兴，谋和平、求发展契合各方战略利益。在此背景下，“上海精神”顺理成章地成为上合组织的核心价值理念。

"一带一路"的核心价值观是"丝路精神"，即和平合作、开放包容、互学互鉴、互利共赢。"丝路精神"是2016年6月22日习近平在乌兹别克斯坦最高会议立法院的演讲中完整提出来的。其实2013年在纳扎尔巴耶夫大学演讲时习近平就提出了类似理念——"只要坚持团结互信、平等互利、包容互鉴、合作共赢，不同种族、不同信仰、不同文化背景的国家完全可以共享和平，共同发展。这是古丝绸之路留给我们的宝贵启示"①。2013年9月13日，习近平在上合组织元首峰会上发表了《弘扬"上海精神"，促进共同发展》的讲话，指出"上海合作组织6个成员国和5个观察员国都位于古丝绸之路沿线。作为上海合作组织成员国和观察员国，我们有责任把丝绸之路精神传承下去，发扬光大"。也就是说，"丝路精神"从一开始就与上合组织有着难以分割的联系。

（二）均坚持开放、非排他的合作方案

上合组织成立宣言明确提出："上合组织奉行不结盟、不针对其他国家和地区及对外开放的原则，愿与其他国家及有关国际和地区组织开展各种形式的对话、交流与合作。"其后，开放、不针对第三方的原则立场被不断重申。如，《上海合作组织五周年宣言》提出，奉行对外开放、不针对第三方和不结盟原则，积极与像本组织一样愿在平等、相互尊重和建设性基础上进行合作的国家和国际组织开展多种形式的对话、交流与合作，以维护地区和平、安全与稳定。

"一带一路"受到广泛欢迎的原因之一是，它是一个不设门槛、无强制义务的开放合作平台，共商共建共享是其重要标签。《推动共建丝绸之路经济带和21世纪海上丝绸之路的愿景与行动》明确提出："'一带一路'建设是开放的、包容的，欢迎世界各国和国际、地区组织积极参与。"中国领导人更是在各种场合生动形象地说明"一带一路"的开放性。如，在2018年4月博鳌亚洲论坛上，习近平称"共建'一带一路'倡议源于中国，但机会和成果属于世界，中国不打地缘博弈小算盘，不搞封闭排他小圈子……把'一带一路'打造成为顺应经济全球化潮流的最广泛国际合作平台，让共建'一带一路'

① 《习近平在纳扎尔巴耶夫大学的演讲（全文）》，新华网，2013年9月8日，http://www.xinhuanet.com/politics/2013-09/08/c_117273079_2.htm。

更好造福各国人民"[1]。"一带一路"建设不是另起炉灶、推倒重来，而是与既有的国际和地区组织相互补充，与不同国家、组织的战略进行对接。截至2019年3月，中国与125个国家和29个国际组织签署了173份"一带一路"合作文件，这是对"一带一路"开放性最好的注释。

二者均旗帜鲜明反对贸易保护主义。上合组织《青岛宣言》提出，支持共同构建开放型世界经济，巩固开放、包容、透明、非歧视、以规则为基础的多边贸易体制，反对国际贸易关系的碎片化和任何形式的贸易保护主义。中国是反对贸易保护主义的中坚力量。2013年9月，习近平在二十国集团第八次峰会上提出，"打开窗子，才能实现空气对流，新鲜空气才能进来。搞保护主义和滥用贸易救济措施，损人不利己"[2]。

（三）均致力于构建利益和命运共同体

上合组织与"一带一路"的现实目标都是构建发展共同体和利益共同体，远期目标都是构建人类命运共同体。"大道之行也，天下为公"，中方把"一带一路"视为"构建人类命运共同体的生动实践"[3]，而上合组织是构建区域命运共同体的试验田。2013年3月23日，习近平作为国家主席首次出访，在莫斯科国际关系学院发表了题为《顺应时代前进潮流，促进世界和平发展》的演讲，提出"这个世界越来越成为你中有我、我中有你的命运共同体，和平、发展、合作、共赢成为时代潮流"。2014年9月12日，在上合组织峰会第十四次元首会议上，习近平指出："我们要本着对地区乃至世界和平、稳定、发展高度负责的态度，牢固树立同舟共济，荣辱与共的命运共同体，利益共同体意识，凝心聚力，精诚协作，全力推动上海合作组织朝着机制更加完善、合作更加全面、协调更加顺畅、对外更加开放的方向发展，为本地区人民造福"[4]。2014年，李

① 习近平：《开放共创繁荣 创新引领未来——在博鳌亚洲论坛2018年年会开幕式上的主旨演讲》，《人民日报》2018年4月11日，第3版。

② 《习近平在G20第八次峰会第一阶段会议上的发言（全文）》，中国网，2016年9月6日，http://news.china.com.cn/world/2013-09/06/content_29945195.htm。

③ 《王毅："一带一路"不是"马歇尔计划"，而是共建人类命运共同体的生动实践》，新华网，2018年8月23日，http://www.xinhuanet.com/2018-08/23/c_1123318588.htm。

④ 习近平：《凝心聚力 精诚协作 推动上海合作组织再上新台阶》，人民网，2014年9月13日，http://www.cpc.people.com.cn/n/2014/0913/c64094-25654082.html。

克强总理明确提出了利益共同体、命运共同体和责任共同体。

上合组织成立以来，努力的方向就是构建经济上互利共赢的利益共同体、安全上休戚与共的责任共同体。随着共同体意识的不断增强，上合组织最终将构建人类命运共同体写入文件，确定为组织的长期目标。2017 年的《阿斯塔纳宣言》首次明确提出，在世界政治和经济发生深刻变革背景下，成员国应致力于“构建更加公正合理、符合各国共同及各自利益的多极世界格局，推动构建人类命运共同体”①。2018 年的《青岛宣言》再次确认了“推动建设相互尊重、公平正义、合作共赢的新型国际关系，确立构建人类命运共同体的共同理念”②。

二 “一带一路”与上合组织各有优势

“一带一路”与上合组织有共性，但重心不同，性质不同。上合组织是世界最大的地区组织，是实体，有完备的构架。而“一带一路”是泛区域合作倡议，是虚体。二者各有优势。

（一）上合组织的优势

第一，上合组织以安全“起家”，有强大安全功能，这恰恰是“一带一路”的短板。

上合组织能够提供的安全保障是多方位的，既包括打击“三股势力”，应对非传统安全威胁，还包括营造和平和谐的地区发展环境，维护全球的战略稳定。而“一带一路”除了政策沟通这一软工具外，几乎是“赤手空拳”。

从构建地区安全环境看，上合组织有“全套的工具箱”。首先，法律基础完备。上合组织通过了《打击恐怖主义、分裂主义和极端主义上海公约》《上海合作组织成员国政府间合作打击非法贩运武器、弹药和爆炸物品的协定》《上海合作组织成员国边防合作协定》《上海合作组织反恐怖主义公约》《上海合作组织

① 《上海合作组织成员国元首阿斯塔纳宣言（全文）》，中华网，2017 年 6 月 10 日，https：//news. china. com/news100/11038989/20170610/30693913. html。

② 《上海合作组织成员国元首理事会青岛宣言》，中华人民共和国国防部网站，2018 年 6 月 11 日，http：//www. mod. gov. cn/2018qdfh/2018 -06/11/content_ 4816619. htm。

反极端主义公约》等。这些文件可以使各方合作有法可依，有章可循。如根据《上海合作组织成员国边防合作协定》，各方可及时交换涉恐人员信息，对跨国恐怖组织犯罪开展联合调查，打击恐怖分子潜入潜出。其次，上合组织有维护地区安全的硬件：定期举行包括“和平使命”在内的军事反恐演习，开展联合巡边护边活动，根据多边合作纲要通过联合行动打击“三股势力”、贩毒和跨境犯罪。上合组织成立以来，“三股势力”受到有效遏制，虽紧邻动荡的阿富汗和中东，但整个地区总体稳定，上合组织功不可没。

从全球战略和地区稳定看，上合组织在全球重大安全事务和热点问题上都有明确的主张：坚定维护联合国的权威和作为综合性多边组织在维护全球和平与发展方面的作用，旗帜鲜明地维护世贸组织规则的权威性和有效性，反对单边主义和任何形式的贸易保护主义。在反导、外空非武器化、国际信息安全等问题上都有明确的态度。例如，向第66届联合国大会提交了“信息安全国际行为准则”；在叙利亚、伊核、朝核等国际热点问题上持续发声，对一些国家不断降低干涉他国内政门槛的行为起到遏制作用，有效维护了本地区的稳定。

从国家关系看，上合组织一定程度地化解了内部分歧，促进了内部团结。2007年8月，通过了《上海合作组织成员国长期睦邻友好合作条约》，以法律形式确定了睦邻友好的大方向，致力于把共同边界建设成为永久和平友好的边界。为实现上述目标，还制定了具体的行动方案，如《〈上合组织成员国长期睦邻友好合作条约〉实施纲要》。上合组织在调解产生矛盾和分歧的两国关系时虽不能立竿见影，但不断推进的合作为各方营造了和谐合作的大氛围，提供了沟通交流的平台。没有上合组织构建的和平边界，在欧亚地区建设“一带一路”就很难顺利推进。

第二，上合组织是地区性的国际组织，有完备的组织架构。“一带一路”的机制建设与上合组织有明显差距。

“一带一路”并非区域性组织，只是合作倡议，其主要机制是中方主导的两年一次的国际合作高峰论坛。而上合组织已经形成了相当完备的会晤机制，并设有上合组织秘书处、上合组织反恐怖机构、上合组织国家协调员等实体机制，另外还有上合组织实业家委员会和银联体。这是“一带一路”所不具备的。

在会晤机制方面，除了每年一度的元首峰会和政府总理会晤外，上合组织还有外长、安全会议秘书、经贸部长、财长和央行行长、国防部部长、总参谋长、总检察长、最高法院院长、司法部部长、文化部部长、教育部部长、旅游部部长、交通部部长、农业部部长、科技部部长、卫生防疫领导人、紧急救灾部门领导人、铁路部门负责人、海关领导人、边防部门领导人、禁毒部门领导人、最高审计机关领导人等二十几个部长级会晤机制，远比“一带一路”沟通协调机制多。

（二）“一带一路”的优势

第一，“一带一路”比上合组织更有效率。上合组织作为多边合作机制，有协商一致原则，即“一票否决权”。随着上合组织的扩大，协调各方利益的难度也在加大，国家越多，最大利益公约数越小。因此，效率下降是难免的。而“一带一路”框架下的合作以双边为主，更容易找到利益契合点，受第三方的掣肘较少。事实也表明，在短短的5年间，“一带一路”框架下各领域合作取得突出成果，如中哈之间签署了《“丝绸之路经济带”建设与“光明之路”新经济政策对接合作规划》，举行了15轮产能与投资合作对话，成立了20亿美元的中哈产能合作基金，设立了一期150亿美元的中哈产能合作专项贷款。中哈产能合作项目有55个，合同总金额超274亿美元。其中，已完工项目9个①，包括奇姆肯特炼油厂升级改造、阿克托盖2500万吨/年铜矿选厂等对哈萨克斯坦具有战略意义的大项目。

第二，“一带一路”是泛一体化合作平台，有更大张力。首先，“一带一路”覆盖范围更广，没有地理范围制约。上合组织尽管是开放的，但作为地区性组织毕竟有区域限制，继续扩员的难度很大。但“一带一路”不同，其伙伴是无限的。“‘一带一路’建设植根于丝绸之路的历史土壤，重点面向亚欧非大陆，同时向所有朋友开放。不论来自亚洲、欧洲，还是非洲、美洲，都是‘一带一路’建设国际合作的伙伴。”② 正因为没有地域限制，中国才能与150多个

---

① 《驻哈萨克斯坦大使张霄在哈主流媒体发表署名文章〈让我们乘着“一带一路”的东风扬帆远航〉》，中华人民共和国驻哈萨克斯坦共和国大使馆网站，2019年4月25日，http://kz.china-embassy.org/chn/sgxx/sgdt/t1657851.htm。

② 《习近平在“一带一路”国际合作高峰论坛开幕式上的演讲》，新华网，2017年5月14日，http://www.xinhuanet.com//politics/2017-05/14/c_1120969677.htm。

国家和国际组织签署“一带一路”合作文件，包括远在南美洲的智利以及七国集团成员国意大利等，上合组织显然很难将合作范围拓展到这样的空间。其次，“一带一路”建设秉持自愿参与原则，不设门槛，无强制性义务，参与方有极大的自由选择权。“‘一带一路’以目标协调、政策沟通为主，不刻意追求一致性，可高度灵活，富有弹性。”① 上合组织作为地区组织，有自己的宪章、公约、条约，成员国、观察员国都有一定的义务。最后，“一带一路”更灵活，合作方式多样。如，“一带一路”正积极拓展与发达国家在第三方市场合作。2015 年中法签署了《中华人民共和国政府和法兰西共和国政府关于第三方市场合作的联合声明》；2018 年中日举办了首届“中日第三方市场合作论坛”。这种合作模式的灵活性是上合组织所没有的。

第三，“一带一路”更“专一”，聚焦发展议题。上合组织作为多功能合作机制，安全始终是各方的最大利益契合点。上合组织签署的大量文件中关于经济议题的只占 7% 左右。可见，发展问题只是上合组织的议题之一。而“一带一路”更聚焦发展，从看得见摸得着的项目入手，持续发力。在世界经济面临很大不确定性的背景下，聚力于经济发展契合了各国最迫切的诉求。

第四，“一带一路”有更多元的资金来源。上合组织经济合作项目落地少的一个重要原因是“差钱”。成立上海合作组织开发银行和发展基金（专门账户）问题谈了十多年仍没有结果。“一带一路”倡议在提出之初就考虑到资金问题，中国先行成立了 400 亿美元的“丝路基金”，并发起成立了亚洲基础设施投资银行。而中国进出口银行和国家开发银行以及中国出口信用保险公司随项目而动，项目到哪里，资金和保险就到哪里。另外，还有很多双边的合作基金，如中国—阿联酋投资合作基金、中国—沙特联合投资基金、中俄地区合作发展投资基金等。中巴经济走廊上的能源项目之一——卡西姆港燃炼电站，总投资 20.85 亿美元，其资金主要来自中国进出口银行和卡塔尔王室控股的资产管理公司（AMC）。由于上合组织的多边金融机构融资能力有限，成立开发银行的进展缓慢，上合组织不得不转向其他融资机制——“成员国

① 《推动共建丝绸之路经济带和 21 世纪海上丝绸之路的愿景与行动》，新华网，2015 年 3 月 28 日，http：//www. xinhuanet. com//world/2015 -03/28/c_ 127631962. htm。

将加强在上合组织银联体、亚洲基础设施投资银行、新开发银行、丝路基金、中国—欧亚经济合作基金等本地区现有多边银行和金融机构框架下的合作，为本组织合作项目提供融资保障”①。

三 “一带一路”与上合组织的竞合关系

“一带一路”与上合组织互为机遇、相辅相成，二者亦存在良性竞争。随着地区性经济合作机制的蓬勃发展，上合组织的“竞争者”会越来越多，这将给上合组织带来更大压力。上合组织经济合作不能止步不前，否则将被其他经济功能机制所“覆盖”。

（一）上合组织是“一带一路”建设的保护神，“一带一路”可反哺地区安全

“一带一路”建设离不开和平安宁的大环境。上合组织从国际、地区、国家间睦邻关系构建多层次安全空间，建设永久和平的边界、打击“三股势力”、预防和应对自然灾害等，全方位为“一带一路”倡议建设提供了适宜的环境。“一带一路”是上合组织安全合作的受益者。与此同时，“一带一路”建设也可以“反哺”地区和平稳定。和平与发展是相辅相成的，“阿拉伯之春”再次向世人证明，发展是“硬道理”，发展赤字是导致社会动荡的根源。“真正的敌人不是我们的邻国，而是饥饿、贫穷、无知、迷信和偏见。”② 对上合组织覆盖的区域来说，发展是核心议题，不论是收入较高的俄罗斯，还是收入较低的塔吉克斯坦，大家面临的最迫切问题是经济发展。“一带一路”聚焦发展议题，加速合作伙伴的经济多元化、现代化，提供更多的就业岗位，一定程度上可以消除产生极端主义和社会动荡的土壤。

① 《上海合作组织成员国元首理事会青岛宣言》，中华人民共和国国防部网站，2018 年 6 月 11 日，http：//www. mod. gov. cn/2018qdfh/2018 -06/11/content_ 4816619. htm。

② 《习近平主席在世界经济论坛 2017 年年会开幕式上的主旨演讲（全文）》，中国新闻网，2017 年 1 月 18 日，http：//www. chinanews. com/gn/2017/01 -18/8127455. shtml。

（二）上合组织为“一带一路”建设铺路搭桥，“一带一路”助上合组织经济合作走深走实

经济合作有自身的规律性和延续性。在“一带一路”倡议提出前，中国与其他成员国的合作就不断拓宽，不少项目是利用上合组织平台启动的。在2011年6月的上合组织峰会上，胡锦涛表示，中方先后承诺向其他成员国提供120多亿美元优惠贷款。2012年，中方承诺再向上合组织成员国提供100亿美元贷款，以推动上合组织经济项目①。由此可见，“一带一路”提出前，中国在上合组织框架下就慷慨解囊，解决融资难题，推动项目落地。2014年，习近平在上合组织第十四次峰会上表示，为巩固和加强上海合作组织区域经济合作，中方决定向上海合作组织成员国提供50亿美元贷款②。吉尔吉斯斯坦和塔吉克斯坦的电网改造、火电站建设资金都来自上合组织框架下的中方贷款。哈萨克斯坦的阿克托盖铜矿选厂项目是在胡锦涛出席上合组织峰会期间签署的融资协议中的重要内容。因此，客观上看，确有部分项目源于上合组织，后来戴上了“一带一路”的帽子。这也是为什么有人称“‘一带一路’是个筐，什么都能装”的原因。但“一带一路”之所以能装下别人的项目，原因有二：一是“一带一路”建设不是另起炉灶，而是在既有合作的基础上再出发；二是高效务实，“一带一路”可以使项目落地更快，大家愿意将项目纳入“一带一路”的篮子里。

由于缺乏足够的融资渠道，多边执行力差，上合组织提出的不少设想落地困难，是“一带一路”把一些上合组织想干而没干成的事落到实处，为上合组织的经济合作注入新的动能。如，《〈上海合作组织成员国多边经贸合作纲要〉落实措施计划》提出的项目包括：“组织开通经上合组织成员国境内线路的示范性集装箱班列”“所有成员国有效利用上合组织成员国的海运港口能力”“在上合组织成员国国家标准和高精度测量手段方面开展合作”。这些不错的想法在上合组织内一直无实质性进展，但“一带一路”将其变成现实。

“一带一路”倡议提出后，在中方全力推动下，原来散乱低效的班列迅猛发

① 《上合组织峰会举行 胡锦涛倡“和平发展 世代友好”》，人民网，2011年6月15日，http：//www.people.com.cn/h/2011/0615/c25408－2652628728.html。

② 《胡锦涛在上合组织成员国元首理事会会议上讲话（全文）》，中国政府网，2012年6月7日，http：//www.gov.cn/ldhd/2012－06/07/content_2155604.htm。

展起来，2014 年开行 308 列，2015 年开行 817 列，2016 年开行 1702 列，2017 年开行 3673 列，2018 年开行 6363 列。在数量增长的同时班列建设也越来越规范。2016 年国家发展和改革委员会发布了《中欧班列建设发展规划（2016—2020 年）》[①]。2017 年，中国铁路总公司与有关国家铁路公司签署了《关于深化中欧班列合作协议》。在港口利用方面，哈萨克斯坦一直期待“在有出海口的国家建设港口码头”[②]，而真正实现其梦想的是“一带一路”倡议。2014 年 3 月，中哈（连云港）物流合作基地开工建设，2014 年 5 月一期工程投产，成为中亚对外联通的重要一环。在标准化对接方面，上合组织曾提出倡议，但行动不多。“一带一路”则格外重视，先后发布了《标准联通“一带一路”行动计划（2015—2017）》和《标准联通共建“一带一路”行动计划（2018—2020 年）》，提出要加强标准研究、制定、互换、互译、互认、转化、推广，提高标准体系兼容性。根据计划，到 2020 年将完成 300 个重点消费品标准约 500 项技术指标的比对工作。在首届“一带一路”国际合作高峰论坛期间，中国与俄罗斯、哈萨克斯坦等 12 个国家还签署了《关于加强标准合作，助推“一带一路”建设联合倡议》。

（三）上合组织的制度性安排更丰富，“一带一路”更注重精耕项目，二者相互补充

上合组织确定的大目标是推动贸易和投资便利化，以逐步实现商品、资本、服务和技术的自由流通。为此制定的宏观规划有两个：一是《上海合作组织中期发展战略规划》，二是《上海合作组织至 2025 年发展战略》。具体领域的文件更多，也确定了有一定约束力的相互义务。如《上海合作组织成员国多边经贸合作纲要》《上海合作组织成员国政府关于海关合作与互助协定》《2016—2021 年上海合作组织成员国海关合作计划》《上海合作组织成员国政府间农业合作协

① 张宁：《“一带一路”倡议下的中欧班列：问题与前景》，《俄罗斯学刊》2018 年第 2 期。

② «Послание Президента Республики Казахстан Н. Назарбаева народу Казахстана от 14 декабря 2012, Казахстан - 2050: Новый политический курс состоявшегося государства». URL: http://www.akorda.kz/ru/events/astana_kazakhstan/participation_in_events/poslanie-prezidenta-respubliki-kazahstan-lidera-nacii-nursultana-nazarbaeva-narodu-kazahstana-strategiya-kazahstan-2050-novyi-politicheskii-.

定》《上海合作组织成员国政府间卫生合作协定》《上海合作组织成员国政府间科技合作协定》《上海合作组织成员国政府间国际道路运输便利化协定》《上海合作组织公路协调发展规划》等。这些协定和规划为多边合作提供了法律基础和制度安排。

“一带一路”最初以项目为主。最突出的成果在交通和产能合作领域。交通领域亮点颇多，有巴基斯坦白沙瓦—卡拉奇高速公路、中巴喀喇昆仑公路二期升级改造、哈萨克斯坦南北大通道——塔尔迪库尔干—卡尔巴套—乌斯季卡缅诺戈尔斯克（TKU）公路、白俄罗斯铁路电气化改造、塔吉克斯坦的“瓦赫达特—亚湾”铁路、中哈（连云港）物流基地等。由于“一带一路”在设施联通方面表现优异，各方记住了“一带一路”，认为“一带一路”重新定位了中亚在全球的角色。哈萨克斯坦中国问题研究中心主任古丽娜尔·沙伊梅尔格诺娃表示：“‘一带一路’为我们地区跨越式发展带来了历史性机遇，10 年前还没人把中亚视为世界贸易的重要一部分，但与中国的合作使中亚进入世界经济。”①

近两年，“一带一路”也开始致力于构建多边的制度性安排，包括《中国与欧亚经济联盟经贸合作协定》《“一带一路”融资指导原则》《建设中蒙俄经济走廊规划纲要》《关于电子商务的联合声明》等。双边文件更多，如中哈政府间《“丝绸之路经济带”建设与“光明之路”新经济政策对接合作规划》等。在自贸区建设方面，中国与巴基斯坦签署了自贸协定，目前正进行第二阶段谈判；涉及中国、东盟 10 国、日本、韩国、印度、澳大利亚和新西兰共 16 方的《区域全面经济伙伴关系协定》（RCEP）谈判也在紧锣密鼓进行；中国与蒙古国等的自贸谈判在进行当中。这些制度性安排都涉及上合组织部分成员国或观察员国、对话伙伴，势必将为上合组织的自贸制度安排提供案例。

（四）上合组织为人文交流提供平台，“一带一路”拓展人文合作宽度和深度

在人文合作方面，上合组织形成了诸多合作机制，举行了一系列开创性的活动，为更大范围内推进民心相通做出重大探索。最突出的成就有以下几方面。

---

① Гульнар Шаймиргенова：«Синергия совместных усилий». URL：http：//www. kitaichina. com/rjingji/201809/t20180911_ 800141119. html.

1. 组建了上海合作组织大学，教育合作从虚到实

目前，有约80所参与院校，7个专业方向，学生培养已经从硕士研究生拓展至本科生、博士生和中职学生，拓展了人才联合培养新模式。

2. 形成了“上合组织大家庭”理念

在上合组织框架下，举办了一系列“上合组织——我们共同的家园”活动，如“九个美妙乐章”的系列音乐会、共庆那吾鲁孜节等，共同体意识不断增强。2018年6月1日，在北京召开了首届上合组织媒体合作高峰会，尝试构建统一信息空间。上海合作组织秘书处多次举办国际马拉松赛，打出“更亲、更近、更和谐”的口号。

3. 大幅拓展合作领域并使合作越来越接地气

上合组织的人文合作范围非常广，除文化、教育外，还包括打击假冒医疗产品、防止传染病扩散、保障食品安全及质量、文化与自然遗产研究和维护、历史文献资料发掘和图书馆藏利用等。2018年5月，上海合作组织成员国首届旅游部长会议审议通过了《2019—2020年落实〈上海合作组织成员国旅游合作发展纲要〉联合行动计划》；同月，在北京还举办了第一届上海合作组织医院合作论坛暨上海合作组织医院合作联盟成立仪式，论坛发布《上海合作组织医院合作联盟北京宣言》。

“一带一路”倡议从地域上来看涵盖上合组织成员国，其框架内也举行了一系列人文交流活动，上合组织成员国是重要的参与者。“一带一路”人文合作的特点是更注重实效。在旅游合作方面，建立了丝绸之路（中国）旅游推广联盟、中俄蒙“万里茶道”（茶叶之路）旅游联盟等。在文物保护方面，实施了柬埔寨吴哥古迹茶胶寺、乌兹别克斯坦希瓦古城等文化修复项目，向对话伙伴尼泊尔提供了文化遗产震后修复援助。在科技合作方面，通过“杰出青年科学家来华工作计划”，向印度、巴基斯坦、蒙古国、尼泊尔等国相关青年科学家提供来华开展科研的资助。在医疗合作方面，2016年6月，“中国—中东欧国家医院合作联盟”正式成立；2017年在北京举办的“一带一路”医院合作论坛，提出了建设“一带一路”医院联盟的构想。上合组织的医院联盟就是借鉴了“一带一路”的经验。在教育合作方面，中国每年向“一带一路”沿线国家提供1万个政府奖学金名额。在学分互认、学位互授联授、签证便利化等方面取得了不错

的成果。

上合组织在塑造“大家庭”理念方面先行一步，在实践层面做出了许多有益的尝试，“一带一路”则在更大的地理范围内拓展旅游、教育、医疗合作，二者互为补充，相互借鉴。“一带一路”所发布的一些人文合作成果，有些是在上合组织框架内的合作项目，如文物修复和联合考古，以及档案、图书馆相互开放，非物质文化遗产保护、研究等，很难分清彼此。

（五）“一带一路”与上合组织的“竞争”

现在，上合组织地区及周边的各类一体化机制快速发展。如东盟、中国—东盟自贸区（10+1），欧亚经济联盟+模式（+越南、伊朗、中国），此外，中日韩自贸区、区域全面经济伙伴关系协定（RCEP）等在谈判中。泛区域合作倡议有两个，分别是“一带一路”和大欧亚伙伴关系。上合组织是这些地区机制中的一个，不可避免会面临其他机制的竞争，“一带一路”只是“竞争者”之一。

任何组织要想保持活力和影响力，都必须适应时代发展的需要。上合组织经济合作同样是在逆水行舟。目前，上合组织存在三个方面的问题需要解决：一是组织效率低下，多数文件签署后停留在纸面，没有落实；二是上合组织开发银行和发展基金（专门账户）谈而无果，融资机制欠缺；三是上合组织自贸区建设困难重重，没有建立经贸领域制度安排的规划。在区域经济合作机制蓬勃发展的背景下，上合组织如果既不能提供制度性安排，减少或消除制度性成本，又不能提供资金，推动项目落地，那么参与国转向其他机制是顺理成章的。上合组织既要有自信，即“一带一路”、欧亚经济联盟以及欧亚经济伙伴关系等都无法替代上合组织的经济功能，但也要有危机意识，若经济合作止步不前，则迟早会被其他机制超越，上合组织经济功能会被边缘化。而经济功能弱化不可避免又会影响到组织的吸引力。未来，“一带一路”及本地区的各类经济合作机制有望对上合组织经济合作起到倒逼作用，迫使上合组织更重视务实合作。

（原文发表于《俄罗斯学刊》2019年第5期）

中国海外利益面临的恐怖主义风险分析

——以中亚地区为例*

苏 畅**

内容提要： 随着中国与外部世界交往的不断深入、"一带一路"倡议在中亚地区的实施，中国海外利益面临的风险也开始增多，其中包括中国公民、中资企业、中资大项目等在中亚面临的恐怖主义风险。这与全球恐怖主义演变，中亚国家复杂的政治、经济与社会形势相关，也是当前国际局势变化背景下中国海外利益延伸过程中遇到的必然现象。当前中亚安全挑战上升，2020 年新冠疫情严重冲击各国经济，社会不安定因素增加，可能导致恐怖主义趋向活跃；同时，受世界性民粹主义影响，中亚国家排外情绪蔓延，刺激极端群体参与涉恐活动。需要充分重视中国海外利益在中亚面临的恐怖主义风险，将这一问题纳入中国在中亚海外利益风险的整体评估和防范之列：加强中国与中亚国家反恐合作，是降低中国海外利益恐怖主义风险的必要措施；关注海外公民在中亚国家的个体安全，防范来自民族主义者的暴力袭击；大型中资企业需提高反恐意识，对安保薄弱之处加以改进。

关键词： 中国海外利益 中亚地区 恐怖主义风险

---

* 本文系国家社科基金一般项目"中亚安全形势及其对中国战略利益的挑战研究"（项目编号：20BGJ079）阶段性成果。

** 苏畅，中国社会科学院俄罗斯东欧中亚研究所研究员。

随着中国对外开放不断扩大和深化，中国海外利益的内涵和外延也不断扩展。“一带一路”倡议实施以来，中国与中亚国家的经济合作进一步加强，实现了互利共赢。中国海外利益面临的安全风险也在增多，其中就包括恐怖主义风险。本文尝试讨论的问题包括：中国在中亚地区的海外利益面临哪些风险，这些风险在中亚国家独立以来发生哪些变化；恐怖主义风险对中国海外利益的危害和变化趋势；如何正确认识和有效应对中国海外利益在中亚地区面临的恐怖主义风险。

一 相关概念

维护和拓展海外利益是大国成长的核心要素。“海外”即“境外”，指有效的主权管辖范围以外的地域，包括他国境内、公海、极地等。海外利益是“境外的国家利益”，本质上是国家利益的海外延伸，是国家战略利益的重要组成部分①。随着中国与外部交往的不断深入，中国海外利益面临的风险也在上升。关于中国海外利益的内涵，国内学界有不同角度的界定。有学者把中国海外利益分为海外经济利益、海外资源能源利益、海外制度利益、海外文化利益、海外安全利益②。也有学者把中国海外利益划分为海外基础利益和海外战略利益，前者包括政府、企业、社会组织和公民在境外的财产安全、人身安全、合法的商业利益等基本的国家需求，后者则包括对能源和市场的需求、国际制度能力、国家的声誉和对重要战略地理位置和交通要道的影响力等③。对海外战略利益和海外基础利益分类，中国海外利益面临的主要风险包括以下几方面。

中国海外战略利益面临的政治风险和地缘博弈风险。政治风险主要指所在国或地区的政治动荡或地区冲突导致中国海外利益受到威胁或损害。中国海外利益在“一带一路”沿线国家和地区，往往受到其国内政治和域外大国因素的影响。例如，中巴经济走廊、孟中印缅经济走廊等大型项目途经的巴基斯坦、阿富汗、缅甸、孟加拉国，政治局势错综复杂，外部势力插手干预明显，一些

① 于军主编《中国海外利益蓝皮书（2016）》，世界知识出版社，2017，第3页。

② 于军主编《中国海外利益蓝皮书（2016）》，世界知识出版社，2017，第2~4页。

③ 陈晔：《中美两国海外利益对比分析及启示》，《攀登》2010年第6期。

内外部势力出于地缘政治因素对“一带一路”项目进行破坏。地缘博弈风险是指在能源开发、并购投资等方面，中国与其他大国的竞争趋向激烈，美欧对中国海外利益的迅速发展顾虑重重，对中国进行战略挤压。

中国海外基础利益面临的投资风险、社会安全风险和恐怖主义风险。投资风险是指中国通过能源、交通基础设施等大项目对外进行投资，由于各国发展水平不等，一些国家经济基础薄弱、经济结构畸形，对外资的投资回报率相当低，如果这些国家偿贷困难，中国投资将面临难以收回的风险。

社会安全风险包括刑事案件、排外极端活动导致的中国企业财产与个人生命安全受到威胁。近年“中国威胁论”在一些国家盛行，包括中国投资较多的“一带一路”沿线国家，民众被误导和煽动，反华活动增多。如果沟通和交流不到位，当地民众对中国政策和企业形象的认知极易产生偏差，甚至产生对中国对外投资企业的抵制和误解，不利于中国的海外商业利益和国家形象①。此外，针对中资企业及人员的抢劫、盗窃、绑架等刑事犯罪成为近年社会安全风险的一个重要内容。

恐怖主义风险即近年恐怖主义对于中国海外利益的威胁，在中国海外利益面临的各类风险中，几乎均涉及恐怖主义风险。这种情况显现出中国海外利益涉恐风险的复杂性和安保的高难度性。复杂性不仅体现为恐怖主义风险包含的类别多——有宗教极端型恐怖主义、民族主义型恐怖主义、极右型恐怖主义等，而且由于复杂的国际形势与政治原因，恐怖主义风险往往与其他的海外利益风险相混合。一是恐怖主义与政治风险相结合。如在中巴经济走廊项目实施过程中，受巴基斯坦混乱的政治生态影响，当地中资企业和员工遭到“俾路支解放军”分支组织多次恐怖袭击。二是恐怖主义与国际政治博弈因素相结合，一些势力利用恐怖主义达到目的。如 2011 年震惊中外的“湄公河惨案”，犯罪集团为报复中国船只被缅甸军队征用清剿该集团而对中国船员实施屠杀。再如 2013 年，“东突”“藏独”“蒙独”“民运”组织在日内瓦成立“四方合作领导小组”，拉拢“台独”势力，勾结日本右翼分子，组织策划了一系列反华游行示威，煽动攻击中国海外利益②。三是恐怖主义与经济风险相结合，出于经济利

① 于军主编《中国海外利益蓝皮书（2016）》，世界知识出版社，2017，第 240 页。

② 于军主编《中国海外利益蓝皮书（2016）》，世界知识出版社，2017，第 236 页。

益，恐怖组织对巨额财物进行抢夺。如近年在阿富汗，中国商人被恐怖组织绑架的案例数量大幅攀升，受害者往往被索要巨额赎金。四是恐怖主义与宗教极端主义相结合，宗教极端型恐怖袭击造成人员伤亡。2015 年 11 月，马里首都巴马科的丽笙酒店遭遇宗教极端组织袭击，3 名中国公民在人质劫持中遇害。2016 年 8 月，中国驻吉尔吉斯斯坦大使馆发生恐袭，自杀式袭击者身亡，使馆 3 名工作人员受伤。发动袭击者为“东伊运”组织和国际恐怖组织“努斯拉阵线”。

二 文献综述

国外关于中国海外利益问题的文章多散见于报纸杂志，尚无专门论述这一问题的著述，因此本文主要梳理国内学界对中国海外利益及其安全风险的文献。国内对中国海外利益问题的关注，是伴随着中国与全球经济活动交往的密切、国际影响力增长而逐渐增多的。20 世纪 90 年代，国内学界开始关注中国战略利益的内涵、在世界贸易往来中的经济风险等问题。2004 年 8 月，胡锦涛在一次重要讲话中指出：“要增强我国海外利益保护能力，完善相关法律法规，健全预警和快速反应机制，改进工作作风，满腔热情地为在国外的我国公民和法人服务。”① 这是中国国家领导人首次提出“中国的海外利益”，之后国内学界开始使用这一表述，以“中国海外利益”为主题的相关文献增多。随着中国与国际社会关系的深化，中国国家利益的地理界限已被突破，日益融入地区一体化、经济全球化的潮流，日益呈现出国内利益国际化和国际利益国内化的趋势，维护和拓展海外利益已经成为我们每天都要面对的重大战略议题②。这一时期的研究成果多集中于“中国海外利益”的概念、范畴等基本学理问题以及投资风险、公民保护等热点关切问题，以中国海外利益法律保障为研究重点的文献也有所增多。总体来说，这一时期对于中国海外利益的研究深度还较为有限，研究方法多以定性描述为主，还缺乏总体战略思考。数量上，将中国海外利益作为主

① 《第十次驻外使节会议在京举行》，人民网，2004 年 8 月 30 日，http：//www.people.com.cn/GB/shizheng/1024/2748201.html。

② 张志：《关于维护和拓展中国海外利益问题的思考》，《社会科学论坛》（学术研究卷）2008 年第 12 期。

题的文献仅有 10 余篇论文①。

“一带一路”倡议提出以来，相关文献开始丰富，对中国海外利益问题的剖析更加完整、细化，兼顾理论与具体问题。

一是理论思考，体现出全面性、系统性的特点，主要有对理论完善、中国海外利益内涵的界定（包括对“海外利益”“国家战略利益”“安全利益”“经济利益”“公民利益”“海外劳工利益”等含义的界定），分析框架、定性与定量分析方法的探讨，与其他国家海外利益问题的比较。关于中国海外利益的内涵，有研究成果明确界定：“伴随着丝绸之路经济带倡议的提出，中国与周边国家交往进一步加深，中国海外利益的内涵与规模也随之拓展。它主要包括海外政治利益、经济利益、安全利益、文化利益。”② 维护海外利益的机制建设研究，包括法律建设（如投资保险、涉外法律）也在不断完善。

二是更加突出具体的重大海外利益的研究，包括中国在海外的战略利益、经济利益和安全利益以及国家角色在中国海外利益中的作用等。其中，海外经济利益的研究既是重点也是热点。“中国海外经济利益不仅具有了更加广阔的内涵，而且以迅速增长的态势向前所未有的深度和广度拓展。中国海外经济利益已经成为中国国家利益的一个重要组成部分。”③

三是海外利益的风险问题得到越来越多的关注。研究者普遍认为，政治风险对中国海外资本具有关键影响，包括传统发达经济体对中国海外资本的态度、全球贸易保护主义对政治风险的影响、中国国企面临的“泛政治化”问题等。有学者认为，中国企业海外政治风险的相关体系，在国家间协定、国内立法和行政管理以及企业自身商业运营管理三个层面上，已经初具雏形，只是这些工具尚没有得到充分的利用④。有研究成果从经济、安全和地缘政治三个视角梳理

① 这一时期的主要成果有秦亚青：《国家身份、战略文化和安全利益——关于中国与国际社会关系的三个假设》，《世界经济与政治》2003 年第 1 期；周程：《审视中国的海外利益》，《国际融资》2005 年第 7 期；郑永年：《中国应考量如何保护其海外利益》，《科学决策》2007 年第 3 期；陈伟恕：《中国海外利益研究的总体视野——一种以实践为主的研究纲要》，《国际观察》2009 年第 2 期；等等。

② 强晓云：《“丝绸之路经济带”建设与中国海外利益维护》，《上海商学院学报》2016 年第 3 期。

③ 范盱阳：《中国海外经济利益维护问题研究》，博士学位论文，中共中央党校，2017。

④ 谢玮：《中国对外直接投资的海外利益及政治风险研究》，硕士学位论文，复旦大学，2014。

中国海外利益的风险：海外经济风险主要表现为国际经济贸易风险、国际投资领域风险和国际金融体系海外风险；安全风险主要表现为国际恐怖主义、地区冲突与战争和跨国有组织犯罪；地缘政治风险主要表现为域外大国地缘战略博弈、域内大国的激烈竞争和地区国家的内外部挑战①。

近年中国海外利益面临的恐怖主义风险增多，这方面的研究成果开始出现，但总体数量仍十分有限，基本还集中于对重点地区和国家、对重大项目的恐怖主义威胁进行分析，如对"一带一路"沿线重点地区和国家，包括南亚的阿富汗和巴基斯坦，中东的伊拉克、叙利亚、利比亚和也门以及非洲等的涉恐风险的论述②。

四是中国海外利益保护问题成为近年研究热点。在这些成果中，既有全局视角的探讨，也有对具体领域的研究。不少成果展示出进一步深入而务实的思考，如在中国海外利益保护中，提出国家能力不足、政府与企业责任分担等问题，同时积极探讨私人安保、软实力的运用。有学者认为，中国海外利益保护工作应以总体国家安全观为指导，防范误区，抓好统筹，确立依法合规、国际合作、公私协作、综合施策、慎用武力等原则，同时应优化中国海外利益保护的制度设计③。有学者从国际法角度阐述海外利益保护构建，认为我国国内法应与国际法有力衔接，同时要研究"一带一路"沿线国家的法律体系④。中国海外投资的重点地区以及一些具体重大项目的风险问题吸引了众多关注，如一篇关于海外矿产开发安全风险的博士论文下载近 4000 次⑤。

有不少研究成果对海外利益保护中存在的问题进行了论述。具有代表性的观点是，海外利益保护面临不干涉内政与建设性影响的"原则困境"、安全问题

① 宋国新：《中国"一带一路"建设的海外利益风险与保护研究》，硕士学位论文，吉林大学，2018。

② 范娟荣、李伟：《"一带一路"建设面临的恐怖威胁分析》，《中国人民公安大学学报》（社会科学版）2018 年第 1 期。

③ 梅建明：《论新时期中国海外利益保护面临的挑战与对策》，《中国人民公安大学学报》（社会科学版）2019 年第 5 期。

④ 王玫黎、李煜婕：《总体国家安全观下中国海外权益保障国际法治构建的理论析探》，《广西社会科学》2019 年第 8 期。

⑤ 蒋屹：《"一带一路"战略背景下我国海外矿产资源开发外部安全风险研究》，博士学位论文，中国地质大学，2015。

频发与海外军事支援受限的“力量困境”、依法保护与法律缺失的“法律困境”①，说明此类有务实指导意义的研究受到广泛重视。海外公民安全保护是另一个热点研究领域。一些研究认为，非传统安全是当前我国海外公民最大的风险来源②。

在应对措施方面，首先，对海外利益保护私营化的探讨成为近年的研究重点，中国私营安保公司如何走出去，如何适应所在国的政治、人文、法律环境以及如何借鉴美欧日等国家的经验，是讨论较多的问题。其次，针对中国在海外的投资风险，有学者建议应构建海外投资保险制度，完善双边投资条约，促成多元化争端解决机制，并注重制度之间的逻辑对接，确立协同、严密的综合性风险防范体系，实现政治风险的法律化应对③。再次，中国在海外的企业应承担起一定的社会责任。最后，对于海外公民的保护强调实施更加细化的措施。加强对海外留学生、务工人员和旅游群体的分类保护，采取相应措施减少非传统安全威胁④。

通过梳理文献得知，对于中国海外利益安全风险的研究，已经有了不少综合性成果，对机制的构建、法律的完善以及对公民个体的重视，都说明国内学界对中国海外利益安全风险的研究有进一步的纵深拓展。不过，相关研究成果中体现出的一些问题也需要重视。一是专门阐述中国海外利益安全风险的著述较少，其中涉及恐怖主义风险的成果更为稀缺，大多数相关讨论散见于探讨中国海外利益问题的文献中，把安全风险作为中国海外利益问题中的一部分进行研究。二是中国在中亚海外利益风险的文献总体不多。中亚是“一带一路”沿线重要地区，“一带一路”倡议提出以来，由于各方面的因素，中国在中亚的海外利益风险呈现出明显上升趋势。梳理、分析其变化规律，对于降低风险、预防风险有重要意义。三是中国在中亚海外利益面临恐怖主义风险的研究成果还不多，事实上这一风险在上升，对这一问题的研究具有重要现实意义。

① 凌胜利：《中国周边地区海外利益维护探讨》，《国际展望》2018 年第 1 期。

② 梁宇：《我国海外公民安全及其保护研究》，硕士学位论文，南京师范大学，2018。

③ 王军杰：《论“一带一路”沿线投资政治风险的法律应对》，《现代法学》2018 年第 3 期。

④ 梁宇：《我国海外公民安全及其保护研究》，硕士学位论文，南京师范大学，2018。

三　中国在中亚地区海外利益面临的恐怖主义风险

中国在中亚地区的海外利益主要涉及资源能源、经济、安全三个方面。“一带一路”倡议在中亚实施以来，中国与中亚国家进一步加强经济合作，在油气和矿产等能源资源、交通基础设施、生产与贸易等领域的合作成果突出，同时中国与中亚各国的人员往来更加密切。中国在中亚地区海外利益已成为中国与中亚国家关系的重要内容。与之并存的是，中国海外利益在中亚遇到的风险也在上升，包括面临中亚国家局势不稳定带来的政治风险，产业结构畸形、市场经济发展缓慢导致的经济风险，刑事犯罪率上升、社会动荡、“中国威胁论”蔓延等社会风险以及恐怖主义、极端主义活动带来的安全风险。

当前中亚地区安全形势基本稳定，大的安全事件很少发生，中亚各国对安全领域的问题非常重视，严于治理，安全风险在可控范围。2001 年阿富汗反恐战争开始以后，一度在中亚活跃的“乌兹别克斯坦伊斯兰运动”（以下简称“乌伊运”）等恐怖组织，在国际反恐合力打击下，大部分成员逃到巴基斯坦和阿富汗。之后在中亚地区内新出现的一些恐怖组织，如“哈里发战士”“安拉战士”等，受到所在国打击之后基本上都进入了阿富汗。在这一时期，中亚各国在去极端化治理方面也取得明显成效，中亚安全形势曾在十余年间大为好转。受到“伊斯兰国”等国际恐怖主义蔓延影响，加上阿富汗形势恶化，近年中亚恐怖主义和极端主义开始活跃，安全挑战明显增多，地区安全形势呈现出一些新的特点。

（一）中亚地区安全形势特点

首先，阿富汗军事冲突与恐怖主义猖獗，给中亚地区安全带来的挑战越来越严峻。阿富汗战争为国际恐怖势力提供了乘乱生存的条件，“伊斯兰国”恐怖组织残余力量进入阿富汗之后，各类国际恐怖势力和原有的中亚与南亚恐怖组织在阿富汗北部聚集，对中亚构成直接的威胁。1. 恐怖分子谋求在阿富汗北部建立“中亚武装分子运输走廊”，计划把中亚的武装分子从阿富汗北部转移到中亚国家边境地区。2. 国际恐怖势力加强了对中亚地区内极端分子的招募，包括招募人员进入塔吉克斯坦和吉尔吉斯斯坦等安全防御较弱的国家，通过互联网传播极端主义，寻找新成员。3. 在阿富汗北部新成立了一些小股中亚武装组织，如在楠格哈尔省活动的“呼罗珊伊斯兰国”组织，把中亚国家当成攻击目标。4. 极端组织“伊斯兰国”加强向中亚渗透，近年在中亚地区实施了一些恐怖袭击。

其次，受内外因素的影响，中亚国家极端化问题呈现出发展的趋势。中亚国家处于社会转型期，一些长期积累的贫困、失业、健康等社会问题得不到治理和改善，为极端主义的滋生传播提供了条件。中亚国家激进化、极端化问题变得突出，青年人受极端思想洗脑参与所谓“圣战”的现象增多。“监狱极端主义”是近年新出现的问题。在吉尔吉斯斯坦、塔吉克斯坦的监狱，关押着不少到叙利亚参加过“伊斯兰国”恐怖活动的极端分子，这些极度危险的囚犯向监狱中的刑事犯罪人员传播极端思想，进行洗脑和招募，甚至有的极端分子为了招募新成员故意犯罪入狱。“监狱极端主义”成为近年塔吉克斯坦频频发生监狱暴动的重要原因。

再次，恐怖分子跨区域参与恐怖活动，欧亚地区恐怖组织相互整合，在地区内流窜从事暴恐袭击，“圣战分子”成为极端组织中的主流，到中东和南亚充当雇佣军，作为职业军人参与战争的中亚极端分子增多。

最后，具有排外特征的民族主义抬头，非政治暴力社会运动趋向活跃，冲击中亚国家政治与社会稳定，同时在吉尔吉斯斯坦和哈萨克斯坦形成有外部势力资助的政治暴民群体，相关的暴力恐怖事件增多。

（二）中国在中亚海外利益遭遇的恐怖主义风险

中亚国家独立以来，中国在中亚的海外利益在一段时期内曾面临恐怖主义挑战。21 世纪初，正是中亚地区极端主义和恐怖主义非常活跃的时期，“东突”恐怖组织与其他极端组织相勾结，针对中国政府工作人员、中国公民进行袭击或暗杀，在吉尔吉斯斯坦制造绑架案，暗杀在中亚的中国商人，焚烧吉尔吉斯斯坦比什凯克中国商品市场，袭击中国新疆维吾尔自治区人民政府赴吉尔吉斯斯坦访问的工作人员。2002 年 6 月 29 日，“东突”分裂组织在吉尔吉斯斯坦首都比什凯克将中国外交官王建平枪杀①。在中亚极端主义与恐怖主义受到打击之后，中亚国家安全形势大为好转，多年以来中国在中亚海外利益的恐怖主义风险总体不高。近年受到国际恐怖主义复杂变化、中亚国家综合安全问题突出、排外的民族主义者与外部势力相勾结等因素影响，当前中国在中亚海外利益遭遇恐怖主义风险开始上升。

第一，受国际恐怖主义形势变化影响，中亚地区安全挑战增多，同时随着中国与中亚国家不断深化合作，影响力增强，“中国目标”逐渐被国际恐怖势力关注。“伊斯兰国”恐怖组织溃败后，其残余势力在全球各地与当地恐怖组织融合成多个新的分支组织，中东、南亚、东南亚成为这些组织集中的地方。在这一时期，“东突”分裂势力与国际恐怖主义勾结，开始在中亚寻找“中国目标”。2016 年 8 月 30 日，中国驻吉尔吉斯斯坦大使馆遭遇自杀式袭击，一辆装有炸弹的汽车闯入使馆，并在馆区内发生爆炸，自杀式袭击者在爆炸中丧生，3 名吉尔吉斯斯坦籍工作人员受伤。9 月 6 日，吉尔吉斯斯坦国家安全委员会发布调查结果，显示此次事件主谋是叙利亚境内的恐怖主义团伙，他们持吉尔吉斯斯坦护照。其中，自杀炸弹袭击者是叙境内的“东伊运”成员②。

第二，从近年中亚和南亚恐怖组织活动的特征看，恐怖势力的袭击目标除了公共场所、强力部门、军事设施，还扩大到了重要基础设施，包括外资重大项目，这对中亚恐怖势力起到示范效应。虽然当前中国在中亚重大项目发生恐怖袭击的可能性还不大，但未来的恐怖威胁在上升。当前，持续发生冲突的阿富汗再次吸引全球“圣战者”聚集。1970～1980 年，阿富汗曾吸引了全世界的“圣战者”，对催生中南亚极端主义和恐怖主义起到很大作用。极端组织“伊斯兰国”溃败后残部进入阿富汗和巴基斯坦，南亚很快成为国际恐怖势力最猖獗的地区之一，中国在巴基斯坦的一些重要基础设施项目面临的恐怖主义风险较高。2015 年 4 月，中巴经济走廊的重点项目瓜德尔港工地遭遇恐怖袭击，恐怖主义

① 《公安部认定第一批“东突”恐怖组织和恐怖分子聚焦》，人民网，2003 年 12 月 15 日，http：//www. people. com. cn/GB/shehui1060/2247175. html。

② 《中国驻吉大使馆遇袭调查结果：袭击者是“东伊运”成员》，中国网，2016 年 9 月 8 日，http：//news. china. com. cn/world/2016 －09/08/content_ 39257449. htm。

分子在距瓜德尔港100千米之外的工地枪杀了20名工人[①]。在巴基斯坦其他地区，中资项目也面临恐怖分子袭击的安全风险。例如，在伊斯兰堡地区的中资项目主要为交通设施项目，包括调整公路和铁路以及光缆通道的建设。这些工程大多属于工期较长的项目，因此受到恐怖袭击的风险较高[②]。在地区形势变化的影响下，在阿富汗活动多年的中亚老牌恐怖组织“乌伊运”回流中亚从事暴恐活动的意愿强烈。2015年以前，阿富汗北部安全形势还没有像现在这样恶化，“乌伊运”等主要的中亚恐怖组织更多参与的是军事冲突，在中亚的外资重大项目还很少成为恐怖势力的袭击目标。2015年以后，由于两个因素交互作用，外资项目的恐怖主义风险开始增加。一是在中亚和南亚过去以单一族裔构成的恐怖组织，现在变成多地区、多国家、多民族融合而成的恐怖势力，在重组后的恐怖组织中，成员的国际化特点突出，这种复杂性导致袭击目标的多样化，中亚恐怖势力效仿南亚恐怖活动的可能性增加。二是当前中亚国家面临政权交接、经济下行、社会矛盾等问题，综合安全压力大，整体安防力量弱，地区内的恐怖活动有所增多。中亚大国哈萨克斯坦近年经济下滑明显，社会矛盾突出，稳定性受到影响，给恐怖势力渗入创造了可乘之机。例如，2008~2010年，哈萨克斯坦受国际金融危机影响，民生问题比较突出，恐怖组织“哈里发战士”趁乱实施了一系列暴恐袭击；再如2016年5月哈萨克斯坦发生全国性示威游行，6月发生多起暴恐事件，均与社会经济困境有直接关联。土库曼斯坦经济困难，食品短缺，2020年发生的新冠疫情让经济雪上加霜，同时政府把大量人力财力调拨于政治维稳，反恐力量较弱。近几年来土阿边境持续紧张，土库曼斯坦边防军力量薄弱。另外，乌兹别克斯坦虽然政治稳定，安全形势良好，但与吉尔吉斯斯坦共有的费尔干纳谷地安全形势严峻，尤其是吉尔吉斯斯坦的费尔干纳谷地部分安全问题比较多，是中东恐怖分子回流的主要通道。“一带一路”倡议提出以来，中国在中亚国家大型投资项目增多，包括能源（油气开采和天然气管道建设）、交通基础设施（公路和电网）、产能合作项目（矿产开采、化工厂和工业园区）等。近年

① 谢贵平：《“中巴经济走廊”建设及其跨境非传统安全治理》，《南洋问题研究》2016年第3期。

② 王奇、梅建明：《中巴经济走廊沿线恐怖威胁分析及对策》，《南亚研究》2017年第4期。

“中国经济扩张论”在中亚一些地区有所升温，对中国投资的污名化成为当地一些利益集团博弈的工具，并且在西方反华势力煽动组织下出现了一些反华集会和暴力事件。在这种复杂的形势变化下，中亚恐怖势力有可能被当地民族主义者、中亚国家的政治反对派、西方反华势力利用，中国在中亚重大项目的恐怖主义风险上升。

第三，由于地区安全形势的变化以及中国与中亚国家之间人员往来增多，中国公民在中亚国家遭受恐怖袭击的风险不可忽视。中国公民在中亚面临的恐怖主义风险主要来自两个方面。一方面，中亚一些地区恐怖活动增多，出现“恐毒黑”合流迹象。安全风险较高的地区包括吉尔吉斯斯坦的费尔干纳谷地（主要是奥什州、贾拉拉巴德州和巴特肯州）、塔吉克斯坦与阿富汗接壤的边境地区。这些地区主要存在的问题有以下几个方面。1. 持有非法枪支。中亚国家对枪支的管控不严，哈萨克斯坦允许私人拥有武器；吉尔吉斯斯坦两次政变以及2010年奥什爆发流血冲突后，民间开始出现大量非法武器，这个问题一直没有彻底解决；与阿富汗相邻的塔吉克斯坦边境山区活跃着反对派残余武装、恐怖组织和有组织犯罪集团。2. 毒品危害。中亚地区不仅是80%的阿富汗毒品输出的过境通道，还是吸毒的重灾区，由此引发的社会问题突出。3. 刑事犯罪与恐怖主义、极端主义勾结，尤其是近年有组织犯罪集团涉恐现象增多，这些有组织犯罪集团往往同时也是贩毒组织，这样就形成了“恐毒黑”合流现象。这是最近几年在极端主义问题中出现的一个全球性趋势。之所以发生这样的变化，主要原因是“伊斯兰国”等国际恐怖组织迫切需要吸纳大量新成员，其招募行动非常频繁。美国国际开发署的报告认为，越来越多的“圣战者”从事过走私、贩毒、盗窃、敲诈勒索和诈骗等非法活动，西方的反恐问题研究者称这些人为“半混混半圣战者”①，其中又分为三种情况。第一种是与普通的刑事惯犯相混杂，一些犯罪分子被发展进入恐怖—极端组织。极端思想在监狱中广泛传播，很多刑事犯接受了极端思想。第二种是各类犯罪集团之间的联系，如恐怖—极端组织与军火走私团伙、有组织犯罪集团、贩毒组织勾结。第三种是一些极端

---

① Серик Бейсембаев：Специфика и факторы радикализации молодежи в условиях Казахстана. 27. 07. 2016. URL：http：//cabar. asia/ru/serik – bejsembaev – spetsifika – i – faktory – radikalizatsii – molodezhi – v – usloviyah – kazahstana/.

组织本身从事抢劫和敲诈勒索，以获得组织经费。哈萨克斯坦的极端主义团伙从事抢劫和诈骗犯罪活动的概率很高，很多极端分子同时也是有组织犯罪集团成员。

另一方面，近年民族主义者的排外情绪在哈萨克斯坦、吉尔吉斯斯坦较为突出，在外部势力和当地政治反对派煽动利用之下，出现了一些反对外国资本的集会活动，针对外国企业和人员的暴力恐怖事件增多。例如，在吉尔吉斯斯坦多次发生反对加拿大公司参与库姆托尔金矿项目的集会示威。近年，在西方反华势力引导、中亚国家政治反对派的鼓动之下，一些民族主义者和政治暴民举行了多起反华集会，这些反华集会被中亚国家政治反对派当成向政府施压的工具，“反华”只是其反政府活动的主题之一。哈萨克斯坦、吉尔吉斯斯坦频发反政府集会活动，与近年这些国家国内政局有直接关系。自2016年起，中亚国家相继进入权力交接时期，这是中亚国家独立之后的第一轮权力交接。权力交接触及内外各方利益，是复杂、持久、重大的政治稳定问题，在哈萨克斯坦，“哈萨克斯坦民主选择运动”等政治反对派频频组织针对现政权的抗议活动，逐渐拥有了一定的民意基础，同时“双重政权”之说也反映出权力交接之后新政权的稳定性存在问题。2020年5月，哈萨克斯坦首任总统纳扎尔巴耶夫长女达里加·纳扎尔巴耶娃被解除参议院议员职务，立即引发国际社会高度关注和多方猜测；吉尔吉斯斯坦非政治暴力社会运动不断出现，执政者和在野党的对立冲突已经形成基本的斗争模式，并被外部势力利用制造混乱；随着新旧政权的交替，乌兹别克斯坦利益集团重新洗牌，产生了新的对立；塔吉克斯坦中央政权与地方政权矛盾难以解决，总统继承人问题浮出水面可能对表面平静的政局造成冲击。在经济方面，产业结构改变困难，同时很难融入世界经济体系，依然是以能源原材料为主，新兴产业发展还比较缓慢，受新冠疫情的影响，中亚各国经济均受到严重冲击。社会问题突出，主要是贫困、失业、居民健康、生态等民生问题。

在哈萨克斯坦和吉尔吉斯斯坦的反政府集会中，有一些内容指向中国。一些西方势力支持的民族主义者，如吉尔吉斯斯坦的“四十勇士”、哈萨克斯坦的“让纳-哈萨克斯坦运动”在2017～2020年一系列的排外反华集会活动中扮演了引领性角色。

虽然这些反华集会反映的并非中亚国家的主流民意，也很难对双边关系和

“一带一路”建设构成影响，但是在这样的氛围下，一些民族主义者把外国资本、外国人当成袭击目标，并认为在中亚国家的外国资本中，中国的投资是主要构成部分，影响到本国的经济主权。2018 年 6 月，哈萨克斯坦发生了 3 起民族主义者袭击中国公民的事件。虽然这些事件本身未对中国企业或人员造成直接伤害，但却为民间反华排华情绪树立起恶劣榜样，成为之后民族主义者围攻中资企业、殴打中方员工至重伤等恶性袭击事件的肇始。2019 年 10 月 8 日，阿拉木图一家中资企业的数名员工被当地人殴打，有 2 名中国员工全身多处严重骨折。事件的起因是一名哈方员工违规操作，中方管理人员依规对其批评并要求其改正。次日早上中方人员准备上班时被一群不明身份人员殴打，造成数名中国员工受伤。

通过对中国在中亚海外利益恐怖主义风险变化的梳理，结合中国与中亚国家合作的特点以及当前中亚安全形势，中国在中亚的海外利益受到恐怖威胁的目标包括以下 5 类。1. 中国海外公民。他们包括两类。一是在中亚国家工作或学习的中国公民，包括中国常驻中亚国家的外交官员、中资企业员工、留学生等；二是定居在中亚国家但未取得外国国籍的中国公民，在中亚国家有不少中国跨境民族侨胞，这部分群体也有可能成为恐怖袭击目标。2. 中国驻中亚国家的使领馆。3. 中资大项目，包括油气开采站场、天然气管道、基础设施。4. 中资企业以及有中国注资的工业园区。5. 中欧班列。近年铁路恐怖主义问题逐渐引起执法部门的重视，通过铁路输送毒品、恐怖分子等可能性增加。新冠疫情在全球蔓延期间，中欧班列成为贯通欧亚大陆、运输大量货物的主要交通工具，铁路货运有极大的拓展空间，但同时也可能为恐怖主义带来可乘之机。

中国在中亚海外利益遭遇恐怖袭击的可能方式包括：重大恐袭，这是后果最为严重的一种袭击方式，通常有自杀式袭击、汽车炸弹；人员绑架，当前国际恐怖势力成员混杂，与有组织犯罪集团合流，人员绑架、勒索赎金是惯用手法；以刑事犯罪或社会冲突为表象的打砸抢烧杀；对人员进行袭击。

结 论

总体来看，中国在中亚海外利益面临的恐怖主义风险在上升，其原因与全球恐怖主义演变以及中亚国家复杂的政治、经济与社会形势相关，同时也是当前国际局势变化的背景下，中国海外利益延伸过程中遇到的必然现象。与世界其他一些地区相比，中国在中亚海外利益的恐怖主义威胁并不严重，中亚国家安全形势稳定，与中国加强经济合作的需求迫切，民间对华态度友好。中亚国家高度重视地区内反恐问题，多年强化对恐怖主义和极端主义的打击和治理，因此虽然在极端组织“伊斯兰国”溃败之后，参与其活动的中亚恐怖主义分子开始回流，但中亚没有成为恐怖主义扩散和回流的重点地区，而是南亚、西亚和北非吸引了大量的恐怖势力。然而，随着中亚国家进入社会矛盾的高发期，偏激的社会思潮活跃，社会冲突进一步加剧，加上新冠疫情引发世界性民粹主义高涨，中亚国家排外情绪膨胀，刺激政治暴民和极端群体参与涉恐活动，恐怖势力对中国在中亚海外利益的关注度在增加，对袭击的具体目标、手段将越来越清晰。发生恐袭的原因具有混合性特征，包括社会矛盾、政治冲突、极端主义，对其难预警、难防范、难治理。因此需要对中国在中亚海外利益的恐怖主义风险予以充分重视，将这一问题纳入中国在中亚海外利益整体风险的评估和防范之列。

中国与中亚国家加强反恐合作是维护中国海外利益的有力保障，是降低中国海外利益恐怖主义风险的必要措施。多年来，中国与中亚国家在安全领域的双多边合作已经取得不少成效。在反恐方面还可以加强以下合作。一是继续推动中国与中亚国家联合打击恐怖主义的共识。其中，上海合作组织安全合作发挥了重要作用。2018 年签署的《上海合作组织反极端主义公约》是成员国联合反恐的重要文件，2019 年落实公约合作内容，整合成员国反恐力量，凝聚反恐意识和行动，成员国在一系列会晤机制下开展密切情报交流，举办上合组织成员国主管机关“萨雷阿尔卡 - 2019”联合反恐演习、“团结协作 · 2019—2021”联合边防行动。二是重视高科技反恐技术合作，加强打击网络恐怖主义，与中亚国家进一步认定恐怖组织与极端组织以及主要的恐怖头目。到 2019 年 3 月，上合组织地区反恐怖机构的恐怖分子数据库已有 4.5 万余人的信息资料。三是与俄及中亚国家建立“中亚武装分子回流路线截流网”，阻止中亚武装分子回流。为摸清恐怖分子的回流路线，在机场、海关、主要交通线加强侦查；重视几个薄弱地区的清查工作：塔吉克斯坦与阿富汗边境、吉尔吉斯斯坦南部地区、回流沿线的乡村。重视中亚国家的几类群体：在俄罗斯打工的劳务移民、从中东国家留学回国的学生、监狱的刑满释放人员，这类群体容易受到极端主义煽动成为被恐怖组织吸纳的对象。

中国在中亚地区海外利益面临的恐怖主义风险中，需关注民族主义者对企业和个人的袭击，海外公民个体安全面临的恐怖威胁风险上升。需重视新出现的安全隐患，如针对国际班列的恐袭，恐怖分子流窜、贩毒、武器走私等犯罪活动。中资企业需与当地居民保持良好关系，可在当地多修建医院、学校等民心项目，例如中国石油天然气集团有限公司在哈萨克斯坦修建了多所社区医院，取得了相当好的社会反响；多与当地媒体建立密切关系，增加对中资企业民心项目的宣传，如 2019 年 11 月由中资企业参与的“健康快车国际光明行”活动在乌兹别克斯坦为白内障患者免费实施手术，经乌兹别克斯坦媒体大力报道民心效果显著，大大促进了中乌民心沟通；如当地有孔子学院，可建立合作，通过与孔子学院内中亚学生的交流加强民间宣传，其效果往往比官方宣传更佳，可考虑向孔子学院的中亚学生提供在中资企业实习和工作的机会。

在中亚的大型中资企业本身需要提高防恐、反恐意识，对存在的薄弱环节，包括信息交流不够、硬件条件不足、当地支持不多、专业人员不足、外宣效果不佳等，需要采取措施予以改进和加强。从目前来看，中亚地区的中资大项目遭遇大规模、恶性恐怖袭击的可能性不大，但是，在中亚地区各种背景复杂的内部势力和一些外部势力的干预下，尤其在新冠疫情发生之后，中亚国家社会矛盾多发，带有恐怖色彩的袭击威胁在增加，中资企业需要付出精力与成本加强安保措施。建议中资企业更多依托相关国家的民间力量和中亚国家政府部门。中国驻中亚国家使领馆需积极协助中资企业与当地政府部门沟通合作，在暴恐袭击发生后能够及时提供警力援助和安全保护。中资企业应做好预警工作，油气企业以及“一带一路”框架内在中亚各国的基础设施项目、工业园区，需防范设备被恐怖组织破坏、人员被挟持和勒索。对于中亚国家国情、社情、民情要有充分研判，制定有针对性的安保方案。可请国内专业反恐专家向中资企业提供安保评估意见和安防措施建议，尤其针对自杀式袭击、爆炸袭击等提供专项防护意见。可考虑以适当方式向大型中资企业派驻专业安保人员。近年国内出现了不少民营海外安保企业，对中国海外利益保护问题发挥的积极作用逐渐显现。但国内海外安保企业走出去还面临不少困难，包括对当地形势的详细、准确研判，与当地安保行业建立良性互动关系，国内安保人员的武器装备等都存在一些问题。国内民营海外安保企业数量众多但良莠不齐，提供的服务质量与国际大型安保公司还有一定的差距，需对国内海外安保行业进行规范和评估，推动其提高专业化水平，努力成为为中国海外利益保驾护航的重要力量。

（原文发表于《俄罗斯学刊》2020 年第 5 期）

·中东欧问题·

中东欧国家与冷战后北约的新变化

高　歌*

内容提要： 冷战结束后，北约并未因对手的消失而瓦解，而是通过扩大组织、出台新战略和实施新行动找到生存依据并获得新的发展。在北约的新扩大、新战略和新行动中，中东欧国家不管是主动参与还是被动接受，都起到了不可低估的作用。中东欧国家的加入令北约成员国从16个增至30个，拓展了北约的疆域。东欧剧变带来的国际局势的变化，特别是前南斯拉夫地区发生的战争促使北约提出新的战略概念，波黑战争、科索沃战争和马其顿危机更是成为北约新战略的试验场。中东欧国家参与了北约在波黑、科索沃、阿富汗和伊拉克的行动以及乌克兰危机发生后针对俄罗斯的军事部署，做出独有的贡献。同时，中东欧国家的加入也给北约在决策效率、行动能力、责任分担和价值观方面带来新的挑战。不过，由于中东欧国家的军事力量和国家实力有限，在北约内部的影响力不大，这些挑战不足以危及北约的生存。

关键词： 中东欧　北约扩大　北约新战略概念　集体防御　危机管理

* 高歌，中国社会科学院俄罗斯东欧中亚研究所中东欧室主任、研究员、博士生导师。

2020 年 3 月，北马其顿加入北约，北约成员国增至 30 个，其中 14 个为中东欧国家①。冷战结束以来，中东欧国家已然成为北约发展变化中一支不容忽视的力量，它们的加入不仅使得北约组织扩大，而且北约新战略的制定、新行动的实施乃至新挑战的出现也与它们密切相关。

一　中东欧国家与北约的新扩大

中东欧国家带给北约最显著的变化莫过于北约组织的扩大。冷战结束前，北约曾经进行过 3 次扩员，成员国由最初的 12 个②增至 16 个③。冷战结束后，中东欧 14 国先后分 5 批加入北约，北约成员国数量增加了近 1 倍。

东欧剧变后，几乎所有中东欧国家都表达了加入北约的愿望④。然而，“在 1989 年下半年中、东欧发生剧变至 1993 年上半年长达近四年的时间里，北约内部并没有认真地讨论过东扩问题，在该时期采取的主要手段是与苏联东欧国家开展‘对话与合作’，用循序渐进的策略，遵循不过分刺激俄罗斯的原则”⑤。1990 年 7 月，北约伦敦峰会通过宣言称：“北大西洋联盟必须向冷战中我们的对手东方国家伸出友谊之手”，邀请苏联、捷克和斯洛伐克、匈牙利、波兰、保加利亚和罗马尼亚政府到北约来，“不仅是访问，而且是与北约建立定期外交联系”，“我们还准备加强与苏联和其他中东欧国家的军事

① 中东欧国家原指由冷战时期的东欧 8 个社会主义国家演变而来的 13 国，即波兰、匈牙利、捷克、斯洛伐克、保加利亚、罗马尼亚、阿尔巴尼亚、斯洛文尼亚、克罗地亚、波黑、黑山、塞尔维亚、北马其顿。2012 年“16 +1 合作”启动，涵盖波罗的海三国的中东欧 16 国的概念逐渐被国内学界接受。2019 年，希腊加入中国—中东欧国家合作，“16 +1 合作”演变为“17 +1 合作”。鉴于希腊的历史沿革迥异于上述 16 国，本文不把希腊列为研究对象。

② 北约最初成员国即美国、加拿大、英国、法国、意大利、葡萄牙、荷兰、比利时、卢森堡、丹麦、挪威、冰岛。

③ 1952 年希腊和土耳其加入，1955 年联邦德国加入，1982 年西班牙加入。1990 年 10 月德国统一后留在北约，北约成员国的数量虽然没有增加，但其覆盖区域有所扩大。

④ 南斯拉夫联盟没有提出加入北约的要求。2006 年黑山独立后要求入约，塞尔维亚则因 1999 年北约轰炸南联盟和 2008 年美国支持科索沃独立对美国和北约心存芥蒂，始终坚持军事中立。不过，近年来，塞尔维亚开始强调与北约在维护地区和平与稳定方面的共同利益，多次与北约进行军事演习，与北约的军事合作增多。波黑两个实体——波黑联邦和塞族共和国在加入北约问题上严重分歧，前者主张入约，后者主张军事中立，不同意波黑加入北约。目前，在中东欧国家中，只有塞尔维亚和波黑不是北约成员国。

⑤ 中国现代国际关系研究院美欧研究中心编《北约的命运》，时事出版社，2004，第 93 页。

接触"①。1991年11月，北约罗马峰会进一步表示："目前，整个中东欧民主制度的发展和令人鼓舞的合作经验以及这些国家对更为紧密的关系的愿望，要求拓展、加强并提高我们的关系到一个新的质量水平。因此，下一步我们打算在政治和安全问题上发展一种更加制度化的协商与合作关系。"② 随后，北大西洋合作委员会成立，"北约与华约国家的合作关系实现了'制度化'"③。

苏联解体后，中东欧国家加入北约的要求更为迫切。1993年，俄罗斯国内极端民族主义力量壮大，俄罗斯与波罗的海国家关系紧张，波黑内战愈演愈烈，中东欧国家的安全忧虑加剧，加入北约的愿望更加强烈，美国也开始关注并讨论北约东扩问题。10月，美国向北约提出"和平伙伴关系"建议。1994年1月，北约在布鲁塞尔召开苏联解体后的第一次峰会，"和平伙伴关系"计划出台，邀请所有北大西洋合作委员会伙伴国和欧洲安全与合作会议成员国参加。"和平伙伴关系"计划"旨在以对民主原则的承诺为基础，增加稳定，减少对和平的威胁，并在北约与欧洲—大西洋地区非北约成员国之间建立加强版的安全关系"④。该计划既可看作回避扩大的折中方案又可看作扩大的序曲⑤。中东欧16国相继加入了该计划（见表1）。1995年9月，北约发布《关于北约扩大的研究报告》，阐述扩大的目标、原则和方式，北大西洋合作委员会和"和平伙伴关系"计划在扩大进程中的作用，扩大对欧洲—大西洋地区安全与稳定的意义、对北约的影响，新成员国的权利和义务以及为加入北约所做的准备工作等内容。明确指出：北约邀请其他欧洲国家成为盟国，将是朝着在广泛的欧洲安全结构内加强整个欧洲—大西洋地区安全与稳定的根本目标的一次进步⑥。

1997年5月，北约与俄罗斯签署《俄罗斯与北约相互关系、合作与安全基本文件》，建立北约—俄罗斯常设联合理事会，即所谓"19+1机制"，以不在

① "Declaration on a Transformed North Atlantic Alliance," https://www.nato.int/cps/en/natohq/official_texts_23693.htm.

② "Declaration on Peace and Cooperation," https://www.nato.int/cps/en/natohq/official_texts_23846.htm?mode=pressrelease.

③ 中国现代国际关系研究院美欧研究中心编《北约的命运》，时事出版社，2004，第98~99页。

④ "Partnership for Peace Programme," https://www.nato.int/cps/en/natohq/topics_50349.htm.

⑤ 李海东：《北约扩大研究（1948—1999）》，世界知识出版社，2010，第131页。

⑥ "Study on NATO Enlargement," https://www.nato.int/cps/en/natohq/official_texts_24733.htm.

北约新成员国部署核武器和驻军、让俄罗斯加入七国集团和世界贸易组织、向俄罗斯提供经济援助等承诺换取俄罗斯对北约东扩的默认。同月，欧洲—大西洋伙伴关系委员会成立，取代北大西洋合作委员会，旨在“为北约与欧洲—大西洋地区伙伴国的合作以及在‘和平伙伴关系’计划下发展北约与各伙伴国双边关系提供总体政治框架”①。在上述准备的基础上，7 月，北约马德里峰会邀请捷克、匈牙利和波兰开始加入北约的谈判。1999 年 3 月，三国正式成为北约成员国，北约完成了冷战结束后的第一轮东扩。

“捷克共和国、匈牙利和波兰成功加入北约增强了北约进一步吸收新成员的意愿，但也显示出将入约进程规范化和标准化以支持广泛的欧洲安全结构的需要。”② 1999 年 4 月，北约华盛顿峰会宣布：“北约根据《华盛顿条约》第十条继续向新成员开放。希望在未来几年进一步向愿意并且能够承担成员国责任和义务的国家发出邀请。……没有一个将实现《条约》作为目标的欧洲民主国家被排除在考虑之外。”③ 为帮助想要加入的国家做准备，北约推出“成员国行动计划”，罗马尼亚等九国随即加入该计划，克罗地亚、黑山和波黑也分别于 2002 年、2009 年和 2010 年加入（见表 1）。2002 年 5 月，北约与俄罗斯建立北约—俄罗斯理事会，取代北约—俄罗斯常设联合理事会，即以“20 机制”取代“19 +1 机制”，俄罗斯对波罗的海三国入约的反对态度趋缓。11 月，包括波罗的海三国在内的中东欧七国接到北约邀请（见表 1）。2004 年 3 月，七国加入北约，北约完成了自成立以来规模最大的一次扩大。

表 1　中东欧国家加入北约的进程

国家	签订“和平伙伴关系计划”	加入“成员国行动计划”	接到北约邀请	加入北约
波兰	1994 年 2 月	—	1997 年 7 月	1999 年 3 月
匈牙利	1994 年 2 月	—	1997 年 7 月	1999 年 3 月
捷克	1994 年 3 月	—	1997 年 7 月	1999 年 3 月

① “Euro-Atlantic Partnership Council,” https：//www. nato. int/cps/en/natohq/topics_ 49276. htm.

② Jim Seroka, “Security Considerations in the Western Balkans：NATO’s Evolution and Expansion,” *East European Quarterly*, XLI (1), 2007：31.

③ “The Alliance’s Strategic Concept,” https：//www. nato. int/cps/en/natohq/official_ texts_ 27433. htm? mode = pressrelease.

续表

国家	签订"和平伙伴关系计划"	加入"成员国行动计划"	接到北约邀请	加入北约
罗马尼亚	1994 年 1 月	1999 年 4 月	2002 年 11 月	2004 年 3 月
立陶宛	1994 年 1 月	1999 年 4 月	2002 年 11 月	2004 年 3 月
爱沙尼亚	1994 年 2 月	1999 年 4 月	2002 年 11 月	2004 年 3 月
斯洛伐克	1994 年 2 月	1999 年 4 月	2002 年 11 月	2004 年 3 月
保加利亚	1994 年 2 月	1999 年 4 月	2002 年 11 月	2004 年 3 月
拉脱维亚	1994 年 2 月	1999 年 4 月	2002 年 11 月	2004 年 3 月
斯洛文尼亚	1994 年 3 月	1999 年 4 月	2002 年 11 月	2004 年 3 月
阿尔巴尼亚	1994 年 2 月	1999 年 4 月	2008 年 4 月	2009 年 4 月
克罗地亚	2000 年 5 月	2002 年 5 月	2008 年 4 月	2009 年 4 月
黑山	2006 年 12 月	2009 年 12 月	2015 年 12 月	2017 年 6 月
北马其顿	1995 年 11 月	1999 年 4 月	2018 年 7 月	2020 年 3 月
波黑	2006 年 12 月	2010 年 4 月	—	—
塞尔维亚	2006 年 12 月	—	—	—

资料来源：作者自制。

东扩进程仍在继续。2008 年 4 月，北约布加勒斯特峰会邀请阿尔巴尼亚和克罗地亚开始入约谈判，并向马其顿保证，一旦其解决了与希腊的国名争端①便可开始入约谈判。2009 年 4 月，阿尔巴尼亚和克罗地亚加入北约。2015 年 12 月，黑山接到北约的邀请。2017 年 6 月，黑山成为北约成员国。2018 年 6 月，马其顿与希腊两国总理就马其顿国名问题达成协议。7 月，北约布鲁塞尔峰会向马其顿发出邀请。2019 年 2 月，北约 29 个成员国同马其顿签署加入北约议定书。同月，马其顿正式更名为北马其顿共和国。2020 年 3 月，北马其顿加入北约。

中东欧 14 国的加入拓展了北约的疆域，其势力范围不但覆盖前华约组织领地，而且扩展到南斯拉夫地区和阿尔巴尼亚，形成从波罗的海到黑海和亚得里亚海的战略防线，"增加了其作为稳定欧洲—大西洋地区而非仅是稳定西欧手段的价值"②。不仅如此，由于中东欧国家大多国力不强，军事力量有限，较之军

① 希腊坚决反对用"马其顿"作为国名，认为它暗含着对希腊北部马其顿省的领土要求，也象征着亚历山大大帝的文化遗产，因此阻碍马其顿加入北约。

② Hans Mouritzen and Anders Wivel, eds., *The Geopolitics of Euro-Atlantic Integration* (London: Routledge, 2005): 63.

事意义，其加入北约的政治意义更为重大。“北约是在冷战中诞生的，但是北约的不断扩大使其具有了超越冷战对抗的功能。……对希望加入北约的国家而言，北约是促使其加入西方阵营或者融入西方的主要国际制度。”① 由此，北约为冷战结束后的继续存在找到了理由，并“由一个紧密的军事政治联盟向一个相对松散的政治—军事联盟转变”②。这种“扩大所展现的北约的政治功能随着数轮扩大的完成而不断地得到加强与揭示。北约虽然是一个区域性组织，但其全球性的影响在随着扩大而不断地增强”③。

二　中东欧国家与北约的新战略

东欧剧变带来的国际局势的巨大变化，特别是前南地区发生的战争促使北约思考并制定新的战略概念，波黑战争、科索沃战争和马其顿危机更是成为北约新战略的试验场。

1990 年 7 月，东欧剧变尚在进行之时，北约伦敦峰会便已开始酝酿战略调整：“欧洲已经进入一个新的、充满希望的时代。……（北大西洋）联盟必须并且将会适应（这个时代）”，“我们的联盟必须成为变革的动力。它可以帮助建立一个更加团结的大陆结构，凭借我们对民主、个人权利与和平解决争端的共同信念的力量支持安全和稳定。我们重申安全和稳定不仅限于军事方面，我们打算根据《北大西洋公约》第二条的规定加强联盟的政治成分”④。

1991 年，东欧剧变尘埃落定，克罗地亚和斯洛文尼亚战争相继打响。7 月，华约成员国举行政治协商委员会最后一次会议，决定终止华沙条约，解散华约组织。面对前南地区已经和可能出现的安全威胁以及华约解散后的生存危机，北约必须对新的安全环境做出判断，并在此基础上确定目标、职能和更广泛的安全方法。1991 年 11 月，在北约罗马峰会上《联盟新战略概念》应运而生。

《联盟新战略概念》指出：“自 1989 年以来，中东欧发生的深刻政治变化从

① 李海东：《北约扩大研究（1948—1999）》，世界知识出版社，2010，第 189 页。

② 中国现代国际关系研究院美欧研究中心编《北约的命运》，时事出版社，2004，第 133 页。

③ 李海东：《北约扩大研究（1948—1999）》，世界知识出版社，2010，第 189 页。

④ “Declaration on a Transformed North Atlantic Alliance,” https: //www. nato. int/cps/en/natohq/official_ texts_ 23693. htm.

根本上改善了北大西洋联盟寻求实现其目标的安全环境。……作为冷战时期军事对抗根源的欧洲政治分裂已经被克服”，“联盟成立头40年中主要关切的巨大和潜在的直接威胁已经消失”，“但有关未来的大量不确定性和联盟的安全风险依然存在”，它“不太可能来自对盟国领土的蓄意侵略，而是来自许多中东欧国家面临的严重经济、社会和政治困难，包括种族对抗和领土争端带来的不稳定的不良后果”，“可能导致不利于欧洲稳定的危机甚至武装冲突，可能涉及域外大国或蔓延到北约国家，对联盟安全产生直接影响”。此外，安全风险还可能来自苏联、南地中海和中东国家①。

一方面，“新的环境没有改变联盟的目标和安全职能”②。北约的根本目的仍是“根据《联合国宪章》的原则，以政治和军事手段保障所有成员国的自由和安全”。北约“以民主、人权和法治的共同价值观为基础，自成立以来一直致力于在欧洲建立公正和持久的和平秩序”；“体现了将北美与欧洲安全永久联系在一起的跨大西洋关系”和“其成员国为支持它们的共同利益而进行的有效的集体努力”。北约的基本运作原则仍是“主权国家之间的共同承诺和相互合作，支持所有成员国安全的不可分割”。实施安全政策的手段仍是“维持足以防止战争和提供有效防御的军事能力”，“成功处理影响成员国安全危机的全面能力”，“进行有利于与其他国家对话并积极寻求合作解决欧洲安全问题，包括军备控制和裁军领域问题的政治努力”③。

另一方面，“随着安全形势的急剧变化，通过政治手段实现联盟目标的机会比以往任何时候都大。……应对联盟面对的各种挑战需要更广泛的安全方法。这体现在盟国安全政策三个相互加强的要素上：对话、合作和保持集体防御的能力”④。值得一提的是，北约首次将“危机管理和冲突预防”作为一种安全方法：“在欧洲新的政治和战略环境中，联盟维护和平和防止战争政策的成功比过

① “The Alliance's New Strategic Concept,” https://www.nato.int/cps/en/natohq/official_texts_23847.htm.

② “The Alliance's New Strategic Concept,” https://www.nato.int/cps/en/natohq/official_texts_23847.htm.

③ “The Alliance's New Strategic Concept,” https://www.nato.int/cps/en/natohq/official_texts_23847.htm.

④ “The Alliance's New Strategic Concept,” https://www.nato.int/cps/en/natohq/official_texts_23847.htm.

去更加取决于预防性外交和成功管理影响成员国安全危机的效力。”[①]

显然，“危机管理和冲突预防”的提出在很大程度上是基于对克罗地亚战争及其可能引起的地区动荡的担忧[②]，如北约官员所说：“即使巴尔干冲突没有对北约的领土造成直接威胁，但它仍然是一个需要应对的安全挑战。……北约必须采取行动以制止流血。”[③] 就在《联盟新战略概念》出台后不久，波黑战争爆发，北约的“危机管理和冲突预防”找到了用武之地。

1992 年 10 月，北约根据联合国安理会决议在波黑建立禁飞区，并为在波黑执行任务的联合国维和部队提供空中支援。1993 年 4 月，北约战斗机开始在波黑领空执行联合国的禁飞任务，“这是北约自 1949 年成立以来首次采取的军事行动，也是北约首次为实施联合国决议而在北约防区以外采取的军事行动”[④]。此后，北约多次对波黑塞尔维亚族实施空中打击。1995 年 8 ~ 9 月，北约对波黑塞族阵地进行大规模空袭，“这或许是促使塞尔维亚人最终坐到代顿谈判桌前的决定性事件”[⑤]。《代顿协议》签署后，根据联合国安理会决议，以北约为首的执行部队和多国稳定部队先后在波黑执行维和任务，直至 2004 年 12 月 2 日被欧盟稳定部队取代。

1997 年 7 月，北约国家元首和政府首脑同意对战略概念进行重新审议，以确保其完全符合欧洲新的安全局势和挑战[⑥]。科索沃危机的升级恰为北约制定新战略提供了先行先试的契机。

1998 年以来，科索沃危机加剧、冲突频仍，北约积极介入。3 月，北大西洋理事会发表声明称：“北约和国际社会对科索沃事态发展拥有合法权益，尤其

---

① “The Alliance’s New Strategic Concept,” https://www.nato.int/cps/en/natohq/official_texts_23847.htm.

② 斯洛文尼亚战争在欧共体的斡旋下只进行了 10 日便于 1991 年 7 月初结束，克罗地亚战争则持续了很长时间。1992 年 1 月，战事告一段落。此后塞尔维亚和克罗地亚两族的摩擦和冲突时有发生。1995 年 5 月和 8 月，克罗地亚发动两场闪电战，收复了大部分塞族聚居区。直到 1998 年 1 月，克罗地亚才实现了领土完整和国家统一。

③ 米歇尔·吕勒：《北约官员授权本刊独家发表 北约的昨天、今天和明天——北约：一个进化的组织》，《国际展望》2003 年第 20 期。

④ 王义桅主编《转型的北约与变动的世界》，世界知识出版社，2015，第 95 页。

⑤ 〔美〕詹姆斯·W. 彼得森：《北约与恐怖主义——扩大与转型》，罗天虹、波尔特、晓云译，世界知识出版社，2015，第 69 页。

⑥ “The Alliance’s New Strategic Concept,” https://www.nato.int/cps/en/natohq/official_texts_23847.htm.

是因为科索沃事态对整个地区稳定的影响，这是北约的关切所在。"① 8月，北约秘书长索拉纳宣称北约军事当局已获授权，可以非正式地了解有关国家准备投入可能的空中行动的兵力状况②。9月，北大西洋理事会发出对科索沃进行有限空中打击和分阶段空中打击的警告，这是"一个重要的政治信号，表明北约准备在必要时动用武力"③。10月，北大西洋理事会宣布：鉴于南联盟不遵守联合国安理会第1199号决议，理事会将在大约96小时后发布对南联盟进行有限空袭和分阶段空中打击的命令④。南联盟迫于压力同意履行第1199号决议，在科索沃实现停火，并与北约签署协议，建立由北约运作的北约/科索沃空中核查机制⑤，科索沃局势暂时得以缓和。1999年1月，科索沃局势再度紧张，北约的态度愈加强硬："随时准备采取行动并且不排除任何选择，以确保科索沃冲突双方充分尊重国际社会的要求，遵守联合国安理会的所有有关决议"，北大西洋理事会"同意北约秘书长可批准对南联盟领土上的目标实施空袭"⑥。3月，有关科索沃问题的和谈失败。科索沃战争爆发。

科索沃战争是"北约自成立以来首次未经联合国授权而对一个主权国家发动的战争"⑦，这为北约出台新战略概念奠定了实践基础。1999年4月，北约华盛顿峰会提出更完善的战略概念。与1991年的《联盟新战略概念》相比，1999年的《联盟战略概念》至少有以下引人注目的发展。

第一，仍将"以政治和军事手段保障所有成员国的自由和安全""以民主、人权和法治的共同价值观为基础""致力于在欧洲建立公正和持久的和平秩序"作为北约的根本目标，但同时指出："影响欧洲—大西洋地区安全的危机和冲突

① "Council Statement on the Situation in Kosovo," https://www.nato.int/cps/en/natohq/official_texts_25989.htm?selectedLocale=en.

② "Statement by the Secretary General of NATO," https://www.nato.int/cps/en/natohq/news_71117.htm?selectedLocale=en&mode=pressrelease.

③ "Statement by the Secretary General Following the ACTWARN Decision," https://www.nato.int/cps/en/natohq/opinions_26061.htm?selectedLocale=en.

④ "The North Atlantic Council Reviews the Situation in Kosovo," https://www.nato.int/cps/en/natohq/news_25781.htm?selectedLocale=en.

⑤ "Press Points," https://www.nato.int/cps/en/natohq/opinions_26052.htm?selectedLocale=en.

⑥ "Statement by the North Atlantic Council on Kosovo," https://www.nato.int/cps/en/natohq/official_texts_27459.htm?selectedLocale=en.

⑦ 中国现代国际关系研究院美欧研究中心编《北约的命运》，时事出版社，2004，第16页。

可能危及这一目标的实现”，因此，北约“不仅要确保其成员国的防御，而且要为该地区的和平与稳定做出贡献”①。

第二，仍认为北约不太可能遭受大规模侵略，但提出不排除从长期看出现这种威胁的可能性，特别强调北约面临的“军事风险”和“非军事风险”，声称“这些风险包括欧洲—大西洋地区内部及其周边的不确定性和不稳定性以及联盟外围地区可能迅速发展的地区危机”；仍将严重的经济、社会和政治困难，种族对抗和领土争端作为导致地区不稳定的因素，还增加了宗教对立、不充分或失败的改革努力、滥用人权和国家解体等因素，表示“由此产生的紧张局势可能导致影响欧洲—大西洋地区稳定、人类灾难和武装冲突的危机”②。

第三，仍将“危机管理和冲突预防”作为一种安全方法，但把“危机管理”提升为“基本安全任务”：“按照《华盛顿条约》第七条的规定，随时准备以个案处理的方式并经协商一致，为有效预防冲突、积极参与危机管理包括危机应对行动做贡献。”③

第四，仍强调集体防御，但把“非第5条危机反应行动”④ 置于与集体防御同等重要的地位：“为通过军事行动管理危机，联盟军队将必须应对复杂多样的行为体、风险、情况和要求，包括人道主义危机。某些非第 5 条危机反应行动所需的要求可能与某些集体防御任务所需的要求一样高。”“北约军队必须保持在提供集体防御的同时进行有效的非第 5 条危机反应行动的能力。”⑤

---

① “The Alliance's Strategic Concept,” https：//www. nato. int/cps/en/natohq/official _ texts _ 27433. htm? mode = pressrelease.

② “The Alliance's Strategic Concept,” https：//www. nato. int/cps/en/natohq/official _ texts _ 27433. htm? mode = pressrelease.

③ “The Alliance's Strategic Concept,” https：//www. nato. int/cps/en/natohq/official _ texts _ 27433. htm? mode = pressrelease.

④ 《北大西洋公约》第 5 条规定：“缔约国同意，针对欧洲或北美一个或数个缔约国的武装攻击，都应被视为针对全体缔约国的攻击，因此，它们同意，如发生这样的武装攻击，每一缔约国按照《联合国宪章》第 51 条认可的单独或集体自卫的权利，将单独或会同其他缔约国，立即采取它认为必要的行动，包括使用武力，协助被攻击的一国或数国，以恢复并维持北大西洋地区的安全。此类武装攻击及为此所采取的一切措施应立即报告联合国安理会。安理会为恢复和维持国际和平及安全而采取必要措施时，上述措施即告终止。”“The North Atlantic Treaty,” https：//www. nato. int/cps/en/natohq/official_ texts_ 17120. htm? selectedLocale = en.

⑤ “The Alliance's Strategic Concept,” https：//www. nato. int/cps/en/natohq/official _ texts _ 27433. htm? mode = pressrelease.

北约更完善的新战略概念出台之时，科索沃战争仍在继续，直到1999年6月北约与南联盟签署南联盟从科索沃撤军的协议，联合国安理会通过第1244号决议，“决定在联合国主持下在科索沃部署国际民事和安全存在”，“有大批北大西洋公约组织人员参加的国际安全存在必须在统一的指挥和控制下进行部署，受权为科索沃境内所有人民建立安全的环境，并为所有流离失所者和难民安全返回家园提供便利”①。北约部队进驻科索沃，履行维和使命。

2001年马其顿危机是北约新战略概念的又一次实践。8月，在和平解决危机的《奥赫里德协议》签署后，北约开始在马其顿实施代号为“基本收获”的行动，收缴阿尔巴尼亚民族解放军的武器。9月，“基本收获”行动结束后，北约接着实施为期3个月的“琥珀狐狸”行动，保护在马其顿监督执行《奥赫里德协议》的国际观察员。“琥珀狐狸”行动完成后，北约继续实施“联合和谐”行动，向国际观察员提供支持，并在控制国家安全方面向马其顿政府提供帮助和建议。2003年，北约将“联合和谐”行动移交给欧盟②。

东欧剧变、华约解散尤其是前南地区发生的战争彻底改变了北约的安全环境，北约“需要应对新的安全环境。特别是，它需要借鉴西巴尔干政策成功和失败的经验教训，制定使联盟能够及早、有效和明确应对新出现的危机的新战略概念”③。新战略概念的出台赋予北约新的任务，使其“从一个以集体防御为主要任务的军事联盟转变成具有危机管理和安全合作功能的政治军事联盟”④，可以在防区外行动，甚至绕开联合国发动对主权国家的战争。从这个意义上看，中东欧国家作为北约施加影响的客体，对北约的生存和发展至关重要。

三　中东欧国家与北约的新行动

从加入北约前直至成为北约成员国后，中东欧国家一直参与北约在波黑、

① 《联合国安全理事会第1244（1999）号决议》，https：//undocs. org/zh/S/RES/1244（1999）.

② 有关北约在马其顿危机中的行动情况，参见〔美〕伊万·迪内夫·伊万诺夫《转型中的北约——新联盟、新任务和新能力》，赵文亮译，世界知识出版社，2013，第133~134页。

③ Jim Seroka，“Security Considerations in the Western Balkans：NATO’s Evolution and Expansion，” *East European Quarterly*，XLI（1），2007：36.

④ 王义桅主编《转型的北约与变动的世界》，世界知识出版社，2015，第104页。

科索沃、阿富汗和伊拉克的行动以及乌克兰危机发生后针对俄罗斯的军事部署。如果说作为北约成员国，参与北约行动理所应当，那么，入约前的参与则更多地带有为入约加分的意味，因为在许多情况下，北约“将成员国选拔与参与新型北约任务结合在一起”①。

在北约的波黑维和行动中，捷克、匈牙利、拉脱维亚、斯洛伐克、保加利亚、斯洛文尼亚、罗马尼亚等国都派兵参加以北约为首的执行部队及其后的多国稳定部队，执行任务：匈牙利参与了北约萨拉热窝司令部的工作，并加入了负责人质营救和搜寻救援的部队；斯洛伐克帮助修建道路和难民营，并提供直升机部队协助在波黑的安保工作；保加利亚为北约提供了运输排、工程排、机械化排和负责帮助保卫多国稳定部队指挥部的保安公司；斯洛文尼亚派出第15空军大队和医疗兵执行任务；等等②。

科索沃战争爆发之时，波兰、匈牙利和捷克刚刚加入北约，它们“意识到履行新承诺的含义”③，尽管捷克起初有些犹豫，但也对北约开放了领空，其中匈牙利因其靠近南联盟的地理位置而对北约的空中行动更为有利④。斯洛伐克、保加利亚和罗马尼亚也向北约开放了领空，以显示它们对欧洲—大西洋一体化的支持⑤。战争结束后，中东欧国家继续参与北约部队的维和行动，以至于“科索沃维和部队的独特之处在于其中有许多来自北约新成员国的士兵”⑥。捷克、斯洛伐克等国军队保护塞尔维亚难民安全重返边境地区；匈牙利派遣470名士兵参加在科索沃的行动；保加利亚和罗马尼亚军队在普里兹伦协助保护少数民族聚居地和历史遗迹，维护自由迁徙，重建被损毁的桥梁、房屋和公共建筑，

---

① 〔美〕詹姆斯·W. 彼得森：《北约与恐怖主义——扩大与转型》，罗天虹、波尔特、晓云译，世界知识出版社，2015，第73页。

② 〔美〕詹姆斯·W. 彼得森：《北约与恐怖主义——扩大与转型》，罗天虹、波尔特、晓云译，世界知识出版社，2015，第71~73页。

③ 〔美〕詹姆斯·W. 彼得森：《北约与恐怖主义——扩大与转型》，罗天虹、波尔特、晓云译，世界知识出版社，2015，第22页。

④ 〔美〕詹姆斯·W. 彼得森：《北约与恐怖主义——扩大与转型》，罗天虹、波尔特、晓云译，世界知识出版社，2015，第25页、第33页、第76页；Hans Mouritzen and Anders Wivel, eds., *The Geopolitics of Euro-Atlantic Integration* (London: Routledge, 2005): 178–179.

⑤ Hans Mouritzen and Anders Wivel, eds., *The Geopolitics of Euro-Atlantic Integration* (London: Routledge, 2005): 179.

⑥ 〔美〕詹姆斯·W. 彼得森：《北约与恐怖主义——扩大与转型》，罗天虹、波尔特、晓云译，世界知识出版社，2015，第78页。

建造新的民房；爱沙尼亚和拉脱维亚军队参与保护米特罗维察；立陶宛军队在乌罗舍瓦茨协助将军队的法律和维护秩序职能移交给地方；等等[①]。

在北约的阿富汗行动中，“新成员国积极贡献兵员，热情高于老成员”[②]。保加利亚军队和英国军队一道部署了一套消毒沐浴和洗衣综合设备；捷克军队在阿富汗省级重建中进行了持续的、多种多样的工作，包括在危险的巴达赫尚省山区巡逻，第五分遣队为阿富汗儿童接种抗病疫苗，气象学家在喀布尔机场向阿富汗的捷克野战医院、防化部队、提供空中运输和机场安全的其他人员及特殊军事行动提供气象报告，文职人员为伊塔尔什村的学校提供帮助；爱沙尼亚军队参加了在坎大哈省的军事行动，与英国和丹麦军队合作在赫尔曼德省为 2009 年阿富汗总统大选提供安保并帮助打击毒品犯罪，还在喀布尔和坎大哈的机场及国际安全援助部队司令部执行任务；匈牙利军队领导了在巴格兰省的省级重建队，改善那里的居住条件，并致力于基础设施开发项目；立陶宛军队负责古尔省的省级重建队，协调古尔省首府恰赫恰兰的开发项目；波兰分遣队负责保护喀布尔国际机场；罗马尼亚军队也参加了在坎大哈省的军事行动；斯洛伐克军队负责维护巴格拉姆机场安全，重建和修复机场跑道，为机场和相关道路扫雷；拉脱维亚和斯洛文尼亚也向阿富汗派遣了军队[③]。就连作为北约候选国的克罗地亚、阿尔巴尼亚和马其顿也为北约在阿富汗的军事行动提供了军队[④]。

北约没有直接介入美国发动的伊拉克战争，在此问题上法国、德国等北约老成员国与以波兰为代表的中东欧新成员国和即将加入北约的中东欧国家分歧严重，前者反对，后者支持，以致有学者认为：“从一开始，伊拉克战争就与北约有效而融洽地融合 1999 年到 2004 年十个新入盟国家的努力背道而驰。”[⑤] 但

---

① 〔美〕詹姆斯·W. 彼得森：《北约与恐怖主义——扩大与转型》，罗天虹、波尔特、晓云译，世界知识出版社，2015，第 78～81 页。

② 王义桅主编《转型的北约与变动的世界》，世界知识出版社，2015，第 114 页。

③ 〔美〕詹姆斯·W. 彼得森：《北约与恐怖主义——扩大与转型》，罗天虹、波尔特、晓云译，世界知识出版社，2015，第 101～110 页。

④ 许海云编著《挑战与应战：新世纪的北约——北约战略转型与发展研究文献汇编》，世界知识出版社，2012，第 212 页。

⑤ 〔美〕詹姆斯·W. 彼得森：《北约与恐怖主义——扩大与转型》，罗天虹、波尔特、晓云译，世界知识出版社，2015，第 128 页。

说到底，许多中东欧国家支持美国是“想要支撑其与北约和美国的关系，以确保获得北约成员国资格。另外，还可以借此加强他们与美国的长期安全联系”①。在它们看来，美国始终是北约内部最重要的角色，支持美国与支持北约并不矛盾。2004年，北约开始在伊拉克执行训练任务，保加利亚、匈牙利、拉脱维亚、立陶宛和罗马尼亚等国参与进来。保加利亚领导人同意在其军事学院训练伊拉克安全部队，并为伊拉克部队在自己行动区域之外地点的额外训练提供资金；匈牙利训练伊拉克部队，并对其进行监督和鉴定，还接管了军事建议和联络小组的领导权；拉脱维亚不仅为训练伊拉克安全部队提供资金支持，还提供了一些重要设备；立陶宛在多所北约学校和训练中心帮助训练伊拉克的高级安全部队②。

乌克兰危机发生后，波罗的海三国、波兰、罗马尼亚等中东欧国家因地理位置邻近俄罗斯和/或乌克兰，加上历史形成的对俄罗斯的深刻忌惮而感受到了巨大的安全威胁，急欲寻求北约的保护。北约认为：“俄罗斯对乌克兰的侵略行动从根本上挑战了我们对一个完整、自由与和平欧洲的愿景”③，为应对挑战，需重视位于其东部前沿的中东欧国家，在那里进行军事部署。

2014年9月，北约威尔士峰会通过“战备行动计划”，该计划涉及一系列“保证性措施”和“适应性措施”。“保证性措施包括以轮换的方式保证在联盟东部持续的空中、陆地和海上存在，以及进行有意义的军事活动”；“适应性措施包括确保联盟能够充分应对它可能面临的安全挑战的措施”。北约“将建立一支高度战备联合特遣部队，即一支为应对挑战，特别是在北约周边出现的挑战能够在几天内部署完毕的新的盟军联合部队”，“还将随时在东部盟国领土上建立适当的指挥和控制机构并部署一些军事力量，这些军事力量由盟国以轮换的方式提供，致力于规划和实施集体防御方案”④。此外，为有效回应“混合战

① 许海云编著《挑战与应战：新世纪的北约——北约战略转型与发展研究文献汇编》，世界知识出版社，2012，第192页。

② 〔美〕詹姆斯·W. 彼得森：《北约与恐怖主义——扩大与转型》，罗天虹、波尔特、晓云译，世界知识出版社，2015，第136～137页。

③ “Wales Summit Declaration,” https://www.nato.int/cps/en/natohq/official_texts_112964.htm?selectedLocale=en.

④ “Wales Summit Declaration,” https://www.nato.int/cps/en/natohq/official_texts_112964.htm?selectedLocale=en.

争”的威胁，北约还计划在拉脱维亚建立其委派的“卓越战略通信中心”①。

2015年2月，北约国防部长会议进一步落实“战备行动计划”，宣布高度战备联合特遣部队“以一个多国旅为中心，至多有5个机动营”，欢迎包括波兰在内的北约6个成员国在今后几年轮流参加这支部队；决定立即在保加利亚、爱沙尼亚、拉脱维亚、立陶宛、波兰和罗马尼亚“建立6个多国指挥和控制机构——北约部队一体化中心”，“帮助盟国军队迅速部署到该地区，支持集体防御计划并协调多国的训练和演习”；“欢迎丹麦、德国和波兰为建立多国部队东北欧司令部所做的工作”，该司令部可“在必要时为部署在波罗的海国家和波兰的指挥部队提供更强的高度战备能力”，并计划在罗马尼亚建立多国部队东南欧司令部②。

2016年2月，北约国防部长会议同意以多国部队的形式加强在北约东部的前沿存在③。6月，北约国防部长会议宣布北约将以轮换的方式在爱沙尼亚、拉脱维亚、立陶宛和波兰部署4个营的多国部队④。7月，北约华沙峰会决定从2017年起在上述国家驻扎4个营的多国部队，该部队由框架国和其他贡献国在自愿、可持续和轮换的基础上提供，与所在国部队协同作战。欢迎加拿大、德国、英国和美国作为框架国分别在拉脱维亚、立陶宛、爱沙尼亚和波兰建立多国部队，并响应罗马尼亚关于建立一个多国旅的倡议，为联盟东南部量身打造北约的军事存在⑤。2017年10月，罗马尼亚多国旅建立，该旅由罗马尼亚领导，波兰提供一个连的兵力，葡萄牙、保加利亚、意大利和德国等八国也参与其中⑥。2020年1月1日，波兰接替德国领导高度战备联合特遣部队，该部队约有6000名士兵，其中约3000名来自波兰，其余来自保加利亚、捷克、匈牙利、意

---

① “Wales Summit Declaration,” https: //www. nato. int/cps/en/natohq/official_ texts_ 112964. htm? selectedLocale = en.

② “Statement by the NATO Defence Ministers on the Readiness Action Plan,” https: //www. nato. int/cps/en/natohq/official_ texts_ 117222. htm? selectedLocale = en.

③ “NATO Boosts Its Defence and Deterrence Posture,” https: //www. nato. int/cps/en/natohq/news_ 127834. htm? selectedLocale = en.

④ “NATO Defence Ministers Agree to Enhance Collective Defence and Deterrence,” https: //www. nato. int/cps/en/natohq/news_ 132356. htm? selectedLocale = en.

⑤ “Warsaw Summit Communiqué,” https: //www. nato. int/cps/en/natohq/official_ texts_ 133169. htm? selectedLocale = en.

⑥ “Remarks,” https: //www. nato. int/cps/en/natohq/opinions_ 147794. htm? selectedLocale = en.

大利、立陶宛、拉脱维亚、葡萄牙、罗马尼亚、西班牙、斯洛伐克、土耳其和英国，美国随时准备提供空中和其他战斗支援①。此外，2016 年 5 月，美国在罗马尼亚德韦塞卢部署的陆基“宙斯盾”反导系统正式启动，在波兰伦济科沃部署的陆基“宙斯盾”反导系统开工建设。北约秘书长表示：“罗马尼亚和波兰的基地将大大加强我们的防御能力。”② 7 月的华沙峰会宣布罗马尼亚德韦塞卢陆基“宙斯盾”反导系统的指挥和控制权正在移交给北约，“北约弹道导弹防御系统实现了初级作战能力”，并欢迎波兰在伦济科沃建设陆基“宙斯盾”反导系统③。2019 年 8 月，北约在罗马尼亚的陆基“宙斯盾”反导系统完成升级④。

中东欧国家大多国小势弱，军事力量不强，很难说它们的参与能在多大程度上提升北约的行动能力。有学者甚至认为：“虽然联盟新成员国为伊拉克和阿富汗的战争提供了人员和物资，但它们的贡献大多是象征性的。”⑤ 但不能否认，中东欧国家因其地理位置和历史经历可在北约的若干行动中发挥独到的作用。例如，一些国家特别是匈牙利开放领空有利于北约空袭南联盟；北约在一些中东欧国家部署军事力量有利于对抗俄罗斯；而“2004 年加入北约的七个新成员国对于北约反恐行动的潜在贡献是可观的。历史经验、地缘政治位置以及与少数民族之间的讨价还价谈判赋予他们特殊的理解力，这种理解对于处理北约担负的人道主义任务有很大帮助”⑥。更重要的是，中东欧国家参与北约新行动是为了更快地被北约接受和更好地融入北约，它们的加入和融入已经改变了并仍将继续改变北约的面貌。

---

① “Poland Takes Charge of NATO High Readiness Force,” https：//www. nato. int/cps/en/natohq/news_ 172334. htm? selectedLocale = en.

② “Defending Our Nations from Ballistic Missile Threats,” https：//www. nato. int/cps/en/natohq/opinions_ 130662. htm? selectedLocale = en.

③ “Warsaw Summit Communiqué,” https：//www. nato. int/cps/en/natohq/official _ texts _ 133169. htm? selectedLocale = en.

④ “Aegis Ashore Ballistic Missile Defence System in Romania Completes Scheduled Update,” https：//www. nato. int/cps/en/natohq/news_ 168377. htm? selectedLocale = en.

⑤ Zoltan Barany, “NATO's Post-Cold War Metamorphosis：From Sixteen to Twenty-Six and Counting,” *International Studies Review*, 8 (1), 2006：177.

⑥ 〔美〕詹姆斯·W. 彼得森：《北约与恐怖主义——扩大与转型》，罗天虹、波尔特、晓云译，世界知识出版社，2015，第 44 页。

四 中东欧国家与北约的新挑战

东欧剧变及苏联解体动摇了北约存在的基础，“毕竟，1949 年北约是为了对抗苏联对西欧和北美构成的军事威胁而成立的”①，这是中东欧带给北约的也是北约有史以来遭遇的最大挑战。然而，北约并未因对手的消失而瓦解，而是通过扩大组织、出台新战略和实施新行动生存了下来。“中东欧国家申请加入北约，成为挽救（甚至复兴）这个可能变为一个无关紧要组织的‘救心丸’。巴尔干危机给了北约一个依然可以有所作为的机会，一个新的使命和目标。”② 与此同时，中东欧国家入约和参加北约行动又给北约带来了新的挑战。“这些新的加入者在防御能力、偏好、位置、工业基础和防御风险（例如需要保护的边界）方面强化了北约的异质性。这种异质性不仅因决策的一致性原则而给北约执行任务带来困难，而且由于不同国家不同的优先选择令责任分担成为问题。”③

不过，北约在决策效率、行动能力和责任分担方面面临的挑战并不全由中东欧国家而起。北约因法国、德国等北约老成员国的反对没有介入伊拉克战争④，而非因中东欧国家与法、德等北约老成员的意见分歧，而且这也并未妨碍北约在伊拉克执行训练任务。从冷战后北约实施的新行动来看，“没有证据说明北约在国际安全中的作用与北约的三轮扩大潮之前相比已经几乎边缘化。不应该将解决一项特定任务中的障碍归因于盟国数量的不断增加或者拥挤的影响”⑤。北约的中东欧新成员国“相对弱小和贫穷”，“对北约责任分担的贡献”的确

① Zoltan Barany, “NATO's Post-Cold War Metamorphosis: From Sixteen to Twenty-Six and Counting,” *International Studies Review*, 8 (1), 2006: 165.

② 朱晓中：《双东扩的政治学——北约和欧盟扩大及其对欧洲观念的影响》，《俄罗斯中亚东欧研究》2003 年第 2 期。

③ Todd Sandler and Hirofumi Shimizu, “NATO Burden Sharing 1999 - 2000: An Altered Alliance,” *Foreign Policy Analysis*, 10 (1), 2014: 44.

④ 在某种意义上，与其说北约围绕伊拉克战争的分歧暴露出“新老欧洲”的分歧，还不如说这是美国与法、德等北约欧洲老成员国之间矛盾的一次体现。该矛盾在以后的岁月里一直存在，且不时呈扩大之势，成为北约面临的一大挑战。2019 年 10 月，法国总统马克龙宣称北约“脑死亡”即是其延续。

⑤ 〔美〕伊万·迪内夫·伊万诺夫：《转型中的北约——新联盟、新任务和新能力》，赵文亮译，世界知识出版社，2013，第 239 页。

“极为有限”①，且北约为实现这些国家的军事转型耗资不菲，以致北约背上了“中东欧二等军事力量的重负”，“要用越来越少的军队去保护越来越大的领土”②，但就困扰北约的军费问题而言③，中东欧国家入约不是导致军费不足的唯一原因，军费不达标也不是北约的中东欧成员国独有的问题（见图1和图2）。总的来看，中东欧国家在决策效率、行动能力和责任分担方面带给北约的挑战并未威胁到北约的生存，北约也没有从“一个拥有有限成员国的有效军事联盟”转变为“一个规模巨大但功能和效力不明确的实体——或许是拥有真正军事力量的欧安组织，又或许是类似欧安组织的清谈馆”④。

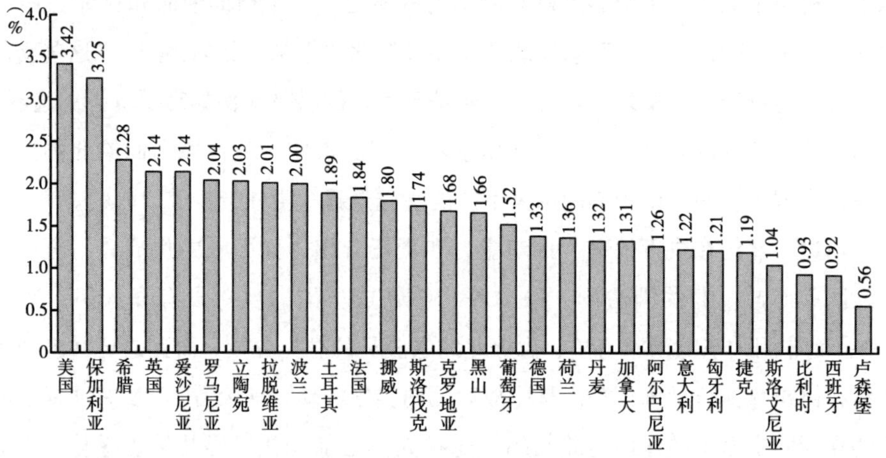

图1　2019年北约成员国国防开支在各自国内生产总值（GDP）中的百分比（基于2015年的价格和汇率）

注：数据为估计值，暂缺冰岛相关数据，下同。

资料来源：“Defence Expenditure of NATO Countries（2013－2019）”，https：//www.nato.int/nato_static_fl2014/assets/pdf/pdf_2019_11/20191129_pr－2019－123－en.pdf。

① 〔美〕伊万·迪内夫·伊万诺夫：《转型中的北约——新联盟、新任务和新能力》，赵文亮译，世界知识出版社，2013，第199页。

② 高华：《透视新北约——从军事联盟走向安全—政治联盟》，世界知识出版社，2012，第590页。

③ 北约威尔士峰会宣布：按照北约的指导方针，盟国的国防开支至少要达到其国内生产总值的2%，其国防预算的20%以上要用于主要设备，包括相关的研发，未达标国家将争取在10年内达到这一标准（“Wales Summit Declaration，” https：//www.nato.int/cps/en/natohq/official_texts_112964.htm？selectedLocale＝en）。欧洲盟国军费投入不足屡遭美国总统特朗普诟病，他甚至一度抛出“北约过时论”。

④ Robert J. Art，“Creating a Disaster：NATO's Open Door Policy，” *Political Science Quarterly*，131（2），2016：341.

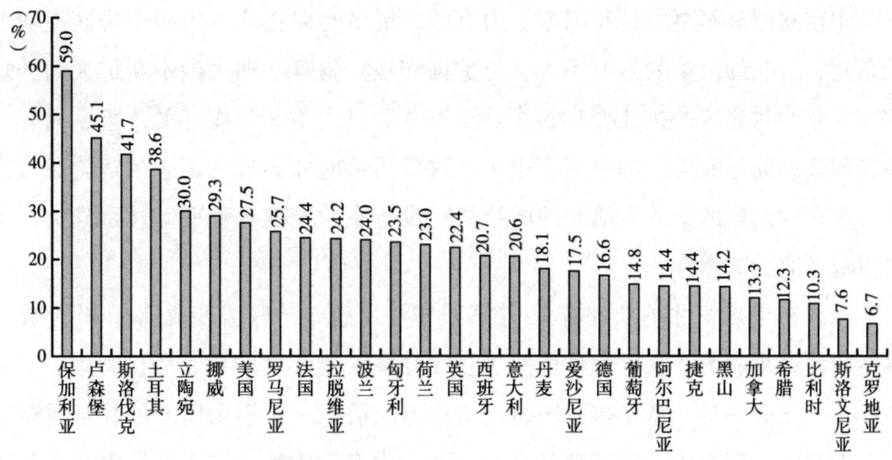

图 2　2019 年北约成员国设备开支在各自国防开支中的百分比
（基于 2015 年的价格和汇率）

注：数据为估计值。

资料来源："Defence Expenditure of NATO Countries (2013－2019)", https://www.nato.int/nato_static_fl2014/assets/pdf/pdf_2019_11/20191129_pr－2019－123－en.pdf。

值得注意的是，近年来，"非自由主义"在匈牙利等一些北约成员国的兴起成为北约面对的严峻挑战。北约成立之时，各缔约国宣示奉行西方价值观，"决心捍卫其人民建立在民主、个人自由和法治基础上的自由、共同传统和文明"①，这一宗旨始终没有改变。"从根本上讲，北约扩大就是西方价值观或政治体制的扩大。从寻求加入北约国家的角度来看，北约总是与实践西方价值观与政治理念紧密地相联。"② 因此，北约视匈牙利等国违背乃至破坏西方价值观的做法为发展大忌。2020 年 2 月慕尼黑安全会议发布的题为《西方的缺失》的报告指出："匈牙利总理欧尔班将自己标榜为反对'自由'欧洲的先锋，将'基督教民主'重新定义为本质上的'非自由民主'。""对有时被看作西方'执行机构'的北约来说，最危险的发展既不是其他大国的崛起，也不是邻国的不稳定，而是非自由主义的崛起和西方集体身份的不稳定。"③

---

① "The North Atlantic Treaty," https://www.nato.int/cps/en/natohq/official_texts_17120.htm?selectedLocale=en.

② 李海东：《北约扩大研究（1948—1999）》，世界知识出版社，2010，第 187 页。

③ "Munich Security Report 2020," https://securityconference.org/assets/user_upload/MunichSecurityReport2020.pdf.

中东欧国家军事力量和国家实力有限，更多时候在北约组织中扮演追随者的角色，对北约决策的影响不大，与美国和法、德等欧洲大国不断扩大的分歧相比，它们对北约的挑战要小得多。至于“非自由主义”崛起的危险，只有在不仅匈牙利而且欧美大部分国家也走上这条道路时才会成为真正的危险。可以说，中东欧国家的加入带给北约的挑战远没有东欧剧变和苏联解体那样大，不足以危及北约的生存。

冷战结束后，北约从拥有 16 个成员国的军事政治联盟变成拥有 30 个成员国的政治军事联盟，从以集体防御为主要任务变成集体防御、危机管理、安全合作三项任务并举，从在防区内行动变成走出防区、插手别国事务甚至侵略别国。在北约的新扩大、新战略和新行动中，中东欧国家——不管是主动参与还是被动接受——起到了不可低估的作用。北约在决策效率、行动能力、责任分担和价值观方面遇到的新挑战亦与中东欧国家有着或多或少的关系。绝大多数中东欧国家已经上了北约的“战车”，它们将在北约未来发展中发挥何种和多大的作用，取决于它们的政策选择、自身实力和在北约的影响力。这是接下来应该关注的课题。

（原文发表于《俄罗斯学刊》2021 年第 1 期）

欧洲一体化进程中维谢格拉德集团合作发展及其地位*

姜 琍**

内容提要： 中欧区域合作组织维谢格拉德集团的成立和发展与冷战结束后欧洲地缘政治变化和欧盟东扩进程紧密相连。无论是在入盟前还是入盟后，制度化程度低、合作松散、不对称性突出的维谢格拉德集团，都表现出是一个不太稳定的合作平台。2008 年国际金融危机后，维谢格拉德集团开始聚焦一些优先合作领域，在贯彻落实优先合作议题的过程中，成员国之间的互动强度和协同能力以及合作的连贯性明显加强，为其在欧盟层面实现共同利益获得更大的空间。在外部压力和共同利益诉求的推动下，它愈益发展为中欧地区最富有成效和最具影响力的区域合作组织。同时在某种程度上也对欧盟的价值观政治正确性等发出挑战，从是否符合自己利益诉求的角度来看待欧盟的政策和安排，开始寻求适合自己的发展道路。

关键词： 欧洲一体化 维谢格拉德集团 中欧地区合作

---

* 本文系国家社科基金“冷门绝学”研究专项“捷克历史研究”（项目编号：18VJX090）阶段性成果。

** 姜琍，中国社会科学院俄罗斯东欧中亚研究所研究员。

2019年是中欧区域合作组织维谢格拉德集团成立28周年和集团成员国加入欧盟15周年。维谢格拉德集团的成立、发展、意义和地位，与欧洲一体化进程紧密相连。经历了曲折发展历程的维谢格拉德集团，在实现了成立之初制定的战略目标——加入欧盟和北约后，成员国领导人已经从内部和外部为这个以政府间合作为基础、灵活性高、制度化程度低的磋商论坛找到新的合作动力和发展目标。利用维谢格拉德集团增强在欧盟内部的地位，是四个成员国的共同利益所在。它们在地理位置上接近，有着相似的历史经验、文化认同、精神遗产、宗教信仰和经济发展形势，寻找共识似乎并不困难。随着欧盟面临一系列内外危机，如欧元区债务危机、乌克兰危机、难民危机以及英国脱欧，维谢格拉德集团的内部团结、合作成效、与欧盟老成员国的关系以及在欧盟的地位发生了变化，它在欧盟层面表达和实现自身利益诉求的意愿和能力逐渐增强。

一 “回归欧洲”道路上维谢格拉德集团的发展

（一）初期紧密合作

冷战结束后，中欧地区①的地缘政治形势发生了巨大变化，出现了各种政治安排的构想。有着密切历史文化联系和相似地缘政治环境的波兰、匈牙利和捷克斯洛伐克三国联手共建了维谢格拉德集团，其战略目的有二：第一，保障中欧地区稳定，消除冷战结束后出现的“安全真空”状态；第二，在努力加入欧盟和北约的进程中加强合作②。中欧国家之间开展密切合作的想法与“回归欧洲”的理念密切相关，故维谢格拉德集团的建立可以被视为欧洲一体化项目的一个组成部分③。

---

① 无论是从地理意义上还是从地缘政治意义上理解中欧这个概念，都有若干种解释，其中一种解释是指位于德国（或说德语地区）和东方（有着不同的东正教文化和政治传统的东欧与巴尔干地区）之间的地区。本文所指的就是如此理解的中欧地区。

② 姜琍：《维谢格拉德集团合作的演变与发展前景》，《俄罗斯中亚东欧研究》2011年第4期。

③ Tomáš Strážay, “Visegrad-Arrival, Survival, Revival,” http://www.visegradgroup.eu/documents/bibliography/visegradarrival－survival－120628.

1991年2月15日，即华沙条约组织消亡前10天，捷克斯洛伐克总统哈韦尔、波兰总统瓦文萨和匈牙利总理安塔尔在匈牙利小城维谢格拉德会晤，签署了关于三国在通往欧洲一体化道路上密切合作的宣言。《维谢格拉德宣言》确立了下列基本目标：1. 恢复国家主权、民主和自由；2. 消除集权制度在社会、经济和精神方面的遗迹；3. 建立议会民主制和现代法治国家，尊重人权和自由；4. 创建自由市场经济；5. 参与欧洲政治、经济、安全和法律体系①。选择维谢格拉德作为三国结盟的地点具有象征意义，656年前曾在此诞生了一项中欧合作倡议：1335年，匈牙利、捷克和波兰三国国王曾就加强合作以及建立永恒的友谊达成协议。

波匈捷三国支持维谢格拉德集团合作有着各自的实用主义考量。波兰力求避免因位于统一的德国与苏联（俄罗斯）之间而可能出现的外交孤立局面，同时谋求中欧地区大国地位；捷克斯洛伐克希望积极推进欧洲一体化进程，反对中欧国家建立联邦、邦联或保持中立的思想；匈牙利则希望维谢格拉德集团合作可以帮助其实现外交政策目标，提供安全和政治稳定②。维谢格拉德集团合作不是在具有约束力的国际法基础上达成的国际协议，而是成员国在自愿的基础上履行商定的义务。维谢格拉德集团没有明确的制度结构，只是成员国通过各个级别和各种形式的会议来协调立场，它是在实现既定目标和优先事项时具有磋商特点的地区合作论坛③。维谢格拉德集团合作得到西方国家的认可和支持，这可以从1992年春欧洲共同体委员会发布的文件中看出来。该文件称："经济一体化要求推进各个国家之间的合作，如同要求发展各个国家与欧洲共同体的关系一样，欢迎这些国家之间已经开展的相互合作，其性质和内容就像《维谢格拉德宣言》中提及的那样。"④

1991～1992年，三个成员国紧密合作，成效突出。第一，协调步骤摆脱对苏联的依赖，并努力避免苏联恢复影响力。在苏军撤离、华约和经互会的解体

---

① "Visegrad Declaration 1991," http：//www. visegradgroup. eu/documents/visegrad - declarations/visegrad - declaration - 110412 - 2.

② 朱晓中主编《欧洲的分与合：中东欧与欧洲一体化》，中国社会科学出版社，2017，第198页。

③ Kamila Zelenά, Visegrάdskά skupina：vývoj a sou časné formy spoluprάce, file：///C：/Users/libus/Downloads/zaverecna_ prace%20（2）. pdf.

④ Europe and the Challenge of Enlargement, In. ：Bulletin of the European Communities（Suplement 3/92），p. 19.

问题上进行合作，逐步减少对苏联在经济上的依赖。第二，在未来加入欧盟和北约问题上达成一致。1991 年 12 月，三国与欧共体一起签署了联系国协定，并商定共同递交加入申请。第三，在经济领域加强联系。成员国共同开启了中欧地区资本流动自由化进程，通过了经济和贸易领域的双边国际条约，如关于避免双重征税的条约以及关于支持和保护投资的协议，并就建立中欧自由贸易区达成一致①。

（二）合作放缓

随着 1992 年 12 月 31 日捷克和斯洛伐克联邦共和国解体，维谢格拉德集团的成员国由三个变为四个。1993 ~ 1998 年，集团有效运作仅体现在“中欧自由贸易区协定”框架内的经济合作和加入北约进程中的安全合作两个层面，几乎没有举行政治磋商。原因主要有以下几个方面。

第一，成员国致力于实现本国利益，将地区团结与合作置于次要地位。捷克总统克劳斯消极对待维谢格拉德集团合作，他明确表示，“维谢格拉德集团与我们无关，这一区域合作完全是西方国家人为引发的一个进程”②。克劳斯主张与波兰、匈牙利和斯洛伐克加强双边关系，并倾向于与德国、奥地利和斯洛文尼亚这些经济较为发达的国家开展合作。克劳斯和捷克政府其他官员确信，捷克将在维谢格拉德集团中率先满足加入欧共体（欧盟）和北约的标准，将以最快的速度加入欧共体（欧盟），维谢格拉德集团合作反而会束缚捷克“回归欧洲”的步伐③。斯洛伐克独立后因与捷克之间存在财产纠纷以及与匈牙利之间围绕卡布奇克水电站和境内匈牙利少数民族的地位问题关系紧张，对维谢格拉德集团合作的重视程度减弱。尽管匈牙利和波兰认为维谢格拉德集团是在欧共体（欧盟）扩大问题上向西欧国家施加压力的有力工具，但匈牙利对外政策的优先方向仍是与邻国及其主要伙伴国发展双边关系。波兰也愈益重视与西部和东部

---

① 1992 年 12 月 21 日，波兰、捷克、斯洛伐克和匈牙利四国签署了《中欧自由贸易协定》，旨在提高成员国经济发展水平和加强经济合作关系，并为适应欧盟框架内的自由贸易创造环境。

② Peter Weiss, Vyšehradská štvorka-aké pokra čovanie? 28. 8. 2003. http：//www. euractiv. sk/rozsirovanie/analyza/vysehradska – stvorka – – ake – pokracovanie.

③ Petra Vejvodová, Spolupráce V4 a zájmy ČR v EU a NATO, https：//is. muni. cz/th/y7uyz/bakalarka. pdf.

伙伴国的关系，与德法两国建立了协调立场、加强合作的定期会晤机制“魏玛三角”，与乌克兰、白俄罗斯和波罗的海三国密切联系①。

第二，欧盟采取以候选国自由竞争为基础的扩大战略。1993 年 6 月，欧盟哥本哈根首脑会议通过了与欧盟候选国单独对话的方式，维谢格拉德集团的地位受到明显削弱，四个成员国协调步骤共同融入欧洲一体化进程的想法很快消失。1994 年波兰和匈牙利递交了入盟申请书，斯洛伐克和捷克分别在 1995 年和 1996 年递交。为了获得欧盟委员会的最好评价，维谢格拉德集团成员国之间展开了竞争。

第三，出现了用《中欧自由贸易协定》取代维谢格拉德集团的想法。维谢格拉德集团四国是《中欧自由贸易协定》的创始成员国，后来斯洛文尼亚、罗马尼亚、保加利亚和克罗地亚加入。《中欧自由贸易协定》以较快速度复苏了成员国之间呈下滑趋势的相互贸易，捷克和斯洛伐克都更加重视中欧自由贸易区，而不是维谢格拉德集团。

第四，成员国民众对集团缺乏理解和认同。维谢格拉德集团是“自上而下”建立起来的，成员国民众之间相对疏离。在民众层面，“回归欧洲”的热情完全掩盖了象征性的“回归中欧”理念。成员国的非政府组织和公民之间缺乏联系，几乎不存在中欧地区认同，也导致了维谢格拉德集团合作进程的放缓②。

（三）恢复和加强合作

在 1997 年 7 月举行的北约马德里峰会上，波兰、捷克和匈牙利接到入约邀请。同年 12 月，上述三国接到参加入盟谈判的邀请。这两个事件的发生促使波匈捷三国开始加强联系。由于国内的政治形势以及采取亲俄罗斯的对外政策，斯洛伐克被排除在欧盟和北约扩大第一波之外，中欧地区出现了双速发展的态势。1998 年秋维谢格拉德集团开始逐渐恢复合作，其主要原因有三点。第一，1998 年捷克和斯洛伐克先后举行了议会选举，政府的更替导致两国关系显著改善，捷克新政府致力于通过维谢格拉德集团合作帮助斯洛伐克

---

① Kamila Zelenά, Visegrάdskά skupina: vývoj a sou časné formy spolupráce, file: ///C: /Users/libus/Downloads/zaverecna_ prace%20（4）. pdf.

② Tomáš Strážay, “Visegrad-Arrival, Survival, Revival”, http: //www. visegradgroup. eu/documents/bibliography/visegradarrival – survival – 120628.

打破国际孤立局面。第二，斯洛伐克新政府确立了外交政策优先目标：尽快在融入欧洲一体化进程中赶上维谢格拉德集团其他成员国。而实现这一目标的主要工具之一即是恢复维谢格拉德集团合作。第三，斯洛伐克是维谢格拉德集团四国中唯一与其他三个成员国都交界的国家，一旦被排除在加盟入约潮流之外，会对中欧地区的安全稳定、经济合作、边防检查制度和人员往来带来问题①。

1998 年 10 月，捷克总理泽曼、波兰总理布泽克和匈牙利总理欧尔班在布达佩斯会晤并签署共同宣言，提出恢复维谢格拉德集团合作、在加盟入约问题上加强合作和支持斯洛伐克尽快加入北约等意向。

1999 年 5 月，波匈捷斯四国总理在布拉迪斯拉发会晤，通过了“维谢格拉德集团合作内容”的文件，确定了未来合作的基本框架、优先方向和具体合作机制。四国商定在外交、打击非法移民和有组织犯罪、教育、文化、科技、跨边境合作等领域开展合作。合作的主要方向是支持成员国融入跨大西洋结构、加强维谢格拉德集团公民层面的联系和努力帮助斯洛伐克消除在融入欧洲一体化进程中的落后状态。在合作机制方面，按照欧盟的做法实行轮值主席国制度，每个成员国轮流担任主席国，任期一年；每年举行一次总统峰会、两次总理峰会（一次正式和一次非正式）。在部委、议会和专家之间逐渐形成合作平台。为了突出对斯洛伐克的重视，斯洛伐克成为从 1999 年 7 月起的第一个轮值主席国，2000 年 6 月成立的国际维谢格拉德基金会也设立在斯洛伐克首都布拉迪斯拉发。国际维谢格拉德基金会是维谢格拉德集团合作的第一个制度化形式，旨在推动成员国在文化、科研、青年人交流、旅游和跨边境合作等领域的联系，以使维谢格拉德集团合作更贴近民众。

1998～2004 年，维谢格拉德集团合作的成功之处主要表现为以下三个方面。第一，斯洛伐克在融入欧洲一体化进程中赶上了其他成员国。在 1999 年 12 月欧盟赫尔辛基首脑会议上，斯洛伐克接到入盟谈判邀请。在 2002 年 11 月北约布拉格峰会上，斯洛伐克被邀入约，2004 年 3 月，斯洛伐克正式加入北约。同年 5 月，四个成员国同时加入欧盟。第二，其他中欧和东欧国家，

① Grigorij Mesežnikov，Michal Ivantyšyn，Slovensko 1998 – 1999 Súhrnná správa o stave spolo čnosti，Bratislava 1999，s. 292.

如克罗地亚、斯洛文尼亚、立陶宛、奥地利和乌克兰等努力与维谢格拉德集团开展合作。第三，对其他国家集团产生了示范效应，如维尔纽斯十国和西巴尔干国家①。

在加入欧盟之前的两三年，维谢格拉德集团内部出现了离心倾向。第一，波兰和匈牙利不时将国家利益置于集团利益之上，从而影响了集团内部团结。第二，四国在入盟关键问题上，如与欧盟关于具体加入条件的谈判、对欧盟的改革和欧盟宪法条约等有不同立场，甚至在一些领域相互竞争。第三，在集团未来存在形态问题上，四国也难以达成一致②。

二 维谢格拉德集团在欧盟地位的变化

随着2004年维谢格拉德集团所有成员国会合于北约和欧盟，该地区合作组织成功实现了融入欧洲一体化进程的战略目标，也就是在1991年《维谢格拉德宣言》中确立的“充分参与欧洲的政治、经济、安全和法律制度”的目标。这实际上意味着满足了维谢格拉德集团建立的初始动机。于是，出现了关于维谢格拉德集团在加入欧盟后失去存在理由的观点。然而，在强烈的政治意愿和中欧地区民众联系加强等因素推动下，维谢格拉德集团在欧盟内不仅得以延续，而且逐渐增强了在欧洲政治中的地位。

（一）开始参与欧洲政治，亮点不多

入盟给维谢格拉德集团成员国带来一系列新的变化和挑战，它们需要在国家利益、中欧地区利益和欧盟利益之间进行权衡。一是各国独立运作的空间更为狭窄。未来发展道路由国际经济、政治和技术中心、意识形态趋势以及全球和欧洲的权力对比决定③。二是捷斯匈三国与波兰之间的差异拉大。捷斯匈三国在欧盟属于中等国家，波兰则跻身欧盟大国行列，它期待像法德那样在欧洲政

① 姜琍：《维谢格拉德集团合作的演变与发展前景》，《俄罗斯中亚东欧研究》2011年第4期。

② 朱晓中主编《欧洲的分与合：中东欧与欧洲一体化》，中国社会科学出版社，2017，第209页。

③ Tamás Novák, Možnosti visegrádské spolupráce v EU, 11. 11. 2013. https://euractiv.sk/section/all/opinion/moznosti-visegradske-spoluprace-v-eu/.

治中扮演领导角色①。三是维谢格拉德集团国家的国内生产总值之和低于荷兰的国内生产总值。这说明，在欧盟内四国的经济实力总体上可以忽略不计②。四是作为欧盟成员国，维谢格拉德集团成员国拥有自己的权利，掌握争取国家利益的工具。如果团结起来，就能更有效地使用权利。维谢格拉德集团四国的投票权相当于法德两国的总和，投票分量将在一定程度上影响欧盟的议程。五是入盟后四国面临相似的挑战，比如加入申根区、使用结构基金和采用欧盟立法等。维谢格拉德集团四国领导人意识到，获得与欧盟老成员国平等的地位远比四国之间的利益诉求差异更为重要，如果每个国家单独融入欧盟现有的制度框架，就无法有效地实现自己的利益。

2004 年 5 月 12 日，维谢格拉德集团四国总理在捷克的克洛姆涅什会晤，签署了关于加入欧盟后进行合作的宣言。四国一致认为，合作将继续侧重于旨在加强中欧地区认同的区域活动和倡议；坚定为实现欧盟的共同目标以及欧洲一体化的成功做出贡献，重申致力于欧盟扩大进程，愿意通过分享和传播它们的知识和经验来帮助渴望加入欧盟的国家，也准备利用其独特的区域位置和历史经验，推动欧盟制定和实施对东欧和东南欧国家的政策③。同日制定的《未来合作领域指南》，确定中欧区域合作内容如下：文化，教育，青年交流，科学，公民层面的联系，跨境合作，基础设施，环境保护，打击恐怖主义、有组织犯罪和非法移民，申根合作，灾害管理，社会政策，国防和军工等；确定在欧盟内合作的领域：就共同关心的问题进行磋商与合作，促进共同外交和安全政策的发展，在司法和内政以及申根合作领域磋商和交流经验，为准备加入欧洲货币联盟进行磋商，为加强欧盟与北约之间的关系以及深化两个组织之间的实质性对话做出贡献。还确立了与其他伙伴国、北约和其他国际组织合作的框架和目标④。上述两个文件表明，集团扩展了许多新的合作内容，但比较模糊，缺乏具

---

① Miroslava Vystavělová, Potenciál st ředoevropské spolupráce v kontextu evropské integrace, http: //is. muni. cz/th/102848/fss_ b/bakalarska_ prace. pdf.

② Tamás Novák, Možnosti visegrádské spolupráce v EU, 11. 11. 2013. https: //euractiv. sk/section/all/opinion/moznosti – visegradske – spoluprace – v – eu/.

③ "The Kroměříž Declaration", 12 may 2004. http: //www. visegradgroup. eu/2004/declaration – of – prime.

④ "Guidelines on the Future Areas of Visegrad Cooperation", http: //www. visegradgroup. eu/cooperation/guidelines – on – the – future – 110412.

体的合作方式。人们对维谢格拉德集团这么一个灵活、非正式咨询论坛能否带来实质性合作成果产生了疑问①。

在入盟后最初的几年中，维谢格拉德集团常常表现为似乎是一个根据欧盟谈判议题临时组成的联盟，成员国总是要到合作对其更为有利的时候才协调立场。它们把欧盟理解为一个争取民族国家利益的竞技场，过于偏好欧盟事务中感兴趣的或对其重要的部分，而忽略了其他部分，故被老成员国批评为消极、不明确、淡漠和不积极参与②。合作取得成功的案例不多，突出表现为共同努力加入申根区。入盟前，加入申根区已经成为维谢格拉德集团国家共同关注的问题，原因有三：第一，加入申根区是获得欧盟全权成员国资格的一个体现；第二，一旦申根区边界将维谢格拉德集团国家分割开来，就会影响它们之间的相互联系以及中欧地区认同的形成；第三，波兰、斯洛伐克和匈牙利三国共同形成申根区的东部边界，它们与政治形势不稳定和安全风险较高的国家相邻，需要通过合作保障东部边界的安全③。2004 年 7 月，四国内务部部长发表共同宣言，确认 2007 年 10 月为全面参与申根区合作的战略日期。2006 年，捷克为了不受波兰和斯洛伐克的拖累，曾有意采取单边主义行动，引起集团内部的矛盾。在申根区成员国发布声明决定延迟欧盟新成员国加入日期后，四国加强了团结与合作，共同给欧盟施压，最终在 2007 年 12 月 21 日一起加入申根区。

没有参与欧盟政治经验却又急切追求民族国家利益的维谢格拉德集团国家，在《里斯本条约》审批中的表现遭到欧盟老成员国的批评。2007 年 12 月，欧盟各国领导人签署《里斯本条约》，旨在对欧盟机构进行改革，并通过改革表决机制提高决策效率。条约的批准进程因波兰和捷克两国领导人特别是捷克总统克劳斯而变得非常复杂。在这个问题上，维谢格拉德集团国家没有采取统一立场，各国单独行动，最终因延缓批准程序整体承担了坏名声。

① Jiří Koudar，Visegrádská skupina po vstupu jejích členů do Evropské unie，https：//is. muni. cz/th/i1s2w/Diplomova_ prace_ –_ finalni_ verze. pdf.

② Miroslava Vystavělová，Potenciál st ředoevropské spolupráce v kontextu evropské integrace，http：//is. muni. cz/th/102848/fss_ b/bakalarska_ prace. pdf.

③ Jiří Koudar，Visegrádská skupina po vstupu jejích členů do Evropské unie，https：//is. muni. cz/th/i1s2w/Diplomova_ prace_ –_ finalni_ verze. pdf.

（二）积极为欧盟的命运承担责任，在欧盟内地位上升

随着2008年国际金融危机爆发、2009年俄乌天然气争端发生以及2009～2011年间捷克、匈牙利和波兰先后担任欧盟轮值主席国，维谢格拉德集团开始聚焦一些优先合作领域，如能源安全、西巴尔干国家融入欧盟和北约、加强与“东部伙伴关系计划”国家的合作、交通基础设施的建设和连接、国防领域的合作等。在贯彻落实优先合作议题的过程中，成员国之间的互动强度和协同能力以及合作的连贯性明显加强。维谢格拉德集团不仅协调彼此在欧盟政治中的立场，而且开始积极为欧盟的命运承担责任，从而为其在欧盟层面实现共同利益获得更大的空间。主要表现为以下几个方面：第一，最高领导人会晤和各个层面的工作会晤延续欧洲理事会和欧盟峰会的议题，或者是事先确定的议题；第二，在欧洲理事会召开会议前，维谢格拉德集团领导人定期会晤以协调立场；第三，维谢格拉德集团的多数首脑会晤都会邀请欧盟的主要政治角色，如欧盟轮值主席国或欧盟委员会的代表，或欧盟大国的领导人参加①。

2009～2014年，维谢格拉德集团在成员国共同利益、参与欧盟事务的积极性和外部威胁加大等因素推动下，取得一系列合作成效，提升了维谢格拉德集团在欧盟的地位。匈牙利外交部高级顾问霍瓦特表示，“维谢格拉德合作是一个知名品牌，如果我们明智地使用它，可以带来附加价值”②。这一时期合作成效主要有以下几方面。

第一，能源安全领域的合作得到加强。能源安全是2009年上半年捷克担任欧盟轮值主席国期间的三大议题之一，也是匈牙利担任维谢格拉德集团轮值主席国期间（2009年7月至2010年6月）的优先合作领域之一。在2009年1月俄乌天然气争端发生后，四国抛开分歧，开始采取措施减少对俄罗斯能源供应的依赖。具体措施是积极推动波兰和克罗地亚液化天然气终端管线之间的南北天然气走廊项目，逐步实施四国之间的能源管线连接③。

---

① Michal Kořan, Visegrádská spolupráce na prahu třetí dekády, Mezinárodní politika 2011, s. 5.

② Szabolcs Horváth: Visegrádská čty řka se v labyrintu Unie neztratila, 14. 12. 2011. http://www. euractiv. cz/evropske－instituce/interview/szabolcs－horvath－visegradska－ctyrka－se－v－labyrintu－unie－neztratila－009424.

③ 姜琍：《乌克兰危机对维谢格拉德集团四国能源合作的影响》，《欧亚经济》2015年第6期。

第二，国防安全领域的合作出现转折。2012 年 5 月，四国国防部部长签署共同声明，决定共同在欧盟框架内组建一支人数约为 3000 人的战斗部队，由波兰领导。此举是为了解决在经济形势不乐观的情况下缩减国防开支而导致防务能力下降的问题。乌克兰危机爆发后，四国于 2014 年 3 月达成了另一项协议，进一步加深了在联合演习、军事训练、国防采购和防御发展等方面的协调与合作。

第三，"东部伙伴关系计划"得以启动。鉴于历史文化、地缘政治和社会经济等方面的原因，维谢格拉德集团国家高度重视欧盟东部邻国的稳定和繁荣。2008 年 5 月，波兰和瑞典联合提出欧盟与东部邻国进行双边和多边合作的方案，后来得到欧洲理事会的批准。为了进一步推动"东部伙伴关系计划"的实施，维谢格拉德集团四个成员国定期举行与东部邻国的外长会议。2009 年 5 月，在捷克担任欧盟轮值主席国期间，启动了欧盟与六个欧亚国家——乌克兰、白俄罗斯、格鲁吉亚、亚美尼亚、摩尔多瓦和阿塞拜疆加强合作的"东部伙伴关系计划"。

通过协调立场和步骤，维谢格拉德集团在支持西巴尔干国家融入欧洲一体化进程、欧盟 2014 ~ 2020 多年度财政框架的谈判和罗姆人的社会融合问题上发挥了重要作用。维谢格拉德集团还与欧洲乃至世界上其他国家和地区合作组织合作，以扩大国际影响力。在区域伙伴关系框架下与奥地利和斯洛文尼亚加强合作，通过"V4 +"模式与波罗的海三国、瑞典、罗马尼亚、保加利亚、葡萄牙、日本、以色列、比荷卢经济联盟和北欧理事会等开展合作。

欧盟其他成员国意识到维谢格拉德集团的潜在力量。2009 年 11 月，法国总统萨科齐对维谢格拉德集团国家领导人在欧洲理事会召开前定期会晤发出警告，其实是对维谢格拉德集团迫使主导欧洲事务的法德两国改变一些政策主张感到恼火，这也说明维谢格拉德集团在欧盟内部影响力的增强逐渐引起了老成员国的担忧。捷克总理内卡斯对此做出回应称，没有人阻止法国与德国的定期会晤，因此没有理由出现对维谢格拉德集团会晤的担忧。内卡斯还强调，维谢格拉德集团也愿意与欧盟其他国家进行会谈①。

---

① Catherine McNally, "New Possibilities for the Visegrad Group," http://csis.org/blog/new - possibilities - visegrad - group.

2013 年底爆发的乌克兰危机暴露了维谢格拉德集团内部的不团结。由于在地理位置、历史经验、经济利益和执政党的理念等方面存在差异，四国对危机的认知以及做出的反应不同。波兰传统上对俄罗斯采取强硬路线，主张军事对抗俄罗斯，力求减少中欧地区对俄罗斯的能源依赖；匈牙利和斯洛伐克对俄罗斯采取开放和务实的态度；捷克总统泽曼公开表明他的亲俄态度。尽管四国都遵循欧盟关于制裁俄罗斯和捍卫乌克兰领土完整的政策主张，努力帮助乌克兰进行改革和融入欧洲一体化进程，但捷斯匈三国领导人公开批评对俄罗斯的制裁措施。由于四国缺乏共同的安全利益和对安全威胁的统一认知，导致维谢格拉德集团在乌克兰危机问题上发挥的作用相对较小。

（三）在欧盟发出强有力的声音，挑战欧盟的政治正确性

1. 在难民危机问题上拒绝欧盟的安排

如果说乌克兰危机造成维谢格拉德集团的分裂，那么难民危机则促使维谢格拉德集团成员国团结一致。维谢格拉德集团成为塑造中欧在难民危机问题上共同立场的重要工具。

随着 2015 年难民危机的到来，维谢格拉德集团的合作变得活跃起来。难民问题成为合作的优先事项，并促成了中欧政策的“维谢格拉德化”[①]。从一开始，维谢格拉德集团四国就坚决反对欧盟委员会和以德国为首的老成员国提出的根据配额分配 12 万难民的方案，这与一系列因素有关：较低的富裕程度、行政管理薄弱、缺乏与伊斯兰文化的历史联系、与少数民族共处糟糕的经历等[②]。在 2015 年 9 月欧盟部长理事会投票决定时，波兰是维谢格拉德集团唯一投票赞成引入强制性配额制的国家。同年 10 月法律与公正党赢得波兰议会选举并组建政府后，维谢格拉德集团四国联合起来反对德国的提议。虽然图斯克担任波兰总理时试图促进维谢格拉德集团与德国之间的合作，但法律与公正党政府寻求中欧和东欧国家中的盟友来抵制强大的德国。德国感受到维谢格拉德集团对其影响力的威胁，在 2017

① Kateřina Zichová, Další spolupráce Visegrádu je nejasná. Téma migrace čtyřku spojilo i rozdělilo zároveň, 5. 3. 2019. https：//euractiv. cz/section/politika/news/dalsi－spoluprace－visegradu－je－nejasna－tema－migrace－ctyrku－spojilo－i－rozdelilo－zaroven/.

② Dariusz Kałan, Migration Crisis Unites Visegrad Group, 16. 9. 2015. http：//www. pism. pl/files/?id_ plik＝20392.

年2月访问波兰时，默克尔总理发出对“欧盟内部专属俱乐部”的警告①。

维谢格拉德集团坚持认为边境保护是优先事项，应该切断难民的源头，只希望在自愿原则基础上帮助难民，后来又有欧盟其他国家也加入了它们的行列。但在2015年难民危机达到顶峰、解决突然涌入的移民问题成为欧盟当务之急时，维谢格拉德集团拒绝强制性难民配额制遭到德国、法国和奥地利等欧盟老成员国的严厉批评，认为它们缺乏与欧盟其他国家以及难民的团结互助精神。卢森堡外交大臣阿塞尔博恩称维谢格拉德集团为“叛逆者联盟”②。奥地利内政部长约翰娜·米克尔-莱特纳表示，应该从欧盟基金中削减对欧盟东部缺乏团结互助精神的国家的财政补贴③。面对老成员国的批评，维谢格拉德集团国家据理力争。斯洛伐克总理菲措称，欧盟以多数表决方式通过强制性难民配额制是无力在此问题上达成共识的表现④，匈牙利总理欧尔班则批评欧盟在难民危机问题上软弱无能、优柔寡断和陷入瘫痪，呼吁欧盟采取新的难民政策，不仅应该保护欧盟的外部边界、文化和经济利益，而且应该给予民众更多的影响欧盟决策的权利⑤。2015年12月，斯洛伐克和匈牙利先后向欧洲法院递交诉讼状，反对欧盟按照配额强制分摊难民。

捷克国际问题协会研究中心主任多斯塔尔表示，维谢格拉德集团引起欧盟其他成员国高度关注，主要是因为它对难民危机采取了共同态度，尽管它在此问题上取得了成功，但却因此拥有了麻烦制造者的形象⑥。

---

① Hans Kundani, PROTINĚMECKÁ KOALICE VISEGRÁDSKÉ ČTYŘKY, 18. 9. 2017. https: //www. respekt. cz/politika/protinemecka – koalice – visegradske – ctyrky.

② ČT24, *Visegrádská skupina přežila 25 let a drží stále pevněji*, 16. 2. 2016. https: //ct24. ceskatelevize. cz/domaci/1695274 – visegradska – skupina – prezila – 25 – let – a – drzi – stale – pevneji.

③ Jiří Pehe, *Východ Evropské unie tančí na hraně*, 2. 9. 2015. http: //www. pehe. cz/Members/redaktor/vychod – evropske – unie – tanci – na – hrane/.

④ ČTK, SITA, *Fico: Diktát odmietame, kvóty nebude Slovensko rešpektovat'*, 22. 09. 2015. https: //spravy. pravda. sk/domace/clanok/368428 – fico – povinne – kvoty – slovensko – nebude – respektovat/.

⑤ SITA, Orbán: Do Európy nemožno nekontrolovane vpúšťať masy ľudí, 16. 11. 2015. http: //spravy. pravda. sk/svet/clanok/374063 – orban – do – europy – nemozno – nekontrolovane – vpustat – masy – ludi/.

⑥ ČTK, Analytik: V4 byla úspěšná, ale zadělala si na problémy, 10. 6. 2016. http: //www. ceskenoviny. cz/zpravy/analytik – v4 – byla – uspesna – ale – zadelala – si – na – problemy/1359969.

2. 公开反对和力图摆脱作为“二等成员”的身份

首先，在英国脱欧公投后积极参与关于欧盟未来的讨论，并对“多速欧洲”方案提出异议。鉴于历史渊源、人员往来、经贸合作和政治理念等方面的原因，维谢格拉德集团国家与英国关系比较密切，既是政治盟友，也是经贸合作伙伴。英国脱欧将在政治、经济和国际关系等方面对其产生影响①。维谢格拉德集团国家积极面对英国即将脱欧的现实。四国总理发表联合声明称，欧盟应该增强公民对欧洲一体化和欧盟机构的信任，提高民族国家议会的地位，同时加强成员国之间的相互信任，努力消除人为的分界线②。在英国脱欧公投后一星期，斯洛伐克开始担任欧盟轮值主席国，其主要任务之一是引领关于反思欧盟政治的讨论。在欧盟老成员国把“多速欧洲”作为英国脱欧后推进欧洲一体化的方式后，维谢格拉德集团四国一致认为，在欧盟内形成排他性的俱乐部对己不利，一旦要在某些领域深化欧洲一体化，所有成员国应该都可以施加影响并加入其中③。匈牙利总理欧尔班表示，“不应该有多速欧洲，不应该有任何一等或二等欧洲国家，不应该有任何的核心和边缘”④。

其次，坚决反对在欧盟市场上存在双重质量标准。2017 年 3 月，维谢格拉德集团四国总理发表联合声明，呼吁欧盟委员会更加关注欧盟成员国存在双重食品质量问题，发出我们不是欧盟“二等公民”的声音。捷克时任总理索博特卡强调说，我们不能同意欧盟内可能有一等公民和二等公民的想法，绝不能以任何方式接受不同国家有不同商品质量的做法⑤。

最后，期待在欧盟和其他国家的关系中发挥更大作用。2019 年 4 月，维谢

① 姜琍：《英国脱欧对欧盟和中东欧国家的政治影响》，《俄罗斯东欧中亚研究》2017 年第 5 期。

② ČTK，Země V4 po Brexitu prozradily další plány v rámci Evropské unie，28. 6. 2016. http：//tn. nova. cz/clanek/zeme – v4 – po – brexitu – vzkazuji – nenechame – se – brity – utlacovat. html.

③ Adéla Denková，Vícerychlostní Evropa je pro Česko nebezpečná，varují odborníci，24. 3. 2017. https：//euractiv. cz/section/aktualne – v – eu/news/vicerychlostni – evropa – je – pro – cesko – nebezpecna – varuji – odbornici/.

④ Echo24，Polsko i Maďarsko rozhodně odmítají vícerychlostní EU. Juncker se diví，10. března 2017. http：//echo24. cz/a/wx7XK/polsko – i – madarsko – rozhodne – odmitaji – vicerychlostni – eu – juncker – se – divi.

⑤ ČTK，Nejsme občané druhé kategorie，kritizovala V4 různou kvalitu potravin，2. 3. 2017. https：//www. idnes. cz/ekonomika/zahranicni/ruzna – kvalita – potravin – v4. A170302_ 132842_ eko_ euro_ pas.

格拉德集团四国总理与日本首相安倍晋三在斯洛伐克首都布拉迪斯拉发会晤。捷克总理巴比什表示，在欧盟内维谢格拉德集团是一个非常强大的集团，是欧洲最大的汽车生产地之一，不是二等成员国，应该在欧盟与美国、中国和其他国家的贸易协定中发挥更重要的作用①。

3. 指责欧盟干涉成员国内政

一些西欧人士认为，维谢格拉德集团是与匈牙利和波兰“民主倒退”、坚决反对难民配额制关联的地区。随着难民危机逐渐消退，西欧国家的注意力转移到与欧盟有争议的波兰和匈牙利身上②。2017 年 12 月，欧盟委员会以波兰司法改革严重违反法治原则为理由，建议欧洲理事会启动《里斯本条约》第 7 条。根据这条规定，严重违反欧盟价值观的成员国将遭到制裁，甚至被剥夺在欧盟的投票权。波兰则声称欧盟不应过多干涉成员国的内政。2018 年 10 月，欧洲法院在审议了欧盟委员会针对波兰司法改革提出的诉讼后，要求波兰立即停止“最高法院法”的实施。虽然波兰接受了欧盟法院的裁决，但拒绝放弃改革司法机构的长期计划。

2018 年 9 月，欧洲议会通过决议，同意援引《里斯本条约》第 7 条对匈牙利的“民主倒退”启动制裁程序，认为匈牙利的民主、法治和基本权利受到系统的威胁，严重威胁到欧盟的价值观。匈牙利政府回应称，这是欧洲支持难民政策的政客对匈牙利的报复。

其实，欧盟任何有效制裁的可能性都很低，因为波兰和匈牙利相互支持可以否决任何可能的制裁。捷克和斯洛伐克也呼吁欧盟和匈牙利、波兰之间通过对话方式解决争议。在 2018 年 10 月维谢格拉德集团四国议长会晤期间，波兰众议院议长库赫钦斯基表示，欧盟机构威胁对波兰和匈牙利启动《里斯本条约》第 7 条是对成员国内政的干涉，应该采取一切措施促使欧盟机构能够根据《里

① Ivan Vilček, Nejsme druhá kategorie, řekl Babiš v Bratislavě na setkání premiérů V4 a Japonska, 25. 4. 2019. https：//www. novinky. cz/zahranicni/evropa/503318 – nejsme – druha – kategorie – rekl – babis – v – bratislave – na – setkani – premieru – v4 – a – japonska. html.

② Adéla Denková, Visegrád táhne za Polskem a Ma ďarskem. Říká nahlas nep říjemné věci, migrace už ale nemusí být hlavní téma, 27. 2. 2018. https：//euractiv. cz/section/politika/news/visegrad – tahne – za – polskem – a – madarskem – rika – nahlas – neprijemne – veci – migrace – uz – ale – nemusi – byt – hlavni – tema/.

斯本条约》规定的权限采取行动①。同月，捷克总统泽曼表示，欧盟试图干预维谢格拉德集团国家内部事务是多余的，将导致这些国家与欧盟其他国家产生隔阂②。

随着欧盟扩大和英国脱欧，欧盟各国的力量对比正在发生根本性的变化，欧盟的影响力从西部向东部转移，这将影响欧盟未来的发展。尽管法德在欧盟内权力地位明显上升，但维谢格拉德集团已成为它们强劲的对手③。法德两国领导人意识到，在英国脱欧后，欧盟27个成员国需要更紧密地合作，以便为未来的欧洲政治议程找到新的方向，没有维谢格拉德集团的支持，它们很难实现这一目标。因此，近两年来，德国总理默克尔和法国总统马克龙加强了与维谢格拉德集团国家的对话。2018年3月成立的德国新政府表示愿意与中东欧新成员国加强合作，以改变欧盟的面貌。德国外长马斯强调，希望避免欧洲东西部之间的政治争端变为持久的深层裂缝，不应该给人造成这种印象：在欧洲有两个等级的国家，其中一个等级的国家一直跟随在后面而不发挥作用④。德法两国对维谢格拉德集团国家持有的开放和合作态度，表明维谢格拉德集团在欧盟内的地位不容忽视。

三　维谢格拉德集团合作对欧洲一体化的意义

（一）有助于中欧地区的团结稳定

维谢格拉德集团作为地区合作平台有助于克服双边问题、加强团结协作和

① Košice：Setkání předsedů parlamentů Visegrádské skupiny，14. 10. 2018. http：//www. sejm. gov. pl/Sejm8. nsf/v4Komunikat. xsp？ documentId = CF350D7352412B5DC125832B0042A293&lang = CZ.

② Summit V4：Duda a Áder hájili svůj postoj k migraci，Zeman bránil Maďary，12. 10. 2018. https：//zpravy. tiscali. cz/summit - v4 - duda - a - ader - hajili - svuj - postoj - k - migraci - zeman - branil - madary - 319332.

③ Lenka Zlámalová，V EU se mění poměr sil. Kdo je tady civilizovaný? 16. 11. 2018. https：//echo24. cz/a/SyKUS/v - eu - se - meni - pomer - sil - kdo - je - tady - civilizovany.

④ Christian Schweiger，Věčně na periferii? Visegrádské země v EU pobrexitu，31. 5. 2018. https：//euractiv. cz/section/politika/opinion/vecne - na - periferii - visegradske - zeme - v - eu - po - brexitu/.

维护中欧地区稳定。在历史上，中欧地区经历了一系列冲突，国家间关系比较复杂。只有波兰和匈牙利之间长期友好，而其他双边关系比较曲折，甚至出现过敌对和战争。在20世纪，波兰和捷克斯洛伐克之间的关系多次受到有争议的边境领土问题困扰。捷克和斯洛伐克曾经生活在同一个国家，它们之间的关系受到矛盾分歧和历史成见的影响。在捷克斯洛伐克国家解体后，两国因共同财产分割一度关系冷淡。匈牙利和斯洛伐克之间冲突最多，在第一次世界大战结束后，曾经隶属于匈牙利并经历了强制性匈牙利化政策的斯洛伐克脱离匈牙利，与捷克共同建立了捷克斯洛伐克国家，从此与匈牙利之间产生了领土争端。匈牙利与捷克和斯洛伐克之间存在的一个重要历史遗留问题即所谓的“贝奈斯法令”，涉及的是第二次世界大战结束后捷克斯洛伐克境内的德意志和匈牙利少数民族地位问题。1993年斯洛伐克独立后，匈斯关系不时因斯洛伐克境内匈牙利少数民族地位问题和两国边境地区有争议的卡布奇克水利工程陷入冲突。

1991年维谢格拉德集团成立给成员国之间的关系带来关键性突破，当时各国决定努力解决双边问题，优先考虑多边合作，以实现融入欧洲一体化进程的战略目标。推动成员国关系显著改善的另一个时间节点是20世纪90年代末，率先加入北约并开始入盟谈判的波匈捷三国积极帮助在融入欧洲一体化进程中落后的斯洛伐克，最终四国成功会合于欧洲—大西洋结构。2010年之后，四国还一致同意，在国际上共同开展活动时，必须在那些对中欧地区和各个成员国最重要的问题上采取共同立场；每个成员国不应在单独行动中提出与其他成员国竞争的解决方案或者采取反对其他成员国的行动；在北约和欧盟首脑会议前应该相互协商，以便采取一致态度①。由于四国逐渐摒弃成见、达成和解和加强协作，中欧地区成为欧盟框架下一个团结稳定的地区。

根据2015年5月在四国进行的民意调查，70%的斯洛伐克人、50%的捷克人和40%的匈牙利人与波兰人认为维谢格拉德合作有意义。相互信任是维谢格拉德集团国家间关系的一个重要指标。斯洛伐克人认为捷克人最值得信赖（78%），对波兰人和匈牙利人的信赖程度分别是40%和30%；捷克认为斯洛伐克人最值得信赖（79%），对波兰人和匈牙利人的信赖程度分别是58%和37%；

① Renata Pardíková, Bezpe čnostní spolupráce zemí Visegrádské skupiny, 2017/2018, https://vskp.vse.cz/72545_bezpecnostni_spoluprace_zemi_visegradske_skupiny.

波兰人认为斯洛伐克人最值得信赖（69%），对捷克人和匈牙利人的信赖程度均为61%；匈牙利是四国中唯一的对维谢格拉德集团以外国家表现出高信任度的国家，认为德国人最值得信赖（62%），对波兰人的信任度是58%，对捷克人和斯洛伐克人的信任度均为40%①。

（二）推进欧盟的能源安全和防务安全合作

由于四国能源结构不同，能源对外依赖程度也存在一定的差异，一直难以找到满足所有成员国期望的共同战略，但四国在石油和天然气的供应方面都高度依赖俄罗斯，四国的能源安全较为脆弱。2009 年俄乌天然气危机的爆发促使维谢格拉德集团四国的能源合作取得实质性进展，而2013 年爆发的乌克兰危机则进一步推动了四国的能源合作。

对于维谢格拉德集团国家来说，能源供应来源多样化是应对高度依赖俄罗斯能源供应的一个关键举措，与其他欧洲国家之间的能源交换和建立单一的欧洲内部能源市场有助于解决这个问题。欧洲共同能源市场的建立将在能源基础设施的互联互通和保障能源部门的协作方面，以及在减少对俄罗斯主要供应商的依赖方面发挥重要作用。

四国已在天然气管道连接方面取得重大进展。波兰与捷克之间的天然气管道网已成功对接，捷克与斯洛伐克之间反向输送天然气项目已完成，斯洛伐克与匈牙利之间的天然气管道连接已投入运营。斯洛伐克与波兰之间天然气管道网对接计划于2020 年以前实现。四国还希望与其他欧洲国家加强在天然气管道连接方面的合作，奥地利是实现维谢格拉德集团国家天然气供应多样化的关键国家。

维谢格拉德集团不断推进电力市场的连接，并向集团外国家开放。2012 年9 月，捷克、斯洛伐克和匈牙利三国的电力市场成功连接；2013 年7 月，捷克、斯洛伐克、匈牙利、波兰和罗马尼亚五国签署关于波兰和罗马尼亚加入捷克—斯洛伐克—匈牙利电力市场连接的合作谅解备忘录；2014 年底，罗马尼亚成功加入。

① Oľga Gyarfášová，Grigorij Mesežnikov，“Key Findings—25 Years of the V4 As Seen by the Public”，http：//www. visegradgroup. eu/documents/other – articles/key – findings25 – years – of – 160601.

完成南北天然气走廊建设项目是维谢格拉德集团四国长期的优先任务，此举将显著提高中欧地区乃至整个欧盟的能源安全。

自苏联解体后，维谢格拉德集团四国视俄罗斯为中欧地区潜在的安全威胁，只是每个国家因不同的历史记忆、与俄罗斯经济和能源联系程度、执政党和政治家的意识形态倾向、对俄罗斯威胁的认知程度有差异。俄格冲突和乌克兰危机后，四国发布了深化防务合作的长期愿景，不仅涉及建立欧盟框架内的联合战斗部队，而且寻求在防务规划、联合训练和演习、联合采购军事装备和国防工业、军事教育、联合空域防护和职位协调等领域加强合作。欧盟框架内的联合战斗部队被维谢格拉德集团国家视为日益加强的防务安全合作的旗舰项目，已在 2016 年上半年处于待命状态，乌克兰加入了这支联合部队。根据维谢格拉德四国国防部部长发布的联合公报，联合战斗部队的建立成功地表明四国有能力为组建欧盟框架内跨国部队做出贡献。在波兰的提议下，四国同意在 2019 年组建另一个欧盟战斗部队，斯洛文尼亚有意加入进来。

（三）推动欧盟扩大和周边安全

自加入欧盟以来，维谢格拉德集团国家表现出对东部邻国和西巴尔干国家的积极态度，大力支持欧盟加强与东部邻国和西巴尔干国家的关系成为它们外交政策的重中之重。除了向希望加入欧盟的国家强调开放政策外，还表示愿意协助东部邻国和西巴尔干国家实施必要的政治和经济改革。“东部伙伴关系计划”由捷克在 2009 年担任欧盟轮值主席国期间发起，是维谢格拉德集团的旗舰计划之一，也是欧盟与东部邻国沟通的重要工具。维谢格拉德集团国家一直认为，欧盟的大门应该向西巴尔干国家开放。虽然西巴尔干地区在四国外交政策优先事项中占据位置不同，但它们一致表示支持西巴尔干国家入盟。一方面，维谢格拉德集团国家积极参与制定欧盟针对西巴尔干国家的政策；另一方面，它们努力帮助西巴尔干国家满足欧盟的要求①。

维谢格拉德集团国家积极促使欧盟边界向东部和东南部扩大，将邻近地区转变为拥有共同价值观和制度的地区，旨在实现三个共同利益。第一，维护集

① Tomáš Strážay, “Visegrad—Arrival, Survival, Revival”, http://www.visegradgroup.eu/documents/bibliography/visegradarrival-survival-120628.

团每个成员国和中欧地区的安全。一旦与维谢格拉德集团四国接壤的地区是安全、稳定和繁荣的地区，就可以保障每个成员国的安全，还可以改变四国在欧盟外部边界的地缘政治地位。第二，通过与东部邻国和西巴尔干国家分享它们成功过渡到民主和市场经济的经验，积极参与欧盟在一些领域的政策制定，从而树立在其他欧洲国家眼中可靠的合作伙伴形象。第三，东部邻国和西巴尔干国家是维谢格拉德集团的经贸合作伙伴，与它们加强合作有助于实现经济利益。乌克兰与维谢格拉德集团中的三个国家接壤，不仅在地缘政治方面，而且在能源安全方面对维谢格拉德集团都非常重要①。因此，四国努力推动乌克兰加入欧盟和北约。

国际维谢格拉德基金会不仅在增强维谢格拉德集团内部凝聚力和增进民间社会层面的联系方面发挥了重要作用，而且在与该集团以外的国家发展关系方面也发挥着重要作用。奖学金计划，特别是针对来自东欧和西巴尔干国家的学生和专家的奖学金计划，是国际维谢格拉德基金会活动的一个重要方面。2012 年，维谢格拉德集团四国总理同意向国际维谢格拉德基金会拨款 100 万欧元，用以制定一项特殊的面向“东部伙伴关系计划”国家的合作项目。

2017 年 11 月，西巴尔干地区的六个区域合作伙伴阿尔巴尼亚、波斯尼亚和黑塞哥维那、黑山、科索沃、马其顿（2019 年更名为北马其顿）和塞尔维亚批准在地拉那成立西巴尔干基金会。这一举措是在效仿国际维谢格拉德基金会，旨在支持西巴尔干地区合作项目的落实。其实，建立西巴尔干基金会是维谢格拉德集团的提议。为了在西巴尔干地区建立信任，从 2011 年起维谢格拉德集团就在政治、资金和技术上支持西巴尔干基金会的诞生②。

维谢格拉德国家面临的另一个共同威胁是来自中东和北非的移民涌入并在境内建立穆斯林社区。四国拒绝接受难民配额和共同的欧洲庇护政策，提倡保护欧盟的外部边界，解决难民来源地的冲突并提供援助，与难民进入欧洲的必经国家，如土耳其和西巴尔干国家合作。由于西巴尔干地区的安全和稳定直接

① Renata Pardíková, Bezpečnostní spolupráce zemí Visegrádské skupiny, 2017/2018 https://vskp.vse.cz/72545_ bezpecnostni_ spoluprace_ zemi_ visegradske_ skupiny.

② Andrej Matišák, Pomôže fond podľa vzoru V4 zmierni ťkonflikty? 20. 12. 2018. https://spravy.pravda.sk/svet/clanok/495571 - pomoze - fond - podla - vzoru - v4 - zmiernit - konflikty/.

影响到欧盟的安全，维谢格拉德国家向塞尔维亚、北马其顿和黑山等国家提供了积极帮助。

（四）促进欧洲经济繁荣和东西部之间经济差距的缩小

维谢格拉德集团成员国之间合作的重要性不仅体现在政治和文化方面，而且体现在经济方面。虽然维谢格拉德集团四国的经济转型战略在许多方面有差异，并且选择了不同路径进行经济改革，但毕竟存在趋同因素：工业在国内生产总值中所占份额相对较高；与欧盟特别是德国的经济联系紧密；经济增长率在欧盟保持较高水平，成为欧盟经济增长的引擎；倡导建设充满活力和运作良好的欧洲单一市场和与第三国的自由贸易。

如果被视为一个整体，维谢格拉德集团就是欧洲第五大经济体和世界第十二大经济体①。2000～2014 年，维谢格拉德集团国家经济增长显著，相互之间的经济合作明显加强。在这一时期，捷克实际国内生产总值增长 40%，与维谢格拉德集团其他成员国的贸易额在其对外贸易总额中的比例从 13% 增长到 16%；斯洛伐克实际国内生产总值增长 70%，与维谢格拉德集团其他成员国的贸易额在其对外贸易总额中的比例保持在 24% 左右；匈牙利实际国内生产总值增长 29%，与维谢格拉德集团其他成员国的贸易额在其对外贸易总额中的比例从 5.5% 增长到 14%；波兰实际国内生产总值增长 64%，与维谢格拉德集团其他成员国的贸易额在其对外贸易总额中的比例从 6.4% 增长到 9.1%②。

尽管德国一直是维谢格拉德集团四国最重要的贸易伙伴，但德国在四国对外贸易伙伴结构中的地位有了不同程度的下降。对四国来说，促使贸易伙伴多元化和减少对西欧国家的经济依赖比较重要。维谢格拉德集团内部的相互贸易以及与第三国的贸易逐步扩大在一定程度上弥补了与德国贸易有所下降的损失。当然，目前这些国家对德国经济的依赖依然很强，相对廉价和高质量的劳动力

---

① Johannes Hahn, "The Visegrád Group-Growth Engine of Europe" (speech on the international conference in Budapest), 24 June 2014, https://ec.europa.eu/regional_policy/upload/documents/Commissioner/Speech-Visegrad-4-Ministerial-meeting-on-Cohesion_24062014.pdf.

② Význam spolupráce zemí Visegrádské skupiny, https://www.akcentacz.cz/files/analyzy_cz/vyznam-spoluprace-zemi-visegradske-skupiny.pdf.

吸引德国公司前来投资。捷克、匈牙利和斯洛伐克的整个工业部门几乎都有德国公司的分支机构。

入盟以来，维谢格拉德集团国家不断追赶西欧发达国家的经济水平。在2003年入盟前一年，按购买力均价计算人均国内生产总值，它们相当于欧盟15国平均水平的49%①。到2018年，它们已相当于欧盟28国平均水平的76%，具体是捷克为89%，斯洛伐克为77%，波兰为70%，匈牙利为68%。另外，根据国际货币基金组织的预测，2019年波兰人均国内生产总值将达到33472美元，超过葡萄牙②。

小 结

冷战结束后掀起了第三波区域主义浪潮，次区域主义的发展得到大力推进。由于欧洲一体化的深度、范围和制度等方面的特点，欧盟确定了整个欧洲以及所有次区域一体化计划的发展方向。一方面，次区域合作集团接受和适应欧盟的制度框架；另一方面，欧盟决策机制的复杂性又给次区域合作集团提供了较大的运作空间。它们对欧盟决策进程产生影响的大小主要取决于成员国形成共同立场能力的强弱③。

维谢格拉德集团是欧盟内的一个次区域合作组织，与1989年后欧洲地缘政治变化和欧盟东扩进程紧密相连。维谢格拉德集团与比荷卢经济联盟、北欧理事会和波罗的海三国合作集团一起推动了欧盟在小国和大国之间建立一种平衡，并通过妥协为整个共同体寻求最好的解决方案④。

维谢格拉德集团已成为中欧地区最有成效、影响力最强的合作平台，是中

① TASR，Vďaka vstupu do EÚ sa zvýšila ekonomická sila krajín V4，26. Apríla 2014. http：//www5.teraz.sk/ekonomika/vstup－krajiny－v4－eu－ekonomika－rast/82380－clanok.html.

② TASR，Poľské HDP predbehne portugalské，na Slovensko a Česko zatia ľnemá，8.3.2019. https：//spravy.pravda.sk/ekonomika/clanok/504698－polske－hdp－predbehne－portugalske－na－slovensko－a－cesko－zatial－nema/.

③ Eva Cihelková，Pavel Hnát，"Subregionalism within the EU with Special Regard to the Groupings of which the Czech Republic is a Member"，*Prague Economic Papers*，1，2006：53.

④ Viktoria Jancosekova，"Visegrad at 25：Time to Show European Leadership，" June 08，2016，http：//www.martenscentre.eu/blog/visegrad－25－time－show－european－leadership.

欧地区稳定和睦邻友好的象征，对中欧和东欧地区开展次区域合作具有示范效应，尽管还存在着制度化程度低、合作松散、不对称性突出等特点。当然，四个成员国并不能总是协调一致，它们有时会为了本国利益而忽略地区团结与整体利益，有时还会倾向于与其他国家，特别是与德国或奥地利建立密切联盟，但这些都没有影响维谢格拉德集团的生存和发展。

随着入盟后逐渐缩小了与西欧发达国家之间的经济差距、政治上愈益成熟与自信，维谢格拉德集团开始努力提高自身在欧洲政治中的影响力，竭力摆脱欧洲“二等成员国”的感觉。不再消极接受来自欧盟的政策或指令，而是从是否符合自己利益诉求的角度来看待欧盟的政策和安排。与此同时，在经历了国际金融危机、欧元区债务危机、乌克兰危机、难民危机和英国脱欧等一系列危机后，维谢格拉德集团国家逐渐发现欧盟并不能总是帮助它们有效地应对危机和解决问题，因此开始寻求适合自己的发展道路。维谢格拉德集团在某些时候或其某些成员国表现出来的“特立独行”已引起欧盟老成员国的担忧和指责。

为了有效应对各种危机和问题、进一步提高在欧盟的地位、推动欧洲一体化向前发展并从中获利，维谢格拉德集团国家需要秉持开放包容、团结互助、务实创新的原则，与欧盟其他国家和次区域合作组织加强对话合作。也只有如此，才能保持旺盛的生命力和强劲的合作动力。

（原文发表于《俄罗斯学刊》2019 年第 3 期）

中东欧国家的欧洲化进程与欧盟边界的扩大*

鞠 豪**

内容提要： 在转型的30年间，回归欧洲一直是中东欧国家的主要政治和外交目标。由此开启的欧洲一体化进程不仅影响了这些国家的自身发展，也给欧盟带来了新的冲击与挑战。在一众中东欧国家入盟后，欧盟的边界大幅扩展，其边境管理工作也更加繁重与复杂。为此，欧盟开始积极探索一体化的边境管理模式并着手打造全新的邻国政策。虽然欧盟革新了旧有的边管模式与相关政策，但仍无力应对突然爆发的难民危机。中东欧国家的欧洲化进程并非此次难民危机的直接动因，但它与欧盟陷入难民危机有着两方面的联系。第一，中东欧国家的欧洲化进程未能消弭东西欧国家间的巨大差异，致使欧盟与中东欧国家在相关问题上存在巨大的分歧。而在现有的权力结构与决策机制下，欧盟也无法绕开中东欧国家单独解决问题。第二，中东欧国家入盟使欧盟的人口与疆域大为拓展，导致欧盟在边境管理与难民政策上的原有不足被无限放大，间接影响了欧盟应对难民危机的能力。

关键词： 欧盟 中东欧 欧洲化 边界 难民

---

* 本文系国家社科基金青年项目“欧洲难民危机与民粹主义问题研究”（项目编号：16CMZ027）阶段性成果。

** 鞠豪，中国社会科学院俄罗斯东欧中亚研究所助理研究员。

2019年是中东欧国家转型三十周年。在旧有制度崩溃后，中东欧国家开启了大规模的国家转型：在政治上，仿效西欧国家建立现代的民主制度；在经济上，推动私有化与市场经济改革；在外交上，提出回归欧洲，积极融入欧洲一体化进程。作为转型的重要内容之一，中东欧国家的欧洲化进程引发了许多学者的关注，也因此产生了有益的学术探索与争鸣。一部分学者从学理性角度出发，探讨与阐释欧洲化的概念、内涵与理论框架①；另一部分学者则主要关注中东欧国家在欧洲化进程中的实际变化，包括其国内改革状况与一体化道路选择等问题②。在相关的研究中，国内学者更多关注的是欧盟与欧洲一体化如何影响与改变中东欧国家，少有人梳理中东欧国家入盟对欧盟的影响，特别是冲击与挑战。对于欧盟来说，中东欧国家入盟带来的一个最为直观的影响就是边界的扩大。在人口与疆域都大为扩展的情况下，欧盟应如何进行有效的边境管理，又怎样管控内外部的人口流动？在难民问题席卷欧洲的今天，探讨这一问题具有十分重大的现实意义。有鉴于此，本文围绕中东欧国家的入盟进程与欧盟边界扩大两个主题，对欧盟现有的边境管理模式进行分析，并尝试发掘中东欧国家的欧洲化进程与欧盟陷入难民危机僵局的隐性联系。

一　中东欧国家的入盟进程

剧变之后的中东欧开始大规模的国家转型，宣告一个新时代的来临。回归欧洲、融入欧洲一体化进程也成为中东欧国家主要政治和外交目标。在转型初期的动荡中，多数中东欧国家无暇拟定完整清晰的回归欧洲战略，但已经表达了加入欧盟（欧共体）③ 的强烈愿望。面对中东欧国家的入盟呼声，欧盟与西欧国家并未在第一时间做出积极回应。原因是20世纪90年代初期欧盟尚处于

---

① 参见赵晨《欧盟政治研究：政治理论史的视角》，《国际政治研究》2016年第6期；吴志成、王霞《欧洲化：研究背景、界定及其与欧洲一体化的关系》，《教学与研究》2007年第6期；等等。

② 参见高歌《中东欧国家“欧洲化”道路的动力与风险》，《国外理论动态》2013年第10期；刘敏茹《欧洲一体化对中东欧国家政党制度转型的影响》，《当代世界与社会主义》2008年第6期；等等。

③ 欧盟是由欧共体发展而来的。在1993年《马斯特里赫特条约》生效后，欧盟正式诞生。为行文方便，本文在提及20世纪90年代的欧盟（欧共体）时统称欧盟。

从经济共同体到超国家政治实体的探索阶段，成员国数量只有12个，组织架构和运行机制也不完善，各成员国对于《马斯特里赫特条约》和共同外交与安全政策的看法存有明显的区别。对于欧盟来说，吸纳一众中东欧国家意味着成员国数量将至少增加一倍，人口与疆域也会显著扩大。这显然会对其组织能力和治理模式构成挑战。导致欧盟对东扩存有疑虑的另一个原因是中东欧国家与西欧国家之间的巨大差异。这种差异部分来源于冷战时期双方意识形态的对立和政治经济体制的不同，但更多的在于东西欧国家的历史与文化特性。在历史长河中，巴尔干地区的保加利亚、塞尔维亚和阿尔巴尼亚等国分别接受了东正教、伊斯兰教，并成为拜占庭文明或伊斯兰文明的一部分，其文化属性也因此迥异于西欧；中欧的波兰和匈牙利等国虽然在文化和宗教上与西欧国家相近，但历史上长期被大国奴役改变了它们的政治发展轨迹，使其难以复制西欧式的现代化道路；此外，以波罗的海三国为代表的部分中东欧国家缺乏对民族国家的有效建构，国家治理能力与社会凝聚力也因此受到质疑。虑及中东欧地区的整体异质性与内部多样性，欧盟自然无意快速东扩。面对中东欧国家的入盟要求，欧盟以拖为主，以致力主国家重返欧洲的波兰总统瓦文萨感叹波兰成为欧洲的孤儿，而维谢格拉德集团的代表也抱怨欧盟至少应该让经历转型痛苦的东欧各国看到希望①。

随着时间的推移，欧盟的态度逐渐发生了变化。地缘政治安全是促成这种变化的重要动因。苏联的解体虽然降低了欧盟直面军事威胁的可能性，却也在中东欧地区留下了巨大的“权力真空”。在缺乏外部约束的情况下，中东欧国家的各种历史遗留问题，例如边界纠纷、文化与宗教冲突和跨界民族问题都在短期内迅速爆发。由此产生的南斯拉夫战争和其他小规模冲突不仅严重阻碍了中东欧国家的转型与发展，也对整个欧洲的和平安全造成了冲击。因此从地缘政治安全的角度出发，欧盟需要增强自身对中东欧地区的影响力与控制力。此外，中东欧国家的转型取得了令人瞩目的成绩。在经历休克疗法的阵痛期后，多数中东欧国家实现了经济的快速恢复与发展，仿照西欧国家建立的民主制度也日趋完善与巩固。这些成绩使得欧盟相信通过一系列的政治经济改革，中东欧国家可以在发展水平上逐渐接近西欧国家，也能够接受和认同欧盟的价值观与治

① 郭洁：《东欧的政治变迁——从剧变到转型》，《国际政治研究》2010年第1期。

理模式。因此面对中东欧国家日益高涨的入盟呼声，欧盟的最优解是将入盟作为激励因素，诱使中东欧国家加快改革与转型的步伐，在其满足入盟必备的各项条件和标准后，予以接受，使它们逐步达成与欧盟的均质化发展。

由此，欧盟正式开启了东扩进程。从1991年到1996年，欧盟先后与波兰和匈牙利（1991年），捷克、斯洛伐克①、罗马尼亚和保加利亚（1993年），爱沙尼亚、拉脱维亚、立陶宛（1995年），斯洛文尼亚（1996年）签署了联系国协定②，对双方未来的政治经济关系进行了明确，并为中东欧国家后续的入盟进程做好准备。在1993年的哥本哈根首脑会议上，欧盟提出了中东欧国家入盟的基本标准：第一，拥有捍卫民主稳定的机构、法治、人权，尊重和保护少数民族；第二，建立起行之有效的市场经济以及拥有应对欧盟内部竞争压力和市场力量的能力；第三，履行成员国职责的能力，包括恪守政治、经济和货币联盟的宗旨③。根据这一标准，欧盟在1997年对申请入盟的中东欧国家进行了全面的评估。最终评估结果让欧盟决定启动东扩，并先与波兰、捷克、匈牙利等6个国家开展入盟谈判。此后，其他中东欧国家也陆续加入进来，开启了各自的入盟进程。

对于中东欧国家而言，入盟进程的开始不仅意味着与欧盟的谈判博弈拉开帷幕，也代表了国内政治、经济与社会生活“欧洲化”的开始。按照社会学制度主义的阐释，欧洲化也是一种制度化的过程：在规制性层面，中东欧国家需要进行新一轮的政治经济改革，并在权力结构与制度安排上做出调整，以保持转型与发展的速度、均衡与平稳；在规范性层面，中东欧国家需要自上而下地贯彻与传播欧盟的价值理念，使其成为国内政治与社会生活的道德范本与组织逻辑；在认知性层面，中东欧国家需要学习处理民族国家与超国家政治实体的权力分合，也要调节处理旧有的身份认同与新的“欧洲公民”身份之间的紧张关系④，

① 捷克斯洛伐克在1991年与欧盟签署了联系国协定。但1992年底，捷克斯洛伐克宣告解体，新成立的两个国家捷克与斯洛伐克于1993年分别与欧盟签署了新的联系国协定。

② European Council, https://www.consilium.europa.eu/en/documents - publications/treaties - agreements/.

③ “Conditions for Membership,” European Neighbourhood Policy and Enlargement Negotiations, https://ec.europa.eu/neighbourhood - enlargement/policy/conditions - membership_en.

④ 参见鞠豪、苗婷婷《罗马尼亚的欧洲化水平评估——基于规范性和认知性要素的分析》，《俄罗斯东欧中亚研究》2018年第4期。

在保持自身文化特性的同时，提升社会大众对欧盟和欧洲化进程的认知能力与认同水平。考虑到中东欧国家薄弱的政治经济基础和独特的社会文化属性，完成上述三个维度的欧洲化显然并非易事。中东欧各国的入盟轨迹也印证了这一点。一部分转型更为成功、欧洲化水平更高的国家得以率先入盟；另一部分国家则因为未能达到入盟标准推迟了正式入盟的时间，或者仍处于冗长的入盟谈判中。

波兰是最早加入欧盟的中东欧国家之一。早在1990年，波兰就向当时的欧共体提交了签署联系国协定的申请。1991年，波兰与捷克斯洛伐克和匈牙利成立了维谢格拉德集团，以协调三国在回归欧洲问题上的立场，并加强彼此间的合作。此后，波兰正式递交了入盟申请并如愿成为开启入盟谈判的第一批候选国。根据谈判的路线图，波兰与欧盟进行了31个章节的谈判，最终于2002年底结束入盟谈判①。在经历了签署入盟条约、各成员国议会批准和全民公投等法定程序后，波兰在2004年正式成为欧盟成员国。波兰能够顺利入盟固然得益于其国家规模（中东欧地区面积最大、人口最多），但更为重要的原因是其政治经济发展水平达到了入盟标准。波兰是转型最为成功的中东欧国家之一，不仅建立了稳固的民主制度，也实现了经济的快速发展。在20世纪90年代，波兰一度成为经济增长率最高的欧洲国家②。到2000年，其国内生产总值已经是1990年的1.5倍。显然，欧盟要想吸纳一众中东欧国家，就不可能忽视国家规模最大且政治稳定、经济持续增长的波兰。

虽然与波兰同期成为欧盟成员国，但斯洛伐克的入盟进程更为曲折。在独立之后，斯洛伐克与欧盟签订了新的联系国协定。1995年，斯洛伐克正式递交了入盟申请。但因为“民斯运”（争取民主斯洛伐克运动）领导的政府采取了一系列与欧盟价值规范相悖的政治举措，斯洛伐克受到了欧盟和西欧国家的批评。在1997年底的卢森堡首脑会议上，欧盟认定斯洛伐克存在违反人权和伤害少数民族权利的现象，其政治转型与民主化进程也有倒退的迹象。因此欧盟决定将斯洛伐克排除在入盟谈判的第一批候选国之外。这一决定引发了斯洛伐克

① “Timetable for Accession Negotiations by Chapter and by Country (1998 - 2004),” https: //www. cvce. eu/en/obj/timetable_ for_ accession_ negotiations_ by_ chapter_ and_ by_ country_ 1998_ 2004 - en - d815543f - 233a - 4fc4 - 9af6 - 4b6ba1f657c9. html.

② 孔田平：《波兰的欧盟政策与入盟谈判战略》，《欧洲研究》2004年第2期。

国内政坛的重大变动。在1998年大选中，“民斯运”仅获得了150个议员席位中的43席，比1994年减少了18席。同时，其他国内主要政党都以对其欧盟政策不满为由，拒绝与“民斯运”合作，导致无法单独组阁的“民斯运”未能执政[1]。此后，斯洛伐克民主联盟联合其他三个政党成立了新一届政府，并在入盟改革问题上采取了更加积极与合作的态度。在1999年的评估报告中，欧盟肯定了斯洛伐克的变化，并于次年开启了与斯洛伐克的入盟谈判。在历经两年的入盟谈判和一系列法定程序后，斯洛伐克于2004年正式加入欧盟，成为最早入盟的中东欧国家之一。

对比波兰与斯洛伐克等国，巴尔干国家的政治经济水平相对落后，又受到地区局势动荡的波及，入盟进程大为滞后。作为西巴尔干地区唯一的欧盟成员国，克罗地亚的入盟过程也是充满波折。在20世纪90年代，克罗地亚虽然接受了欧盟的经济援助，但与欧盟的关系并不友好。因为克罗地亚攻占塞族人控制区，欧盟对克罗地亚实施了制裁。而欧盟将克罗地亚划归西巴尔干的做法也引起了克罗地亚的强烈不满。因此在许多国家已开启入盟谈判时，克罗地亚尚未与欧盟签署联系国协定。直到进入21世纪，克罗地亚才大幅调整了外交战略，开始向欧盟和北约靠拢。2001年，克罗地亚与欧盟签署了联系国协定；2003年，克罗地亚正式递交了入盟申请；2005年，欧盟启动了与克罗地亚的入盟谈判。但因为克罗地亚的国内改革一直未能达标，与邻国的边界纠纷和历史遗留问题又难以解决，这场谈判一度成为欧盟东扩过程中最为复杂和艰难的谈判之一[2]。直到2011年，双方的谈判才最终结束，2013年7月，克罗地亚正式成为欧盟的成员国。波兰、斯洛伐克、克罗地亚三国的经历虽没有涵盖所有中东欧国家的入盟轨迹，但代表了中东欧国家差异性一体化的进程。截至2019年，有11个中东欧国家已经入盟，塞尔维亚、黑山、马其顿（2019年更名为北马其顿）与阿尔巴尼亚是欧盟候选国，波黑则于2016年递交了入盟申请，欧洲理事会将就其是否具备候选国的资格做出最终决定[3]。

在很大程度上，中东欧国家回归欧洲、融入欧洲一体化进程是欧盟与中东

---

① 参见鞠豪、方雷《“欧洲化”进程与中东欧国家的政党政治变迁》，《欧洲研究》2011年第4期。

② 胡勇：《“欧洲梦”与“欧洲化”：克罗地亚加入欧盟及其影响》，《国际论坛》2015年第6期。

③ European Neighbourhood Policy And Enlargement Negotiations, https://ec.europa.eu/neighbourhood-enlargement/countries/detailed-country-information/bosnia-herzegovina_en.

欧国家的双赢。对于欧盟而言，将整个欧洲纳入统一的政治经济模式塑造了和平与安全的环境。把入盟与改革相挂钩的做法使得中东欧国家步入了良性发展轨道，也维持了这一地区的稳定局面。在欧盟推动下，中东欧国家开始尝试解决边界争议与民族矛盾等长期存在的问题，从而大大降低了发生地区冲突的可能性。在经济上，欧盟不仅成为世界上最大的区域经济体，也获得了更为广阔的市场。统一欧洲市场的形成使各国的资源与生产要素可以在全欧范围内更加自由地流动。以此为基础，欧盟能够更合理地配置生产资源，完善产业分工并优化贸易结构。在外交上，中东欧国家的入盟对周边国家产生了巨大的示范效应。以输出价值规范和制度规则为核心内容的规范性外交大行其道。在国际社会中，欧盟倡导的全球治理模式和以国际协议与合作为基础的多边规则体系也更具吸引力与影响力。对于中东欧国家来说，入盟进程也带来了巨大的发展红利。在政治上，回归欧洲为中东欧国家提供了稳定的发展环境，也为政治经济改革的深化注入了新的动力。由此建立的社会共识以及文化上的归属感与安全感成为国家转型的有效助力。在经济上，中东欧国家不仅获得了欧盟的经济援助和西欧国家的直接投资，也拥有了更为广阔的市场。通过融入高附加值、高科技含量的产业体系，中东欧国家的经济得以迅速发展。在外交上，回归欧洲提升了中东欧国家的国际影响力。通过自下而上的传输路径，中东欧各国可以将本国的利益与偏好投射到欧盟层面，进而影响欧盟的外交政策与进程，使欧盟更加符合自身的战略诉求。借助这一途径，许多过去受制于国力而难以实现的战略目标可以转化为欧盟的外交决策予以实现，这大大强化了中东欧国家的外交实力。

遗憾的是，漫长的入盟进程并未能消弭中东欧国家与西欧国家之间的巨大差异，特别是双方在价值观与社会文化上的分歧。一方面，政治与社会文化拥有自身演进的规律，其发展变化往往滞后于制度变革，也需要更长的时间。因此在欧盟快速东扩的过程中，实现价值与文化趋同的难度要远远大于打造统一的政治经济体制。另一方面，欧盟因为地缘安全等因素放宽了对部分国家的入盟要求，使得这些国家在改革尚未完成或尚未完全达到入盟标准的情况下加入了欧盟。而在入盟后，“欧洲化”就变为一种内在的社会化进程。国家的推动力逐渐减弱，政治精英与社会大众的注意力也重回国内，转向各自关心的具体问题。许多国家不仅没有完成应有的改革，反而以一种消极或软怀疑（Soft Euroscepticism）的态度对待后续的欧洲一体化进程。而因为缺乏有效的奖惩手段，欧盟对成员国国内政治进程的影响变得十分有限。在这一局面下，东西欧国家之间的巨大差异包括文化与价值理念上的分歧都保留了下来。在欧盟处于政治经济发展的上升期时，这一差异的危害尚不明显。但当欧盟的发展遭遇困境时，双方的差异与分歧就会演化为公开的争执，进而阻碍欧盟的健康发展。在过去数年里，这一论断已逐步得到验证。东西欧国家在难民分配和多速欧洲等问题上的矛盾已经使欧盟陷入了发展困境。波兰与匈牙利等国出现的“民主转向”也成为欧盟亟须应对的难题。在这个意义上，所谓的“东扩”与“欧洲化”远未完成。对欧盟来说，如何消化中东欧国家回归欧洲带来的冲击，塑造统一但多元的欧洲仍然是自身发展进程中的重要议题。

二 欧盟边界的扩大与管理的革新

对于欧盟而言，中东欧国家入盟带来的最为直接的影响是边界的扩大与边境管理难度的增加。早在大规模东扩之前，欧盟（欧共体）已经开始尝试一体化的边境管理模式。1985 年，德国、法国、比利时、荷兰与卢森堡五国签署了《申根协定》，决定废除各国之间的边境检查，打造共同的外部边界管理机制与统一的签证系统。1995 年，这一协定正式生效。上述五国与西班牙、葡萄牙率先开放边境，实行人员自由流动，从而形成了最早的申根区。到第一批中东欧国家正式入盟时，已有 15 个欧洲国家正式加入了申根区，其中 13 个为欧盟成员国。虽然欧盟与申根区也经历过数次扩大，但吸纳数量如此众多的新成员显然是一种前所未有的挑战。就外部边境管理来说，这种挑战体现在如下几个方面。

第一，人口与疆域的扩大。在正式加入欧盟之后，多数中东欧国家也迅速加入了申根区，申根区的覆盖范围大大增加。2019 年，申根区已经包括了 26 个成员国与 4 个特殊非成员国，区域面积达到 431.2 万平方千米，域内人口超过 4.1 亿。人口的增加意味着人员流动更加频繁。据统计，每天约有 170 万人固定往返于两个申根国家之间，而每年有逾 13 亿人次过境申根区①。疆域的增加则

① “The Economic Impact of Suspending Schengen,” http://www.europarl.europa.eu/RegData/etudes/ATAG/2016/579074/EPRS_ ATA (2016) 579074_ EN.pdf.

代表着外部边界的不断扩大。在中东欧国家加入后，申根区的东部外部陆地边界线由4095千米扩展为6220千米。对比过去的外部边界线，新的边界线不仅漫长曲折，周边形势也更加复杂。管理这样一条边界线既要妥善应对沿线的领土争议和少数民族跨境等问题，也要正确处理若干性质特殊的领地，例如加里宁格勒这种被申根国家包围的他国飞地。以上种种情况无形中增加了欧盟管控外部边界的难度。此外，欧盟的外部边界与申根区的外部边界并不完全吻合。作为欧盟的正式成员国，罗马尼亚、保加利亚与克罗地亚三个中东欧国家尚未加入申根区。欧盟虽未取消它们与申根区之间的边境检查，却给予其公民进出申根区的优惠政策。因此，上述三国的边境管理也具有一定的特殊性。如何协调它们与申根国家在边境管理中的权责也是欧盟面对的一项重要挑战。

第二，外部边境国家的变化。申根制度的核心理念是弱化内部边界，打造共同的外部边界。根据地理位置的不同，申根国家天然地分为外部边境国家与内部中心国家。而外部边境国家成为管控边境的主要责任国。在中东欧国家加入之前，德国与奥地利等国都曾是申根区的外部边境国家，它们的边境管理队伍与警卫力量为管控申根区边境发挥过重要作用。但在中东欧国家成为申根国后，申根区的外部边界出现了巨大的变化。德奥等国由外部边境国家转为内部中心国家，它们虽然拥有管控申根边境的能力与经验，却不再承担外部边境管理的工作，其主要任务是在本国与其他申根国的边境进行常规巡逻。相应地，中东欧国家则成为申根区外部边境，特别是东部与东南部边境的主要管理者。相比于德奥等国，中东欧国家的政治经济发展水平较低，边境基础设施建设落后。因为处于政治经济转型的动荡期，中东欧国家的非法移民和有组织犯罪问题十分突出。部分国家腐败严重，行贿受贿成为边境管理中的普遍现象，这也在很大程度上削弱了中东欧国家管控边境的能力。新老成员国承担的边境管理责任并不均衡，新成员国的管理能力和经验与自身承担的责任不相匹配，这对欧盟在边境管理工作中资源整合与组织协调的能力都提出了更高的要求。

第三，外部邻国的变化。在中东欧国家加入后，与欧盟和申根区接壤的是一些发展更为落后的国家。这些国家或是政治经济改革与民主化进程并不成功（例如白俄罗斯和乌克兰），或是处于战后的动荡与重建过程中（例如西巴尔干国家），或是与欧洲国家分属不同的文化圈（例如土耳其）。面对这些国家，欧盟不仅计划与之开展有效的边境管理合作，更希望它们能够保持稳定发展，以避免大量的非法移民与难民涌入申根区。过去，中东欧国家也曾是申根区的外部邻国。在东欧剧变后的动荡与转型中，许多中东欧国家或其他地区的民众经由波兰等国进入西欧，给申根区的边境管理与社会治理带来了极大的压力。为解决这一问题，欧盟将中东欧国家的入盟与其国内改革进程紧密结合起来，以此推动中东欧国家的平稳转型与快速发展，从而减少非法移民的涌入量。在评估中东欧国家的转型状况时，欧盟也着重强调它们的司法与内务状况需要达到欧盟的标准，包括边境管理机制也应遵循申根规范。而为了能够提早加入欧盟，中东欧国家也在积极证明自身的边境管理能力。多数中东欧国家都采用了安全国的原则，负责接收由西欧国家遣返的非法移民，并将部分移民遣返至邻国。但是面对新的外部邻国，欧盟过去的策略很难奏效。相比于中东欧国家，这些国家并没有回归欧洲的战略诉求，也缺乏加入欧盟的现实前景。因此，欧盟无法以入盟承诺约束这些国家，并对其进行有效的奖惩。在已经完成大规模的东扩后，欧盟需要寻找一种新的合作模式，以增强外部邻国在边境管理上的合作意愿与能力，同时推动这些国家的稳定发展，保障欧盟和申根区的安全。

有鉴于此，欧盟开始探索新的边境管理模式。而在中东欧国家入盟几成定局的情况下，欧盟也加快了改革的步伐。在2001年的《尼斯条约》中，欧盟将有效多数表决机制引入到边境管理和移民政策中。2003年，欧盟首次提出了邻国政策的概念并于次年推出了正式的《欧盟邻国政策战略文件》。2004年，欧盟成立了欧盟边防局，以专门应对日益繁重的边境管理工作。2006年，欧盟理事会明确了整合式边境管理战略的具体内容与细节。以上述内容为基础，欧盟继续强化制度改革与理念创新，并实施了多项提升边境管理水平的重大措施。

第一，建立一体化的边境管理模式。对于欧盟来说，欧洲一体化的发展方向是在有效融合的基础上打破民族国家的界限，建立政治、经济、军事和外交的全方位共同体①。实现外部边境管理的一体化也是欧盟的重要发展目标。在欧盟层面，欧盟边防局是打造一体化边境管理的主要平台。根据欧盟理事会的相关条例，欧盟边防局的主要职责：一是在边境管理问题上协调各成员国合作，二是协助成员国训练边境警卫队，三是进行风险评估，四是为成员国组织的共

---

① 鞠豪、苗婷婷：《罗马尼亚的欧洲化水平评估——基于规范性和认知性要素的分析》，《俄罗斯东欧中亚研究》2018年第4期。

同遣返行动提供必要的支持[①]。虽然欧盟边防局的定位仅仅是协调机构，但通过这一机构，欧盟得以正确评估各成员国的边境管理能力与不同地域空间的管理需求，据此合理分配各国的管理资源与职责范围。资源的整合与职责的分工帮助新老成员国迅速完成了边境管理的交接工作，也有助于外部边境国家与内部中心国家在边境管理中保持协调一致，推动各国在信息、技术和人力方面的共享合作。在充分顾及多元性的同时，欧盟也在积极追求边境管理的统一性。通过智能化边境管理系统的普及和对各国边管人员的大规模培训，欧盟边防局正在将欧盟式的管理理念推广到各成员国，并逐步建立统一的管理标准。而依托欧盟的资源，欧盟边防局也建立了完备的边防情报网络，可以及时追踪邻国的政治军事动态，并正确评估欧盟和申根区的安全风险，从而提前制定预案，做好应对措施。这些大大提升了欧盟边境管理水平。在边防局的相关实践外，欧盟还积极试探边境管理权力的最终界限。进入 21 世纪，欧盟不仅多次修改了共同移民与避难政策的相关计划，也把更多边境管理与移民领域的决策权收归到欧盟层面。2011 年，欧盟授权欧盟边防局组建边境巡逻队，在申根区外部边境进行巡逻。此后，欧盟又成立了权限与职责范围更大的边境与海岸警卫局。新的边境与海岸警卫局被认为是欧盟边防局 2.0 版，它麾下有长期的警卫部队，可以在紧急情况下不经成员国同意行使干涉权。这一机构的成立标志着欧盟在探索一体化边境管理模式的过程中又迈出了坚实的一步。

第二，帮扶中东欧国家的边境管理工作。中东欧国家缺乏在申根制度下管理边境的能力与经验。针对这一问题，欧盟采取了“以老带新”的办法，即将原申根国家的先进管理模式推广到中东欧国家，并邀请前者的管理团体向中东欧国家传授经验。考虑到中东欧国家各自的地理位置与边境状况，欧盟为中东欧国家设立了不同的学习样本。早在 2001 年的“边境管理成功标准”会议上，芬兰的边境管理模式就被确立为欧洲边境管理的典范。而爱沙尼亚、拉脱维亚两国与芬兰一样与俄罗斯接壤，并且都有着相似的边境地理情况[②]，所以欧盟不断鼓励爱沙尼亚与拉脱维亚两国学习芬兰的边境管理经验，并推动三国在边境安全防控中的交流与合作。提升边防团队的管理水平与职业素养也是欧盟改善

① 刘一：《难民危机背景下的欧盟外部边境管控问题》，《德国研究》2016 年第 3 期。

② 周烨、唐超：《欧盟边境安全风险防控模式的借鉴》，《广西警察学院学报》2018 年第 4 期。

中东欧国家边境管理的重要举措。在很长的一段时间里，欧盟一直组织相关领域的专家对中东欧国家的边检人员与边防警察进行培训，培训的内容十分广泛，包括欧盟的法律法规，过境人员与物品检查的程序以及其他与边管边防相关的技能，比如外语、电子技术与武器车辆的使用。在基础性的培训之外，欧盟也针对中东欧国家的边境管理特点开展对边防人员的专门培训。因为中东欧国家是毒品北方路线①与难民巴尔干路线的必经之地，其管理的申根边界又多为陆地边界，所以欧盟着重对中东欧国家的陆上边警进行任务主导型培训，以提升其机动能力与快速反应能力，有效应对非法移民和有组织犯罪。此外，考虑到中东欧国家的边境管理与其发展状况的相关性，欧盟也在继续推动这些国家的国内改革进程，帮助它们保持社会稳定，消除政治腐败，杜绝边境管理工作中的行贿受贿现象，同时通过有效的机构改革，打造简捷、联动的边境管理机制。

第三，推出全新的邻国政策。在第一批中东欧国家正式入盟的同年，欧盟新的邻国政策正式出台。这一政策一度被认为是欧盟扩大计划的一部分。但事实上，欧盟在吸纳一众中东欧国家后已经出现了明显的扩张疲劳，而欧盟的新邻国们则远未达到入盟的标准和条件。因此，欧盟新的邻国政策是欧盟在其外部邻国缺乏一体化前景的背景下寻求的一种新型合作模式。保障边境安全与加强边管合作是欧盟邻国政策的重要内容。在邻国政策的框架内，欧盟与多个邻国签署了边境管理协定与打击非法移民和跨境犯罪活动的合作协议，不仅从法律层面明确了双方边境范围与通行原则等问题，也将各国独立的边境管理工作与欧盟一体化的管理模式有效对接。在合作方式上，欧盟不仅与外部邻国开展了有效的双边合作，还积极推动欧盟成员国与外部邻国、外部邻国与外部邻国之间进行多种形式的边防与边管合作。为了打造坚固的外围防线，欧盟向外部邻国提供了大量的边防援助，包括资金、人员、物资等各方面的援助。仅2014~2020年，欧盟在邻国政策上的投入就将超过150亿欧元。大量的资金援助不仅提高了外部邻国的边境管理能力，也大大增强了各国边防合作与信息交流的意愿，减少了各类突发问题给欧盟带来的边防压力。针对外部邻国的政治动荡，欧盟多次与这些国家举行联合边境巡逻与边防演习。在各国出现突发事件时，

① 即经由阿富汗、中亚国家、俄罗斯和土耳其等国，最终抵达欧洲的毒品运输路线。

欧盟也会直接派出援助人员，帮助各国加强边境管理，稳定边防局势。

仅就边境管理而言，欧盟与申根国家很好地应对了大规模东扩带来的挑战。一体化的管理模式也被视为便利与高效的代名词。但随着难民问题的集中爆发，欧盟边境管理的各种弊端逐渐凸显。在控制难民涌入、接受合法难民和遣返非法移民的过程中，欧盟也没有展现出足够的治理能力。欧盟的自身特性是导致这一问题产生的部分原因，而另一部分原因则与中东欧国家的入盟进程相关。下文，我们将集中分析难民危机背景下欧盟治理能力的不足，特别是因中东欧国家入盟进程衍生出的边境管理缺陷。

三　难民危机背景下的欧盟边境管理

难民与移民问题是欧盟发展与欧洲一体化进程中的重要议题。这一议题不仅涉及政治、经济、安全、法律与社会文化等多个层面，也关乎民族国家的主权与欧盟内部的权力分配。过去，欧盟也曾数次遭受难民或非法移民问题的困扰，包括越南战争与南斯拉夫内战产生的战争难民以及东欧剧变后从东欧来到西欧国家的非法移民问题的困扰。但无论是从人口数量、流动规模还是从影响程度上看，这些危机都无法与2015年后集中爆发的难民危机相提并论。在过去的几年里，全球难民数量急剧增加。2016年全球难民达到史无前例的6560万人，超过英国的总人口数。具体到欧洲国家，在2014年只有大约28万的难民进入欧洲，而2015年，这一数字已经高达130万。此后数年，入境欧盟国家的避难人数虽有所下降，但仍然有大量的难民与非法移民来到欧洲，仅2017年一年就有70万人申请避难。此番涌入欧洲的难民多数来自中东与北非地区，特别是叙利亚和伊拉克等饱受战争与动乱摧残的国家。因为缺乏稳定的政治秩序与安定的社会环境，这些国家的民众被迫离开家园，踏上迁徙之路。而相比于美国、加拿大等其他发达国家，难民们更愿意前往地理距离较近、福利制度优渥与劳动力需求巨大的欧盟国家。欧盟内部相对宽松的人员流动环境也便于他们在欧盟成员国之间进行“二次迁徙”。因此，欧盟国家成为难民迁徙的首选之地和难民危机集中爆发的地区。

对于欧盟来说，处理此次难民危机的难度也是前所未有的。一方面，此次危机中的难民多来自伊斯兰国家，他们深受伊斯兰教与本国历史文化的影响，对于欧洲国家的宗教传统、价值理念乃至社会生活方式都表现出一定的疏离与拒斥态度。这在一定程度上增大了欧洲国家接纳甚至同化他们的难度。另一方面，欧洲的恐怖主义袭击正呈现“常态化”趋势。在各类恐袭事件中，独狼式的恐怖分子大大增加。这类恐怖分子虽然缺乏专业知识与训练，但是行动灵活，工具简单，易于躲过情报与警察部门的追查与搜索。在难民涌入欧洲国家的过程中，许多恐怖主义分子或极端主义的信奉者混迹其中，这大大增加了对恐怖主义袭击的预防与排查难度。与此同时，欧盟正在经受一系列的发展考验。欧债危机、乌克兰危机与英国脱欧分别从不同层面冲击着欧盟的治理模式与政治合法性。这些议题与难民问题交织在一起，也在无形之中增加了解决难民危机的难度，暴露了欧盟治理能力与边管模式的诸多不足。这些不足一部分与中东欧国家的入盟直接相关。因为未能消弭东西欧国家间的巨大差异，欧盟与中东欧国家在许多事务上存在分歧。欧盟现有的权力结构与决策机制又使得欧盟无法逼迫或绕开成员国推行统一的难民政策与边境管理模式。另一部分则与中东欧国家的入盟间接相关。在过去的边境管理工作中，欧盟已存在许多不足。但这些不足或被遮蔽，或被其他因素抵消，未对欧盟造成巨大的伤害。现在因为中东欧的入盟，欧盟的人口与疆域已非往日可比，难民危机产生的巨大“超载效应”使这些在过去边境管理中存在的问题不断放大，边境管理甚至成为欧盟发展的重大问题。

第一，基本原则问题。由《都柏林公约》与《都柏林条例》构成的都柏林制度体系是欧盟在难民接收与边境管理领域遵循的重要规则。按照都柏林制度体系，欧盟各国对于难民或移民的管理应遵循如下三大原则：第一入境国原则、安全第三国原则以及不推回原则。在这三条原则中，第一入境国原则是引起欧盟各成员国最大争议的一项内容，也是阻碍难民问题有效解决的重要因素。根据这一原则，难民由他国进入欧盟的过程分为首次移动和二次移动两个部分，其进入欧盟所经过的第一个国家即为第一入境国。难民必须在第一入境国登记或申请避难之后，方可进行二次移动，前往其他国家。因此，相比于内部中心国家，欧盟的外部边境国家承担了更多的工作。在难民数量较少时，这些国家尚能出色完成任务，但随着大量难民的涌入，这些国家的接收与管控能力出现了严重赤字。都柏林制度体系采取的是“谁放入谁负责”的原则，即对申请者进入欧盟境内负有最大责任（不论是主观允许其进入还是客观疏忽）的成员国要对其行为或不作为所造成的影响负责①。除接收和管理入境的难民外，欧盟的外部边境国家还要负责回收非法移动到内部中心国家的难民。而由于安全第三国与不推回原则的存在，这些难民又不能被遣返回原籍，只能滞留在外部边境国家，从而进一步加重了这些国家的负担。虽然承担了较少的管理责任，但欧盟的内部中心国家同样对难民政策的基本原则抱有不满。因为欧盟与申根区内部边界的消除，难民可以在欧盟成员国之间自由地进行二次移动。第一入境国没能对难民进行有效甄别与处理，内部中心国家更无法对难民身份等信息进行二次核查，只有独自承担难民入境带来的后果。此外，一部分欧盟外部边境国家知悉难民并不想要定居本国，而是希望前往德、法等更为发达的内部中心国家，它们也就乐于放宽对难民的审查与管理，使其快速过境，减少对本国社会经济的负面影响。面对这一局面，许多内部中心国家暂时性恢复了早已废止的边境检查制度。仅在过去的两年里，就有德国、法国、丹麦、奥地利与瑞典等多个国家以恐怖主义袭击或难民潮冲击为由实施了短期的边界管制。类似的做法虽然缓解了难民问题给这些国家带来的压力，却加剧了外部边境国家与内部中心国家的矛盾，也不利于欧盟整体处理难民问题。在难民危机的背景下，欧盟尝试变革过去难民与移民领域的基本原则，建立责任共担的管理模式。但目前来看，欧盟与各成员国之间尚未就这一问题达成共识。

第二，管理权限与决策机制问题。对于欧盟及其成员国来说，相对敏感的难民与移民政策涉及民族国家的主权与欧盟内部的权力分配。围绕这一问题，欧盟与成员国之间进行过长期的博弈。在欧盟成立初期，各成员国倾向于采用政府间合作的方式处理难民问题，并坚持本国在相关问题上的绝对主权。与之相反，欧盟则在积极打造共同的难民与移民政策。1999 年生效的《阿姆斯特丹条约》是欧盟对成员国的一大胜利。根据这一条约，难民与移民问题的部分权限由成员国转移到欧盟层面，全体一致同意也不再是唯一的决策方式，有效多数机制的适用范围开始扩大。2009 年生效的《里斯本条约》进一步扩大了欧盟在相关领域的权限。根据这一条约，欧盟和成员国共同享有在难民与移民问题上的决策权。但是，在接收难民数量与融入政策等关键问题上，成员国仍然享有绝对的主权。欧盟虽然能够制订相应的计划与方案，却无法强制成员国服从

① 王少峰：《欧盟移民现状及其外部边境控制》，《现代警察世界》2018 年第 7 期。

或执行。在与难民危机息息相关的边境管理权限上，欧盟同样面临尴尬。依据欧盟边境管理局条例，欧盟边管局的职员，或者一个成员国的专家在另一个成员国领土内行使行政职权时，需尊重所属成员国本国的法律①。这一规定让成员国保留了自我决断的权力，它们便在许多特殊情况下各自为政，拒绝参与或是配合欧盟边管局的联合行动。具体到此次难民危机，欧盟与中东欧国家的僵持就反映了由双方管理权限的不同导致的欧盟在这一领域决策机制的弊端。在欧盟紧急通过按照配额强制分摊移民的方案后，中东欧国家随即表示了强烈反对。它们认为，接收少量的难民虽然不会带来沉重的经济负担，但会对本国的政治价值、宗教文化与社会发展产生负面影响，因此坚决抵制欧盟的难民分摊计划。立场最为激进的匈牙利不仅在本国和塞尔维亚边境修建隔离墙，以阻止难民进入，更通过了史上最为严格的移民法案，重申自身在本国移民安置问题上的绝对主权。而因为有效多数决策机制的存在，欧盟难以在中东欧成员国普遍反对的情况下形成统一政策，也无法就难民配额做出最终的决定。面对中东欧国家的抵制，欧盟曾通过欧洲法院裁定难民分摊政策合法，并驳斥这些国家的反对声音，也曾通过对波兰和匈牙利启动《里斯本条约》中惩罚条款的建议或决议。但前者对于中东欧国家缺乏实质性的约束力，后者也因为烦琐而冗长的决策过程而无法被真正激活。在这种局面下，解决难民危机的整体性方案蜕变为成员国的各自为政与彼此之间的利益博弈，大大拖延了难民问题的处理进度。

第三，军事力量问题。此次难民危机具有规模大、波及范围广与破坏力强的特点。在向欧洲迁徙的过程中，许多难民依赖蛇头和其他非法组织偷渡过境，致使武器贩运、毒品走私和跨国犯罪等非传统安全隐患大增。同时，难民问题与恐怖主义错综复杂，多起恐怖主义袭击的制造者已被证实是进入欧洲的难民或是藏身难民营中的不法分子，解决难民问题已呈现出更重要的安全意义。但面对诸多非传统安全问题，边检警察与边管人员同样力有不逮。而面对难民迁徙过程中的突发事故与难民安置地中的人道主义危机，边检警察与边管人员同样缺乏足够权限与快速机动的反应能力予以应对。

解决上述问题最为有效的办法是建立欧盟国家的联合军队，专门解决难民危机中的各类安全问题。欧盟也已开始着手打造独立的军事力量。2016 年 7 月，

① 刘一：《难民危机背景下的欧盟外部边境管控问题》，《德国研究》2016 年第 3 期。

德国在新发布的国防白皮书中明确提出适时重启“欧洲防务共同体”构想①。2017年12月，欧盟通过了“永久结构性合作”联合防务机制。以该机制为基础，欧盟将开展17个防务合作项目，欧盟卫勤指挥、军事行动、海洋监视以及网络安全将成为第一批合作项目。2018年6月，德、法等9个欧盟成员国签署了欧洲干涉计划意向书，承诺建立一支紧急军事干预联合部队，以通过更加快速敏捷的行动能力应对欧盟可能面对的危机②。尽管欧盟在军事建设方面动作连连，但军事一体化仍然是欧洲一体化建设进程中最为缓慢的，原因在于，欧盟缺乏真正的共同防务预算，现有的预算仅仅是各国防务预算的汇总，开支重复，武器投资、采买混乱。在打造联合军队的问题上，欧盟并没有得到各成员国，特别是中东欧国家的真正支持。无论是建立共同防务预算、集中采购武器装备，还是打造一支统一的军队，都触及国家主权的核心部分，这是中东欧成员国历来抵制的话题。在欧债危机、英国脱欧和难民涌入等一系列问题出现后，欧盟面临严重的合法性危机，向心力也大大下降。中东欧成员国认为应先消化现有的一体化成果，解决当下欧盟存在的问题，而非追求更高领域和更深层次的一体化。相比于西欧国家，中东欧国家距离俄罗斯更近，也与其有着更复杂的历史纠葛，在俄罗斯吞并克里米亚和俄欧长期对峙的情况下，中东欧国家感知的军事压力与威胁要远高于其他国家。它们担心参与欧盟的军队建设会触怒美国和北约。在实现共同防务遥遥无期的情况下，美国和北约仍然是这些国家在军事安全领域的唯一保障。因此，虽然欧盟表示“共同防务不会削弱北约，而是双赢”，但大部分中东欧国家显然更注重与北约和美国的军事合作，而对欧洲共同防务采取“搭便车”的姿态。从这一角度来说，军事一体化的有限进展也削弱了欧盟应对难民危机的能力，特别是处理在危机中出现的非传统安全风险与各类突发事件的能力。

（原文发表于《俄罗斯学刊》2019年第3期）

① 《德国10年来首部国防白皮书 摆脱“军事克制”进行时》，新华网，2016年8月12日，http://news.xinhuanet.com/mil/2016-08/12/c_129223930.htm。

② 方晓志：《欧盟九国建危机干预部队，雄心勃勃但任重道远》，中国军网，2018年7月2日，http://www.81.cn/gfbmap/content/2018-07/02/content_209851.htm。

中东欧与欧盟关系的现状与前景

鲍宏铮*

内容提要： 中东欧国家自加入欧盟后，表现出越来越强的独立性，不但在一体化的方式问题上与英国一道对欧盟提出了挑战，甚至在国家基本制度问题上都对欧盟提出了质疑。相较于国力强大的英国给欧盟带来的不利影响，中东欧成员国与欧盟的矛盾一方面由于中东欧成员国实力的不足，另一方面由于有德国的调控，一直处于次要位置。在英国脱欧已成定局之后，德、法等国已开始有精力处理中东欧问题，这一矛盾开始凸显，成为欧盟内部的主要矛盾。欧盟于2017年出台了“多速欧洲”方案，并且连续通过了对波、匈两国进行严厉惩戒的议案。如果照此发展，欧盟将难免陷入一种或明或暗的分裂之中。欧盟整体在军事、社会治理等方面能力的提升无法在短期内达成，因此美国以及俄罗斯仍将继续在欧洲事务中扮演重要角色。这种外部力量的存在又会进一步固化欧盟可能的分裂，反而进一步抵消欧盟在军事、社会等领域进行一体化的努力。

关键词： 中东欧　欧盟　法治　英国脱欧　多速欧洲

* 鲍宏铮，中国社会科学院世界历史研究所助理研究员。

自1952年欧洲煤钢共同体成立以来，现代欧洲一体化进程已走过了近七十年的历程。1989年以后中东欧国家的“回归欧洲”和2004年开始的欧盟东扩，都是这一历程中的重大事件。欧盟东扩后，欧盟和新成员国都获得了新的发展动力，但新老成员国之间的关系也出现了种种矛盾。这些矛盾是何种性质，在内外各种力量的作用下会如何演化，将是本文讨论的内容。

一　欧盟与中东欧成员国间的三类问题

从申请入盟至今，欧盟中东欧成员国对欧盟的态度经历了从“一边倒”到独立性逐步增强的过程。在“回归欧洲”的早期阶段，中东欧国家普遍追求的目标是按照欧盟要求进行制度建设，以期尽快加入欧盟。加入欧盟早期，部分中东欧国家对欧盟做出的决策仍能保持着比较遵从的心态。但随着部分中东欧国家从候选国变为成员国，从规则的接受者变为参与制定者，其对欧盟发出的不同声音也越来越多，欧盟中东欧成员国与欧盟在一些重大议题上的分歧也越来越明显。

通过对中东欧成员国与欧盟的种种矛盾进行考察，并依照《欧洲联盟条约》可以发现，两者间存在的问题可以分为三类。

第一类问题涉及欧盟成员国的基本制度，是一国之所以能够加入欧盟的根本性问题。《欧洲联盟条约》序言指出，各成员国需要“坚持自由和民主原则，尊重人权、基本自由、法治”，同时又要“在加强人民团结的同时，尊重各国的历史、文化、传统”。波兰和匈牙利与欧盟之间的部分分歧当属这一范畴。2010年，以欧尔班为首的匈牙利青年民主主义者联盟（青民盟）在大选中获胜，这是欧尔班继1998年之后再次出任总理。2011年，欧尔班政府通过了新宪法，对匈牙利选举制度、司法、社会生活等多个方面进行了改革，匈牙利政府和欧盟之间产生了严重分歧。2012年，欧盟委员会以赤字指标不合格为由，提议削减向匈牙利提供的欧盟资金。欧盟委员会此举在历史上尚属首次。此次事件在很大程度上标志着中东欧国家和欧盟的关系进入了一个新的时期。2014年5月，欧尔班连任总理。7月，他发表了关于“非自由民主主义”的演讲，阐释了其在尊重自由主义基本原则之上强化政府职能、加强社会管理的执政理念，进一步引发了欧盟的忧虑。2015年，法律与公正党赢得波兰大选，时隔五年后再度执政。匈牙利和波兰在诸多问题上开始互相配合，对欧盟形成了更多挑战。

2015～2017 年，波兰新政府陆续出台措施，对宪法法院、高等法院、司法委员会等机构的任免方式进行了重大变革，同时加强了媒体管控。2017 年 12 月，波兰和欧盟的矛盾激化，欧洲议会通过决议，对波兰进行严厉的纪律惩戒，甚至停止波兰在欧洲理事会中的表决权。但欧洲议会的这一决定遭到了匈牙利的坚决抵制。2018 年 5 月，欧尔班再次出任匈牙利总理。同年 9 月，欧洲议会又通过对匈牙利实施纪律惩戒的决议。欧盟方面对波、匈两国实施惩戒的依据都是《里斯本条约》第 7 条，即"存在严重违反欧盟核心价值观和法治原则的行为"，欧洲议会以破坏核心价值观和法治为依据，开启了对波兰进行严厉惩戒的程序；而波兰也以《欧洲联盟条约》中宣示的"尊重各国历史、文化、传统"为由，表示要捍卫本国的自主权。

第二类问题涉及权限的划分以及欧盟各机构的运行。《欧洲联盟条约》序言提出，要"在统一的机构框架下，通过提高民主程度，增进效率，更好地完成所赋予其的职责"，涉及的具体领域包括经济、社会、欧洲公民身份、外交与安全、内务与司法等，序言中还提到欧盟的工作原则，即辅助性，只有在某件事由欧盟做比由成员国做能达到更好效果时，才应由欧盟来做。具体而言，欧盟就是根据上述规定要求各成员国需要让渡出一部分主权给欧盟中央，由欧盟中央根据一定的投票规则，代替各成员国在特定领域进行决策，也就是权力在成员国和欧盟中央机构间如何分配的问题。从早期法德等六国通过主权让渡，共同决定各国的煤炭和钢铁产量与价格，到《里斯本条约》将各成员国在外交、安全、司法、社会等众多领域的主权均纳入让渡范围，授权欧盟中央机构进行决策，现代欧洲一体化的这一内在逻辑是一脉相承的。欧盟中央机构和各成员国针对不同问题，各自有哪些权限，在有关条约中都有规定。当各方对规定的理解产生分歧时，还可向欧盟法院提起诉讼，由欧盟法院进行判决和解释。这类问题具有较强的行政色彩，成员国与欧盟进行谈判的空间也最大。入盟以来，波兰是否可以单独决定对俄罗斯的外交立场问题、匈牙利赤字超标后果问题均属于这一范畴。

第三类问题与欧盟条约的实体内容无关，只与其批准和生效的程序性问题有关。《欧洲联盟条约》第 7 条明确规定，该条约须经所有成员国按其国内法要求的程序获得批准后方才生效。在《里斯本条约》的批准问题上，捷克总统以该条约未载明“捷克从德国所获得的二战补偿应受到保护”这一与欧洲一体化并无直接关系的内容为由，拒绝签署该条约。捷克的这一立场一度得到波兰的支持。2009 年 11 月 3 日，捷克成了最后一个签署《里斯本条约》的欧盟成员国。这类问题不涉及欧盟成员国的义务，从理论上讲，成员国完全可以采取拒绝的态度而不用承担任何责任。

除上述问题外，难民转移安置问题处于第一类与第二类问题之间。如果从权限划分角度来说，人口流动问题属于欧盟中央机构的权限，所以欧盟有权命令有关成员国承接配额；如果从基本制度来说，难民的生存权和迁徙权属于人的基本自由，接纳难民是成员国基本制度的体现。拒不接纳难民的成员国，既可以被视为一种行政不作为，也可以被视为违反基本制度。所以欧洲议会目前虽然未以此为依据提出对大多数中东欧成员国的惩戒动议，但这种可能性是完全存在的。2010 年以来，难民危机是欧盟面临的主要问题之一。2015 年 9 月，欧盟制订了在各成员国中对难民进行分配的计划，但波兰、捷克、匈牙利、罗马尼亚等中东欧国家坚决拒绝接受难民，其与欧盟的矛盾开始升级。

2012 年 3 月，捷克拒绝签署“财政契约”，这一问题在实践上介于上述第二类和第三类问题之间。虽然该文件是对《稳定与增长公约》等欧盟文件的修订，但这些文件都具有签字者实施、不签字者不实施的性质。因此捷克只要有一定的理由，即使不签署这一文件，也不违反欧盟的规定。

依照以上三类性质的问题划分，部分中东欧国家虽然不必承担所有的义务，但作为欧盟成员国，无论其在何问题上与欧盟主流意见存有分歧都可能对欧盟决策产生负面影响，有可能成为欧盟中的“麻烦制造者”。但是匈牙利与波兰的所谓“民主倒退”问题自 2011 年开始就逐渐出现了，为什么到了 2017 年和 2018 年才遭到欧盟的强烈反弹？这是一个颇为复杂的问题。

二　中东欧国家与欧盟关系中的欧洲大国因素

老欧盟成员国对待波兰和匈牙利等中东欧国家在一些与欧盟存在分歧的问

题上态度不尽相同。法国总统马克龙基本持强烈批评立场；英国首相特雷莎·梅在欧洲议会通过对波兰实施惩戒的决议后又立刻表示，对司法制度进行变革是波兰的内政，欧盟不应干涉；德国总理默克尔则在很长一段时间里对波匈两国的情况不置可否。欧盟中东欧成员国在欧洲大国的战略中扮演着什么样的角色，值得进一步探究。

（一）英国与中东欧国家在重大问题上的呼应效应

英国与中东欧国家在一些重大问题上相互呼应由来已久。当中东欧国家还是欧盟候选成员国时，在对待美国发动的伊拉克战争问题上，二者之间的立场就颇为接近。英国与波兰、匈牙利、捷克等国都未加入欧元区；未在第一轮签署“财政契约”的两个欧盟成员国一个是捷克，另一个是英国；乌克兰危机后，在对俄制裁问题上，英国与波兰立场一致；英国执政党在欧洲议会审议惩戒波兰和匈牙利的议案时均投了反对票；在欧洲议会，以英国保守党、波兰法律与公正党、捷克公民民主党为主体，组建了独立的保守与改革党团等，英国和中东欧国家政治合作的组织基础已初现端倪。

英国和部分中东欧成员国间的这种特殊关系是基于英国同样对欧盟有关政策的不满。英国除了未加入申根区、欧元区外，在欧洲防务问题上亦始终强调北约的领导地位，即使英法两国于 1998 年共同发表《圣马洛宣言》，率先倡导欧洲防务一体化，但相较于法国希望对北约取而代之的意图，英国则是从对北约进行补充和配合的角度来看待这一问题的。

不过，从现实情况来看，英国与欧盟之间的分歧并不涉及基本制度问题，如在接受难民配额问题上，英国与中东欧国家虽然都对欧盟的分配方案予以拒绝，但相对于后者完全不肯接受，英国则制定了本国的难民收容制度并给出了可以收纳的名额；英国虽然始终没有签署《欧盟基本权力宪章》，但该国通过了便于在本国施行的一系列相应法律，同样也达到了《欧盟基本权力宪章》所要达到的目的。可见，英国和欧盟间的矛盾与部分中东欧国家和欧盟的分歧具有本质上的区别。

就历史背景而言，英国拒绝广泛让渡主权、质疑欧盟内在逻辑的做法，是其数百年外交政策的延续。2016 年的脱欧动议对英国来说并非新鲜事物，而是从 20 世纪 70 年代以来就一直存在的，并且始终是英国政界高层认真思考的一个严肃问题。主导英国脱欧的政党也不是新兴的民粹主义政党，而是多年来一直处于英国政治制度中的主流政党——保守党。正如一位政治评论家所说，其他欧共体国家都曾饱受政变和侵略之苦，其边界都是和平条约的产物，其政治制度则是数次革命的产物，因此他们有充分理由怀疑本国和邻国制度的稳定性，对民族国家缺乏信心，因而要寻求一种超民族的安全，但英国却没有这样的激情①。因此英国脱欧与近年来在中东欧国家和部分西欧大陆国家兴起的民粹主义运动也有很大的区别。

尽管英国和中东欧国家在对待同欧盟的关系上，不论是历史背景还是现实政治都有所区别，但客观上，英国的“特立独行”与其他欧洲怀疑主义色彩较强的成员国形成了呼应，而部分中东欧新成员国正是这样的国家。

英国是欧盟具有重要影响力的大国，因此英欧矛盾成为欧洲一体化进程中的基本矛盾。至于部分中东欧成员国与欧盟的矛盾，一是在入盟早期，“回归欧洲”的理想主义色彩尚在，其与欧盟的矛盾尚没有全面展现出来；二是中东欧国家入盟后，要对如何参与规则制定有一个学习过程；三是中东欧国家的经济实力和政治实力相对较弱，造成这些国家在欧盟重大问题上尚缺少影响力，远不像英国那样可以左右欧盟的发展方向，甚至威胁到欧盟的生死存亡。这是中东欧国家与欧盟的矛盾没有成为欧盟主要矛盾的原因。换而言之，这一矛盾被英欧矛盾所掩盖了。

但英国仍不满足于欧盟所给予的特殊化待遇，最终导致其于2016年宣布退出欧盟。从英国宣布脱欧的那一刻起，它就失去了对欧盟的影响力，部分中东欧国家就此失去了欧盟内部最重要的一个呼应者。欧盟内部历时近五十年的英欧纷争或将画上休止符。

（二）俄罗斯在中东欧的影响力

对有些中东欧成员国而言，在军事问题并不紧迫、难民又被拒之门外的情况下，俄罗斯由于其地缘的接近，可能会成为帮助中东欧国家的外部力量。

---

① 〔英〕布鲁斯·安德森：《从平民到首相：约翰·梅杰传》，汤玉明等译，西北大学出版社，1992，第296页。

实际上，欧尔班治下的匈牙利能够持续与欧盟对立，在很大程度上也是因为获得了来自俄罗斯的支持。这种支持不但具有经济属性，而且两国的能源合作还具有一定的战略性质。在捷克等国，甚至在希腊，对俄友好力量同样强大；保加利亚更是与俄罗斯具有深厚的传统友谊。俄罗斯之所以能在欧盟内部产生影响力，与其说是俄方推进的结果，还不如说是这些成员国与欧盟“离心”的产物。

俄罗斯对塞尔维亚、北马其顿等中东欧非欧盟国家的影响力不受欧盟的制约而始终存在。在欧盟部分中东欧成员国地位下降、非欧盟国家受惠于俄罗斯时，欧盟和非欧盟的“心理边界”甚至也会变得模糊。

（三）德法在中东欧问题上的博弈

冷战结束、实现国家统一后，德国综合国力迅速提高，这为其在欧盟的发展和扩大上发挥领导作用提供了物质条件，特别是在欧债危机中德国对希腊的救助，使该国在欧盟乃至全世界都获得了极高的威信，成为欧盟事实上的领袖国家。

德国与中东欧国家地理邻近，其对加强与中东欧国家的联系既有客观要求，又有地缘便利；而中东欧国家在转型过程中，也需要德国的经济与政治支持。中东欧国家在欧盟的利益尤其需要德国这个欧盟领袖关照。两者在欧盟中的合作，可彼此互增筹码，实现共赢。

20 世纪 70 ~ 90 年代，法德一直是欧洲一体化的主要推动力量，被称为“德法轴心”或“德法发动机”，因此德国要稳固与中东欧国家的关系，其关键一环就是与法国在这一地区进行竞争。

1. 法国中东欧政策的起点

近代以来，法德关系一直是欧洲大陆国际关系的主线。不论是通过战争与遏制等强硬手段，如“一战”后在东欧扶植捷克斯洛伐克等“小协约国”，还是通过拉拢合作等柔性手段，如通过与德国共建煤钢共同体，联合控制战略资源，削弱德国军力，抑制德国，都是法国长期以来的外交任务。戴高乐执政后，法国外交的独立性增强，开始与苏联、中国等国家缓和关系，并且提出了“欧洲是欧洲人的欧洲”的口号。作为欧洲大国，法国也曾是拥有广阔殖民地的世界大国。维护大国地位、成为欧洲领袖一直是法国外交的重要目标。要实现上述目标，法国既需要与德国进行合作，也需要与德国竞争，法国甚至希望对德国进行“领导”。东欧剧变突如其来，如何应对这一骤然形成的权力真空，法德逐渐产生分歧。

当时法国在欧共体的威信正如日中天。1984 年，在法国担任欧共体轮值主席国期间，英国签署了《枫丹白露协议》，最终解决了十多年来困扰欧共体的英国经费返款问题，克服了阻碍欧共体发展的“硬化病”。1985 年，法国人德洛尔出任欧共体委员会主席，在其推动下，《单一欧洲法案》得以于 1986 年签署，并开始酝酿成立旨在进一步深化一体化的欧洲联盟。由于成立欧盟涉及将外交与安全问题纳入一体化进程以及建立欧洲央行、启动欧元两大复杂和敏感的议题，因此法国不愿在此时因处理东欧问题而使上述工作受到干扰。

在这种情况下，法国提出了用柔和的手法使东欧国家逐步过渡到西方体制的想法，其核心意思是保持东欧社会稳定，不必急于求成。时任法国总统密特朗的“欧洲邦联”设想（European Confederation）是这一构想的具体方案。第一，东欧地区当时尚存的某些机制，如经互会，应该继续发挥作用。第二，西方对东欧的经济援助应主要通过某种援助机构来进行，例如后来成立的欧洲复兴开发银行（EBRD）。第三，在政治和军事方面，应更多发挥现有机制，特别是欧洲安全与合作会议的作用。在这种原则的指导下，东欧国家将有可能在避免重大震荡的情况下，将资本主义与社会主义的某些特点相结合，逐步建成福利资本主义国家。同时，这种思想也确定了未来东欧在欧洲中的地位，即建立“欧洲邦联”，使中东欧与西欧以某种形式的“邦联”实现结合，从长远角度来看，双方在经济上可以建立共同市场，但外交、安全、司法则不进入一体化合作范畴。这实际上意味着，中东欧国家短期内不能加入即将升格为欧盟的西欧一体化进程。

东欧剧变初期，由于三方面原因德国大体支持了法国对东欧问题的想法。第一，在两德统一问题上，德国仍要得到苏联的支持，所以德国也倾向于继续维持苏联在中东欧地区的权威，而不是迅速使中东欧国家与苏联完全脱钩，这与密特朗的构想是暗合的。第二，德国统一将给联邦德国政府造成巨大的资金缺口，需要紧急应对，渡过难关。第三，欧共体在面对东欧剧变时，尚无法立即满足剧变国家在经济、政治、军事等各方面提出的要求，因此，德国认为中东欧国家进一步转变不宜操之过急，不论是德国还是欧共体，都不应急于直接插手中东欧国家的具体事务。

但是，欧洲和世界情势的发展之迅速，超过了人们的预想。

1990 年 8 月，伊拉克突然入侵科威特，在此后约一年内，西欧大国几乎把全部精力都放在了海湾战争上。待到法国有精力开始着手构建“欧洲邦联”时，已是 1991 年夏季，法国总统密特朗准备在布拉格召开“欧洲邦联”会议。

但此时中东欧地区的形势已经出现了超过密特朗预期的变化。一方面，中东欧各国的大选均已举行，在大部分中东欧国家中，自由主义政党均已执政，而这些执政党都具有明确的亲西方倾向，建立古典意义上的资本主义市场经济与政治制度已成为中东欧国家议事日程上的正式题目。另一方面，华约组织于 1991 年 7 月正式解散，此后，西方国家尤其是美国在面对如此巨大的安全真空时，力主立即进行填充。波黑战争爆发，欧洲出现了切实的安全威胁。于是，密特朗提出的旨在实现中东欧国家逐步转变的“欧洲邦联”构想已无法适应迅速发展的形势，该构想最终从各种政策选项中被排除了出去。

1993 年 7 月欧盟峰会在丹麦首都哥本哈根召开，会议上提出了欧盟吸纳新成员国的有关标准，为中东欧国家加入欧盟打开了大门。密特朗的“欧洲邦联”构想，就此不了了之。可以说，法国在东欧剧变之初对东欧的冷淡态度和后来的陷入被动局面，为德国扩大在这一地区的影响创造了条件。

2. 德法在中东欧问题上的争夺

1994 ~ 1996 年，中东欧国家陆续提出加入欧盟的申请，并陆续开始谈判。欧盟东扩将明显提升德国在欧盟中的地位，为了平衡德国影响力的提升，法国出台了一系列应对措施。

1995 年法国推动开启了“巴塞罗那进程”，旨在建立欧盟与北非国家更紧密的关系，而这些地区中的多数国家都曾是法国的殖民地。2007 年，罗马尼亚和保加利亚入盟后，欧盟进一步东扩，于是法国又进一步于 2008 年提出了“地中海联盟”计划，希望继续强化欧盟—北非关系。但由于德国等国不同意仅由欧盟内部分地中海国家参与上述计划，最终所有欧盟成员国均成为“地中海联盟”成员。这实际上消解了法国发动的对在欧盟东扩问题上取得先机的德国的攻势。法国已经难以在欧盟的整体地缘格局上对德国取得优势。

深化欧洲一体化是法德较量的重要方面，2000 年召开的尼斯会议讨论了欧盟扩大后对中东欧新成员国的安排问题，侧重点包括农业补贴问题和机构设置问题。

法国是西欧最大的农业出口国，其享受的欧盟农业补贴也最多。中东欧国家均为农业大国，且农业落后，它们实际上更需要农业补贴。但法国作为欧盟共同农业政策的既得利益者，坚决反对按照已有标准向新成员国提供补贴。讨论的结果是，法国等欧盟老成员国仍按老办法获得补贴，新成员国经过漫长的过渡期后才能开始与老成员国按同样标准获取欧盟补贴。但欧盟旧的农业补贴政策将在 2007 ~2014 年进行大幅度改革，结果是，当欧盟中东欧新成员国能与老成员国按同样标准获取补贴时，补贴的金额已大不如前。可见，在农业补贴问题上，法国保护了本国的既得利益，但对中东欧国家来说却明显具有歧视性。

在机构设置特别是欧盟委员会设置上，欧盟当时采用的是分配给每个成员国至少一名欧盟委员会委员名额的做法。依此类推，当欧盟扩至 27 国时，就将有 27 名委员。法国对此坚决反对，认为这将造成欧盟委员会效率低下，无法正常运转。但德国据理力争。最后的妥协方案是，2004 ~2009 年的欧盟委员会任期内仍将采用每个成员国一名委员的办法。这在客观上对中东欧新成员国极为有利。

应该说，从财政可持续性和工作效率角度来讲，法国在欧盟扩大和发展这两个问题上提出的异议都具有一定的道理。但法国行事方式比较武断，被普遍认为是在忽视小国利益，因此并未得到广泛的支持。法国作为欧盟占有主导性地位的国家，虽然已不能拒绝欧盟东扩，但其与欧盟中东欧新成员国的关系显然不够亲密。而德国则在大多数重大问题上维护着中东欧国家的利益，因此德国与这些国家在某种意义上也确实实现了互相加持的效果。

德国对中东欧国家的扶助，不仅体现在对它们处理欧盟一般事务的支持上，也体现在对这些国家的一些重大争议问题的容忍上。实际上，德国对匈牙利和波兰在所谓“民主倒退”问题上的态度一直非常低调，很少进行公开的强烈批评，甚至有评论认为，默克尔已经与欧尔班结成了某种微妙的政治联盟①。即使波匈两国对德国经常有颇为“不敬”的言辞，例如在遇到德国的劝诫时，两国都曾以二战时期德国对东欧的侵略和屠杀作为回应，但德国方面也往往不做反击。在波兰司法制度问题上，默克尔迟至 2017 年 8 月才首度做出了表态②，而且措辞相当客气。在欧洲议会投票通过对波匈两国的惩戒议案时，默克尔所在的基民盟也没有投赞成票③。英国虽然也始终未对波兰的司法制度问题进行批评，但比较英国和德国的态度后可以发现，特雷莎·梅的态度始终非常明确，即这是内政问题，外国没必要干预。默克尔则在很长一段时间内没有一个明确的态度，使用的是一种“模糊战术”。应该说，英国的做法恰好体现了其以求得均势为指导思想的外交策略；而德国此举却有违其严谨周密、清晰明朗的外交风格，似有一些并不愿为外人道的用心，那就是不论如何，都要拉拢这两个在中东欧最为重要的成员国。中东欧可能成不了英国“永远的朋友”，但却是德国永远的邻居。可以说，入盟至今，德国与欧盟中东欧成员国的关系都是后者在欧盟中得以立足的基石。

相比德国，在法国新一代领导人的态度中，地缘利益成分日趋淡漠，意识形态色彩愈加鲜明。2018 年 4 月马克龙在欧洲议会发表演讲，不点名批评了欧尔班，成为第一个明确告诫各成员国要对“民主倒退”给予高度重视的大国领导人④。也可能正因如此，美国前国务卿基辛格称，马克龙不是一位只想避免麻烦的领导人，他有着老一辈欧洲政治家的方向感；相比之下，默克尔并非一位出类拔萃的人物。显然，即使法国领导人已逐步改变了希拉克时期无视小国利益的外交理念，但法国对中东欧国家的政策仍然比较严苛，继续着三十年来并

---

① “The Failure of the Center-Right Europe's Conservatives are Failing to Prevent the Spread of Right-Wing Authoritarianism,” https://slate.com/news-and-politics/2018/09/merkel-orban-the-shameful-failure-of-conservatives-to-confront-right-wing-authoritarians.html.

② “Merkel Says ‘Can't Stay Silent’ on Rule of Law in Poland,” https://news.yahoo.com/merkel-says-cant-stay-silent-rule-law-poland-094712863.html.

③ “Angela Merkel's MEPs Criticized for Appeasing Hungary's Viktor Orban,” https://www.dw.com/en/angela-merkels-meps-criticized-for-appeasing-hungarys-viktor-orban/a-39281876.

④ “Macron Warned Against Authoritarianism,” https://www.washingtonpost.com/world/europe/emmanuel-macron-seen-as-frances-obama-may-govern-more-like-trump/2018/04/20/a9555ab8-2606-11e8-a227-fd2b009466bc_story.html?noredirect=on&utm_term=.d123bee117b2.

不亲密的状态。

2014 年德国倡议召开了“西巴尔干经济论坛”，开启了“柏林进程”。这是自 2003 年的萨洛尼卡会议后，关于西巴尔干地区入盟前景的又一次会议。尽管会议提出的西巴尔干国家在 2025 年实现入盟的愿景并不一定能够实现，但这一进程说明德国对欧盟东扩这一议题仍然有着不可替代的发言权。

三　中东欧与欧盟关系的前景

（一）“多速欧洲”方案的提出和德国对欧盟中东欧成员国态度的转变

尽管德国一直维护着与欧盟中东欧成员国的关系，但从波匈两国在欧洲议会遭遇的惩戒决议来看，马克龙对部分中东欧国家的批评得到了多数老成员国认可。实际上，德国对部分中东欧国家的这种“默默地支持”也在逐步褪去。尽管在言辞方面默克尔对波匈两国的做法一直模棱两可，但实际上德国的态度已经开始转变。

2017 年 3 月 1 日，欧盟委员会推出了《欧盟的未来白皮书》，正式提出了关于未来欧洲改革的五种选项。一周之后，德法意西四个欧盟最大成员国的领导人便集体表态，支持“多速欧洲”方案。对于如此重大敏感且必将引起欧盟中东欧成员国强烈反弹的问题，德法领导人如此迅速地取得一致，似乎可以被看作德国在事关欧盟前途问题上，可能也不会永远对中东欧成员国忍耐下去的一种信号。

应该指出的是，《欧盟的未来白皮书》虽然是在英国提出脱欧后推出的，但其是不是针对英国的却很难说。如前所述，英国虽然未参与到欧盟的所有一体化进程中，但并不意味着英国没有能力采取相应措施，以适合本国的方式达到欧盟的要求。同样道理，瑞士等欧洲自由贸易区的国家从法律上甚至并不是欧盟成员国，但同样有意愿采用欧盟的法律和制度，实现与欧盟在一些具体领域的一体化。所以，对一体化的参与能力和参与意愿实际上是两个不同的问题。英国确有对一体化参与意愿较低，即对权限划分不满的问题，而部分中东欧成员国对一体化既缺少意愿，又缺乏能力，而且还有波匈这样凭借身为地区大国的政治博弈实力而在制度认同上出现问题的成员国。所以“多速欧洲”方案很可能将对欧盟中东欧成员国产生较大作用。

现在的“多速欧洲”方案虽然并没有阐明针对的到底是缺乏能力者，还是缺乏意愿者，但是既无能力又无意愿者，肯定是要被纳入“慢车道”的，而这样的成员国往往来自中东欧地区，况且这些国家甚至可能会反过来坚称，它们的能力和意愿才是欧盟制定政策时的依据，最后成为一股给欧洲一体化“拖后腿”的力量。更有甚者，这一方案还可能会首先被运用到波匈这类在基本制度认同上出现分歧的国家身上，将其“打入另册”。

于是，“多速欧洲”方案就可能会出现两种可能。情况一：“多速欧洲”确实是要以对基本制度不认可这一政治原因为由，将一些成员国“打入另册”，那么认可基本制度、有一体化意愿而只是能力不足的成员国，则有可能会获准登上“快车”。在这种情况下，一方面，进入“另册”的成员国可能不止波匈两国，例如在内政和外交上相互密切配合的维谢格拉德其余两国，法治建设滞后的罗马尼亚等国，都有可能。但另一方面，“另册”国家也不会太多，因为大多数欧盟中东欧成员国无法承受在基本制度问题上对抗欧盟给自身带来的损失。欧盟中东欧成员国中有没有像英国那样认可基本制度，在金融、国防、社会管理等复杂领域又有充分能力，只是参与一体化意愿较低的国家？在目前来看，可能还没有。情况二：这一方案也可能确实有将缺乏能力的国家请上“慢车”的意图。那么，上“慢车”的国家就会更多，问题就会更加复杂。目前，除了斯洛文尼亚外，其余的十一个中东欧成员国对“多速欧洲”方案均表示反对。这种国家不分大小、国力不分贫富的相似态度，在中东欧成员国的欧盟参与史中也是不常见的，可见问题的严重性。

尽管“多速欧洲”方案在后来的多事之秋中并没有被重点讨论，但如果这一方案最终进入议事日程，不论是上述哪种情况，都不能排除欧盟将出现分裂：上了“慢车”的中东欧国家就可能会在德法等老成员国的“排挤”下自然形成一个明确的板块。只不过在第一种情况下，“快速欧洲”与“慢速欧洲”之间的对立规模小，但矛盾更尖锐；在第二种情况下，两个“欧洲”之间的对立更加普遍，但因为“慢速欧洲”的规模更大，成分更复杂，所以矛盾的尖锐程度会低一些。

如果真的出现了“多速欧洲”，那么当年密特朗提出的“欧洲邦联”构想似乎就又重新具有了现实意义。

（二）中东欧和欧盟关系或将全面分裂

至今，欧盟与其中东欧成员国在具体政策领域已经出现过两次严重分裂。一次是欧盟东扩之初的伊拉克战争，另一次是近年来的欧洲难民危机。分析这两次分裂，可以发现其中的一些共同之处。

在伊拉克战争中，法德等国坚决反对美国对伊动武，英国、西班牙等国和欧盟中东欧候选国则持支持态度。其分裂之严重，甚至时任法国总统希拉克声称，如果中东欧国家坚持己见，那么法国将阻止这些国家在2004年如期入盟。法国和欧盟中东欧成员国在对外关系上的矛盾直到2007年具有亲大西洋色彩的萨科齐出任总统，才开始得到恢复。伊拉克战争使欧盟中东欧成员国“经济靠欧盟、军事靠美国（北约）”的逻辑得到了最充分的展示。难民危机虽然没有美国参与，但之所以出现欧盟要对各成员国实施难民指标摊派，同样是因为法德等欧盟主要大国其实并无能力完全消化难民潮，不得不将难民负担在全欧盟范围内加以分派。这两次分裂实际上都是基于同一个原因，即欧盟并没有足够强大的实力承担其所希望承担的国际义务，进而也就没有能力对中东欧国家实现有效的约束。以法德等老成员国为主要决策者的欧盟对自身实力的判断出现了失误。

欧盟的这种实力不足是相对美国而言的。在对伊动武问题上以及在整个军事和安全领域，欧盟的中东欧成员国均为北约成员国，因此美国便可以绕开欧盟通过北约渠道直接与欧盟的中东欧成员国进行对话。欧盟则被架空，处境尴尬。在难民潮问题上，欧盟则由于社会管控制度的差异、反恐情报体系及数据保护制度上的不统一等问题，治理能力欠佳，进而在推行难民分派指标时表现出了行政能力的不足。

欧盟中东欧成员国在军事安全上投靠美国，而美国实际上放任了中东欧国家的这种投靠，这必然会引起欧盟同时对中东欧成员国和美国不满。美国之所以并不十分在乎欧盟的心理，首先是因为军事问题通常比较严峻，与政治问题有着不同的逻辑，不可因外交范畴的争执而耽搁。但还有一点不可忽略，即无论是伊拉克战争还是乌克兰危机时期，即使状况非常严重，也是局部范围的。伊拉克的扩张和挑衅只能限于中东地区，而俄罗斯的实力虽然尚存，但冷战结束后，除了以历史问题和民族问题为借口介入乌克兰政治，或是对波兰和波罗的海小国制造心理威胁外，也不可能拥有对欧洲进行全面进攻的能力，遑论发动世界大战。正因为美国参与的对抗是局部的，所以对这一局部以外的世界，并无必要投入太多的心思，例如加强欧盟老成员国的军事权威，将欧盟中东欧成员国的军事安全首先委托给欧盟。

在这种情况下，欧盟中东欧成员国与欧盟的分裂就没有一个弥合的机制：美国不会推动已经投靠自己的中东欧国家回归欧盟，欧盟则既没有能力让中东欧国家放心回归，又没有能力对中东欧成员国的“异心”实施有效约束。于是，欧盟和欧盟中东欧成员国之间这种军事和安全领域的分裂就会长期存在下去。如果“多速欧洲”开始实施，而进入“慢车道”的成员国又大多来自中东欧，在军事职能基础上的分裂之外，又加上了政治和经济的分裂，那么欧盟和进入“慢车道”的中东欧成员国的分裂，就可能进而延伸到社会领域，甚至文化领域，最终转变为一种全面分裂，并且固化下来。而这种日益固化的分裂，又会反过来抵消欧盟提升军事和社会治理能力的努力，因为在面对俄罗斯可能制造的军事动荡和恐怖主义等非传统安全威胁时，没有中东欧成员国参与的军事一体化和社会治理一体化，不是真正有意义的一体化。

（三）新情势与欧盟之外的中东欧

2019 年，已有 11 个中东欧国家加入欧盟，中东欧其他国家也均提出入盟申请，而且欧盟也已经给予其明确的入盟前景。应该说，这些国家加入欧盟的愿望是不会改变的，但欧盟对其进行的援助、考察与辅导却可能发生变化。最可能的一种情况是，欧盟会加大对这些国家的经济援助，改变其在投资、基础设施建设等领域更加依靠中国、俄罗斯等国的情况。同时，“政治辅导”① 也会更加积极主动，使其加快适应欧盟生活的速度。但是，欧盟在考察其与欧盟标准的趋同水平时，可能也会变得更加严格，吸收入盟会更加谨慎。因为以往的三轮东扩已经使欧盟内部产生分裂趋势，这对新成员国和老成员国都造成了负面影响，因此在以后的欧盟扩大中，可能要做到某国一旦入盟，就要尽

---

① 所谓政治辅导是指欧盟对这些国家如何按欧盟标准建立三权分立体制、修改法律、反腐败等提供顾问和咨询。

量避免出现“多速”现象，以免需要以后再弥补，出现欧盟今天这种局面。也就是说，作为欧盟候选国，这些国家可能会享受到比其“前辈”更多的援助和权利，但当候选国的时间可能也要更长，以便其为正式入盟做更全面的准备。

（原文发表于《俄罗斯学刊》2019 年第 3 期）

图书在版编目（CIP）数据

俄罗斯研究前沿：三卷本．俄罗斯学卷／叶其松总编；靳会新主编．-- 北京：社会科学文献出版社，2024.1

ISBN 978-7-5228-3276-0

Ⅰ.①俄… Ⅱ.①叶… ②靳… Ⅲ.①俄罗斯-研究 Ⅳ.①D751.2

中国国家版本馆 CIP 数据核字（2024）第 018534 号

俄罗斯研究前沿（三卷本）

总　　编／叶其松
主　　编／靳会新

出 版 人／冀祥德
责任编辑／史晓琳　孙丽萍
文稿编辑／陈　冲
责任印制／王京美

出　　版／社会科学文献出版社·国际出版分社（010）59367142
地址：北京市北三环中路甲 29 号院华龙大厦　邮编：100029
网址：www.ssap.com.cn
发　　行／社会科学文献出版社（010）59367028
印　　装／北京联兴盛业印刷股份有限公司

规　　格／开　本：787mm × 1092mm　1/16
印　张：26.75　字　数：446 千字
版　　次／2024 年 1 月第 1 版　2024 年 1 月第 1 次印刷
书　　号／ISBN 978-7-5228-3276-0
定　　价／598.00 元（三卷本）

读者服务电话：4008918866